中国传媒大学新闻系传播系组编

New media 新传媒时代 新闻传播学系列教材

传播学核心课程 COMMUNICATION 08

政府传播

Government Communication

郎劲松 侯月娟 ◎ 著

中国人民大学出版社

·北京·

中国传媒大学新闻系传播系组编
“新传媒时代新闻传播学系列教材”
编 委 会

总 序

媒介融合时代新闻传播教育的“变”与“不变”

媒介融合时代，传统媒体纷纷出现了与新媒体融合发展的趋势，新闻传媒的变革日新月异，而社交媒体、公民新闻的出现使传统的新闻传播格局面临重新“洗牌”的巨大压力。业界的这些变化自然也会传导到新闻传播教育上来，迫使新闻传播教育面临一系列转型。在这样一个充满激荡变革的时代从事新闻传播教育工作，首先需要厘清哪些素质和能力是新闻传播工作者永恒不变的坚守，哪些能力又是需要与时俱进、不断变革更新的核心。只有把握住了“变”与“不变”的关系，才能在新闻传播人才培养上做到心中有数、方向明确。下面，我们不妨对这一问题做些具体分析。

传统的新闻信息生产和传播是这样进行的：现实生活中，人们每天需要了解外部世界的最新变化，由于每个人的生活范围很有限，于是诞生了一批媒体机构和新闻记者。他们每天到处采集各种最新发生的真实信息，然后通过报刊、广播和电视将这些信息传递给大众。人们接收到信息之后，虽不是亲眼所见，但会将其视为现实中真实存在的事情，从而对外部世界形成各式各样的印象和看法。

媒介融合时代的新闻信息生产和传播则是这样运作的：人们每天需要了解外部世界的最新变化，不仅职业的新闻记者在从事新闻信息的生产和传播工作，普通民众也加入到新闻信息的采集、制作和传播活动中来。他们将采集到的信息制作成文字、图片、音频、视频，或通过互联网向公众发布，或通过自媒体和社交媒体传递给自己熟悉或不熟悉的个人。他人接收到这些信息后，会将其视为现实中真实发生的事情，并由此对生存环境形成各式各样的印象和看法。

不难看出，在媒介融合时代，新闻信息的生产和传播领域发生了两个重大变化：一是出现了一大批自媒体和公民记者，形成了职业记者与普通民众同时进行新闻信息生产和传播的新格局；二是原先报刊、广播、电视“井水不犯河水”的格局被打破，出现了不同媒体与网络新媒体融合发展的趋势。在这种背景下，职业记者怎样才能体现自己的存在价值就显得十分重要，这也直接决定着新闻传播教育和新闻传播人才培养的走向。

近年来，我们走访了国外许多知名新闻院校，也经常就这一话题进行探讨，对媒介融合时代新闻传播教育“变”与“不变”的关系逐渐形成了清晰认识，那就是媒介形态可以千变万化，新闻教育的核心不会改变。

那么，在媒介融合时代，新闻传播工作者不变的素质和能力有哪些呢？归纳起来，大致有以下几点：

一是新闻传播工作的职业精神不会改变。新闻工作是一种能够点燃人们理想抱负的职业，是站在桅杆上眺望远方的守望。任何时代，只要从事新闻传播工作，就都需要高度的职业理想和工作热情，这样才能把每次报道任务完成好，才能在信息泛滥和众声喧哗的时代始终坚持把核实新闻信息放在第一位，才能在充满压力和诱惑的时代始终坚持传播新闻事实的真相，才能以高度的社会责任感去捍卫公众利益，才能以人文情怀去关注黎民百姓的疾苦和心声。研究中外名记者的经历，我们发现，他们的成功都离不开对新闻工作的激情，离不开高度的社会责任感和敬业精神。反过来，如果一个人仅仅将新闻工作视为谋生的手段，那么，最终他只能庸庸碌碌，在新闻岗位上走不了太远。在多年的教育工作中，我们体会到，新闻传播职业精神的培养不能只靠课堂的说教，一个行之有效的路径是搭建平台，鼓励同学们走出校门，到基层去，到火热的生活中去。只有深入实地，让学生对社会有了深切感知，才有可能培养起社会责任感来。这些年来，我们一直在进行这方面的尝试和努力。从 2006 年开始，中国传媒大学新闻系和传播系在学生中开展了“子牛杯”大学生社会调查征文比赛活动，迄今已坚持了 7 年，有上千名学生参加到活动中来，涌现出了一大批饱含社会责任感和职业精神的调查报告。通过开展这项活动，我们明显感受到了同学们的成长与进步。

二是新闻采写的基本能力不会改变。媒介融合时代，信息的获取日益方便快捷，而如何核实信息的真伪，保证所获得的新闻信息是准确无误的，则需要记者具有扎实的采访作风。这也是新闻媒体赢得公信力的必由之路。与此同时，在媒体竞争日趋激烈的今天，获得独家新闻、首发新闻已成为提升媒体竞争力和影响力的重要指标，这同样需要记者有深入现场的采访作风以及敏锐的新闻发现能力。而在新闻表达阶段，新闻写作能力是学生必须练好的基本功。总体上看，学生良好的新闻表达能力建立在对新闻事实的深入了解和对受众心理的准确把握基础上。具体来说，新闻表达能力有两个层次的要求。第一个层次是能把新闻事件讲明白。这需要学生在全面掌握新闻事件的各种信息之后，具备清晰的逻辑思维能力和良好的语言表达能力，不能出现事实不清、逻辑混乱、词不达意等现象。第二个层次是能把新闻事件讲得有吸引力。这需要学生在把新闻事件讲清楚的基础上，还善于把握受众的接受习惯和接受心理，懂得叙事技巧，通过设置悬念等诸多手法来吸引受众的注意力。这是对新闻表达的更高要求，学生如果在这方面也能过关的话，他的新闻写作能力就完全达标了。

三是多学科的知识结构要求不会改变。新闻报道的对象是大千世界，新闻的内容来自社会的不同领域，新闻只是一种形式，传媒也只是一种工具，都不是内容本身。在社会分工日益细分化和专业化的今天，只懂得新闻和传媒技巧是不够的，还需要掌握其他学科知识。目前，国内外新闻和传播院系解决这一问题的途径主要有两种。第一，尽量多提供跨专业课程，同时规定选修课中其他学科课程的最低比例。例如，美国密苏里大学新闻学院就规定学生选修的非新闻专业课程学分要占新闻专业总学分的一半以上。第二，联合培养第二学位学生，学生可以先学习哲学、历史、法律、社会学、经济学、管理学或自然科学等专业，然后再来学习新闻专业。例如，美国纽约大学就规定新闻专业的学生要完成 128

个学分，其中，必须用 64 个学分来拿一个非新闻专业的学位。中国传媒大学新闻系从 20 世纪 80 年代就开始招收新闻学第二学位学生，近年来，又面向校内招收辅修新闻学第二学位的学生，一直在进行这方面的努力。

在分析了媒介融合时代新闻传播人才不变的素质和能力之后，我们还要知道什么能力是当前新闻传播教育必须高度重视培养的新能力。

从总体来看，媒介融合时代，新闻传播教育自然需要培养学生适应媒介融合发展的能力。具体来说，由于制作方式数字化、传播渠道网络化、接收终端多样化，当前的新闻传播教育主要应该培养学生的多媒体报道能力。也就是使学生从具有报刊、广播、电视单一媒体的报道能力向具有多媒体融合报道能力转变，培养一批能够熟练采集和发布多媒体新闻的“全能记者”和“全能编辑”。

对“全能记者”和“全能编辑”来说，能够熟练使用多媒体新闻采制设备，洞悉文字、图片、声音、图像的文本特性和传播优势就显得十分重要。为了帮助大家理解这一问题，我们从新闻传播角度出发，可以将人们对新闻信息的需求归纳为三个基本维度：一是快捷需求，即人们想在第一时间简明扼要地了解新闻事件主要信息的需求；二是直观需求，即人们想亲眼目睹、直观感知新闻事件现场及氛围的需求；三是探究需求，即人们想深入了解新闻事件的来龙去脉、意义背景等内在信息的需求。而不同的媒介和文本符号在满足上述需求上各有自己的优势。培养“全能记者”，就要培养学生在面对重大新闻事件时，能用照相机拍摄出最具典型意义的瞬间图片，能用摄像机记录下最有现场感的发生过程，能用录音设备记录下新闻事件现场最典型的声音，能用电脑在第一时间写出新闻消息，将新闻事件的主要信息告知受众，还能写出深度报道，把新闻事件的原因、背景、经过、细节、意义、展望等深层信息揭示出来。总之，媒介融合时代，新闻传播教育需要打破过去报刊、广播、电视之间的壁垒，培养学生用文字、图片、音频、视频来全方位、立体化地展示新闻事件的能力，也就是培养学生多媒体采访、写作和编辑的呈现能力。

中国传媒大学新闻系、传播系作为国内较早开办新闻学专业和传播学专业的院系，多年来，积累了一些办学经验，也形成了一定的办学特色，在培养新型新闻传播人才上也一直在进行积极探索。摆在大家面前的这套“新传媒时代新闻传播学系列教材”（内含“新闻学核心课程”、“新闻学特色课程”和“传播学核心课程”）就是对近年来新闻学专业和传播学专业教学工作的总结。总的来说，编写这套系列教材，主要有这样几个出发点：

一是立足学科，整体打造。新闻传播学科发展到今天，已经形成了比较稳定的知识体系。这套系列教材立足新闻传播学科进行整体打造，既注重介绍新闻学和传播学基本的理论知识和专业技能，又注重学科历史、理论、方法和应用的体系性。在教材编写过程中，注意到前后衔接，按照由浅至深、循序渐进的规律进行整体推进。

二是立足时代，与时俱进。新媒体的出现推动了媒介融合的发展，这是传媒业的大势所趋。这套系列教材立足这一时代背景，不仅增加了媒介融合、新媒体编辑、多媒体报道等与媒介发展密切相关的教材品种，而且许多传统教材在编写过程中注意到了与新媒体的结合，体现出了与时俱进的时代要求。

三是立足教学，保留个性。教材编写需要对实践中一些最新动向进行沉淀，以便形成相对稳定的知识体系。从这一点上说，“与时俱进”并不是说这套教材可以与传媒实践发展实现“无缝对接”，而是需要与媒体实践保持适度距离，以便进行观察、总结和提升。另外，教材编写必须立足教学需要，采用相对成熟、稳定的知识体系作为教材内容，这样才能实现知识传承。但是编写教材并不排斥作者的个性和创造性，因为同样的知识内容可以采用不同的体例和案例来编写，编写的侧重点也会有所不同，这些都体现出作者的个性化思考。

四是立足市场，突出特色。目前，传播学专业的教材在市场上比较零散，我们这次将集中力量推出传播史、传播学史、传播学研究方法、媒介分析、传播心理学等教材，形成“传播学核心课程”系列教材。新闻学专业的有些教材在教学工作中很需要，但市场上很少见到。我们这次就推出了“新闻学特色课程”系列教材，包括新闻报道原理、社会调查方法、精确新闻报道、新闻传播学专业英语、新闻传播学学术论文写作指导等品种，在满足教学需要的同时，也为系列教材增添特色。

为了让大家对系列教材的总体框架一目了然，附上系列教材的结构示意图。

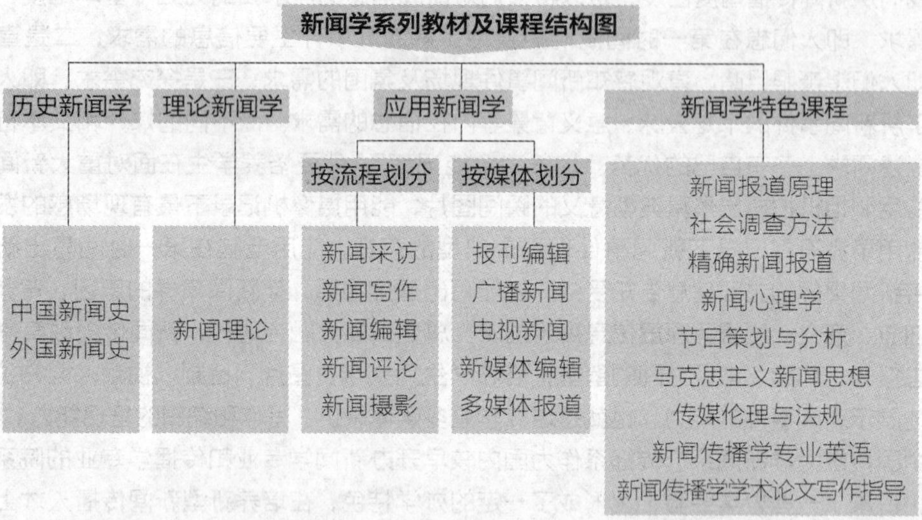

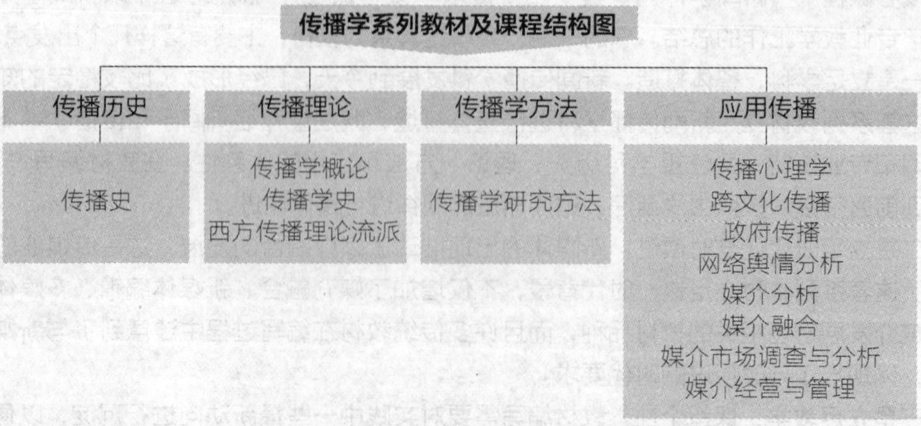

需要说明的是，从学科范畴上看，传播学的学科外延比新闻学要宽泛一些。目前，全国开办传播学本科专业的院校有 80 多所，各自的办学方向也不尽相同。但从知识结构来看，该学科的知识体系大体应该包括传播史、传播理论、传播研究方法和应用传播。在本科阶段，应用传播领域可以开设的课程及方向很多，诸如公共传播、组织传播、政府传播、体育传播、健康传播、科技传播、农业传播等，不一而足。我们所提供的教材也仅供大家参考。

由于作者水平和能力有限，加之时间仓促，许多教材还存在不足之处，我们热忱欢迎广大读者提出批评和改进意见，以便在今后修订再版时改进提高。

“新传媒时代新闻传播学系列教材”编委会

2013 年 6 月

前言

本教材初稿完成之时，正值党的十八届三中全会《决定》发布之际。在对中国未来改革的诸多期待中，政府的行政管理体制改革尤为引人关注。它不仅涉及“小政府大社会”治国理念的实现，更关乎阳光政府的打造，与之相适应的实践层面的政府传播“升级版”也将随之而来。

从2003年北京“非典”后我国中央、省、市三级政府新闻发言人制度普遍建立，到2008年5月《中华人民共和国政府信息公开条例》开始实施，再到2011年在中国共产党成立90周年之际建立党委新闻发言人制度，应该说，我国的政府信息公开工作和新闻发布的制度化经历了“黄金十年”。

2013年，适逢中国政府开始新闻发布工作30周年，政府新闻发言人制度建立10周年。在4月8日央视《新闻1+1》栏目为此专门制作的一期节目中，白岩松评论说：“最重要的是我们要有一个清晰的目标，这种清晰的目标就是打造一个更加透明和公开的社会。当然，在这个过程中，政府信息公开是重中之重。”这一年，我国信息公开的一系列新动作甚为惹眼：8月22日，济南中院官方微博运用文字、图片，甚至音频、视频的方式，对“薄熙来案”进行详尽的全景直播。根据人民网舆情监测室的数据，济南中院官方微博直播“薄熙来案”当日，平均每十分钟增长7 094个粉丝。38条微博中，平均每条微博发出后，带来3 361个新粉丝的关注，粉丝数迅速超过55万。可见微博已成为热点事件的聚焦平台，官方微博对社会热点事件的合理介入正在成为常态。10月11日，国务院开通新华微博、腾讯微博和微信，这是中国政府信息公开的新举措。10月15日，中国政府网发布了《国务院办公厅关于进一步加强政府信息公开回应社会关切提升政府公信力的意见》，要求进一步加强新闻发言人制度建设，发挥政府网站在信息公开中的平台作用，建设基于新媒体的政务信息发布和与公众互动交流新渠道，并进一步加强政府热线电话建设和管理；明确指出，健全舆情收集和回应机制，回应公众关切要以事实说话，避免空洞说教，真正起到正面引导作用。11月21日，经中央军委批准，分别在总政治部、总后勤部、总装备部和海军、空军、第二炮兵、武警部队等7个大单位设立军事新闻发言人，并公布了8位发言人的职务及其姓名，主要负责对外发布本单位重要活动的权威信息，回应舆论关切，回答媒体求证和提问等。

可以看到，伴随政府信息公开在回应社会关切和公众声音过程中的逐步成熟，在实践操作层面与政府传播相关的政策、举措、创新也在不断推进。政府及其领导人的形象如何得到更好塑造，新媒体环境下如何实现政府与媒体、公众的良性互动，突发公共事件中政府如何有效进行危机传播管理等这些都成为学界和业界共同关注的热点话题。与此同时，在教学研究和学理探索层面，有关政府传播、新闻发布的课程建设、社会培训及论著出版也在持续跟进。2003 年以来，我所参与的各类各级新闻发言人培训、领导干部媒介素养培训遍布各地；我在 2005 年编著的《新闻发言人实务》一书，出版社已重印两次；2008 年，我在中国传媒大学新闻传播学的研究生教学中开设了“政治传播与新闻发布研究”课程，受到学生欢迎。可以说，《政府传播》这本教材的出版，不但汇集了我在教学研究方面的一些归纳总结和提炼，参照借鉴了中外研究者的相关资料和真知灼见，而且搜集整理了大量的媒体相关报道和政府传播实践中的各种做法及经验教训。另外，附录一对近几年有代表性的国内案例进行深入解剖，同时对美国政府的新媒体传播案例进行专门分析。

《政府传播》作为国内首部系统介绍和梳理政府传播理论与实践的专业教材，以独立于政府和媒体的第三方立场，秉持严谨、科学、规范的学术态度，从政治学、社会学、新闻传播学等多学科的宏观视角，力图突破传统教材写作的体例与结构，以开放式和多维度视野建构政府“大传播”的时空格局和知识体系；在立足于政府、媒体与公众三方动态关系的基础上，梳理了信息公开、新闻发布、形象塑造、危机应对和国际传播、新媒体应用等实践领域的工作原理与操作技巧；运用案例、知识窗、图表和特别提示等方式，强化应用性和实战性。本书既可以成为本科生、研究生的教学用书，也可以成为新闻发言人的培训教材，以及各级党政工作人员的媒介素养手册。由于政府传播相关知识体系的科学性、规范性尚处于探索阶段，学理的严谨性还有待提升，特别是作为实用性、应用型教材，相比于实践的发展存在一定滞后性，需要不断总结和完善。

本书的第二作者侯月娟是我的 2011 级博士研究生，任教于中国政法大学，她为本教材的写作付出了许多辛苦和努力，做了大量的书稿统筹工作。我的 2011 级硕士研究生任望舒、丁龙、陈瑶参与了本教材第四章、第七章、第九章和附录一的资料收集和相关写作，我的 2012 级研究生唐冉参与了本教材的案例补充、文字统筹校对工作，感谢大家的辛苦付出！

在中国传媒大学新闻学院领导的高度重视、老师们的相互激发下，本教材得以完善。中国人民大学出版社翟江虹编辑认真负责，本教材在她的督促下得以按时完成。同时对已有政府传播研究成果的学习借鉴使本教材得以充实，在此一并致谢！我对政府传播的系统研究仍处于起步阶段，难免有缺漏不妥之处，望指教和谅解！

郎劲松

2013 年 11 月 25 日初稿

2014 年 4 月 2 日定稿

目　录

案例目录

正文部分

附录部分

第一章 政府传播概述

本章学习要点

- ◇ 政府传播的"五要素"
- ◇ 政府传播的特征与功能
- ◇ 政府传播的类型与表现形式
- ◇ 政府传播的规范
- ◇ 中外政府传播的历史概观

本章从"政府"与"传播"两个基本概念入手，对政府传播的概念进行界定，并从传播主体、传播内容、传播媒介、传播对象、传播效果"五要素"对政府传播进行分析，介绍了政府传播的主要类型与范畴，在此基础上系统梳理政府传播的发展历程。

第一节 | 政府传播的界定

政府传播（government communication）是指政府利用大众传播媒介进行的信息传播，或政府面向大众进行的传播。

政府传播是一种特殊的组织传播行为，广义的政府传播包括一切行政主体的所有信息交流活动，分为政府内部传播和政府外部传播两大类。而狭义的政府传播仅指政府外部传播。本书主要就狭义的政府传播进行研究。

一、政府传播的“五要素”

美国学者哈罗德·拉斯韦尔在《传播在社会中的结构与功能》（1948 年）一文中，对传播的过程及基本构成要素进行了定义，这些构成要素包括：传播主体（who）、传播内容（says what）、传播媒介（in which channel）、传播客体（to whom）、传播效果（with what effect）。这被称为“5W 模式”。

根据这一理论，政府传播的要素主要包括：作为传播主体的政府、传播内容、大众传播媒介、作为传播客体的社会公众以及传播效果。

（一）传播主体

政府是国家权力机关的执行机关，是政府传播的主体，是传者和发起者。从这个意义上说，政府传播既是传播行为，又是政府行为、国家行为，与政府的职能、国家的性质和使命有着广泛而深刻的联系。

知识窗

政府的定义及内涵

政府是国家公共行政权力的象征、承载体和实际行为体。广义上说，政府是指国家的立法机关、行政机关和司法机关等公共机关的总和。狭义上说，政府是国家权力机关的执行机关，是国家政权机构中的行政机关，即一个国家政权体系中依法享有行政权力的组织体系。一般我们使用狭义的政府概念。

政府是国家行政机关，是国家权力的执行机构，对国家事务行使着管理、监督、指导、服务、保卫等方面的职能。政府是一类特殊的组织，其特殊性就在于它拥有极大的权力，可以制定政策，颁布法令，并强制性地要求所辖范围内的民众予以执行。在绝大多数情况下，当政府通过媒体进行传播时，它既是传播者也是把关人，这也正是政府作为传播主体的特性所在。

政府选择“谁来传播”的方式有两种：一是自设新闻发言人，直接传递自己的声音和意图；二是指定官方信息发布的新闻媒体，形成排他性的信息传播专用渠道。

（二）传播内容

随着更新、更快捷、更有效的传播手段的出现，政府传播建成了包括纸质、电讯、网络等在内的全方位大众媒介传播空间。与其他形式的政府传播不同，政府通过大众传播媒介进行的传播所传递信息的题材多为牵涉面广，影响重大，关乎老百姓生活、国家大政方针的大问题或根本问题。政府进行大众媒介传播的行为既是一种行政行为，也是一种为民服务方式，既是政府的政令传达方式，也是政府的公关手段，同时也是建构政府形象的路径选择。

政府传播的首要内容是发布新闻。这是从政府传播出现伊始就一直保有的传播内容。传播活动的类型很多，有政治传播、经济传播、文化传播、形象传播等等，发布新闻构成了政府传播的主体内容。新闻是对新近发生事实的报道，政府传播所发布的新闻以政府、政策、国计民生为中心，例如国家最新出台的新政策、对原有政策的调整、对新政策的解读、面向公众的政策宣传，领导人最近的活动，各级政府新颁布的政令等等。

其次是报告国情。国情是站在国家的高度对整体形势的把握，是告知民众国家目前的局势、发展水平、在国际环境中所处位置等信息。在这一方面，政府有不可替代和不可或缺的职责。一般的社会机构无法站在国家的高度纵览全局，也难以获得全面且权威的资料。

根据传播内容的权威性程度，政府传播的内容可分为两类，即权威性内容和一般性内容。

1. 权威性内容

政府的权威性决定了政府传播中绝大部分信息内容的权威性。这些内容包括：有关国家法律法规制定及颁布的信息，有关国家运转情况（国家各级政府管理部门依法行政）的信息，有关国家重要事务和重大事件的信息，有关国家发展的数据、资料和报告，等等。对于这一部分内容，媒体只能在规定的时间以规定的形式发布，不能作随意更改。

政府传播的权威性内容大都以新闻发布会的形式，通过大众传播媒介进行传播。

目前，我国的新闻发布已建立了包括中央政府综合性的信息发布、政府各职能部门的信息发布、地方政府的新闻发布在内的三个层级发布体系。此外，许多国家的政府和议会还以白皮书或蓝皮书的形式发布重要的文件或报告书，介绍国家相关政策及政策的实施情况，比如，我国近年发布的《中国的军备控制与裁军》白皮书、《中国的民族区域自治》白皮书、《中国的社会保障状况和政策》白皮书等。

2. 一般性内容

一般性内容是指比权威性内容次之的信息内容，主要包括宣传性内容、公关性内容和广告性内容。其中，宣传性内容是配合指令性内容展开的，是针对政府制定的方针、政策、法令等，面向社会公众进行解释和说服。这类内容具有形式上的灵活性，为媒体提供了进行补充、引申、拓展的空间。

案例 1—1　北京市发改委解释北京市出租车涨价政策

2013 年 6 月 6 日，北京市发改委和市交通委公布出租汽车调价方案：3 公里以内起步价由 10 元涨至 13 元，每公里由 2 元涨至 2.3 元，早晚高峰期间低速行驶和等候费变为每 5 分钟加收 2 公里租价。同时，还明确了合乘费用计算，调整预约叫车服务费。

北京市发改委有关人士表示，“打车难”是综合性问题，需要综合施策配套推进。下一步的重点将是出台有关“份钱”、“打击非法运营”等政策。他表示，这一方案综合考虑了听证会参加人及社会各方面意见，兼顾乘客承受力和驾驶员增收。“调整后，北京基本租价水平与国内同类城市基本相当。”

北京市发改委表示，总体来看，这一轮的出租汽车价格标准方案拟订、选择及决策过程中，始终坚持政府、企业、司机、乘客四方共担原则。关于“份钱”，北京将定期委托第三方对企业进行成本调查，改革完善承包金制度，制定净承包金动态调整机制，要求企业严格控制成本开支，保障驾驶员合理收益。对反映的个别出租汽车企业变相提高驾驶员费用问题，北京市交通委已约谈企业负责人要求纠正。此外，关于调整出租汽车总量问题，北京市发改委表示，在目前出租汽车里程利用率达 68%的紧平衡状态下，将根据供需状况适时适度增加运力投放。

资料来源：余荣华：《北京出租车 10 日起涨价》，载《人民日报》，2013-06-07。

公关性内容是政府传播的一个重要方面，政府通过各种活动展示自我，更多地吸引外界关注和外部媒体报道，这有助于政府树立形象、扩大影响，获得公众的信任与支持。政府传播的广告性内容主要有三种：一般性的公益广告，带有招商引资性质的广告以及配合大型活动制作、播出的广告。

（三）传播媒介

我国政府传播的媒介路径经历了从单一传播媒介到多种传播媒介共同参与的发展过程，并以大众传播媒介为主要路径，而且大众传播媒介已经逐渐成为现代政府传播最为倚重的传播路径和传播方式。

具体来说，政府传播的媒介指的是各种大众传播媒介，包括报纸、广播、电视以及网络媒体。不同的大众传播媒介有各自的特点：报纸是普及性最广和影响力最大的媒体，它的传播特点是信息量大，说明性强，易保存，可重复信息且具权威性，但是时效性相对较弱，表现形式单一；广播的传播特点是信息传播迅速，时效性强，受众广泛，信息传播方便灵活，制作简便，费用低廉，但是线性传播带来的问题是信息转瞬即逝、不易保存；电视的传播特点是比较直观，声画并茂，传播速度快，但受接收终端限制，成本较高；网络媒体的传播除具有三大传统媒体传播的“共性”之外，还具有鲜明的“个性”特点，主要是即时性、信息的海量性、全球性、双向互动性、多媒体性，但是也存在虚拟性、公信力不高、信息垃圾泛滥等问题。

改革开放以来，我国在新闻管理体制上进行了适当调整，媒体自身的监督、引导职能得以充分发挥。但就本质而言，我国的新闻媒体仍然是政府管理下的国家公共事业的一部分，党和政府对它行使着领导与管理的职能。

（四）传播对象

政府传播的受众是与它相关的社会公众，包括社会各阶层、各民族、各党派、各种社会组织、群众团体等。由于利益关系不同，这些公众会形成不同的利益群体；对于政府制定的政策法规，不同的利益群体又会持有不同的意见和看法，尤其是在与人们切身利益密切相关的问题上，如物价问题、工资问题、住房问题、社会福利问题等。这就决定了政府传播面对的公众的复杂性。

知识窗

改革开放以来我国社会分层结构的特点

（1）社会阶层分化与流动加剧。

首先，社会分层依据发生变化。改革开放以后，由于体制内的改革，如工资制度改革、编制制度改革、政府职能的转变和行政机构的改革对官本位体制产生了影响，体制外经济的发展也对原有的社会分层体系造成冲击，社会分工不断细化，社会分层的依据也日趋多元化。其次，社会分层结构和阶层分化发生变化。市场体制取代计划体制的推进、多种所有制取代单一的公有制以及利益关系格局的变动，造成社会阶层结构的嬗变，从而造成了社会成员的分化与流动，社会阶层分化表现为由简单到复杂，由单向到多向流动，由封闭到开放。

(2) 中产阶层加快崛起且社会下层规模比例缩小。

改革开放以来，受政府引导、市场推动，中国经济持续快速增长，社会结构由过去的二元结构变为日趋多元化的结构，中间阶层正在稳步扩大。其中，市场机制和经济要素在社会分层过程中的作用不断增大，新兴社会阶层如私有阶层、管理阶层呈扩张态势。目前我国中产阶层的比例大约为23%，到21世纪中期，将有可能达到45%。工人阶层由于加上新产业工人即农民工的人数也在不断扩大，只有农民阶层的规模在不断缩小。工业化所导致的社会变迁，是农民阶层人数百分比缩减的主要原因。目前，传统的政治资源和新兴的经济资源相互渗透、交叉重叠，形成了一股特有的合力，推动着我国社会向一种有中国特色的新的社会分层结构演变。

(3) 新型的社会阶层结构正在整合但合理的社会分层尚未完全形成。

解决社会分层所带来的结构性矛盾，根本出路在于发展社会生产力。在大力发展社会生产力的基础上，优化社会结构，健全社会制度，避免社会的两极分化和社会矛盾的激化，形成良性的社会稳定机制和社会运行机制。要建立合理的社会结构，也必须大力发展生产力。但是，社会生产力的发展，并不意味着就一定会形成稳定的社会结构，它还必须依靠一系列社会的制度环境。

资料来源：陈晋文、郭丽娜：《改革开放以来我国社会分层结构的变迁分析》，载《商业时代》，2012 (09)。

从分布范围看，政府面对的受众一般可以分为国内受众和国际受众。对于国内受众，政府发布的信息（大部分信息）具有强制约束力，而对于国际受众，政府发布的信息只具有影响力而不具有强制约束力。

1. 国内受众

(1) 组织内受众。

政府传播的组织内受众主要是指政府组织内的个体、组织或社会团体，这部分受众包括各大政府机构、各民主党派、各种具有政府背景的社会团体等。这部分受众既是政府传播的主体，又是政府传播的客体，能够对政府施政进行直接干预、施加压力，并且能够引起政府的关注。组织内受众在政府传播中的角色较为特殊，对于这部分受众来说，既有来自政府通过大众传播媒介对其施加的影响，又有在组织内部，政府通过文件、会议等方式进行的政府传播对其施加的影响。

知识窗

我国政府公务人员基本情况

根据人力资源和社会保障部2012年3月公布的数据，2008年、2009年、2010年全国公务员的数量分别是659.7万人、678.9万人、689.4万人，年均增长约15万人。此外，我国还有88.4万参照公务员法管理的群团机关、事业单位工作人员，见图1—1。

图 1—1 我国近年来公务员数量增长示意图

资料来源：此图据新华网有关报道绘制。

（2）普通受众。

普通受众是政府传播客体的主要组成部分，包含了我国各民族、各社会阶层、各社会非政府组织等。对于这部分受众来说，政府传播的大部分信息，特别是在一些政策法规颁布上，具有强制约束力。

2. 国际受众

随着全球化的不断深入，国与国的交往的不断扩大，政府传播中的对外传播越来越受到各国政府的重视。对于我国来说，加大对外传播力度，树立良好的国际形象是未来参与国际竞争的重要保障，而对国际受众进行细分、梳理，是实现有效传播的前提条件之一。国际受众，一般意义上可分为他国公民、他国政府、国际组织以及非政府组织（NGO）。与国内受众不同，政府传播对国际受众没有强制约束力，只能通过大众传播媒介或其他方式来对国际受众施加影响，以期达到传播效果的最优化。

案例 1—2 美国受众对于中国的传播接受心理和刻板印象

由于美国所拥有的超级大国地位，民众所身处的富足生活状况，大多数美国人不太主动关心国际形势，了解国外情况，从新闻需求来说，美国人是相当保守的，他们大多只关心地方新闻和与自己关系较大的国际新闻。2011 年当中国的形象宣传片在美国播放时，美国 CNN 知名主播，近年两度采访温家宝总理的扎卡里亚认为，这样的电视片恐怕不符合美国电视观众的收看习惯。扎卡里亚表示，西方对中国的误解很多，以往认为中国很穷，现在又以为中国很富。这里最大误解在于这里的人们觉得中国是一个孤立的怪物，就像一个巨大机器，以超快速度运转着。其中一部分原因是因为中国官员不跟西方媒体接触。

资料来源：成项：《美国民众对中国崛起的认知》，见人民网，2011－12－21。

（五）传播效果

政府传播的效果通过公众对政府指令的实际执行情况以及产生的相应社会反应来检验。政府传播的社会放大效应使得政府传播效果对政府形象的影响尤为强烈，一旦在活动中、操作上出现失误，其对政府形象的负面影响也是很大的。

由于政府信息一经传播即会产生重大影响，因此，政府传播的效果评估可分传播前、传播中和传播后三个环节进行：在传播前，政府应对其未来效果做出预测性分析、研究和策划，考虑到有可能出现的问题，并采取相应的对策，使问题得到及时解决。传播过程中和传播后，通过传播效果分析，一方面有助于修正政府决策中的不适当的部分，另一方面有助于修正政府在传播过程中的不适当的做法，包括信息传递不及时或信息失真造成的公众误解以及传播手法上、技巧上的问题造成的认知障碍等。

二、政府传播的特征

政府的基本属性是阶级性和社会性，政府传播使得符号化、交互性的信息传播过程兼具了政治调控与公共服务的双重属性。基于此，政府传播具有以下特征：

（一）传播主体的权威性

政府传播是一种政府行为，是政府行政管理职能的延伸。一些事关国家发展大局的信息只有政府才有权发布，故其具有其他信息源不具备的权威性。比如，国家发展的数据、资料等是一个国家经济发展程度和发达程度的主要评价指标，也是国内外投资者的重要参考依据。

（二）传播内容的独有性

政府传播的信息一经发布，就会成为主渠道信息，其他传播主体所传播的内容则成为政府信息的辅助和补充。许多国家在动乱、战争、重大灾情等危机状态下，政府是法律授权的唯一的信息发布者。比如，我国《传染病防治法》和《突发公共卫生事件应急条例》规定，当传染病或突发公共卫生事件发生时，国务院卫生行政部门（卫生部）承担信息的通报和发布职责，任何单位和个人未经批准，不准对外通报、公布和引用发表未经公布的传染病疫情。

（三）传播环节的主控性

在政府传播过程中，政府起着信息把关人的作用，在信息采集、内容取舍、渠道开闭等各个环节，保持着控制权和主导地位。政府传播的程序、流程都有相应的规范，同样的话出自同一政府部门的不同人员，其意义和影响可能完全不同。比如，我国各级政府推出的《政府信息公开条例》，美国的《信息自由法》、《在阳光下的政府法》，日本的《信息公开法》等。除了法律控制之外，政府有行政控制、组织程序控制、人员表达控制、信息分级控制等多种控制权能。在美国，白宫充分发挥了政府的控制权能，掌握了一套操控媒体的技巧。比如，把即将发生的事情透露给某家媒体，这家媒体肯定会不遗余力地进行报道，而为了能够得到这种独家新闻，媒体会小心翼翼以免遭到信息封杀。

（四）传播对象的不特定性

政府传播的对象是不特定的广大社会公众，尤其在全球化背景之下，政府传播对象从国内扩展至全球。比如，美国当地时间 2011 年 1 月 17 日，一抹亮丽的“中国红”出现在美国最繁华的商业区——纽约时报广场，六块巨型的电子显示屏同时播放《中国国家形象片（人物篇）》。宣传片的开头，以醒目的红色为背景，以白色书写中英文“中国”两字。中国各领域杰出代表和普通百姓在片中亮相，将中国最真实的一面展现在美国人眼前，吸引了许多路人驻足观看（见图 1—2）。

图 1—2　《中国国家形象片（人物篇）》亮相美国纽约时报广场

（五）传播效果的广泛性

政府传播对于社会政治、经济、文化等各个领域都有广泛而深远的影响。就国内而言，对于各种大政方针的发布和解释，能够为广大公众知晓并执行。就国际而言，政府的对外传播直接体现了国家意志，并在一定程度上体现了这个国家在国际政治、经济事务中的地位与作用。

三、政府传播的功能

政府传播作为政府与公众之间的信息交流过程，是政府与公众联系的最重要的桥梁，其功能主要有：

（一）政府传播是政府与公众实现良性互动的传播形式

中央政府和地方各级政府通过新闻发布、政府网站平台发布等多种方式，面向广大公众进行信息传播，形成了包含政府全息资讯的“缩微景观”，既保障了公众对政府信息的知情权，也在很大程度上提升了公众对各级执政主体和行政主体的满意度和信任度。这是实现政府与公众良性互动的前提。通过政府传播，公众能够对政府的决策信息、价值指向、公益诉求、资源调配等进行过程化知晓，并且可以就自身关注度高、利益关联度高的问题进行定点了解和重点反馈。

（二）政府传播是构建和谐社会的重要实现方式

政府传播保证了各种类型的公众交流渠道的畅通，政府能够根据公众的意见反馈来调整自身的政策和行为，使不同的公众意见在充分表达的基础上求同存异，使各种社会摩擦与冲突的能量在一定程度上得到释放和缓解，从而形成稳定和谐的政治局面与社会秩序。

（三）政府传播是国家软实力竞争的关键要素

在当前的国际竞争格局下，政府传播能力是影响国家文化安全和软实力竞争的核心所在，在宣传民族文化、传播意识形态、促进人民友好等方面发挥着显著作用。一国政府通过全球性、跨文化的传播沟通，可以促进矛盾和分歧的化解，促成国际间的协调与合作。

第二节 | 政府传播的类型与表现形式

政府传播可分为不同的类型。在具体实践中，政府传播包括政府人物传播、活动传播、新闻发布会等多种表现形式。

一、政府传播的类型

根据传播情境，政府传播可分为常态传播、非常态传播；根据传播主体的层级差别，政府传播可分为中央政府传播、地方政府传播；根据传播指向，政府传播可分为政府对内传播、政府对外传播。

（一）常态传播、非常态传播

根据政府所处的传播情境不同，政府传播分为常态传播和非常态传播。

政府常态传播的形式主要有政府大政方针、相关活动等新闻的传播，以及政府新闻发布会等。在美国，白宫颁布一项政策，总统通常要花大半时间通过新闻媒体进行传播。美国人毫不讳言，白宫的日常新闻操作就是引导舆论。日常例行的新闻发布会是政府和政治人物操纵信息和控制新闻的重要途径。

政府非常态传播是指在发生了公共卫生、安全等危及社会正常生活秩序的突发性事件时政府所进行的传播。比如，2003 年我国“非典”疫情期间的政府传播就属于政府的非常态传播。

（二）中央政府传播、地方政府传播

根据政府传播主体的层级差别，政府传播分为中央政府传播和地方政府传播。在我国，中央行政机关体系包括国务院，国务院各部、委，国务院直属机构，国务院各部、委员会管理的国家局，国务院的办公和办事机构。地方国家行政机关包括省（自治区、直辖市）、市（自治州、直辖市的区）、县、乡（镇）、地方人民政府的派出机关（见图 1—3）。

中央政府传播是指由一国中央政府机构及其专职人员所进行的传播，如“中华人民共和国中央人民政府门户网站”面向世界发布中国政府公报，国务院新闻办举办记者招待会等。

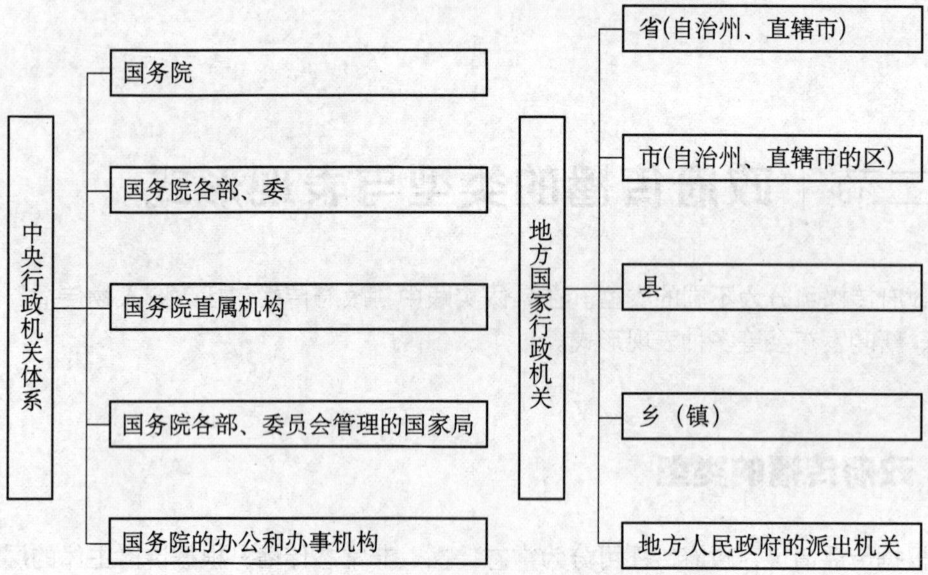

图 1—3　我国中央行政机关体系和地方国家行政机关

资料来源：根据中华人民共和国全国人民代表大会网站有关信息绘制。

地方政府传播是由地方各级政府所进行的传播，如北京市政府举办天然气价格调整的价格听证会等。

（三）政府对内传播、政府对外传播

根据传播指向的差别，政府传播分为政府对内传播、政府对外传播。

政府对内传播是指政府对本国公众、企业和社会组织等进行的传播，与之相对的则为对外传播。两者因传播对象和主观意图不同，在方法、内容、渠道、策略等方面都有区别。当前，在媒介化、信息化条件下，两者之间的绝对差异正在缩小。

二、政府传播的表现形式

（一）政府人物传播

随着当代政府与新闻传媒的高度互动，政治家、公务人员运用大众传媒来塑造“亲民、勤政”的形象显得日益重要。一些国家的政府领导人运用科技手段与公众进行沟通成为政府传播的重要表现形式。比如，德国总理默克尔是世界上第一位开设播客的政府首脑，在她的播客上，公众可以看到其每天工作日程的文字记述，更可以在网上通过视频看到德国的领导人谈天说地（见图 1—4）。

图 1—4　德国总理默克尔播客中的图片

资料来源：德国女总理默克尔的播客网站。

（二）活动传播

大型活动、会议、会展和论坛是政府传播的常见形式，这些形式的特点是影响面广、参与性强，往往成为新闻媒体竞相关注的“焦点”。比如，2008 年我国成功举办的第 29 届夏季奥运会就是政府传播的经典案例（见图 1—5）。

图 1—5　2008 年北京奥运会开幕式现场

为了吸引公众和媒体关注，政府通过策划和组织一些公开的推介活动，比如政府开放日、政府推介会等，来传播自己的声音和意图。比如，2011 年 3 月 22 日下午，由中央国家机关工委组织开展的“中央媒体走进部委”活动正式启动，十余家中央媒体的记者走进本次活动的首站——水利部，进行探访报道。通过媒体的视角，充分展示了中央国家机关各部门“十一五”辉煌成就，同时也为公众更多地了解国家部委提供方便。

（三）政府公开述职

政府工作人员述职是指国家政府工作人员向主管部门或服务对象汇报工作情况。政府工作人员述职以往通常是“关门总结”，一级述给一级听，属于十分典型的封闭式信息传播。2010 年 11 月 22 日起，南京 800 万市民直击了十场由南京市纪委、市监察局、市纠风办联合组织的“向服务对象述职、接受群众评议”多媒体直播活动（见图 1—6）。南京市工商局、公安局、城市管理局等 10 个政府部门经历大考，520 余万群众通过网络、电话、电视、报纸等平台给政府“打分”。10 场公开述职评议活动共搜集问题、建议 768 条，短短一个月已办结 686 条。“述职直播”引起各界广泛关注。中央和省市数十家媒体聚焦南京，央视《新闻联播》、《东方时空》、《新闻 24 小时》多次对该述职活动进行报道评议。

图 1—6　南京市政府部门述职直播现场

资料来源：中国江苏网。

（四）新闻发布会

从狭义上讲，新闻发布会是以新闻发言人公布事件或信息为主的会议；从广义上讲，以记者提问为主的记者招待会、以信息通报为主的媒体吹风会、以首脑或知名人士发表简短讲话为主的媒体见面会等都属于新闻发布会的范畴。此外，新闻通稿、新闻发言人个人接受媒体采访、政府组织或部门定期或不定期公布白皮书或蓝皮书、官方网站发布消息等也都属于新闻发布。

发布新闻是政府信息公开的一种重要方式，其发布的内容是政府信息中最能引起公众兴趣和普遍关注的信息。近年来，我国政府的新闻发布会已经实现了同步直播的常态化，这充分显示出我国政治生活的民主和开放。比如，2013 年 2 月 21 日，国务院新闻办在京举行新闻发布会，陕西省省长娄勤俭出席并介绍陕西省近年来社会经济发展与重大水利项目建设情况（见图 1—7）。

图 1—7　新闻发布会现场

资料来源：陕西省人民政府官方网站。

（五）政府广告

政府发布广告传递信息是政府传播的一种形式，分为商务性广告和公益性广告两类。比如，有一些地方政府以政府签约形象代言人的方式来扩大和拓宽政府形象传播的渠道。2005 年，上海市政府与姚明、刘翔签订了有关上海市“形象大使”的协议，象征着上海“高度”与“速度”的篮球明星姚明和 110 米栏奥运会冠军刘翔成为第二任上海形象代言人，两人在国内外承担起代言城市品牌、传播政府信息、塑造城市形象的使命。

（六）政府形象宣传片

政府形象宣传片是集声音、图像、文字、三维动画于一身的多媒体传播形式，近年来日益受到重视并得以广泛运用。比如，2012 年在中央电视台综合频道黄金时段播出的贵州省形象宣传片，以优美的画面，配上“山美、水美、人更美”的解说词，最后出现“走遍大地神州，醉美多彩贵州”的标语，画面上的“贵”字呈酒樽形状，让人联想起中外驰名的茅台酒，从而加深了对这个西部省份的印象（见图 1—8）。

图 1—8　贵州省形象宣传片的结尾画面

（七）政府微博等新媒体形式

政府与微博的结合是政府提高执政能力水平的有效途径，更是政府传播方式多元化的必然选择。政府微博以其自身适应互联网方式传播的特性为建立现代化政府奠定了基础，提升了政府电子化公共服务的水平，为我国政府机构建立现代政府形象、提升政府行政效率和进行有效危机管理提供了新思路。以新浪微博为例，截至 2013 年第一季度，通过新浪认证的政务微博数共约 7 万余个，较去年同期的 3.3 万个净增约 3.7 万个，同比增长 121%。自 2012 年以来，基层政务微博数继续迅猛增长。据统计，政府机构和公职人员微博中的县处级认证用户数达 1 万余个，首次突破 1 万个，占政务微博总数的 14%，夯实了政务微博的发展基础。再比如，浙江省政府推出的即时聊天软件“浙江政务通”，公众登录浙江省政府网站，下载安装该软件正式版本，就可注册成会员登录聊天。

此外，政府传播的形式还有政府标志物、言简意赅的标语口号等。

第三节 | 政府传播的规范

构建服务型政府，不断加强政府信息公开、规范政府传播流程是密切政府与群众联系的根本所在。因此，有必要制定一套完整的政府传播规范，为建设服务型政府打下坚实基础。

一、我国政府传播管理模式

我国政府传播管理的特点是在政府行政模式和宣传管理模式结合的基础上形成的。从政府行政模式来说，中央以及各级政府通过报刊、广播、电视等大众传播媒介向公众传达有关文件、会议精神等，同时也通过组织内传播，即以召开会议、制发公文等形式自上而下密切组织之间的关系。从宣传管理模式来看，党中央及其宣传部通过一系列文件、各种党中央颁布的决议和决定、中央领导人的讲话与指示对新闻媒体进行统一调控。

（一）以党和政府为主导

一直以来，党和政府在政府传播中居于主导地位，通过其掌握的信息内容和传播载体，对政府传播的内容、方向进行直接控制，以期达到预期的传播效果。同时，党和政府通过颁布新闻法规、信息传播条例，用法律手段来控制政府传播，做到有法可依、有章可循。

知识窗

我国已初步建立互联网基础管理制度

2010 年 5 月，国务院新闻办公室主任王晨在为十一届全国人大常委会组成人员做“关于中国互联网发展和管理”的专题讲座时表示，我国已初步建立了互联网基础管理制度，并初步形成了网络信息安全保障体系。一是规范域名、IP 地址和登记备案、接入服务管理。二是建立互联网信息服务准入退出机制。依法对涉及意识形态安全和公共利益的网络信息服务实行许可审批，建立健全日常监管、年度审核、行政处罚等一系列管理制度，形成有关部门协同处置有害信息、防范境外有害信息渗透的工作机制。三是积极探索网络实名制。在重点新闻网站和主要商业网站推行论坛版主实名制、取消新闻跟帖“匿名发言”功能取得实效，而网站电子公告服务用户身份认证工作正在探索之中。

（二）多层次、多元化管理

在我国，从层级上来说，从中央到地方，各级政府都设立宣传部门来对政府信息传播进行把关；从管理部门来说，中宣部、文化部、国家新闻出版广电总局以及公安、工商等部门及其下属机构都对信息传播行使着管辖权。

（三）注重舆论引导

1996 年，江泽民在视察《人民日报》时指出：“舆论导向正确与否，对于我们党的成长、壮大，对于人民政权的建立、巩固，对于人民的团结和国家的繁荣富强，具有重要的作用。舆论导向正确，是党和人民之福；舆论导向错误，是党和人民之祸。”2011 年，胡锦涛在省部级主要领导干部社会管理及其创新专题研讨班开班仪式上强调，要进一步加强和完善信息网络管理，提高对虚拟社会的管理水平，健全网上舆论引导机制。政府传播的目的是加强政府与民众之间的相互沟通，促进政府与公众的良性互动。在这其中，舆论的引导就显得十分重要。

二、我国政府传播的规范

（一）政治规范

1. 四项基本原则

1979 年 3 月 30 日，邓小平在北京召开的党的理论工作务虚会上作了题为《坚持四项基本原则》的讲话，将中国共产党一贯所强调的思想政治方面的原则概括为“四项基本原则”，即“第一，必须坚持社会主义道路；第二，必须坚持无产阶级专政；第三，必须坚持共产党的领导；第四，必须坚持马列主义、毛泽东思想”。四项基本原则是我国各项政治工作的核心，也是政府传播的基本原则。

知识窗

党的十一届三中全会以来对于四项基本原则地位的表述

1981 年 6 月，党的十一届六中全会决议对此进一步明确规定：四项基本原则，是全党团结和全国各族人民团结的共同的政治基础，也是社会主义现代化建设事业顺利发展的根本保证。一切偏离四项基本原则的言论和行动都是错误的，一切否定和破坏四项基本原则的言论和行动都是不能容许的。

1982年通过的《中华人民共和国宪法》对四项基本原则又作了记载和肯定，并明确规定，中国人民将继续坚持四项基本原则，为实现新时期的根本任务而奋斗。

1987年，中共第十三次全国代表大会把“四项基本原则”作为重要内容写进了党在社会主义初级阶段的基本路线中，即领导和团结全国各族人民，以经济建设为中心，坚持四项基本原则，坚持改革开放，自力更生，艰苦创业，为把我国建设成为富强、民主、文明的社会主义现代化国家而奋斗。

1992年，中共第十四次全国代表大会通过的新党章，把建设有中国特色社会主义的理论和党的“一个中心、两个基本点”的基本路线正式纳入党章。

2007年，中共第十七次全国代表大会的党章，关于四项基本原则的表述为：“坚持社会主义道路、坚持人民民主专政、坚持中国共产党的领导、坚持马克思列宁主义毛泽东思想这四项基本原则，是我们的立国之本。”

2012年，中共第十八次全国代表大会报告指出，党的基本路线是党和国家的生命线，必须坚持把以经济建设为中心同四项基本原则、改革开放这两个基本点统一于中国特色社会主义伟大实践，既不妄自菲薄，也不妄自尊大，扎扎实实夺取中国特色社会主义新胜利。

2. 以人为本原则

我国宪法关于“中华人民共和国一切权力属于人民”的规定，既阐明了公民权利的本源，又赋予公民权利以法律保障。国家权力是人民授予的，人民是国家的主人，是国家权力的主体。一切国家机关及其工作人员都是人民的公仆。在国家权力与公民权利二者之间的关系上，要把保护公民权利放在首位。

在当前市场经济条件下，公众奉行的是一种多元的价值观，政府必须在这样的新形势下，加强对公民权利特别是知情权的充分尊重，这是政府传播的基本价值取向。同时，政府工作人员必须转变思维方式，把满足公民的公共需求作为一项大事来抓，真正做到以人为本。

（二）业务规范

1. 把关原则

1947年，美国社会心理学家、传播学的奠基人之一库尔特·卢因在《群体生活的渠道》一书中认为，在群体传播过程中存在着一些“把关人”，只有符合群体规范或把关人价值标准的信息内容才能进入传播的管道。在政府传播的议程设置中，要牢牢把握正确的舆论导向，及时主动引导舆论，本着有利于党和政府工作大局、有利于社会稳定和谐的原则，尤其是在重大事件中，要增强公众的自信心，凝聚公众力量。比如，政府在“汶川大地震”中作出反应，借助媒体的报道，消除了恐慌，让全社会众志成城，共渡难关。在政府传播中，政府对传播信息进行一定程度的把关，一方面是正确引导舆论的需要，另一方面也是制止不良信息或谣言传播的需要，主要体现在以下方面：

（1）合理规划政府信息的发布渠道。

在激烈的市场竞争环境下，媒体越来越依赖于政府的信息公开，因此，各级政府应该跟上媒体发展的步伐，尊重新闻生产的特征和规律，规划好政府信息发布的渠道。同时，也应该通过相应的指定渠道，指定一些机构作为政府传播专用渠道，限制或部分限制非指定媒体报道和传播政府信息，以此来保障政府信息传播的真实性，防止政府信息在传播过程中出现失真情况。

（2）培养一支多元化的把关队伍。

党和政府选任、委派一批具有丰富媒体管理经验的人员从事新闻出版管理工作，发挥他们的政治优势和专业优势，不仅对具体内容进行把关，也负责协调政府各部门之间的关系，把握宣传口径，监督传播过程。此外，随着新媒体等传播媒介所带来的传播环境、生产方式的转变，单靠体制内的力量已经很难进行把关，因此，需要建设一支新媒体网络管理队伍，对公众进行积极的舆论引导。

（3）强化政府工作人员的自我把关意识。

政府传播需要依托负责信息传播的工作人员。近年来，随着政府信息公开内容和规模的扩大，政府信息公开的具体项目也日益增多，因此，必须加强对政府工作人员的培训，使之能更好地适应当前政府传播出现的新情况。

2. 依法行政原则

随着行政法治的逐步完善，程序法治的原则越来越受到人们的重视。而政府作为行政主体，同时也是政府传播的主体，在具体的政府传播行为中，接受法律的监督，其内容和形式、权力与责任、制度和程序等都应有相应的法律规定，其产生的问题和后果都应该通过法律手段来解决。

胡锦涛 2005 年 1 月在新时期保持共产党员先进性专题报告会上的讲话中强调了“树立和实践正确的权力观的问题”，并提出了“权为民所用，是党的立党为公、执政为民的执政理念的具体体现”。相应地，政府传播不仅要树立“传播为民”的权力本位思想，也必须在规范政府行为的基础上确立公民正确合理的传播秩序。

3. 及时公开原则

作为信息的接收者，公众既被动接收信息又主动搜寻信息。当公众的知情权得不到满足时，其就只能主动出击，寻求全面真实的信息。因此，政府传播必须坚持及时公开原则。政府传播的议程设置要遵循新闻传播的规律，要与政府宣传相区别。

案例 1—3 绑架案情信息迟迟不公布引发社会恐慌

2009 年 10 月 20 日至 11 月 7 日，不到 20 天的时间里，深圳市接连发生三起儿童绑架案，其中两名小学生惨遭“撕票”。虽然这三起案件均在案发后一周多的时间内告破，但由于警方迟迟不予公布相关信息，致使全市流言肆虐，盛传深圳已发生 20 多起绑架案，且均由一个境外犯罪团伙作案，一时间全城都笼罩在恐慌之中，许多豪宅业主开始卖房卖车以藏富避祸，而香港某些媒体的率先曝光更加剧了当时的恐慌气氛。直至 12 月 8 日，深圳警方才以简单的新闻通稿方式，证实了 10 月份以来发生的这三起绑架案，并对诸多传言进行辟谣。而此时距离首起案件发生已一月有余。

资料来源：张勇锋：《试论政府在危机传播中的责任担当》，载《新闻爱好者》，2011 (06)。

4. 责任追溯原则

政府传播在实际操作过程中可能由于诸多原因而出现各种各样的不作为，因而公众利益就有可能受到损害。因此，需要在政府传播过程中实行责任追溯原则，将不作为、乱作为、消极作为的不良后果追溯到直接责任人身上，按照有关法律法规追究责任。目前，领导干部责任追究制度已经开始成为我国各职能部门的一项基本原则，这一原则的贯彻实施，将有利于提高政府工作人员的工作积极性，预防不作为行为的出现。

知识窗

我国领导干部责任追究制度

责任追究方式：一是做出书面检查；二是谈话诫勉；三是通报批评；四是赔偿损失，调离岗位；五是党政处分（包括党内警告、严重警告、撤销党内职务、留党察看、开除党籍）；六是行政处分（包括警告、记过、记大过、降级、撤职、开除）；七是涉嫌犯罪的移送司法机关依法处理。

责任追究原则：责任追究坚持谁主管谁负责的原则。属于领导班子集体研究做出错误决定的，根据错误性质及责任轻重程度，追究领导班子的责任；属于一把手责任的，就追究一把手的责任；属于副职在其分管的职责范围内发生严重问题的，追究副职的责任；属于科室职责范围内发生严重后果的，追究科室责任，并同时追究分管负责人的责任。

责任追究的组织处理：由党风廉政建设工作领导小组认真调查、分清责任，提出处理意见，按规定的权限和程序处理。

第四节 | 中外政府传播的历史概观

一、新中国成立后我国政府传播的发展历程

（一）改革开放前的政府传播

新中国成立初期的政策和指导思想，给政府与大众媒介的关系定下了基调。当时的社会环境也决定了改革开放以前我国政府传播的基本特点。

1. 新中国政府与大众传播媒介的关系

新中国成立初期，百废待兴，国内外形势错综复杂，变化起伏不断，矛盾和问题有时比较尖锐。中国共产党的新闻传播理念成为全国性的新闻传播主导思想，新生政权与大众传播媒介之间的关系呈现出一定的特殊性，在制度和操作上均有体现。

（1）党和政府确定大众传播媒介是意识形态部门。

新中国成立不久，各行各业重新起步，许多政策、制度都处在新生阶段，并不十分成熟稳固。在这样的环境下，控制好局面和获得民众拥护格外重要，因此意识形态的重要性分外凸显，大众传播媒介成为新生政权掌握意识形态领导权的重要工具，我国新闻事业开始进入新纪元，逐步形成自己的结构体系。为此，党和政府通过制定方针政策、召开相关会议、颁布制度来确定大众传播媒介的意识形态部门地位。

1950 年 4 月 19 日，中共中央颁布《关于在报纸刊物上展开批评和自我批评的决定》。1953 年中宣部发布《关于党报不得批评同级党委问题给广西省委宣传部的复示》，1954 年毛泽东提出了报纸批评的“开、好、管”的三字方针。1954 年 5 月，中共中央召开第二次全国宣传工作会议，会议召开的目的正是加强党对宣传教育事业的领导，并通过了《关于改进报纸工作的决议》（简称《决议》），《决议》肯定了在新中国成立几年来的各种斗争和建设事业中，报纸已经成为党在全国范围内宣传和贯彻党的路线、方针和政策，指导实际工作，联系和教育广大人民群众的有力武器。《决议》还要求全党必须加强对报纸工作的领导、监督和支持，进一步发挥党和人民新闻事业的重大作用。

（2）确定大众传播媒介是党和政府的“喉舌”。

“喉舌论”是在马克思主义政治经济学原理的理论指导下提出的。党的报刊理论中常用“喉舌”来比喻说明大众传播媒介的性质和作用，新闻媒体的喉舌功能也一直为

党的三代领导人所强调。毛泽东明确提出“报纸的作用和力量，就在它能使党的纲领路线、方针政策、工作任务和工作方法，最迅速、最广泛地同群众见面”。邓小平要求宣传思想战线的战士“作为灵魂工程师”，“一定要无条件地宣传党的主张”。胡耀邦指出，“我们党的新闻事业，究竟是一种什么性质的事业呢？就它最重要的意义来说，用一句话来概括，我想可以说党的新闻事业是党的喉舌，自然也是党所领导的人民政府的喉舌，同时也是人民自己的喉舌”。江泽民也指出，“我们国家的报纸、广播、电视等是党、政府和人民的喉舌。这既说明了新闻工作的性质，又说明了它在党和国家工作中的极其重要的地位和作用”。正因为大众传播媒介被定位为党和政府的“喉舌”，因此在传播活动中，大众传播媒介表现出明显的跟随意识，最典型的是下级政府对上级新闻媒介的跟随，如市级政府对省级新闻媒介的跟随，省级政府对国家级新闻媒介的跟随，一级一级延伸。

(3)“党管新闻”体制的确立与运行。

中国共产党是我国的执政党，党和政府一贯坚持对新闻传播事业的领导。早在1948年6月5日，中共中央就有了《关于宣传工作中请示与报告制度的决定》。“为了严格统一党的宣传，在宣传部门中消灭或多或少存在着的无政府状态或无纪律状态”，对宣传工作中的请示报告制度做了严格规定。例如，“各地党报必须执行毛主席所指示的由各地的党的负责人看大样制度，每天或每期党报的大样必须交党委负责人或党委所指定的专人作一次负责的审查，然后付印”。“各地党报的社论及编者对于新闻的政治性和政策性的按语与对于读者政治性和政策性的问题的答复，必须由党委的一个或几个负责人阅正批准后，才能发表。凡该党委所不能负责答复的问题，应请示上级党委或新华总社，而不应轻率答复”。“凡各级党委及其负责人，对于带有全国性或全党性的问题的言论……凡其内容有不同于中央现行政策和指示者，应事先将意见和理由报告中央批准，否则，不能发表”。

伴随着新中国的成立，我国制定了一系列政策，进一步确立党对新闻事业的领导地位。1949年11月1日，中央人民政府设立新闻总署，统一管理全国新闻工作，首开政府部门参与新闻管理与政策制定的先河；颁布了《全国报纸杂志登记暂行办法草案》，成为我国第一个全国性新闻传媒登记法规；同月，中央人民政府政务院（后改为国务院）正式成立，其主要职能是负责领导全国的新闻事业，管理国家的新闻机构。1950年3月，新闻总署召开新中国成立后第一次全国新闻工作会议，对新闻工作进行研讨，认为报纸工作的中心问题是加强报纸与人民群众的联系。新闻总署曾正式发出专文，明确指出，“国家处于激变之中，报纸和新闻广播必须毫不动摇地把报道和指导经济建设作为压倒一切的中心工作，经常和系统地反映经济建设，指导劳动人民的生活和斗争，是新中国新闻工作者的光荣职责”。

在体制上，我国也建立了相应的媒介体制，确立党对新闻事业的领导。计划经济时期，国内的物资流动和资源调配均依靠行政计划来安排，我国的传播事业和大众传播媒介也被纳入计划经济范畴。不需要从事经济活动，所有传播媒介的组织架构以保证党的宣传政策的顺利贯彻为基准，主要采用编委会领导下的总编辑负责制。在这种组织架构中，总编辑是法人代表，编委会是媒介各种事务的最高决策机构，全面领导和监督媒介编辑部门、经营部门和行政后勤部门的工作。总编辑负责召集编辑会议，具体组织实施编委会的决策，支持传播媒介的日常事务。编委会是媒介的最高集体行政首长，总编辑充当召集人的角色。通常总编辑受党的组织部门委派，由党委授权管理媒介。这种组织架构中的总编辑和编委会有着巨大的权力，同时又直接受到党的组织部门领导，从而在宣传党的路线、方针、政策方面有着得天独厚的优势，十分有利于政府传播活动的开展。但是，这种组织架构也存在着自身难以避免的缺陷。由于报社的政治功能被无限制地扩大，忽视了它的经济属性和产业功能，忽略了大众传播媒介的政治、经济双重属性，媒介舆论引导的功能不能充分地发挥，政府传播活动也会受到影响。然而从实践情况来看，这种组织架构在目前的许多报社中还保留着。

2. 新中国政府传播的特点

新中国政府与大众传播媒介关系的确立从体制和制度的层面确立了党在新闻传播事业中的地位，在这种关系下，新中国的政府传播呈现出许多与众不同之处，主要表现在下面几个方面：

(1) 大众传播媒介成为政府声音的主要传播渠道。

新中国的成立使党的新闻传播和舆论引导工作不再受制于旧的政治制度，获得了合法的地位，大众传播媒介迅速成为党和政府发出自己声音的首选渠道。当时分管新闻工作的刘少奇曾说："列宁说党要经过千百条线索和群众联系起来，其中最重要的办法，就是报纸、新华社"。1949 年 8 月，《人民日报》被定为中共中央机关报，承担着每天向全国和世界介绍与传播党和政府的方针、政策及主张的重任，其中《人民日报》的言论，尤其是社论和评论员文章等，成为《人民日报》的一面旗帜，被认为直接传达了党中央的声音，备受海内外读者、外国政府和机构的重视。同年 9 月，中国人民政治协商会议第一次全体会议通过了具有临时宪法性质的《中国人民政治协商会议共同纲领》，其中第 49 条明确规定要"发展人民广播事业。发展人民出版事业"。1950 年 4 月，新华社改为统一集中的国家通讯社，成为全国的新闻信息汇总中心。

(2) 政府传播的宣传价值取向。

新闻产品具有双重价值取向，即新闻价值取向和宣传价值取向。我国改革开放新时期以前的政府传播在新闻产品双重价值取向的选择上，过多地偏重宣传价值，而没有把新闻价值放在足够重要的位置上来对待，表现为片面追求典型宣传，为了塑造一些"高、大、全"的正面典型而人为拔高。

（3）时政宣传的特殊地位。

时政新闻的选题大多是国家、政党最新的方针政策、会议报道，重大党务、政务活动，领导人活动，以及国内外重大时事，在媒体上占据着特殊的地位，拥有一种“头条新闻”的优先权。在新闻编排上，习惯于按领导人职务高低而不是按新闻价值大小编排新闻顺序。会议报道也形成了“会议程序＋领导人名单＋领导讲话”和“领导一路走一路说”的新八股模式。

（4）指令性新闻与非指令性新闻。

指令性新闻指的是有关重大事件的新闻报道，例如党代会、国家领导人的发言等。不论报纸定位如何，这类指令性新闻是所有报纸的必报内容，存在着明显的同质化现象和普遍的转载现象。而且这类报道经常是全文转发新华社的新闻稿，地方报纸全文转发“两报一刊”的新闻稿，或者直接转载领导人发言稿，有时甚至一字不改，全文照搬。非指令性新闻即指指令性新闻之外的新闻报道，这类新闻中的亮点常常被忽略，被指令性新闻挤到次要位置。

（5）新华社通稿和通稿现象。

新华社在采访到一些重要新闻以后，发给全国需要稿件的媒体统一的稿件，这种稿件便是通稿。1949 年 11 月，新闻总署做出了《关于报纸采用新华社电讯的规定》，要求“一般大报对新华社所发表的各种有特别重要性的稿件，如政府公告、外交文书、社论和重大的政治外交新闻等，不得节删。通俗报和小型报对于最重要的公告亦不得节删，但可附加通俗解释。对其它文件，在必须改写时，可以改写，但改写后即不得用原有文告，或新华社电讯名义”。1950 年 4 月，国家新闻总署做出《关于统一新华通讯社组织和工作的决定》，改新华社为统一集中的国家通讯社，一直沿着全国“消息总汇”的道路发展。中央人民政府政务院也颁布了《关于统一发布中央人民政府及其所属各机关重要新闻的暂行办法》，规定“中央人民政府所属各院、委、部、会、署、行首长，均应负责以有关新闻稿件供应给新华通讯社，或将应发布之新闻材料通知新华通讯社”，“各机关新闻秘书应与新华通讯社保持经常联系”，“各政府机关不得自由对外国记者发布新闻”等。

（6）宣传部的直接具体管理方式。

中共中央宣传部是中共中央主管意识形态方面工作的综合职能部门，1924 年 5 月成立，“文化大革命”期间被取消，1977 年 10 月恢复。全国各省设有省委宣传部。宣传部负责指导理论研究、学习与宣传工作，负责引导社会舆论，指导、协调各新闻单位的工作，从宏观上指导精神产品的生产，还负责提出宣传思想文化事业发展的指导方针，指导宣传文化系统制定政策法规。改革开放新时期以前，在一些重大事件的报道上，大众传播媒介经常接到来自宣传部的通知，宣传部或下发文件、通告，或电话通知，目的是统一对某一新闻事件的报道口径。

(7) 内参现象。

内参是一种内部参考文件，不定期出版，不对外发布，不对外发行。国内内参主要报道重要时政动向、负面新闻、争议话题、突发事件、重要技术突破、基层民意等敏感内容，注重对相关问题的原因分析和结果预测。国内内参还报道重大成就、重要经验和典型。这些正面报道得到中央领导批示后，有的会很快转为公开报道，在官方媒体上形成较大报道声势。国际内参则主要报道重大国际事件、重大国际外交动向、外国政要和媒体对中国的各种评价等。内参从性质上讲不属于大众传播媒介，它具有特殊的作用，内参报道的真实度、敏感度、深度都远远超过公开报道。

(二)改革开放新时期的政府传播

1978 年我国开始实行改革开放政策，新时期的政府传播在新的现实诉求促使下，借鉴外国政府传播的先进经验，从观念、制度到内容均呈现出许多新气象，传播领域日益开放，传播效率和传播能力大大提高，政府传播形式日益多样化，成为“公共服务型”政府建设的助推器，体现出一种政府与传播的新型互动关系。

1. 政府传播的观念更新

开放的视野为政府传播带来了观念的更新，政府开始从新闻的本源、传播的实质、传播学的理论和实践出发创新政府传播。我国历任国家领导人根据在任期间的具体国情，分别提出了符合客观实际的政府传播指导思想。

(1) 邓小平的“思想中心”说。

邓小平根据改革开放和社会主义现代化建设的需要，对政府传播的社会地位、政治使命、传播功能、工作原则和工作方法等进行了理论概括，成为我国政府传播的思想指南。1980 年 1 月，邓小平在《目前的形势和任务》中提出了“思想中心”说，将政府传播的重要性提到了全新的高度。他提出，“要使我们党的报刊成为全国安定团结的思想上的中心。报刊、广播、电视都要把促进安定团结，提高青年的社会主义觉悟，作为自己的一项经常性的、基本的任务”。他指出，出报纸，办广播，出刊物的作用大得很。20 世纪 90 年代，邓小平还提出，不搞大批判，促进思想理论健康发展，反对新闻宣传中的思想僵化和片面性，批评报道不能损害党与国家的形象等思想主张。

(2) 江泽民的“舆论引导”思想。

1994 年 1 月 24 日至 29 日，在中共中央召开的全国宣传思想工作会议上，江泽民指出，抓住机遇，深化改革，扩大开放，促进发展，保持稳定，是当年全党工作的大局。宣传思想工作要以科学的理论武装人，以正确的舆论引导人，以高尚的精神塑造人，以优秀的作品鼓舞人。

1996 年，江泽民在视察人民日报社时指出，“历史经验反复证明，舆论导向正确与否，对于我们党的成长、壮大，对于人民政权的建立、巩固，对于人民的团结和国家的富强，具有重要的作用”。在2001年1月召开的全国宣传部长会议上，江泽民指出，“舆论反映着国家的形象和社会的精神面貌。舆论引导是加强党的领导的一个十分重要的方面”。因此，党和政府必须始终坚持正确的舆论导向。江泽民指出，坚持正确的舆论导向，用正确的舆论引导人，最根本的是，动员全党同志和全国各族人民为实现党的基本路线而奋斗，为实现人民群众的根本利益而奋斗，坚定不移地推进建设有中国特色社会主义事业。

(3) 胡锦涛对“三贴近”思想的发展。

十六大以来，党中央对宣传思想工作提出了“三贴近”的要求，指出，“努力使新闻报道贴近实际、贴近群众、贴近生活，更好地为人民服务、为社会主义服务、为党和国家工作大局服务”。2003年12月，在全国宣传思想工作会议上，胡锦涛指出，“思想政治工作说到底是做人的工作，必须坚持以人为本。既要坚持教育人、引导人、鼓舞人、鞭策人，又要做到尊重人、理解人、关心人、帮助人。思想政治工作必须结合经济工作和其他实际工作一道去做，把解决思想问题同解决实际问题紧密结合起来。要大力宣传立党为公、执政为民的要求，着力营造权为民所用、情为民所系、利为民所谋的良好氛围，深刻阐述群众利益无小事的道理，多办得人心、暖人心、稳人心的好事实事，把党和政府的温暖送到群众心坎上”。“三贴近”原则突出了为民服务、亲民爱民的要求，成为我国政府传播长期坚持的方针和原则。

2. 政府传播的制度建设

改革开放以来，我国政府传播在制度上有了很大的发展完善。主要有：

(1) 新闻传播的改革。

20世纪80年代的新闻改革，为我国政府传播的快速发展做了很好的铺垫。从1989年开始，党和政府尤为重视政府传播的力度、效果和新闻舆论的宏观调控。在这样的背景下，我国政府出台了一系列文件，加强政府传播的规范化、法制化和合理性。1989年7月，中共中央发出《关于加强宣传、思想工作的通知》，认为“十几年来特别是近几年来，坚持四项基本原则不够一贯，思想政治工作极为薄弱，这种状况必须引起高度重视，坚决加以改变”。同时指出，“把党性和人民性对立起来，宣扬资产阶级新闻自由，主张摆脱党的领导的观点是完全错误的”。同时，对党委宣传部的作用与职能作进一步明确。该通知从宏观上确定了新闻工作的指导方针：加强党委领导，实行依法管理。

1995年1月，中共中央办公厅转发了经党中央批准的《中共中央宣传部关于进一步做好新闻舆论工作的若干意见》，提出，“要逐步建立健全中央和省、自治区、直辖市党委统一领导，中央宣传部和省、自治区、直辖市党委宣传部协调指导，各级新闻出版行政管理部门和各级新闻单位的主管部门分工负责的管理机制。逐步完善信息、引导、协调、保障、约束等运行机制。一个体制和五个机制及其相应的制度和办法，是相互联系、相互作用的有机整体，构成新闻舆论工作宏观管理体系的基本框架”。文件要求宣传部门要完善新闻阅评制度、新闻调研制度、新闻通气会制度、新闻发布会制度、谈话制度等。这一宏观调控体系的建立，使媒介议程、公众议程、政府议程的设置和新闻舆论工作牢牢地置于党和政府的调控之下，政府传播和信息反馈明显加强了。2008 年 5 月 1 日，《政府信息公开条例》正式施行，在建设公开透明的政府，保障公众知情权、监督权等方面影响深远。

(2) 新闻发言人制度的建立。

我国政府新闻发言人制度的建立，是改革开放和现代化建设深入推进的成果。1983 年 4 月 23 日，中国记协首次向中外记者介绍国务院各部委和人民团体的新闻发言人，正式宣布建立具有中国特色的社会主义新闻发言人制度。二十多年来，我国以外交部新闻发言人、国务院新闻办发言人、国台办新闻发言人等为突出代表的社会主义新闻发言人对国际上的重大政治事件、国际局势和国内现代化建设的重要方针政策等新闻信息，迅速及时地予以传播、做出反应。在对内宣传上，增强了民族凝聚力，稳定了民心，推动了改革和建设；在对外宣传上，向世界展现了中国政府自信、务实、开放、负责的精神状态和形象，为各国新闻媒体提供了权威的官方信息，让世界了解了中国。

3. 政府传播的内容变化

政府传播的内容变化具体体现在报道选题和报道角度两个方面。

(1) 选题变化：从官本到民本。

我国政府传播报道选题经历了从官本到民本的发展过程。同一政府新闻，选择的报道角度不同，会衍生出完全不同的报道选题。例如，《经济日报》在 2004 年 6 月和 10 月两次大改版，改版的基本原则就是“按照大局的要求来取舍新闻，按照读者易于接受的方式来写作新闻，按照便于读者接受的思维方式来编辑稿件”。2005 年年底，《人民日报》政治新闻版推出《体验》专栏，以图配文的形式，突破常规的图片选用标准，报道大时代中普通人的生活变化。

(2) 加强前馈与反馈。

改革开放后，政府传播开始注重收集民众的反馈信息，以及时调整传播手段，还开始注意到前馈的重要性，在对某些政府新闻进行报道的时候，开始在前馈和反馈两个方面下功夫，以增强传播效果。

前馈指传播一些可预见的新闻事件时，可以在事件发生之前做好前期的铺垫、造势的工作，使事件发生时产生的影响力更加深远。反馈指在某些政府新闻报道之后收集民众对这些新闻的反响。事实上，政府高层领导若在每次出访前都接受媒体采访，畅谈政府对国际问题的立场，回应外界对国内问题的关注，日积月累，就会形成相当系统的政府领导人对国际国内问题的立场、观点和看法，我国和国际社会的沟通会更加顺畅，我国的和平崛起和民族复兴会拥有更好的舆论环境。这是在新时期的国际传播生态环境下应当采取的正确的政府传播方式。

二、西方国家的政府传播

古希腊时期社会的传播以“口传”为特点，而古罗马帝国的传播以文字传播为特征。古希腊、古罗马时代的政治演说家、行吟诗人们，以自觉的方式采集、编辑着类似今天“政治新闻”的东西。特别是以意大利为中心的古罗马帝国，曾经造就了十分发达的公共信息传播系统。

当代西方的政府传播活动，不但形式多种多样，而且制度建设较为突出，取得了一定的成功经验和现实成效（将具体结合实例在后面的章节中详述）。

（一）政务公开化与加强信息立法

西方国家普遍将政务公开和政府信息公开作为政府传播的重要方式，不断加强政府信息公开传播的立法。许多国家和地区都以各种法律形式将信息公开制度法律化，并赋予公民以法定的获取信息的权利，如 1949 年瑞典修订的《出版自由法》，1966 年美国制定的《信息自由法》、1978 年法国制定的《行政文书公开法》、1999 年日本通过的《信息公开法》等。目前，全世界已有近 70 个国家制定了有关政府信息公开的法律条文，政府信息公开已成为衡量现代国家民主与法制完善程度的主要标准。

（二）新闻发布常态化、职业化

在西方国家，政府通过常态化、职业化的政府新闻发布方式来传播政府信息，积极引导舆论，应对突发事件，并且在潜移默化中树立对内对外的政府形象。20 世纪 50 年代以后，新闻发言人制度逐渐在世界多国落地生根，在内涵及外延被不断本土化的过程中，新闻发言人制度逐渐嵌入政治结构及社会生活中，成为各国政府、媒体和公众都普遍认同的公共信息沟通方式。

（三）政府危机传播管理

西方国家的政府普遍强调危机传播管理，积极预判和应对公共危机。随着英国“疯牛病”、美国“9·11”事件等类似的危机事件此起彼伏，危机公关、政府应急等非常态传播机制日益受到重视和运用。但不论是正常的政府公关还是非常时期的危机管理，其所遵循的基本传播理念和操作技巧是一脉相承的，只不过在具体方法上因时、因事、因势制宜。

（四）政府对外传播

在全球化、信息化时代，西方各国纷纷加强对外传播的力度，通过媒介外交、公共外交等方式来推广本国文化和意识形态。美国国务院国际信息局（U. S. Department of State's Bureau of International Information Programs）资料显示，“9·11”事件以后，美国政府在2002年专门成立了“全球传播办公室”，建立了向世界各国宣传美国外交政策的专门网站，资助出版了一份旨在介绍美国通俗文化的杂志 *Hi*，并在20多个国家同时发行。美国国务院还为美国官员和专家组织了1 000多次与外国观众进行交流的数字化可视会议，并在全球范围内赞助了共3万多个学术性、职业性或其他各种类型的交流项目，等等。

（五）政府新媒体传播

西方国家越来越注重网络传播等新技术的运用，透过信息化的服务流程简化行政程序，提高公共服务效率。其中，以“电子政府”为标志，政府结构和运作机制发生着巨大变革，政府传播也迎来了空前的机遇。比如，美国广播管理委员会在2012财年的预算报告中明确提出，经费支出主要用于关键性的设施技术建设与开发，以加强传播效果。而关键性的设施技术建设与开发主要表现在两个方面：一是要适应受众和市场需要，进一步开展新媒体对外传播，在发展移动媒体前沿技术方面增加投资；二是在世界上的不发达地区要继续发展短波传播，并不断更新相关设备。

思考题

❶ 何谓政府传播?
❷ 简述政府传播的五要素。
❸ 政府传播的特征有哪些?
❹ 政府传播的功能有哪些?
❺ 简述政府传播的主要表现形式。
❻ 简述政府传播的规范。
❼ 简述新中国政府传播的发展历程。
❽ 简述当代西方国家的政府传播概况。

参考书目

❶ 高波．政府传播论．北京：中国传媒大学出版社，2008.
❷ 谢庆奎．当代中国政府与政治．北京：高等教育出版社，2003.
❸ 郭庆光．传播学教程（第二版）．北京：中国人民大学出版社，2011.
❹ 方汉奇．中国新闻事业通史．北京：中国人民大学出版社，1999.
❺ 陈绚．新闻传播伦理与法规概论．北京：高等教育出版社，2012.

第二章 政府、媒体与公众

本章学习要点

◇ 政府传播的主体和客体
◇ 新闻、传播与宣传
◇ 政府传播的载体
◇ 政府、媒体与公众的关系

政府作为政府传播的主体，具有权威性、强势性和身份的双重性。随着社会的发展与公民权利意识的不断增强，政府与公众作为传受双方的互动性也日益增强。新的传播环境下，要实现有效的政府传播，需要首先从理念上明确新闻、传播与宣传三者之间的联系与区别，以及弄清政府、媒体和公众角色定位的变化，在此基础上，应时而进，进行观念更新和形式创新，最终实现政府、媒体和公众三者诉求的平衡和传播效果最大化。

第一节｜政府传播的主体和客体

在政府传播中，政府作为一个社会的公共机构，提供、收集、加工信息并借助媒介传播给公众。政府传播的主体通常由政府机构、政府官员、新闻发言人等具体来承担。相对来说，政府传播的客体是一个较为宽泛的概念，意为政府面对的受众对象，其与大众传播和其他社会组织传播既有相似之处，又有着自身的特点。

一、政府传播的主体

（一）政府传播主体的内涵

在政府传播中，政府传播的主体通常由政府机构、政府官员、新闻发言人等具体来承担，其中每个政府官员除了以语言表达的政府信息传播形式之外，其工作行为也是一种直接的传播方式，可以被媒体和公众披露、解读和评论，并直接承担着与媒体和公众进行交流的责任。所以政府官员在公共场合的行为举止代表的不是个人，而是政府的形象。

在传播过程中，政府传播主体不仅是信源的承载者和表达者，而且承担着与媒体、受众进行有效沟通的责任。同时，政府新闻发言人和网络发言人作为一种制度性的安排，具体实施与媒体和公众的信息沟通，传播各种政务信息，回应媒体和公众对政府的信息及意见诉求，体现了政府传播主体在传播过程中面向媒体和公众的主动性、责任性和服务性。

（二）政府传播主体的特征

1. 主体的权威性

马克思主义理论认为，国家是阶级统治的工具，是统治阶级意志的集中体现，而政府代表国家行使权力，管理社会事务，保证国家机器的正常运转。政府的合法性和权威性正彰显了政府传播主体的权威性。同时，政府拥有丰富的传播资源，又是传播规则与程序的制定者，因而政府传播主体在很大程度上可以控制公共领域的信息流动。

值得注意的是，政府不仅有绝对的信息资源优势与传播渠道优势，而且相比其他传播主体，政府具有明显的公众信任优势。当大众传媒公信力受到质疑时，公众会对来自政府的公共信息保持着传统的路径依赖。在《政府信息公开条例》第六条中规定："行政机关应当及时、准确地公开政府信息。行政机关发现影响或者可能影响社会稳定、扰乱社会管理秩序的虚假或者不完整信息的，应当在其职责范围内发布准确的政府信息予以澄清。"

2. 行为的强势性

政府为实现传播效果可以采用法律和政策手段干预传播过程，对于传播什么内容，通过什么渠道传播有很强的控制力。具体表现在：政府自身拥有完善的信息渠道，组织普遍采用的科层制结构为政府内部信息流动提供载体保障；信息由政府的权威部门发布或者通过较权威的媒体予以发布，如国务院通过举行新闻发布会发布各部委相关信息，中央电视台等主流媒体所发布的信息的权威性比一般性媒体要高；政府直接控制着大量附属于党和政府的传播媒体，包括政府出资创办的报刊、广播电台、电视台、政府网站等。

3. 身份的双重性

政府作为传播主体，与其他传播组织在功能上具有相似性，但是作为公共组织，政府是公共权力的载体与代理人，需要履行社会管理与公共服务职能，因而它在达成自身传播目标和实施传播的过程中，对信息的选取和制作必须兼顾公共性的价值取向，即以社会公益为基准、以公共服务为基点，有义务满足公众合理的信息需求以及实现对信息资源的有效供给与配置。

二、政府传播的客体

政府传播的客体，即政府传播的对象，是政府传播中公共信息的接收者，在传播学中也被称为受众。就传播的形态和范围来说，政府传播分为对内传播和对外传播。对内传播的对象是国内公众，对外传播的对象是国际社会公众（关于政府传播客体的分类及特点，在本书第一章已有阐释，不再赘述）。

社会公众对政府形象认知的来源，主要是公众所切身感知到的政府及其领导行为的绩效，以及媒介的传播与再现。但必须注意的是，由于社会公众可以划分为不同的群体和阶层，正如"一千个读者就有一千个哈姆莱特"，不同的公众个体对同一政府有不同的认知、评价和印象。美国专栏作家沃尔特·李普曼也曾指出，对于所有听众来说，完全相同的报道听起来也不会是同样的。由于没有相同的经验，每一个人的领会就会有不同，每个人会按照自己的方式去理解它，并且掺入自己的感情。因此，社会公众所认知的政府形象是多元化的。

根据公众年龄、职业、地域、民族、文化水平、社会阅历、政治态度、宗教信仰等因素，可以将公众区分为不同的社会类型。而每一种社会类型的人都具有独特的信念、兴趣、价值观、政治情感、政治态度、行为方式和思维方式。他们对媒介传播的同一信息一般会进行类似的解读，这种解读与其他社会类型的人可能会截然不同。作为政府信息传播的接收者，他们的信息接收需求、接收能力、既有态度、认知图式以及接收信息过程中的选择性接触、理解、记忆和从众心理、逆反心理、刻板印象等，都将影响政府信息传播的成效和政府形象认知的结果。

“顺民心者昌，逆民心者亡”，这是古今中外颠扑不破的领导法则。《孟子·离娄上》提出，“得天下有道，得其民，斯得天下矣。得其民有道，得其心，斯得民矣”，于是谓之“得民心者得天下，失民心者失天下”。民心之“心”，其本质是社会民众的一种政治心理，是社会成员对社会政治生活的各个方面的自发的、潜在的、不系统的、相对稳定的心理反应，表现为人们对政治生活的某一特定方面的认知、情感、态度、情绪、兴趣、愿望和信念等，构成了人们政治性格的基本特征。古往今来，无数的统治者、领导者无不想方设法通过自己的施政理念、施政行为、施政绩效来争取赢得“民心”，获取民众的认同、支持和拥护。

政府传播的客体是一个相对来说较为宽泛的概念，其与大众传播和其他社会组织传播既有相似之处，又有着自身的特点。一般意义上来说，政府传播面对的是它想关注的人民大众。当前的中国正处在一个快速发展的转型期，城乡二元制结构使得经济发展中区域以及阶层之间收入差距拉大，形成各种利益团体。因而要确保政府传播的顺畅和有效，需要在传播过程中准确理解传播对象的角色及其需求，以实现政府传播的最优效果。

第二节 | 政府传播的载体

在新的传播环境下，要实现有效的政府传播，需要首先从理念上明确新闻、传播与宣传三者之间的联系与区别。与此同时，随着新媒体的发展，包括报纸、广播、电视在内的传统大众媒体，在政府传播过程中呈现出越来越明显的互动态势。

一、新闻、传播与宣传

（一）新闻、传播与宣传的内涵

1. 新闻

新闻是指对新近发生的事实的报道。它属于信息的一部分，但从概念界定来说，信息概念的外延远比新闻大得多。信息和新闻都是指客观事物的情况、特征和运动状态的表征在人的头脑中的反映。对于接收者来说，它们都有助于其对客观外界情况的了解，有助于他们认识世界和改造世界。但是，信息并非全部能构成新闻。决定一个信息是不是新闻有以下几点因素：首先是事实，事实是新闻的本源，从内容上说，新闻必须是以事实为根据的真实信息，从形式上说，新闻必须用事实说话；其次是有新意，一方面是构成新闻的事实需要很强的时效性，另一方面是能满足人们急于知晓的需要；最后是及时，特别是在新媒体迅速发展的今天，新闻更替的周期大大缩短，这也是新闻传播的客观规律所要求的。

2. 传播

传播是指社会信息的传递或社会信息系统的运行。人类社会传播的基本特点包括：社会传播是一种信息共享活动，它是将单个人或少数人所独有的信息化为两个人或更多人所共有的过程；社会传播是在一定社会关系中进行的，是一定社会关系的体现；社会传播要经过符号的中介，是一个符号化和符号解读的过程。

一个基本的传播过程是由以下要素构成的：一是传播者。指的是传播行为的引发者，即以发出信息的方式主动作用于他者。在社会传播中，传播者既可以是个人，也可以是群体或组织。二是受传者。指的是信息的接收者和反应者，传播者的作用对象。受传者同样可以是个人，也可以是群体或组织。三是信息。指的是由一组相互关联的有意义符号组成，能够表达某种完整意义的内容。四是媒介。指的是传播渠道、信道、手段或工具。媒介是信息的搬运者，也是将传播过程中的各种因素相互连接起来的纽带。五是反馈。指的是受传者对接收到的信息的反应或回应。反馈是体现社会传播双向性和互动性的重要机制，其速度和质量因媒介渠道的性质而不同。

3. 宣传

宣传指的是为了达到既定目标对人所做的一种思想的灌输、教育、说服，是把大众的意识朝着既定目标凝聚的活动。宣传是一种有意识的控制社会心理的活动，是一种控制社会意识环境以养成个人某些特殊行为的方法。其特征主要包括：宣传是人们传播思想观念和信息的过程，是人类的一种传播过程；这种过程带有影响对方的目的，带有意志作用；这种目的（意志）具有从属性，从属于一定的阶级、政党或社会集团。

从心理学角度讲，宣传包括三个目标，即确立情操、改变信仰和影响人格倾向。任何一个团体或组织，都要通过宣传制造舆论，使全体成员养成对于该组织的忠诚心和事业心，培植全体成员坚信事业必胜的信念，使全体成员养成专注于工作的人格倾向。

评价宣传效果的标准主要有：一是好的宣传必须明确地指向一定的目标，指向一定的对象。二是好的宣传总是抓住最近发生而又对公众的生活有影响的某些事件来进行，用包括新闻报道在内的办法，共同创造一种思想氛围。三是收到预期效果的关键在于合理利用论据，对事实作出令人信服的解释。

（二）新闻、传播与宣传的关系

1. 新闻与传播

新闻传播活动在狭义上仅指传播者“传递”新闻的活动。人们通常把新闻传播理解为通过报刊、广播、电视、互联网向不确定的为数众多的人——读者、听众、观众传递新闻信息的过程。

新闻传播是传播的一部分，传播包含着新闻传播。由于新闻传播是传播的一部分，因此，新闻传播遵循传播的一般规律。但新闻学有自己独立、特殊的研究对象，有自己成体系的概念、范畴、原理，有自己特殊的学科话语方式和学科体系。此外，新闻学与传播学在研究方法上是统一的，但对研究方法选择的侧重点有所不同。传播学以定量分析作为基本方法，而新闻学运用的主要是定性描述。

2. 新闻与宣传

新闻与宣传都是通过传递某种具有新闻性的信息以影响社会公众，而且两者的表现形式可以互相结合。新闻是宣传的一个主要手段和内容。因此，人们把小范围的新闻报道和大范围的以新闻报道为主的宣传合称为新闻宣传，主要是为了突出体现执政者意志的基于新闻信息的宣传教化功能。

新闻与宣传的区别主要体现在：

一是新闻讲究时效性，发现新闻事实越早并且报道的速度越快便越好。宣传是以一定的政治观点或主张而进行的基于客观的主观阐述，特别讲究时机性、时宜性与现实针对性，而不是时效性。因此，有的新闻稿件可以压下来不发；有些报道内容对自己有利，可以不厌其烦地进行重复。但是为了重复的效果不让人产生逆反心理，这种重复又必须从心理学、社会学的角度来考虑，选择新鲜的形式和角度。二是新闻的价值观念是看受众是否需要，即从“他”出发。宣传的价值观念是看传播者有无需要，即从“我”出发。三是新闻的主要功能在于传递对人的社会生活有用的信息，而宣传的功能除了保持新闻的功能之外，还有另外更重要的功能，即用自己的思想作用于别人的意识，使之接受。

3. 传播与宣传

传播是一个比较大的概念，它包括了宣传。传播学诞生初期产生最早、发展最快的部分，就是有关宣传政策和手段的研究，比如霍夫兰、拉斯韦尔、拉扎斯菲尔德等分别针对二战时期交战双方的宣传战和心理战以及美国的总统选举等政治活动进行了实证研究。

传播与宣传的相似之处在于：一是二者同属传播学的范畴。广义的传播包括宣传，宣传是反映主观意愿以达到目的的传播。二是它们都通过一定的传播手段对社会的政治经济发展起作用，有教育和感化的双重效果。

传播与宣传的区别主要体现在：在一般的传播过程中，信息发出者可以不带有影响对方的目的，也可以带有影响对方的目的。在宣传过程中，宣传者明显地带有影响受宣传者的目的，即使受宣传者在接收信号后，按照宣传者所希望的方向发展或者变化。为了达到这一目的，宣传者在将自己的思想、观点、主张或信息编成信号时，一般要从实现上述目的出发，选择更容易为受宣传者接收的信号；在选择宣传渠道时，也要考虑采用容易被受宣传者接收的宣传渠道；同时，在受宣传者接收信号后，宣传者一般还要主动了解受宣传者的反应，以便据此修改第二次发出的宣传信号。因此，应该视宣传过程为带有意志作用的传播过程。

二、大众传播媒介

（一）传统的大众传播媒介

1. 报刊

报刊是最早出现的大众传播媒介。在传统媒体中，报刊无疑是数量最多、普及性最广和影响力最大的媒体。随着时代的发展，报刊的品种越来越多，内容越来越丰富，版式更灵活，印刷更精美，报刊广告的内容与形式也越来越多样化。报刊成为人们了解时事、接收信息的主要媒体。

随着新媒体的快速发展，报刊业受到了一定冲击，但是，报刊在公信力、新闻报道品质和从业人员素质上仍然具有不可撼动的地位。其传播特点主要有：信息量大，说明性强，易保存、可重复信息且具权威性，但是时效性相对较弱，表现形式单一。

知识窗

新媒体环境中报刊的传播优势

新媒体环境中，报刊最大的传播优势在于它能够以文字为受众提供深入、全面的信息，为淹没在海量信息中的人们提供冷静思考和分析研究的可能。比如《南方周末》、《人民日报》、《光明日报》、《经济论坛报》、《南风窗》、《求是》、《瞭望》、《新闻周刊》等能大篇幅并具深度地解读政府相关的政策，运用多样化的报道手法把信息传播给公众，能更好地实现传播效果，引导舆论导向。

2. 广播

广播是以声音为传播符号的电子媒介，它的传播方式由于声音传播的特殊性而具有与平面媒体不同的显著特征。虽然广播具有稍纵即逝的特点，但这并不意味着广播媒介不适合发表言论，恰恰相反，由于声音所具有的感性力量和人际传播的效果，广播在“说服”的表现上常常比报刊做得更好。其传播特点主要有：信息传播迅速，时效性强，受众广泛，信息传播方便灵活，制作简便，费用低廉；但是线性传播带来的问题是信息转瞬即逝、不易保存。在我国，广播是政府解释政府行为的重要传播载体，尤其是在重大灾难面前，广播成为政府开展工作的传播媒介，取得了尤其显著的效果。

案例 2—1 广播成为直达灾区的有效媒体

2008 年 1 月中下旬以来，我国南方大部分地区遭受历史罕见的低温雨雪冰冻灾害，给人民群众生产、生活造成严重影响。中央人民广播电台及时反应，在中央新闻媒体中率先启动全面报道，从 1 月 21 日起，一直到 2 月 6 日（农历除夕），第一套节目中国之声每天连续不间断推出 17 小时特别直播《爱心守望，风雪同行》，成为能够直达灾区和受困群众的有效媒体。《汶川紧急救援》继《爱心守望，风雪同行》之后，又一次充分发挥了广播媒体传播快速、互动性强、受灾害影响小的优势，为抗灾救灾工作做出了积极贡献。

抗震救灾的实践再次证明，在国家应急体系中，广播不可或缺。这是国家应急体系中信息迅速沟通的需要。领导指挥，电波传递，干扰小、成本低、即时通信，正是当前抗震救灾的最大需要。这也是国家应急体系中鼓舞士气的需要。大灾之中，我们需要勇气直面困难；大灾之后，我们需要信心重建家园。无法与外界交换信息的灾区群众会陷入极度恐慌，必然对应急指挥工作产生巨大的负面影响。在广播所能到达的地方，就有爱心传递，就能听到中央救援工作的各项部署，信心和爱心就会在电波中传递。

资料来源：何成志：《汶川大地震中广播发挥重要作用》，见新浪网，2008-10-05。

3. 电视

电视以一种视听兼备的视像文化形态呈现报道内容，具有视听并举的动态直观性，让受众身临其境。电视真实可感的魅力、事实胜于雄辩的说服力，远非抽象的文字概括和说明所能代替。同时，电视传播范围广泛，其受众不论性别、年龄、职业、民族、修养等，只要看电视都会成为电视的传播对象。比如，一场奥运会开幕式的现场直播能吸引全球十亿的电视观众，其受众范围十分广泛。所以，电视是政府传播载体的一种重要形式。其主要的传播特点有：

一是声画并茂，视听兼备。视听兼备的特点赋予电视媒介其他媒介所无法比拟的优势，同时又使电视受众形成了专注视听的特点。2013 年 3 月 17 日上午，新任国务院总理李克强首次在人民大会堂三楼金色大厅会见采访十二届全国人大一次会议的中外记者并回答提问，通过电视直播画面，观众可以看到李克强总理特别会使用手势语言，全程不低头看稿件，翻译人员在翻译的时候，总理还在听翻译的语言，偶尔还点点头。这些都是电视媒介传播的独特优势。

二是传播的可信度高、影响力大。例如，中央电视台等一些媒体机构所播出的信息，大众一般较易接受和信任。从中央电视台、省级电视台到地方电视台，除了新闻节目以外，还有很多深度报道和关于时事、公共政策、政府报告的谈话类节目。政府的相关政策、纲领、方针可以通过电视媒介声情并茂地传递给受众，并在突发事件中，利用电视媒介更好的舆论引导作用，维护社会和谐发展。比如，中央电视台《犯罪：别披着“爱国”的外衣》这期节目由著名主持人白岩松主持，节目回顾了因为钓鱼岛事件，国人开始上街游行，抵制日货，但是很多城市出现了打砸伤人的事件。这期节目电话连线了中国政法大学的法学教授，对打砸这一行为进行法律分析，阐释了“法不责众”到“法可择众”的这一种转换过程，这也是中国民主的一个转折点。节目的播出对受众进行了相关法律知识的普及，对社会实现了正面的舆论引导。

目前，不管是在中国还是在西方，电视媒介都成为政府传播解释政府行为的传播载体。例如，美国总统竞选会利用电视媒介传播关于竞选的新闻报道，包括对竞选中特别事件的新闻报道、访谈和脱口秀等节目，通过电视媒介，塑造候选人及其政党的良好形象，赢得更多的选票。

（二）政府传播的新载体——新媒体

1. 互联网

互联网具有低成本、高速度、大容量、多功能、可互动、跨文化、数字化等区别于传统媒介的特征，成为信息社会中重要的传播载体，也是政府传播的重要载体。近年来，网络传播受到我国政府的高度重视，《中共中央关于加强党的执政能力建设的决定》明确指出，要“高度重视互联网等新型传媒对社会舆论的影响，加快建立法律规范、行政监管、行业自律、技术保障相结合的管理体制，加强互联网宣传队伍的建设，形成网上正面舆论的强势”。2007 年 1 月 23 日，中央政治局进行第三十八次集体学习，主题就是“世界网络技术发展和我国网络文化建设与管理”。

案例 2—2　习近平：网络提供的建议很有价值

2012 年 12 月 7 日，中共中央总书记、中共中央军委主席习近平视察深圳，第三站到的就是腾讯公司。

他谈到了互联网在社会管理方面的作用：“现在人类已进入互联网时代这样一个历史阶段，这是一个世界潮流，而且这个互联网时代对人类的生活生产、生产力的发展都具有很大的进步推动作用。”对腾讯员工，习近平更是给予了鼓励：“你们做的工作都是很重要的，比如在这样的海量信息中，你们占有了最充分的数据，然后可以做出最客观、精准的分析。这方面对政府提供的建议是很有价值的。今后在互联网的发展与建设中，从法规建立完善到技术的发展各方面，你们的意见都很重要，也希望你们今后在这方面更多地建言献策。”

资料来源：帅鹏坤：《网络提供的建议很有价值》，载《羊城晚报》，2012-12-16。

2. 手机

手机最初是移动通信终端，功能是拨打和接听电话。随着2008年年底我国发放了3张3G牌照，中国移动、中国电信、中国联通开始展开3G业务，手机媒体进入一个新时代。手机不仅仅是打电话、发短信的工具，而是成为数字化多媒体终端，既能接收音频、视频，又能接收图文、数据。这赋予了手机强大的媒介融合能力，通过一个小小的手机，人们可以借助文字、图片、图像、声音的任何一种或者几种的组合来开展新闻传播活动，可以采用手机报、手机广播、手机电视、手机网站、手机播客等不同的形态实现新闻传播的意图，满足新闻传播的需要。

案例2—3 汶川大地震中手机媒体的运用

2008年5月12日的汶川大地震发生不到一小时，《湖北手机报》、《楚天都市报手机报》就迅速以快讯的形式，向全省40余万手机报用户及时发布了权威的地震资讯："湖北省地震局证实，四川省汶川县发生7.6级地震，湖北省武汉、宜都、神农架、仙桃等地有明显震感。"手机报同时提醒："震时保持镇静，就近躲避，避免靠近高楼……"信息通过手机传播，在当时的危急情况下起到了稳定民心的作用。

资料来源：马斌：《手机报："第五媒体"力助抗震救灾》，载《人民邮电报》，2008-08-26。

第三节 | 政府、媒体与公众的关系

政府、媒体和公众三者之间的关系可描述为：政府对媒体拥有直接或间接的控制权，但同时又必须受到媒体的监督；媒体为公众提供大量信息，对公众进行舆论引导，但同时也受到公众舆论的制约；政府对公众进行管理，但公众舆论又反过来影响政府的决策和行为。由此可见，政府、媒体和公众各自具有不同的力量，其中的任何一方向其他两者“发力”的同时，也接受着对方直接或间接的“反作用力”。在不同的危机

事件中，各种力量的作用大小不是均衡的，每种力量都有可能起主导作用。

一、政府与媒体的关系

（一）政府对媒体的影响

大众传媒对政治活动的介入以及它对政治发展的潜在影响决定了政治必须对它施加影响和控制。政府部门是代表统治阶级行使对国家的管理权和统治权的重要机构，是政治活动的重要主体，因此政府对大众传媒的影响是制约大众传媒的重要体现。

目前来看，世界各国政府主要是通过专门机构管辖、行政法规和财政拨款等途径，来实现对媒体的制约和管控。在许多现代国家，除设有专门规划大众传媒发展、对大众传媒进行单纯技术层面介入的机构外，还有专门对大众传媒进行管理的机构，其职能有明显区别。前者对媒介的政治态度影响不大，但后者可以决定某个媒介是否传播某条信息，也可以影响它对某一事件的态度。

1. 西方国家的政治、媒体体制

西方国家的政治体制、媒体体制、文化传统等决定了其大众传媒与政治的关系。有学者认为西方媒体和政治之间的关系总体上经历了三个阶段：一是近代报刊时期，媒体和政治的关系主要表现为媒体政治化。这一关系主要发生在资产阶级革命过程中和革命后国家政治生活的政党较量中。媒体作为政治宣传的工具，始终依附于政治，报道的内容和形式具有鲜明的政治倾向。二是西方媒体大众化初期，媒体摆脱了因经济依附而形成的政治依附，走向相对独立，在新闻报道上标榜“客观”、“公正”，这一阶段的主要特征是媒体的相对独立。三是大众传媒私有化时期（特别是近二三十年），主流媒体在商业化背景下实现对政治系统的主导性，即政治媒体化。

以西方国家典型的选举政治为例，在西方民主国家，媒体体制相对独立自由，新闻媒体被视为立法权力、司法权力和行政权力之外的“第四权力”（也有学者质疑这一说法的科学性）。西方国家的媒体通过主导政治竞选，一定程度上决定着政治人物的前途和命运。媒体通过政治信息的传播和形象的塑造，来“制造”政治领袖。美国政治学家戴维·巴伯在《政治的脉搏》一书中指出，“总统政治正在发生一场革命，民主党和共和党已经不再控制对其旗手的选择，代之而起的是一批新的国王制造者：新闻人士。因为总统候选人正是在报刊上和电视屏幕上被制造出来和被毁灭的”。在这样的背景下，政治具有了可视化的倾向，通过媒体成功地在选民面前展现自己的形象，成为当代西方政治系统的重要特征。这源于媒体直观性的价值追求。因为媒体所带来的政治可视性，比纯粹的观点说教和逻辑推论更能激发受众的兴趣。在政治媒体化的语境下，政治不再是抽象的政治哲学，而是经过媒体编码而成的具

有可视性的一幅幅画面或图片。由于与政治事件和政治人物的距离，受众的政治态度和观点的形成在一定程度上依赖于直观、实在的画面和细节。早在1967年，为当时的美国总统尼克松撰写发言稿的普雷斯曾这样阐述过塑造总统候选人形象的规律：“选民的选择与现实无关，选择产生自选民和候选人形象之间的特殊‘化学反应’。选择恰恰是与形象而不是与人有关。因为，百分之九十九的选民不曾也不会与候选人有所接触。人们注意到的不是实际上的东西，而是电视屏幕上显示的东西，甚至不是候选人造成的印象，而是选民所捕捉、理解的东西。所以，我们要改变的不是候选人，而是从他身上获得的印象。”

西方国家的大众传媒与政治家处于一种“共生关系”。作为权力最高表现形式之一的政治，在很大程度上便是通过构造、影响和改变大众头脑中的图景而对现实进行控制的艺术与科学。控制大众头脑中的图景的权力就是控制“现实”的权力，因为政治权力构造的图景总是被视为“现实”。在政治媒体化背景下，政党及政党领导人与媒体的关系以及领导人形象的媒体呈现成为许多西方国家政治传播研究和实践的重要内容。在实行民主选举的西方国家，选民们对于政党及政党领导人的形象认知成为其能否赢得选举、能否更好地施行政策的重要影响力量。而政党领导人与普通选民直接接触交流的机会总是有限的，大众传媒成为他们沟通选民、传播形象的最重要的平台和渠道。由此，领导者公共形象的重要性在西方民主国家的政治选举中可见一斑。在大众传媒全面介入和支配下的政治选举中，决定选民投票意向的关键因素是候选人公共形象的好坏，选举政治于是演变为形象政治。

新闻媒体自由的政治讨论被视为民主社会的核心特征，宪法和法律充分保障新闻媒体的言论自由。如美国几乎没有管制新闻行业的法律，欧洲人权法院也指出新闻自由是为公众提供资讯最有效力的方法之一。在这样的制度背景下，领导人作为对整个国家社会运行会产生重要影响的公众人物，势必成为媒体关注、报道甚至监督的重点，领导人的一言一行、一举一动都有可能成为媒体报道的内容，有关领导人的新闻报道也成为西方国家主流媒体报道的重中之重。新闻媒体通过自由的报道让公众知晓政治人物的言行和态度，从而使公众对这些言行和思想作出评价。媒体对政治人物或公众人物所作出的批评也往往会比较尖锐，政治人物或公众人物也清楚自身的言行会引起媒体和公众的密切关注。因此，当他们的言行引起媒体的关注时，他们也会采取比较宽容的态度来对待。

在这样的政治体制和媒体体制下，西方国家的政府及其领导人往往都非常重视与媒体的沟通和关系处理，在沟通互动中寻找最佳的方式和方法。正如美国政治学者班尼特在《新闻：政治的幻象》一书序言中所说，新闻在美国是“理解政治和国家治理的关键”，“所有的政治行动者，从总统到议员，从利益集团到公民活动家，都统统将新闻看作他们走向政治的关键”。领导人们纷纷通过成立专门的工作机构、组建专门的团队，探索与媒体交往的最佳方法，争取通过媒体报道塑造自身良好的形象。

比如，美国白宫目前主要有两个专门处理媒体事务的部门——新闻办公室（Press

Office）和传播办公室（Office of Communications），而这样的机构设置自尼克松时代就已经固定下来。传播办公室主要负责长期公关策略规划，与媒体尤其是地方媒体和专业媒体保持联络，塑造总统形象，设计总统的政策声明，争取获得公众的支持；新闻办公室则是白宫和媒体的信息交换场所，除了为总统收集新闻信息外，它还负责把总统的信息通过新闻发布会等方式及时传递给新闻界。而组建专门的媒体顾问团队是西方国家领导人的普遍做法。媒体顾问团队专门负责领导人媒体事务和媒体形象的设计，大到媒体采访的话题、接受哪一家媒体采访、采访的时间和时机、面对媒体的讲话稿起草，小到服饰打扮、体态语言的设计等，媒体顾问团队都会给予专业的方案和指导。比如：英国前首相撒切尔夫人的著名形象设计师戈登·里斯被认为是知识丰富的“全才”，在帮助撒切尔夫人竞选首相的日子里，戈登对她的公共形象进行了一番彻底改变；俄罗斯前总统叶利钦有一个10人的形象顾问班子，尤马舍夫、丘拜斯等都是其中的重要人物；美国总统奥巴马邀请好莱坞明星乔治·鲁尼担任他的形象指导，以使其身体语言及演说技巧更符合选民心中的领导者形象。

值得一提的是，在以私有制为基础的西方资本主义国家，政府也参与创办电视台、电台和报刊，但大部分媒体机构并不隶属于政府，而是主要由私人和财团投资兴办，控制权掌握在私人机构手中，但对外传播机构主要由国家投资、控制。在政治上，政府对媒体的控制在通常情况下是有效的，特别是一旦传播内容触犯了私有制、普选、分权等制度，政府主管部门就会和立法机关协作，对其传播行为进行干预。即使该传媒机构并不隶属于政府，也同样会受到政府的牵制。

案例 2—4　美国特殊时期的新闻检查制度

太平洋战争爆发以后，美国发布《美国报刊战时行为准则》，严格规定各种印刷品不得有军队、飞机、舰船、战时生产等“不适当”的消息，同时设立政府的新闻检查局，14 462名工作人员负责从美国发往外国各种信息的强制性检查。新闻检查局同时也发布官方的战争消息，引导战争时期媒体舆论导向。

美国军方在战争期间也有战地新闻检查职责。在朝鲜战争期间，麦克阿瑟1951年实施严格的新闻管制，不仅涉及美国军队消息，也涉及其他联合国军队甚至是中立国的消息，在政治上和心理上给记者施加压力。违反新闻管制的记者将被暂时吊销记者证，严重的将受到军事法庭审判。1953年年底，美国国防部在军队内部统一新闻检查，禁止以非安全的原因进行新闻检查。

对一些特殊事件，美国政府可以向最高法院提出使用“事先约束”机制，制止媒体向公众透露一些对“国家安全”不利的新闻。著名的案例有1971年的“五角大楼文件”案，1979年的制止《进步》杂志发表美国如何制造氢弹的文章等。

资料来源：《美国政府控制媒体的四大法宝》，见21cn网，2007-01-17。

2. 中国的政治、媒体体制

中国的新闻传播事业是党的事业的重要组成部分，传统主流媒体是党的运转体系的一部分，是党组织领导下的新闻宣传机构，按照“事业单位企业化管理”的管理模式运行。到目前为止，报刊、电台、电视台都是国家开办的，报刊隶属于国家部委、地方政府部门或党群组织，没有私人拥有的传播媒介。政府行政部门主要在媒体的发展水平、分布规划、数量等方面进行控制，而党的宣传部门主要对传播媒介的内容与政治导向进行指导和管理。通过党和政府对大众传媒的控制，社会主义国家牢牢把握着舆论武器和宣传工具。

这与西方国家将新闻媒体视为与立法、司法、行政相并列的“第四权力”机构有着本质的区别。对于政府及领导人的新闻报道，媒体编辑部都要进行审慎把关，尤其是对国家层面领导人的重要新闻报道，新华社往往会播发新闻通稿。这就使传统媒体对领导者形象的传播容易落入模式化、统一化的窠臼。当然，在坚持党性原则的基础上，党和政府鼓励和支持新闻报道增强亲和力、吸引力、感染力，增强舆论引导的针对性和实效性，在微观层面，具体的媒体单位在领导人的报道角度、方式和技巧等方面有自主选择权和创新的空间。与此同时，这样的传媒体制使媒体在传播全面真实的领导者信息尤其是报道领导者负面信息方面存在诸多体制性的障碍。在这种情况下，社会民众对传统媒体相关信息报道和传播的信任度降低，公众对政府及领导者媒介形象的认知也由此受到影响。

此外，中国的政治文化传统与西方国家也有着巨大差异，这也影响着领导者公共形象在媒体中的呈现。公私理念是中国传统政治文化中至关重要的思想母题，中国传统文化在“公”、“私”关系上主导的政治思维方式是“崇公抑私”。而在个人与集体关系方面，与西方国家凸显个人权利的价值取向不同，中国的传统政治文化强调集体高于个人，国家、民族、集体至上观念占据主流。这些传统观念仍然对当今的政治生活产生影响，反映在我们的现实生活中，领导人多以公共领域的角色而存在，多强调领导集体的作用和建设，对领导人个体的关注也往往将其置于领导集体的一分子的背景中来审视，而私人领域的行为表现往往被轻视或忽视，因此，领导人私人信息或作为独立个体的信息报道和媒体呈现往往受到很多约束。

（二）媒体对政府的形象塑造和舆论监督

1. 塑造政府的形象

现代的人们都生活在充斥着信息传播的环境中，信息传播环境正越来越影响着人们对世界的认识和理解。公众对于政府形象的认知正是在信息传播环境中发生、发展着的。影响社会公众对政府形象认知的主要是人际传播和大众传播。人际传播过程中的信息沟通、思想沟通和情感沟通，影响着每一个个体对政府形象的认知和判断。实际上，报刊、书籍、电影、广播、电视等媒介的大众传播是现代社会的公众接收和获取政府信息的主要渠道，媒介传播成为影响政府公共形象的重要因素。

大众传媒对于政府信息的传播数量和频率，可以从量的方面影响政府形象传播。政府的信息经常在同一媒体或不同媒体中得以呈现，可以提高政府及领导人的知晓度和影响力，而这也是公众认知政府形象的前提。当然，相关信息的传播数量和呈现频率对政府形象传播的影响程度有其自身的曲线规律，从无到有是一个质的区别，从少到多是数量程度的变化。当呈现频率达到一定程度的时候，其影响作用也到了一定的限度，铺天盖地的呈现未必会对形象的传播带来正面的效果。

大众传媒关于政府信息的传播内容和方式，则从质的方面影响政府形象传播。媒介传播什么样的信息决定了公众可以接收到什么样的信息。广播、电视、书籍、报刊等不同媒介在传播政府信息方面有各自的特点和方式，消息、通讯、特写、专访等不同的新闻报道形式在展示政府形象方面有不同的优势和效果，这些不同媒介和形式的报道向公众输出各种政府信息，决定着公众对政府形象的认知和判断。

传统媒体和新媒体在信息传播方面有着各自的特点。传统媒体对政府形象的报道既受媒体体制的影响，也经过记者、编辑主观性介入下的选择和把关，从而影响媒体对于政府活动的报道与呈现。传统媒体并非总以一种不偏不倚的中立态度来报道新闻事件，媒体对新闻事件的报道往往带有自己的价值判断和情感因素，因而其在报道中构建出的“事实”往往与客观存在的“事实”不尽一致，而公众对于政府形象的认知却与媒体信息构建的“事实”密切相连。而在当下，以数字信息技术为基础、以互动传播为特点、具有创新形态的新媒体成为信息传播生态中的重要媒介形态，新媒体的海量信息、超链接、互动性、去中心化、怯魅化等特点，也对政府形象的构建和传播带来重大的影响。这些将在后续章节中作进一步阐述。

总之，在大众传媒日益发达的今天，政府及其领导者成功的媒介形象蕴含着巨大的精神力量和物质力量，具有直接的沟通作用。首先，通过大众传播媒介尤其是电视，公众可以对领导者言谈举止、喜怒哀乐以及由此体现出来的理想信念、文化素养、眼界胸襟等，都有不同程度的了解，这对于公众的沟通说服力和直接影响范围是任何其他途径难以比拟的。其次，政府及其领导者成功的媒介形象还有强大的动员作用，有助于动员广大社会公众形成凝聚力和向心力。最后，政府及其领导者还可以通过自己的媒介形象起到显著的示范作用，用自己的人格力量去感染和影响公众，推动政府决策的实施。

在展示政府形象的过程中，媒介并不是完全被动的，在反映某一决策层形象的过程中，传播媒介实际上也在塑造着决策层的公众形象、影响着决策者的媒介形象。在这一点上，媒体批评性的报道更容易产生影响，政府及其领导者的形象可能因为媒体的一个报道而大打折扣。

2. 对政府进行舆论监督

舆论监督是生产力和民主政治发展的产物，它是在资产阶级革命过程中逐步产生和发展起来的。在享有舆论监督权利的过程中，公民不仅可以通过舆论的形式干预政府的活动，还可以影响社会生活。舆论监督不仅仅是一种政治权利，也是公民享有的一种社会权利和人身自由。除了法律监督机关和行政监察机关的监督之外，舆论监督是对政府构成监督的重要因素，它运用群众舆论力量来纠正偏离正常轨道的政府行为。任何不受制约的权力都容易导致专制和腐败，对权力进行制约和监督是现代社会的政府有别于专制政府的重要标志。在权力制约体系中，舆论监督最重要的贡献就是提高了政府行为和活动的透明度。

通过媒体的公开报道，对政府工作和政府官员进行监督，将腐败行为、不法分子曝光。舆论监督通过公开报道、公开评论的方式，能够最大限度地调动社会舆论的支持，不仅在监督范围上是全方位的，在参与监督的主体上也可以发动广大公众，它的巨大影响制约了政府权力的极端扩张和膨胀，推动了民主政治的发展。舆论监督只有与法律监督和行政监察协同运行，才能真正形成有效的权力制约机制。同时，新闻监督发挥实际效用不仅需要在公众中形成舆论，还需要政府用制度与法律来支持，使新闻监督反映出来的问题得到解决。

(1) 资本主义国家的舆论监督。

新闻舆论监督作为一种政治权利，在资本主义社会的形成和发展中发挥了巨大作用，但它代表的只能是资产阶级的利益。

资产阶级的舆论监督是应维护资产阶级民主制度和国家利益的需要而产生的，它适应的是资产阶级党派利益斗争的需要，是资产阶级政府调整政策和制造舆论的需要，在打击社会丑恶现象、反映政府部门之间的矛盾、反映财团与政府之间的矛盾时，能够起到缓解资本主义国家内部矛盾的作用，适应的是维护和巩固资本主义制度的要求。

西方资本主义国家的新闻业相对比较发达，在媒体的批评权利上已经形成了自己的特色，媒体能够批评政府，也能够批评政党或一些利益集团。但是，由于阶级地位的不平等、经济地位的悬殊，不同的阶级及利益集团不可能真正平等地享受到同样的政治权利，也不可能在媒体上享有同样的发言权。

案例 2—5　美专家撰文澄清美国媒体的“神话”

美国著名政治分析家梅克福尔在“美俄新闻自由比较”研讨会期间，发现俄罗斯许多政界人士和媒体人员对美国的媒体业盲目崇拜，存在不少误解，梅克福尔将之称为“神话”。为此，他特地撰文作了如下澄清。

神话一：美国政府从不试图干预媒体。其实并非如此。美国建国后不久即通过了“反叛乱法”。根据此法，政府有权对被认为有可能威胁国家安全的传媒产品采取必要的措施。美国历史上，政府援引此法干预媒体的事例并不鲜见，如尼克松曾力阻五角大楼公布一些对揭开“水门事件”真相很有价值的文件。

神话二：社会上所有政治观点都能在美主流媒体上得到平等反映。其实并非如此。俄共领导人久加诺夫在美主流媒体上就消失已久了，他最后一次在《纽约时报》“观点版”露面的时间是1996年。

神话三：美国新闻记者在作新闻报道时严格忠于事实，政治上不偏不倚。其实并非如此。许多记者也试图做到这一点，但根本做不到；而更多的记者根本无意这样做。事实上，美国记者都刻意想凸显自己的“独到见解”，美国媒体则极力希望人们记住它的“特有风格”。新闻集团旗下的福克斯电视台以具有“政治保守主义风格”而自豪，这是老板默多克为它定的调。

神话四：国家资助的媒体都服务于政府利益。其实并非如此。美国国家资助的媒体并不直接为政府服务，而是为广义的国家服务。这类媒体的董事会由独立人士和两党人士组成，政府官员不得加入，这样的管理结构可保证媒体与政府保持一定距离，与政府的干预保持一定距离。

资料来源：秦思：《美专家撰文澄清——美国媒体的7个神话》，见人民网，2011-09-21。

新闻媒体对政府的评判总的来看是为维护资产阶级统治和现存的资本主义制度服务的。在这里，新闻媒体的舆论监督可以被看成是一种宣传手段，传播工具对政府的政策大多以支持为主基调，以批评为陪衬，即“小骂大帮忙”。通过批评，资本主义社会的新闻媒体可以为政府制造舆论，在政府政策遭遇失败时，媒体可以用批评为政府改变政策铺平道路，为政府提供改变的借口和台阶，这些批评即使很少见效，也可以起到社会“调节阀门”的作用，为人们提供宣泄不满的渠道，缓和社会矛盾。在资本主义社会，批评政府和官吏可以是政治斗争的手段，这对维护社会统治无疑是有利的。但是，由于国家基本性质的局限，资本主义国家大众传媒享有的监督权利和批评权利是有限的，它们只能代表资产阶级利益。

(2) 中国的舆论监督。

在建设社会主义的过程中，舆论监督已经逐渐成为中国权力制约和监督机制的重要组成部分，新闻媒体的舆论监督实践越来越丰富，中国的舆论监督形成了以下特点：第一，强调群众观点，重视大众传媒与人民群众的联系，坚持舆论监督的主体是人民群众。群众观点已成为中国新闻媒体一贯坚持的重要原则，如今，中国新闻媒体普遍开设了反映读者和群众意见的栏目，反映群众的意见和呼声。第二，重视舆论监督，并把它当成改进与完善政府工作的重要手段。新闻舆论监督在促进政府提高工作效率，推动政府消除脱离群众的现象、消除官僚主义和贪赃枉法现象，纯洁政府的干部队伍，防止政府工作人员腐化变质等方面发挥了重要作用。第三，坚持新闻工作的党性原则，坚持舆论导向，舆论监督必须有利于党和政府的工作。坚持舆论导向对社会主义新闻媒体的舆论监督提出了更高要求，它要求舆论监督必须是善意的，有助于改进工作、维护稳定的，这也是我国新闻舆论监督的重要特点。

新闻报道通过提供大量对新闻事件、社会现实的报道，在政府和人民之间架起了沟通的桥梁。在提高政府工作的透明度的同时，增强了政府和人民之间的血肉联系。新闻媒体通过舆论监督带来的政府活动透明度的提高不仅为政府提供了自我监督、自我完善的重要武器，也使人民群众增强了主人翁意识和责任感与使命感，调动了他们投身于社会主义建设的积极性。新闻报道在传递政府工作面临的困难、人民群众的疾苦的同时，增进了党和政府与人民群众相互间的理解和支持，从而减少了政府政策推行过程中的矛盾和摩擦。新闻报道对政府中存在的不足进行批评和揭露，推动了腐败现象的减少和消除，这些报道也发挥了人民群众对政府工作的监督作用，促进了政府工作作风的改进。

中国目前的新闻舆论监督还远远滞后于人民当家做主的要求，妨碍中国新闻媒体发挥舆论监督作用的因素有很多：一是缺乏健全的舆论监督机制，包括赋予新闻媒体以充分的监督权、限制舆论监督的负面影响的机制还未建立。二是人们对舆论监督的地位和作用认识不足为舆论监督的实现制造了种种障碍。政府领导干部的认识水平是影响舆论监督的主要因素。他们掌握着人民赋予的权力，对舆论监督而言，这种权力是用来鼓励、保护舆论监督，还是用来压制、打击舆论监督，对发挥新闻的舆论监督作用具有关键性的影响。三是缺乏对已有舆论监督行为的保护和鼓励，这是正常的监督舆论较难开展的一个直接动因。

二、媒体与公众的关系

（一）社会舆论概述

1. 社会舆论的定义及特征

社会舆论是公众关于现实社会以及社会中的各种现象、问题所表达的信念、态度、意见和情绪表现的总和，具有相对的一致性、强烈性和持续性，会对社会发展及有关事态的进程产生影响。由此可见，社会舆论是个人意见的汇集、公众见解的体系，是以多数人观点为基础的集体意见，是公众意识的整合，体现了社会心理的互动。

社会舆论的主要特征包括：社会舆论的背景是特定的时空，社会舆论的主体是理性的公众，社会舆论的客体是公共性事务，社会舆论的内容是意识的集合，社会舆论的扩散是公开的传播，社会舆论的效应是利益的调整。

特别提示

在一些社会性言论中，常常出现“舆论认为”、“新闻舆论”、“宣传舆论”等用词，由于人们使用这个概念比较随意，因而社会舆论常常被误指为非社会舆论的东西。值得注意的是：大众传播媒介或媒介的言论不等同于社会舆论；社会舆论不等同于意识形态；公众不等同于社会舆论；个人感觉不等同于社会舆论。

2. 社会舆论的形成过程

社会舆论的形成是公众心理因素与理性活动相互影响的结果，是一个极其复杂的过程。影响社会舆论产生的因素很多，从社会因素来说，就有政治、经济、文化、宗教、人口、制度等各种因素，从社会心理角度来看，又包括风俗、习惯、传说、思想等。

社会舆论的形成依据意见的量度标准，即在一定范围内有多大比例的人持有同一种意见。首先，要看社会舆论量及其强势程度。在一定范围内，大到一定人数的议论才能构成社会舆论。其次，要看社会舆论量差和社会舆论类型。社会舆论量差规定着社会舆论的类型，是指议论量所包含的社会主体量差。某个单位内部的议论即使达到90%以上的人数，也只能叫作整体舆论，而不能叫作社会舆论。具有地区性以上空间的舆论才能称作社会舆论。它的量化指数比较宽泛，多表现为30%～60%的人数。

知识窗

标志社会舆论形成的四分之一原则

按照感知事物比例的思维习惯，四分之一的比例通常被认为是“较多”的底数。也就是说一定范围内有四分之一的人议论某一事物或持有一种意见，标志着社会舆论已经形成；反之，参加议论的人少于四分之一，则只能是议论而不是社会舆论。这是社会舆论的第一个边际效应，即在一定范围内25%左右的人数所表达的意见或参与的议论，是社会舆论形成的标志。

(1) 萌芽期：社会变动、较大事件的发生刺激意见出现。

社会舆论形成一般有两种模式：一种是和风细雨式的，一种是暴风骤雨式的。对于大多数社会舆论来说，都是和风细雨式的形成过程。值得注意的是，在和风细雨式的舆论形成过程中，如果产生突发事件，而这一事件与正在形成的社会舆论方向一致，就会形成一个加速度，推动和风细雨式的舆论生产过程迅速转变为暴风骤雨式的形成过程。社会舆论的这种发展趋势要求社会舆论引导者必须重视社会舆论，要能够及时发现社会危机的苗头，尊重民意，及早采取措施。

(2) 发展期：意见在社会群体的互动中趋同。

在个人的信念、态度、意见或情绪汇聚为舆论的过程中，同时产生着个人与个人之间、个人与群体意志之间的影响、说服、劝诱、模仿，甚至某种有形无形的精神压力和物质压力。那些将个人意见汇聚为社会舆论的因素，影响着个人意见的最终形成，更影响着社会舆论的形成。

这种社会心理的互动推动着个人情绪或意见形成相对集中的情绪方向和意见方向。这种互动首先是信任，因为信任使得个人传播的信息或观念，更容易被周围的人不加验证地确信并继续传播。其次是“我看人人看我”，即人们在没有客观物理性标准可供比较时，往往以他人的意见作为自己的参考依据。最后是群体中的情绪感染，如果在公众聚集的场合出现相对强烈的同一方向的刺激性言论、举动、画面，会迅速造成一种耸动心理，从而导致较为广泛的情绪感染。

(3) 消退期：新颖议题取代原有争论。

意见有产生就有自然消退的过程，作为意见的整合的社会舆论同样也会消退。社会舆论消退主要有两种方式：一种是社会舆论的议题被社会重视，社会舆论问题被成功解决，公众利益得到尊重或恢复，社会舆论自然平息。一种是新的更强的社会舆论出现，人们关注的对象发生转移，社会舆论暂时性地潜伏在公众意识深处。

案例 2—6 中日“钓鱼岛争端”中的爱国主义舆论发展的四个阶段

自2012年7月以来，中日两国在钓鱼岛问题上的争端日益紧张。本次争端源于日本东京都知事石原慎太郎在2012年4月6日宣布“东京将‘购买’钓鱼岛”计划，直到7月6日日本政府公布“拟年内将钓鱼岛国有化”。由此产生的爱国主义舆论大致分为萌芽期、发展期、爆发期和消退期四个阶段。

(1) 舆论萌芽期：报道争端事实，言论趋于理性。

这一时期，《人民日报》对日本“购岛”的进程和中国官方的表态进行了关注，共发表了17篇相关报道。网络媒体的报道文章多转载自传统媒体，网络的关注度有限，网民的言论也相对较为理性。

(2) 舆论发展期：情绪化言论增多，出现抗议、抵制信息。

日本政府自7月6日启动“钓鱼岛国有化”程序，到9月10日“日本政府会议确定购岛方针”期间，传统媒体对中日“钓鱼岛争端”的报道立场鲜明、态度强硬，例如《人民日报》刊登了《中国神圣领土决不允许任何人买卖》等文章。网络媒体则显得更为激进，例如《钓鱼岛无路可退！日本举动将中国逼上战争绝境》等报道带有情绪化色彩，而QQ、论坛、微博等媒体中也充斥着“打倒小日本”等非理性言论。

(3) 舆论爆发期：网上舆论向网下延伸，转化为暴力行为。

从9月10日日本政府“正式决定‘国有化’钓鱼岛”到9月18日“九一八”事变纪念日之间，传统媒体的舆论引导作用被削弱，受众转向更容易表达和宣泄情绪的网络媒体。针对部分城市游行示威活动中出现的暴力行为，部分网帖带有明显非理性甚至是煽动性的感情色彩。

(4) 舆论消退期：呼吁理性爱国，转移关注话题。

针对一些城市游行示威出现“打

砸抢烧”现象后，各大媒体都发出了“理性爱国”的声音，在报道素材的加工处理和报道手法方面体现出谨慎的一面，引导社会逐渐稳定。当民众在游行示威活动中出现非理性的行为时，媒体及时报道了“王立军一审被判15年有期徒刑”、“湄公河惨案庭审”等社会关注度高的新闻，降低中日“钓鱼岛争端”的舆论热度。

资料来源：廖云路、蔡尚伟：《中日“钓鱼岛争端”中媒体对爱国主义的舆论引导研究》，见人民网，2012－10－15。

（二）媒体对公众政治生活的影响

1. 推动政治观念现代化

现代化建设需要现代化的观念，国家政治发展也需要公民现代化政治观念的形成。在推动政治观念现代化方面，媒体可以发挥独特的作用。主要表现在：

（1）媒体已经成为现代化观念形成的重要来源。在公众现代化政治观念的形成过程中，他们对政治形势和事件的了解、对政治人物的了解主要源自从大众传播媒介上得到的信息。目前，为公众及时提供符合一般社会规范的参照系，或者改变公众已有的参照系，是大众传播媒介影响社会成员观念的主要方式。

（2）媒体营造着适合现代化观念产生的环境和土壤。大众传播媒介可以为经济发展、社会变革创造所需的合适的气氛和环境，进而促成人们观念的更新和操作技术的提高。

（3）媒体潜移默化地影响人们政治观念的形成。美国政治学家科恩认为，报纸或许不能直接让读者怎么去想，却可以让读者想什么。比如，对于一次大规模的军事演习、一次通信卫星的成功发射等轰动性报道，虽然大众传播媒介一般避免对事件进行带有明显主观性的评说，但这却传播了一种影响性信息，并潜在地影响公民的行为方式。

2. 提供政治表达途径

媒体为实现政治民主提供了重要途径和渠道，大众传媒推动了公众对政治的参与，扩大了公民政治表达的途径，而通过这一途径，可以缓解政治矛盾和冲突，维护政治现代化进程的稳定。主要表现在：

（1）提高政治表达的普遍性。媒体通过提供关于社会生活和政治生活情况的报道，在一定程度上满足了公众的知情权，提高了公众对社会事务的知晓程度，从而扩展了他们的关注范围，也扩大了公民政治表达涉及的范围。

（2）促进政治表达渠道的畅通。报纸、广播电台、电视台等为人民提供了发表意见的渠道，公众可通过大众传播媒介来表达自己的意见和看法。通过大众传播媒介为社会成员提供政治表达渠道，不仅可以反映民众呼声，还可以经过大量同样信息的积累，形成一定的舆论氛围，为更合理的政策出台创造条件。

案例 2—7 “任建宇案”的媒体报道推动“劳教制度”改革

劳教制度，又称劳动教养制度，开始于 1955 年，而 2003 年至今，其存在的主要目的是截访、惩罚信访人员。2012 年，“任建宇案”的发生引起了媒体对于劳教制度的广泛报道。最早对“任建宇案”进行报道的《南方人物周刊》第 311 期主要表达了以下几个意思：任建宇是一个两年试用期满，正在公示等待转正就任的大学生村官，他在女友、家人和老师眼中是一个诚实善良、勤奋好学的好青年。因为在腾讯微博和 QQ 空间复制、转发、评点一百多条“负面信息”，任建宇被重庆市公安局以涉嫌“煽动颠覆国家政权罪”逮捕，随后决定对任建宇“劳动教养两年”。这个报道引起了公众的高度关注，一石激起千层浪，包括《人民日报》、《中国青年报》、《南方都市报》等在内的其他媒体纷纷跟进，共发布相关报道 295 篇。

（1）在新闻叙事方式上的“情感卷入”，让民众参与议题讨论。

关于任建宇的议题非常特殊，他是因为在网上转发帖子和评论才导致劳教的，全国众多网民，有多少人没转发过引起自己共鸣的帖子呢？看到任建宇被劳教，平时关心时政的网友恐怕都会惊出一身冷汗。与此同时，媒体通过发表大量有关评论，塑造了读者对新闻事件的认知和看法。

（2）造成“民意景观”，形成了舆论压力。

所谓的“民意景观”，并非现实社会中所有民众意见的集合，而是媒体所报道、所呈现的社会意见。媒体为了这个议程建构的效果，在主观上屏蔽了对劳教制度的赞扬和中立的态度意见，而只展示如“任建宇被劳教是否违法应有个说法”、“劳教陷入不合法窘境”、“有问题的劳教，越快改革越好”这样从各个方面和角度对劳教制度质疑的意见，构成了批评意见的“民意景观”。

（3）将舆论压力输入政治体系，触发政策议程设置。

“民意景观”代表的是社会舆论倾向，当强有力的批评性民意指向政府，外部舆论压力让政府不得不面对时，政府只能回应舆论，对自己的政策、决策进行反思和调整。在“任建宇案”中，政府部门所采取的是积极回应的方式。在“任建宇案”发生的一个月后，2012 年 10 月 10 日，官方称“正研究劳教制度改革方案，表示该制度有法律依据但也存在问题，改革已成社会共识”。劳教制度改革被提上了官方的日程。2013 年 1 月 7 日上午，时任中共中央政法委员会书记孟建柱宣布，停止实施劳教制度。

资料来源：综合《人民日报》等相关报道整理而成。

（3）缓解政治矛盾与冲突。如果政治体系不能向公众提供畅达的利益表达渠道，社会公众就会寻求新的表达渠道，向政治体系施加外部压力，从而导致政治的不稳定。

大众传播媒介通过提供广阔的表达空间，降低了这种情况发生的可能性，在政治体系和公众之间起到了沟通和润滑的作用。在一定程度上，大众传播媒介弥补了政治参与渠道的不足，起着化解矛盾、减少冲突的作用。

三、政府与公众的关系

（一）社会舆情影响政府的决策和行为

1. 社会舆情和舆情信息工作概述

政府所要面对的社会舆情，从狭义上看，是指在一定的社会空间内，围绕中介性社会事件的发生、发展和变化，作为主体的民众对作为客体的社会管理者产生和持有的社会政治态度。它是公众对社会现象、问题所表达的信念、态度、意见和情绪的总和，包括“情、知、意”三个因素。从广义上看，社会舆情是国家决策主体在决策活动中必然涉及的、关乎民众利益的民众生活（民情）、社会生产（民力）和民众中蕴含的知识与智力（民智）等社会客观情况，同时也是民众在认知、情感和意志基础上，对社会客观情况和国家决策产生的主观政治态度。也就是说，社会舆情即社情民意，包括“民情、民力、民智、民意”四个要素。

舆情信息工作的主要内容是政府部门通过各种手段对舆情信息主动地进行收集、分析与引导，反映社情民意，调动民智和民力，实现决策的科学化和民主化。舆情信息工作是政府常态管理和非常态管理过程中的一项重要任务。其中，舆情收集、分析与引导是舆情信息工作的三大主要内容。

有效地开展舆情信息工作，可以为社会设立“减压阀”，促进政府与公众进行有效沟通，方便社会公众对政府的监督，也有利于政府应对舆情危机。

2. 社会舆情提高政府决策的公共性

（1）社会舆情影响政府决策议程。

一个国家民主的重要表现就在于政府决策是否均衡合理地体现了有关阶层和群体的利益。民意是政府决策的前提和依据，提高公民在政府决策特别是政府部门决定公共政策中的作用，不仅主要依靠政府采用民意调查和测验、社会对话等手段来实现，还要依靠一些社会组织等其他沟通渠道发挥作用。大众传媒通过报道可以使分散的、潜在的社会成员的要求转化成明确、集中的政策要求，并将这些要求输送给政府决策层，这在一定程度上影响了决策议程。

（2）社会舆情影响政府决策指向。

任何决策都是有一定的指向性的，总是指向某一问题的解决和某一目标的实现，但即使针对同一个问题，为了同样的目标持相同价值观和主张的决策者也会在不同时期做出不同的决策，引导机构和个人采取不同的行动。

社会舆情所提供的信息可能是政府决策机构通过常规渠道不可能了解到的，或者可能是由于某些政府机构和部门欺上瞒下等造成信息流失致使政府决策层同样难以了解到的。政府决策者们通过分析社会舆情，可以对形势做出判断，了解社会处在何种运行状态，并根据这种现实状态进行决策。

（3）公众参与扩大政府决策主体。

随着公众对政府决策参与性的增强和大量政府的决策表现为公共政策的决策，决策过程的透明度和公开性日益受到关注。随着现代民主政治的发展，公众参与政府决策已经成为一项重要的政治权利，大众传媒不断向公众报告政府决策机构运行和决策的过程，同时为他们提供发表自己意见和建议的平台。

知识窗

听证会是公众参与民主决策的重要方式之一

中国的听证会分为三类：1996 年建立的行政处罚听证会；1997 年建立的价格决策听证会；2000 年建立的立法听证会。其中尤以价格决策听证会因涉及面广泛，举行得最多，也最受关注。举行听证会，让公众共同经历决策过程和共享决策成果，有利于决策的民主化，有利于决策的有效实施，有利于培养和提高公众参与决策的能力。

3. 社会舆情推动政府决策的执行

（1）舆论环境支持政府决策执行。

政府决策不可能自发地被接受，更不可能自动得到执行，它需要公众的了解和理解，并得到公众的支持。社会成员对政府决策的认同感有助于决策的实施。一旦方针政策被社会成员广泛接受和认同，就会加速它的推行过程。而舆论导向不一致则容易导致思想混乱，增加决策执行中的摩擦和阻力。在中国，公众对大众传媒中的政府决策信息关注程度很高，大部分公众了解一项政府决策，主要通过大众传媒。大众传媒提供了人们获知政府决策信息的最重要的工具和手段，并能引导和影响社会舆论，推动政府决策目标的实现。

（2）监督政府决策的执行过程。

一般而言，政府决策系统会有专门的机构来负责对决策的执行进行监督。但是，仅仅依靠决策者自身监督和反馈是不够的，在决策执行过程中可能出现偏离，而对于这种情况下级部门往往会有所隐瞒和掩饰。在这种情形下，政府决策层对实际情况的把握就不能仅仅依靠决策体系自身，而要依靠群众监督等途径。通过倾听公众对政策执行情况的反馈意见，政府决策者才有可能对自己的已有决策进行修正。

案例 2—8　环境类群体性事件中政府、媒体与公众三者良性互动模式的建构

（一）事件概况

什邡事件是 2012 年 7 月 2 日发生在四川省什邡市的一宗群体性事件，起因系什邡市动工建设“宏达钼铜多金属资源深加工综合利用项目”。这个项目被曝对环境有极大的负面影响，导致大量群众聚集，以示抗议。什邡市政府的维稳行动，引起了严重的警民冲突，并导致多人受伤。在一定的博弈之后，什邡政府最终于 2012 年 7 月 4 日表示将不再实施该项目。

启东事件是 2012 年 7 月 28 日清晨发生在江苏省启东市的一起大规模群体性事件。这起事件是由江苏南通市政府对日本王子制纸之制纸排海工程项目的批准触发的。江苏启东市数万民众举行示威，抵制王子制纸的造纸厂将有毒废水排放到启东附近海域，号召举行“保卫家园”行动。当天上午，政府妥协。江苏省南通市人民政府新闻发言人授权发布：南通市人民政府决定，永远取消王子制纸排海工程项目。

（二）什邡、启东事件中政府、媒体与公众的互动情况

（1）危机潜伏期。

政府、媒体与公众的“无效互动”是事件爆发的根本原因。危机潜伏期中，政府、媒体与公众三者之间的互动较少，导致了政府决策过程中民众参与的缺失；又由于信息多掌握在政府一方，政府与媒体之间基本无互动，媒体无法发挥危机潜伏期的预警作用，导致政府无法获知民意。两方面的共同作用埋下了隐患。

（2）危机突发期。

什邡事件从爆发到平息经历了 4 天，而启东事件却只经历了 4 个小时。什邡事件爆发初期，什邡政府采用不适当的手段对抗议的群众进行驱逐，部分抗议群众在事件中受伤，什邡政府的强硬态度使事件迅速升级。与什邡政府的做法不同的是，启东政府和警方在面对民众掀翻汽车、捣毁市政府办公电脑，甚至强行扒光启东市委书记上衣的暴力行为的情况下，始终保持理性克制的态度。面对示威，启东政府迅速发布了永远取消王子制纸排海工程项目的公告，并在政府的官方网站上发布了名为“启东市发布致全体市民的一封信”的视频，声明了政府的态度，这个视频被转载至诸多视频网站和社交网站。

（3）危机消退期。

由于事件发生的迅速性使得政府和公众无法马上作出反思，媒体作为推动三者关系进展的关键，成为监督政府反思和提醒公众反思的重点。这一阶段，媒体既要对政府应对此类事件中的不足进行分析，得出经验总结，也要对部分公众在抗议中表现出的非理性暴力行为进行警示。当政府与公众通过媒体上呈现的反思来进行自我反思时，三者便形成了有效沟通。

综合环境类群体性事件的特点，在此类事件中，公众主动模式成为一种常态。构建政府、媒体和公众之间的良性互动模式需要三者能够积极主动地参与到沟通体系的建构之中。政府应该完成从“包办政府”到“责任政府”的角色转换，媒体应该完善连接政府与公众的桥梁作用，而公众应该实现从非理性到理性的进步。三者互动模式中，媒体作为中间人，是最为重要和关键的一环。

资料来源：综合人民网等相关报道整理而成。

（二）政府对社会舆情的管理

政府要实现对社会舆情的有效管理，关键在于建立社会舆情引导机制。社会舆情问题关系着政府的形象，更关系着社会的和谐稳定，政府必须将社会舆情引导作为自己一项重要的任务。特别是在互联网等新媒体作用凸显的当下，社会舆情引导更应成为政府的一项重要的常态工作。

1. 制定有效的舆情引导预案

所谓的社会舆情引导预案就是舆情引导计划。这个计划的制订要体现出针对性，即针对最可能引发社会舆情的事件而制订，一般是围绕重要事件。预案中必须较为详细地规定什么事情由谁做及怎么做，确保各个相关部门恪尽职守、相互配合、协同努力。

2. 实现引导主体多元化

社会舆情引导的主体是政府部门。政府作为社会舆情引导的主要负责人，必须努力提高社会舆情引导能力。但是，政府并非社会舆情引导的唯一主体。我们必须动员社会力量，发挥公众在社会舆情引导中的作用，实现社会公众的自我引导。特别是各级政府要重视基层组织和民间组织在社会舆情引导中的作用，它们更贴近社会公众，更了解社会公众的思想动态，在引导社会舆情的过程中更能体现针对性。

3. 利用多种媒介，建立新闻发布制度

政府必须学会利用传统媒体和新媒体来引导社会舆情，学会“两条腿走路”，形成传统媒体与新媒体共同引导社会舆情的新局面。与此同时，政府必须建立及时准确、公开透明的新闻发布制度，对热点事件持续发布信息。一旦有新闻热点事件发生，政府就要及时召开新闻发布会，发布相关消息，掌握舆论的主动权。

思考题

❶ 简述政府传播主体的特征。
❷ 简述新闻、传播与宣传的关系。
❸ 政府传播的载体有哪些？
❹ 简述政府与媒体的关系。
❺ 简述社会舆论的特点和形成过程。
❻ 媒体对公众政治生活的影响体现在哪些方面？

参考书目

❶ 高波．政府传播论．北京：中国传媒大学出版社，2008.
❷ 谢庆奎．当代中国政府与政治．北京：高等教育出版社，2003.
❸ 曹沛霖，徐宗士．比较政府体制．上海：复旦大学出版社，1993.
❹ 胡绳．中国共产党的七十年．北京：中共党史出版社，1991.
❺ 杨凤春．中国政府概要．北京：北京大学出版社，2008.
❻ 陈昌凤．新闻学研究前沿．北京：清华大学出版社，2012.
❼ 李良荣，等．当代西方新闻媒体．上海：复旦大学出版社，2003.
❽ 陈绚．新闻传播伦理与法规概论．北京：高等教育出版社，2012.
❾ 刘华蓉．大众传媒与政治．北京：北京大学出版社，2001.
❿ 李希光．转型中的新闻学．广东：南方日报出版社，2005.

第三章 政府信息公开

本章学习要点

◇ 政府信息公开的内涵与理论基础
◇ 西方国家的政府信息公开制度概况
◇ 我国的政府信息公开制度概况
◇ 政府信息公开的原则与内容
◇ 政府信息公开的方式
◇ 政府信息公开制度的现状与完善

政府信息公开有利于保障公民的知情权，同时能够防治腐败、提高行政效率，从而促进经济社会的发展。我国的政府信息公开制度是由《政府信息公开条例》支撑起来的，该条例对政府信息公开的范围和主体、方式和程序、监督和保障等内容均作出了明确规定。

第一节 政府信息公开制度概述

政府信息公开属于一种行政行为，政府信息公开制度的核心内容是保障公民的知情权。无论在西方还是在我国，政府信息公开都是政府传播的重要组成部分。

一、政府信息公开的内涵与理论基础

（一）政府信息公开的内涵

根据2008年5月1日正式实施的《政府信息公开条例》第二条规定，政府信息是指行政机关在履行职责过程中制作或者获取的，以一定形式记录、保存的信息。这一概念规定了政府信息的性质、来源与存在方式。从性质上看，政府信息是与行政机关履行职责有关的信息；从来源上看，政府信息不仅包括行政机关履行职责时通过各种方式生产的信息，还包括从其他机关、社会组织及个人那里获取的相关信息；从存在方式上看，政府信息必须是已经存在的信息，并且有专门的信息存储介质来存储。

政府信息公开制度是指国家行政机关和法律法规授权和委托的组织，在行使国家行政管理职权的过程中，通过法定程序，主动将政府信息向社会公众或依申请而向特定的个人或组织公开的制度。政府信息公开制度的核心内容是保障公民的知情权。在我国，信息公开的主体一般包括政府机关及其职能部门，法律法规授权行使行政职权的非国家机关或组织，行政委托机关或组织，以及国有控股公司、事业单位中享有部分行政职权的组织。作为最主要的信息生产、使用及发布机构，政府掌握了社会信息资源的近80%。

从政府信息公开的性质上看，它属于一种行政行为。法律上将行政行为分为两种：行政法律行为和行政事实行为。行政法律行为是以实现特定法律效果而实施的行为，行政事实行为是以影响或改变事实状态为目的而实施的行为。因此，确切来说政府信息公开属于一种行政事实行为。

知识窗

政府信息公开绝不等同于政务公开

政务公开是指行政机关公开其行政事务，强调权力在阳光下运行，是一种“办事制度层面”的公开。而政府信息公开的范围要比政务公开更加广泛，它不仅包括政务公开，还包括政府掌握的信息资源的公开，是一种“权力型”公开。

（二）政府信息公开的理论基础

1. 法学理论基础

首先，政府信息公开制度是宪法规定的人民主权的必然体现。人民主权这一思想起源于西方的社会契约论。社会契约论认为，国家是人们按照社会契约的方式建立的，因此国家的最高权力属于全体人民。美国的《独立宣言》中写道，“如有任何政府损害这些目的（保障生命、获得自由及追求幸福），人民就有权利改变或废除它”，这是人民主权说在西方资产阶级国家重要文件中的第一次体现，如今很多国家都以宪法的形式确定了这一理念。我国《宪法》第一章第二条规定，“中华人民共和国的一切权力属于人民”。因此，人民是国家权力的最终所有者，国家机关是为人民服务的，政府有义务将执政信息公之于众，而人民也有权监督政府行为。

其次，政府信息公开制度是保障公民知情权的重要体现。人民主权原则在规定了政府公开政府信息义务的同时，也赋予了人民知情权。

知识窗

知情权的定义及内涵

知情权，也称信息权，是指人民有权利了解国家事务、社会事务和其他事务，政府负有向公民和社会公开自己活动的义务。一般而言，知情权有广义和狭义之分。广义的知情权指公民知悉、获取及传递信息的权利和自由，狭义的知情权指公民有通过各种媒介了解政府工作情况的权利。无论是广义知情权还是狭义知情权，都将政府信息归入了应该被公众所知的内容之中。

我国《宪法》中虽没有对公民的“知情权”做出明确规定，但其中有关公民表达自由权利和参政监督权利的规定，就已经明确了我国公民享有知情权。比如：《宪法》第二条第三款规定“人民依照法律规定，通过各种途径和形式，管理国家事务，管理经济和文化事业，管理社会事务”；第二十七条规定“一切国家机关和国家工作人员必须依靠人民的支持，经常保持同人民的密切联系，倾听人民的意见和建议，接受人民的监督，努力为人民服务”；以及第四十一条规定“中华人民共和国公民对于任何国家机关和国家工作人员，有提出批评和建议的权利”等。公民在行使上述权利时，首先需获得对政府信息的知情权。

最后，政府信息公开制度是建立有限政府的需要，也是行政法平衡论的体现。简单地说，有限政府就是法律限制下的政府，它主要包括政府权力、职能及行使权力的方式三方面的有限性，其中政府权力的有限性是主要方面。平衡论是现代行政法的理论基础，它认为行政法关系的各方主体既对立又合作，既要互相制约，又要互相激励。无论是有限政府理论还是平衡论都强调对政府滥用权力的限制，而政府信息公开制度提高了公众的监督能力，这就是赋予公民权力来限制政府权力。同时，政府信息公开制度能够切实保障和维护公民在行政法关系中的地位，有效遏制政府部门的腐败，实现行政权与公民权的平衡。

2. 经济基础

政府信息公开制度的经济基础主要包含两个方面，一是作为信息本身的经济价值，二是信息不对称理论。

首先，信息本身就是一种资源，它可以给人们带来经济收益。政府信息作为一种公共信息资源，具有资源丰富、分析性强等优势。随着信息全球化进程的不断加快，政府信息的经济价值也被广为关注。根据统计，我国目前有近 80%的信息控制在政府部门手中，其中不仅包含行政管理信息，也包含大量的市场及服务信息，这些都对企业及个人的发展具有极大的参考价值。对这些信息进行公开，在服务群众生产生活的同时，也促进了国民经济的增长，推动了社会进步。

其次，在信息经济学研究中有一个核心理论，叫信息不对称理论。它指决策所依赖的信息在相对应的组织或个体之间呈现不对称、不均匀的分布状态，简单地说就是一方占有信息的数量和质量优于另一方。信息经济学将优势的一方称为“代理人”，将劣势的一方称为“委托人”，在交易前或交易后，代理人会为了自身利益向委托人隐瞒信息或作出对委托人不利的行为，从而引发“逆向选择”问题。“逆向选择”发生于交易之前，代理人做出有利于自身而不利于委托人的行为。

案例 3—1　市场交易中的“逆向选择”问题

在二手市场中，因为卖方（代理人）掌握了二手商品的全部信息，买方（委托人）由于未能掌握全部商品信息，故只能采取压低价格这种通用的谈判手段展开交易，此时卖方为了获取利益就可以在提供质量更差商品的条件下同意低价卖出，而将有关商品质量的信息向买方隐瞒。这一旦成为常见现象，就会引发“逆向选择”，使商品的平均质量趋于下降，卖方信誉下跌，商品市场逐渐萎缩。

如果我们将政府与公众这两大主体比作商品交易的双方，那么掌握大量信息资源的政府成为优势方，而公众成为劣势方。在信息流动的过程中，政府因为思想保守或者为了维护自身利益一旦采取垄断信息的行为，就会使公众参政议政权及监督权受到损害，同时还可能导致政府因信息优势而出现违法犯罪或者贪污腐败的行为。长此以往，商品交易中出现的卖方信誉下跌的问题就会出现在政治领域中：公众对政府失去信任，政府陷入诚信危机。因此，经济学领域的信息不对称理论足以成为政府信息公开制度的理论基础。贯彻政府信息公开制度，解决因信息不对称而产生的行政矛盾，是建设和发展民主社会的关键。

二、西方国家的政府信息公开制度概况

西方国家对政府信息进行公开的思想由来已久，早在 1766 年，确定了政府信息公开制度的《出版自由法》就在瑞典诞生了。而在之后的 100 多年，政府信息公开制度并未得到充分的发展。第二次世界大战以后，政府行政权及自由裁量权不断扩大，公民的知情权及参政议政权受到一定程度“合法化”的侵蚀。为了遏制政府行政权力，保障公民利益，西方国家相继出台了一系列有关政府信息公开的法律文件，确立并推行了政府信息公开制度。

（一）瑞典的政府信息公开制度

瑞典的政府信息公开制度建立至今已有 200 多年，其信息公开不仅具有完备的制度基础，同时也有深厚的文化基础。瑞典宪法由四部宪法性法律组成：《政府宪章》、《王位继承法》、《出版自由法》、《表达自由法》。将后两部法律纳入宪法组成部分，足以证明瑞典政府对公众知情权、表达权、参与权的认可和保证。

由于对公民政治权利的高度重视，瑞典成为世界上第一个创立政府信息公开法律制度的国家。可以说，信息公开制度的建立是瑞典历史上王权与国会不断斗争和妥协下的产物。在民族国家形成初期，瑞典国内的政治斗争在王权与国会间展开。1718 年，国会趁国王卡尔十二世去世而无继承人之际，与卡尔十二世的妹妹达成协议，扩大了国会权力，瑞典的“自由时代”由此开始，这也为瑞典政府出台《出版自由法》奠定了基础。1766 年制定的《出版自由法》，是世界上第一部从宪法层面确认公民出版自由和规范政府信息公开的法律，之后几经修改，规定越来越详细。该法规定，任何人经申请都有权依法获得应当公开的官方文件，且该官方文件的查阅是免费的。在非必需的情况下，公共机关在审查和批准获取政府信息的申请时不能调查申请人的身份和动机。另外，查阅人还可以采取多种方式了解文件内容，包括阅读、收听及其他能了解文件内容的方式，同时也可以复制、抄写文件，或者将其转换为音频形式。

在具体应公开的内容上，瑞典政府并没有采用列举的方式限定其国民的信息自由的范围，而只是列举了信息不予公开的范围。在瑞典，“法不禁止即自由”，而对于禁止公开的，瑞典《保密法》中都已做了具体且明确的规定。《保密法》规定的保密信息

范围主要包括：涉及国家公共安全和外交关系的秘密，关于财政、金融、货币政策的秘密，涉及保护个人人身安全的秘密，涉及公共利益的秘密，涉及私人主体经济条件的秘密等。可以说，《出版自由法》与《保密法》没有列举禁止公开的事项，都属于政府信息公开的内容。1991 年，瑞典政府制定了《表达自由法》，它是对《出版自由法》的补充，其适用范围涵盖了所有电子媒体。

（二）美国的政府信息公开制度

相较于瑞典而言，美国的信息公开法更加完备，也对其他西方国家起到了示范作用。

1966 年制定的《信息自由法》规定，公众有向联邦政府机关索取任何材料的权利，同时该法要求在《联邦登记》上应公布联邦行政机关和独立管理机构的各种工作指标，并向公众提供不属于该法规定的免于公开情形范围内的文件和记录。该法还确立了“政府信息公开是原则，不公开是例外”、“政府信息面前人人平等”、“政府拒绝提供信息要负举证责任”、“法院对拒绝公开的行为有司法审查权”等四项基本原则，使公众对政府信息的获取权得到最大化保证。继《信息自由法》出台后，美国又陆续制定与颁布了一系列配套法律，包括 1974 年的《个人隐私法》和 1976 年的《在阳光下的政府法》。作为《信息自由法》的重要补充，《个人隐私法》规定了行政机关对个人信息进行搜集和传播时所应遵循的“对本人公开和对第三人限制公开”的原则，以求在保障公民得到最大信息权益的同时缓解信息公开与保护公民隐私的矛盾，同时满足行政机关在执行公务时为保护公共利益对相关关系人信息的需求。1976 年通过的《在阳光下的政府法》明确了合议制行政机关的会议必须公开举行，并允许公众像参加法院的公开审理案件一样，通过观看了解到行政机关会议的全过程，并合法取得与会议相关的信息和文件资料，这延展了政府信息公开的范围。随着互联网技术的迅猛发展，美国政府在 20 世纪 90 年代初期启动了政府上网工程。美国国会在 1996 年制定的《电子信息自由法》，要求行政机关采用互联网技术向公众公开行政信息，这促使美国政府信息公开制度的发展又上了一个新台阶。可以说，《信息自由法》、《个人隐私法》、《在阳光下的政府法》、《电子信息自由法》这四部法律，共同建构了美国政府信息公开法律制度。

（三）英国的政府信息公开制度

虽然与美国同属英美法系国家，但是英国的政府信息公开制度的确立比美国晚了 30 多年。英国自 20 世纪 70 年代初就开始了信息公开的努力，但直到 2005 年，《信息自由法》才正式开始实施。立法过程历经磨难，主要原因是英国是一个受保密传统影响非常大的国家。可以说，英国的信息公开立法是在与保密文化的冲突和博弈中逐步发展起来的。首先在宪法惯例中，大臣责任制和王的特权是信息公开的障碍之一；其次在成文法中，1911 年制定的英国《官方保密法》是信息公开的又一障碍，该法第二条规定未经授权披露任何官方信息都是犯罪，无论该信息的性质如何。第二次世界大战以后，公众意识不断觉醒，人们逐渐认识到英国保密制度已成为政府拒绝提供信息的借口。迫于舆论压力，英国政府在 20 世纪 80 年代通过了一系列特殊领域的信息公开法律，如 1984 年的《数据保护法》、1988 年的《获得医疗报告法》。20 世纪 90 年代，英国政府更加重视信息公开立法工作，1993 年发布《开放的政府》白皮书，1997 年发布《你的知情权》白皮书，表明政府尊重和保障公民知情权的决心。1999 年，《信息自由法》向社会公布，2000 年 11 月 30 日正式通过，2005 年 1 月正式实施。

《信息自由法》规定了公民关于信息公开的一般性权利：被告知公共机构是否持有所需要信息的权利以及在 20 个工作日内取得信息的权利。另外该法还规定，为了便于公众了解公共机关拥有的信息，每个公共机关都要编制该机关的信息公开摘要，包括信息种类、公开方式、是否收费等说明。

（四）日本的政府信息公开制度

与其他发达国家不同，日本的政府信息公开立法是一个自下而上的过程，即先由地方公共团体普遍建立，之后在中央层面进行立法。这是因为日本与英国一样，是一个保密传统盛行的国家，政府对政府信息往往实行严格封锁和垄断。第二次世界大战的战败，使得日本被迫接受美国主导的民主化改革，这也使得知情权理论在日本国内得到广泛普及。政府信息公开逐渐获得了公众及学界的关注及探讨。20 世纪 90 年代，日本国内动荡的政治局势使得公众更加渴望公开政府信息，在公众与无数民间团体的压力下，日本政府被迫开始了为信息公开立法的工作，经过多年反复的讨论及修改，1999 年 5 月 7 日，日本国会正式通过《信息公开法》，并于 2001 年 4 月正式实施，其制定是在充分参考了美国《信息自由法》的基础上完成的。

日本的《信息公开法》有以下特点：首先，其权利主体非常广泛。包括日本国民及在日本定居的外国人在内的任何人都可以提出信息公开的请求，而不过问其资格和动机。其次，对公开的内容具有严格的限定，《信息公开法》第五条规定了 6 类免于公开的信息，其中包括个人信息、法人等经营信息、国家安全与外交信息、公共安全信息、审议讨论信息以及行政机关对特殊事务事业的信息。最后，制定了特色鲜明的信息公开审查会制度，审查会站在第三者的中立位置，负责信息公开的审批和相关诉讼。

（五）西方国家的信息公开制度的总体特征

总体来说，西方国家的政府信息公开制度有以下特征：

(1) 对政府信息公开的内容规定明确且广泛。除去明文规定的不予公开的内容，其他政府信息都属于可向社会公开的范围。

(2) 政府信息公开形式多样且便民。除了采用传统报刊、政府告知、参加听证、查阅等形式，政府十分重视采用沟通更为便捷的方式来促进信息传播与接收，如瑞典政府的新闻发布制度、美国政府的政府上网工程等。

(3) 具有内部协调一致的立法架构。美国、瑞典等国家都采取了分阶段、分步骤进行信息公开立法，最终形成了内部和谐的法律体系。例如，美国的信息公开制度就是由《信息自由法》、《个人隐私法》、《在阳光下的政府法》、《电子信息自由法》四部法律构成。

(4) 非政府组织的大力推动。在英国和日本等奉行保密主义或信息公开立法进程缓慢的国家，大量非政府组织对信息公开法律的制定及完善起到了强大的推动作用。这些组织充当了民众利益的代言人，在与政府博弈的过程中对政府施加强大压力，迫使政府允许公民实现政府信息的共享。

三、我国的政府信息公开制度概况

（一）我国政府信息公开制度的发展历程

早在封建社会，我国一些文人志士就提出过类似“行政信息公开”的思想，秦朝的廷议制度、唐朝的政事堂制度和明代的通政司制度等都或多或少地体现了政府对信息公开的意识。到了近代，中国很多有识之士接触到了西方民主政治思想，国内关于信息公开的思想及理论介绍也逐渐增多。然而，作为近现代民主制度重要内容的政府信息公开制度，是不可能在封建专制主义的国家里建立和发展起来的。

知识窗

廷议制度、政事堂制度和通政司制度概述

廷议制度是秦朝政治制度的最直接表现，它是指对政事的处理，一般履行让群臣参议之后再做决定的程序。终战国之世，秦国的廷议在政治生活中的地位是其他诸侯国无法比拟的。开明、有效的决策机制使秦国的治国政策具有合理性和可行性，最终获取了最大的政治利益。在秦国的历史上，这样的例子是屡见不鲜的，如商鞅变法前商鞅与甘龙、杜挚之辩，惠王时张仪、司马错伐蜀伐韩之争等，莫不对秦国的政局产生重大影响。可以说，廷议制度是秦国统一中国的一项重要的制度保证。统一后，它作为一种有效的统治形式受到更高的重视。

政事堂制度始创于初唐，指尚书省、中书省、门下省三省长官在固定的时间、地点经常性地讨论军国大事，他们彼此平衡互制、协调共济，最后由皇帝裁定的制度。它是中国封建社会中的“三权分立”。

明代的通政司，又名通政使司，它是由皇帝直接掌握的国家最高新闻传播机构和中央信访部门，它的设立是为了使皇帝能够耳聪目明，了解执政的得失和政策的落实

情况，从而有利于皇权的稳定和巩固。像这样的越级上访制度，其实并不起源于明代，但明代的通政司制度最具有代表性。

1949 年新中国成立后，人民代表大会制度和政治协商制度的确立为政府信息公开制度的建立创造了有利条件。《中国人民政治协商会议共同纲领》中规定的“公民享有思想、出版、集会、结社”等自由和权利，同时可以向国家机关人员“提出批评和建议”。然而，新中国成立之初，由于我国社会主义民主政治制度建设的指导思想出现了扭曲，部分人甚至将政治权利的公开行使与保守国家秘密对立起来，“严守国家秘密”甚至一度成为主旋律。1951 年政务院专门发布《保守国家机密暂行条例》，将国家财政计划等财务事项一概列入国家机密的范围。在实际工作中，可被公开的信息更是少之又少。1978 年，党的十一届三中全会的召开使我国政治体制及社会环境发生了巨大变化，政府逐渐意识到行政公开的必要性，并将其纳入到了法制化轨道之中。

1984 年 9 月，邓小平提出“开发信息资源，服务四化建设”的口号。1987 年 10 月，党的十三大明确提出，提高领导机关的开放程度，重大事情要让人民知道，重大问题要经人民讨论。1989 年，李鹏在政府工作报告中指出，处理同广大人民群众利害相关的事情，要积极推进公开的办事制度，公开办事结果，要增加政府活动的透明性，强化各种制约机制，使各级政府权力的行使都严格置于法规制度的规范约束和广大群众的监督之下。在这样的政策背景下，一些城市陆续开展了“公开办事程序、公开办事结果、加强群众监督”的“两公开一监督”工作。另外，一些省市还出台了许多专门规范政府信息公开行为的规章或是其他规范性文件。1988 年，河北省藁城市政府成为全国第一个公开办事制度、公开办事结果、接受群众监督的行政机关。这一时期，政府的信息公开制度逐渐摒弃了保密传统，变宣传教育为给予信息，而公开的内容更加全面，更加注重对公民个人权益的保护。

1992 年，我国社会主义市场经济体制改革目标确立，民主制度也在不断完善，人们参政议政的热情也不断提高。党的十五大报告中提出，城乡基层政权机关和基层群众性自治组织，都要健全民主选举制度，实行政务公开和财务公开，让群众参与讨论和决定基层公共事务和公益事业，对干部实行民主监督。1991 年，党中央和国务院决定要逐步建立村务公开制度，1998 年，中共中央办公厅、国务院办公厅又联合发布了《关于在农村普遍实行村务公开和民主管理制度的通知》，村务公开在全国范围内正式全面推行。2000 年，中共中央和国务院再次联合发布了《关于在全国乡镇政权机关全面推行政务公开制度的通知》，我国乡镇一级的政府信息公开也在全国范围内推行。经过几年的实践，我国村务公开取得了显著成果，村务公开的内容、形式、程序、监督体系等已逐步规范。村务公开是村信息公开的重要组成部分，其发展也自然带动了村信息公开制度的发展与完善。除了村务公开，我国在 90 年代末启动的政府上网工程也是我国政府信息公开制度发展进程中又一具有里程碑意义的举措。1999 年被称为“政府上网年”，1999 年 1 月“政府上网工程启动大会”正式在北京召开。此后，从中央到地方，各级政府都纷纷建立自己的政府信息服务网。到 2006 年，我国政府网站总数就已达 12 000 多个。政府将各项政策及相关信息在网站上发布，极大地方便了人民群众监督政府行为，也提高了行政效率。

2003 年，“非典”疫情在我国全面爆发，我国政府在应对过程中，信息公开制度的严重不足也暴露了出来。在严峻的社会形势下，2003 年 1 月 1 日，《广州市政府信息公开规定》出台，这是国内第一部地方政府信息公开法规。在随后的几年，各地政府陆续制定并公布了本级政府信息公开的规定。2006 年 10 月，十六届六中全会提出深化政务公开，依法保障公民的知情权、参与权、表达权、监督权。

2007 年 4 月 5 日，国务院颁布了《政府信息公开条例》(简称《条例》)，并自 2008 年5 月1 日正式实施。在《条例》刚刚颁布的 2007 年，全国就已有 80%的县级以上政府或政府部门建立了政府网站，并已建立综合行政服务中心 2 100 多个；74 个国务院部门和 31 个省（区、市）建立了新闻发布和新闻发言人制度；31 个省（区、市）和 36 个国务院部门结合实际，制定了政务公开规定；全国 95%以上的普通高等学校、90%以上的中小学校开展了校务公开工作。比如，陕西省渭南市合阳县政府门户网站就在醒目位置设立了政务公开专栏，其中包括政府文件、人事信息、规划计划、政府采购等共计 16 项公开的政府信息（见图 3—1)。

图 3—1　陕西省渭南市合阳县政府门户网站截图

近年来，各级政府和部门贯彻中央的决策部署，主动公开了行政法规、规划政策、财政预算决算、民生保障、行政许可事项办理情况等内容。2011 年，31 个省（区、市）主动公开政府信息 2 885 万多条，办理依申请公开信息 130 多万条，85％以上的申请按规定得到办理并予以公开；中央国家机关各部门各单位主动公开政府信息 149 万多条，办理依申请公开信息 3 000 多条，70％以上的申请按规定得到办理并予以公开。

（二）我国政府信息公开制度的确立

目前，我国的政府信息公开制度是由《政府信息公开条例》支撑起来的，该条例有 5 章共 38 条，对政府信息公开的范围和主体、方式和程序、监督和保障等内容均作出明确规定，为深入推行政府信息公开提供了行政层面的依据。该条例的颁布与实施，体现了我国建立透明政府的信念，彰显了我国政府向服务型政府转型的决心，使我国正式迈向“信息公开时代”。

《条例》规定，国务院办公厅是全国政府信息公开的主管部门，负责推进、指导、协调、监督全国的政府信息公开工作。另外，县级以上地方人民政府办公厅（室）或者县级以上地方人民政府确定的其他政府信息公开工作主管部门负责推进、指导、协调、监督本行政区域的政府信息公开工作。

我国政府信息公开的主体包括三类：第一类是包括各级人民政府及县级以上人民政府部门的行政机关；第二类是包括证监会、银监会、地震局等具有管理公共事务职能的组织；第三类是包括教育、医疗卫生、计划生育、供水、供电、供气、供热、环保、公共交通等与人民群众利益密切相关的公共企事业单位。这三类主体在《条例》中均已被明确指出。除了信息公开的主体，信息公开的具体范围在《条例》中也获得了较为详细的列举，其范围涵盖了国家行政法规文件、国民经济规划和统计信息等一切涉及公民、法人或者其他组织切身利益的信息。明确地公开主体及广泛地公开范围，充分表明了我国坚决实行政府信息公开、建设阳光型和服务型政府的决心。

在信息公开制度确立的同时，《条例》也明确了在信息公开之前的保密审查机制。《条例》规定，信息的公开应当严格遵循《中华人民共和国保守国家秘密法》（简称《保密法》）等相关法律的要求，对拟公开的内容进行审查。一般情况下，行政机关不得对涉及国家秘密、商业秘密以及个人隐私的政府信息进行公开。

好的制度在确立之后，仍需要健全的监督及救济机制来保障它的实施，唯有此才能切实维护公民的合法权益。《条例》对公民在申请信息公开时的救济制度做出了明确规定。当认为行政机关没有履行政府信息公开的义务时，公民、法人或其他组织可以向上级行政机关、监察机关或政府信息公开工作的主管部门进行举报；当认为自身的合法权益在行政机关进行信息公开的过程中被侵犯时，公民或组织也可以依法申请行政复议或提起行政诉讼。只有建立健全救济制度，政府信息公开制度才能起到其应有的效用，产生实际意义。

（三）我国政府信息公开制度的意义

我国政府信息公开制度的建设具有极为深远的意义。具体体现在四个“有利于”上：有利于保障公民的个人权利，构建和谐社会；有利于防治腐败；有利于提高行政效率；有利于促进经济发展。

1. 有利于保障公民的个人权利，构建和谐社会

首先，我国宪法赋予了公民诸多权利和自由，包括宗教信仰自由，公民的人身自由，批评和建议的权利、申诉、控告或者检举的权利等。公民实现这些权利的基础，就是了解政府的信息。具体而言，公民只有获得与自己切身利益相关的正确的信息，才能够明确享有的权利，才能有效地帮助自己行使权利并使权利不受非法侵犯。

其次，政府信息公开也能切实保障宪法赋予公民的知情权、表达权和监督权。公民在获取了政府信息的前提下，对任何国家机关和国家工作人员，有批评和建议的权利；对于任何国家机关和工作人员的违法失职行为，有向国家提出申诉、控告或检举的权利。这既是宪法赋予人民的当家做主的权利，也是人民主权原则的重要表现形式。

人民是国家的主人，政府信息公开及其范围的扩大能够提升公民参政议政的意识，促进公众参与国家行政管理，有利于我国民主政治的建设。加强建设透明的政府，会使人民和政府的关系更加稳定，社会更加和谐。

2. 有利于防治腐败

任何政治权力都具有一个相同的典型特征——双重性。一方面，政治权力可以实现权力主体所追求的利益和价值；另一方面，由于人性的复杂性和权力本身的物性，它又极容易导致腐败。美国大法官路易斯·布兰代斯曾说：“阳光是最好的消毒剂，而电灯则是最有效的警察。”历史和实践经验均告诉我们，保密是腐败滋生的温床。而政府信息公开可以让政府决策过程变得公开透明，让暗箱操作变得难以为继。这在很大程度上消除了腐败赖以生存的环境，有利于从源头上遏制腐败的发生。与此同时，政府信息公开可以减少利益期望群体对政府权力主体的依赖，从而降低或消除他们通过贿赂拉拢腐蚀政府官员的动机，减少或避免腐败现象的发生。

3. 有利于提高行政效率

行政效率是指行政法律制度要以尽可能小的经济耗费获取最大的社会和经济效益。对于行政机关来说，不讲行政效率，就不可能实现行政维护社会基本秩序的功能。有人认为，信息公开会增加行政负担，影响行政效率。其实，政府信息公开与行政效率并不矛盾，适当地公开政府信息还有助于提供行政效率。民众通过了解政府信息，可

提出自己的意见及建议，政府在得到民众反馈后可以不断调整自己将要实施或已经实施的决策，使得政府决策更加合法合理，而且政府形象也会更加亲民。尽管这样会在决策产生的时间、人力和物力上投入更多成本，但政策在落实时所受的阻力会大大减小，其效果也会超过预期，由此政府的行政效率将大大提高。

4. 有利于促进经济发展

市场经济以自由流通、公平交易为基础。它反对地方保护主义、部门保护主义，主张市场开放、信息开放和决策透明化。在当今时代，信息是经济发展的基础，而政府是整个社会中最大的信息所有者和控制者。政府信息公开，既可以减少市场主体因获取信息而额外支付的成本，又可抑制市场主体因信息不对称所导致的不公平竞争，避免在商品交易中出现“逆向选择”等问题。

第二节 | 政府信息公开制度的实施与完善

政府信息公开的基本原则是指导政府公开立法、执法、司法和法律监督的基本原则，它贯穿于政府公开的各个环节，也反映了政府信息公开的目的。政府信息公开的方式主要有两种，即主动公开和依申请公开。公开的方式不同，其在具体实施过程中的程序、渠道等也有较大差异。

一、政府信息公开的原则与内容

（一）政府信息公开的原则

政府信息公开的基本原则贯穿于政府公开的各个环节，具体包括以下几个方面：

1. 以“公开为原则、以不公开为例外”原则

政府机关拥有的与其行政权力运行相关的信息，原则上都是应当公开的，而对于法律所规定的保密信息，公民无权要求政府公开，政府也无权主动公开。《条例》一方面规定了主动公开以及依申请公开的基本要求及内容，另一方面也规定了除涉及国家秘密、商业秘密、个人隐私的信息不能公开外，其他政府信息都可以公开。这两个方面均体现了“公开为原则、不公开为例外”的原则。由此可见，信息的公开是具有一定范围的，在实际操作中，应注意：涉及国家安全、公共安全、经济安全和社会稳定的信息，需慎重处理，以免造成难以预料的后果；涉及国家秘密、商业秘密及个人隐私的信息，原则上不允许公开，但经权利人同意或行政机关认为不公开会对公共利益造成重大影响的信息除外。“公开为原则、不公开为例外”原则，在最大限度保证信息公开范围的广泛性的同时，还提升了政府公开信息的主动性，同时也避免了人为决定信息是否公开的随意性。

2. 平衡性原则

信息公开的平衡性原则是“公开为原则、不公开为例外”原则的延伸。在社会生活中，不同主体间的利益往往会发生冲突，维持各主体利益间平衡的过程就是维系社会稳定的过程。在政府信息公开中，政府与公众在公布和索取信息时也会发生不平衡的状态。一方面，政府向公众公开太多，往往会泄露他人隐私或国家秘密，损害了国家利益；另一方面，政府又不能拒绝公开公民本该获知的信息，损害公众利益。因此，政府信息公开需要把握一个“度”，以利益平衡为原则。对此，《条例》既划定了应当公开的信息范围，也确定了不予公开的信息范围，从而寻求政府信息公开与保护其他社会公共利益间的平衡。

3. 主体性原则

尽管《条例》对三类信息公开的主体已经明确，但在实践中，经常会遇到不同的行政机关同时掌握同一项政府信息的情况，如果不明确该项政府信息的具体公开主体，则会产生责任不清、互相推诿等问题。因此，信息公开必须坚持其主体性原则，即谁制作谁公开、谁保存谁公开。对此，《条例》第十七条第一款规定“行政机关制作的政府信息，由制作该政府信息的行政机关负责公开；行政机关从公民、法人或者其他组织获取的政府信息，由保存该政府信息的行政机关负责公开”。不过在一些特殊情况下，比如关系国计民生、影响重大的政府信息，在公布前仍需经上级部门核实后统一对外发布。

4. “公正、公平、便民”原则

《条例》第五条规定，行政机关公开政府信息，应当遵循“公正、公平、便民”原则。其基本含义是要求行政主体在公开其所掌握的政府信息时不偏私、不歧视，按照法定的正义标准，排除一切不合法、不合理因素的干扰，禁止以双重、多重标准来区别对待具有相同情况的相对人。在遵守法律规定时限、积极履行职责的前提下，应采取尽可能便利的方式为公众、公民法人及其他社会组织提供优质高效的服务。同时，政府机关不能借信息牟利，主动公开的政府信息不能收取任何费用。依申请向公民、法人和其他组织提供的政府信息，可以适当收取检索、复制、邮寄等成本费用，但政府在公民经济困难时应该减免相关费用以及为获取政府信息有困难的公民提供各种必要的帮助。

5. 司法审查原则

当政府拒绝提供申请人所要求公开的信息时，有义务向信息申请人、申诉裁决机关和法院说明拒绝的理由。当申请人对政府不公开信息的决定不服时，有权利将其起诉至法院，并由法院裁决不公开决定是否合法。在法院审判的过程中，负有举证责任的主体由私方转变为公方。《条例》所规定的司法审查机制既是对公民权利的救济，也是对政府权力的限制，它对政府在信息公开过程中侵犯公民权利的行为进行了约束。尤其是在目前我国政府信息公开制度建设不很完备，在政府工作人员对公开政府信息意识不强的情况下，唯有通过司法审查制度限制政府行为并增强政府工作人员的法律责任感，才能避免公民获取政府信息的权利不流于形式。

（二）政府信息公开的内容

对于我国政府信息公开的具体内容，《条例》中已有明确规定，行政机关的级别不同，其所应公开的内容也略有差异。

县级以上各级人民政府及其部门应重点公开下列政府信息：行政法规、规章和规范性文件；国民经济和社会发展规划、专项规划、区域规划及相关政策；国民经济和社会发展统计信息；财政预算、决算报告；行政事业性收费的项目、依据、标准；政府集中采购项目的目录、标准及实施情况；行政许可的事项、依据、条件、数量、程序、期限以及申请行政许可需要提交的全部材料目录及办理情况；重大建设项目的批准和实施情况；扶贫、教育、医疗、社会保障、促进就业等方面的政策、措施及其实施情况；突发公共事件的应急预案、预警信息及应对情况；环境保护、公共卫生、安全生产、食品药品、产品质量的监督检查情况。

设区的市级人民政府、县级人民政府及其部门重点公开的政府信息除了上述内容外，还应当包括：城乡建设和管理的重大事项；社会公益事业建设情况；征收或者征用土地、房屋拆迁及其补偿、补助费用的发放、使用情况；抢险救灾、优抚、救济、社会捐助等款物的管理、使用和分配情况。

乡（镇）人民政府所应重点公开的内容，在《条例》中另有规定：贯彻落实国家关于农村工作政策的情况；财政收支、各类专项资金的管理和使用情况；乡（镇）土地利用总体规划、宅基地使用的审核情况；征收或者征用土地、房屋拆迁及其补偿、补助费用的发放、使用情况；乡（镇）的债权债务、筹资筹劳情况；抢险救灾、优抚、救济、社会捐助等款物的发放情况；乡镇集体企业及其他乡镇经济实体承包、租赁、拍卖等情况；执行计划生育政策的情况。

另外，除了上述规定的应公开的信息，公民、法人或者其他组织还可以根据自身生产、生活、科研等特殊需要，向国务院部门、地方各级人民政府及县级以上地方人民政府部门申请获取相关政府信息。

二、政府信息公开的方式

政府信息公开的方式主要有两种，即主动公开和依申请公开。公开的方式不同，其在具体实施过程中的程序、渠道等也有较大差异。

（一）主动公开

主动公开是指政府机关以及职能部门依据相关法律法规所规定的义务，为了方便广大公民查阅、浏览而定期主动向社会公开相关信息情报的公开方式。信息公开的实践证明，政府主动公开信息并明确主动公开的范围，强化主动公开的责任，可以减少申请信息公开的数量，从而降低政府信息公开成本。政府主动公开的信息内容，重点涵盖了上文所列举的《条例》中规定的各级政府应公开的信息内容。

政府信息公开的渠道，包括政府公报、政府网站、新闻发布会以及报刊、广播、电视等。此外，行政服务中心、信息公开服务热线、政府信息查阅室等也是便于公众及时获取信息的有效渠道。

除了公开渠道，信息公开还需要必要的公开场所，《条例》所规定的公开场所包括在国家档案馆和公共图书馆设置的政府信息查阅场所，也包括根据需要设立的公共查阅室、资料索取点、信息公告栏、电子信息屏等场所、设施。尤其对无力召开新闻发布会且政府网站建设仍不完备的基层政府，应该充分依照自身情况，设置成本小、方便民众的信息公告栏、资料索取点。

《条例》规定，属于主动公开范围的政府信息，应当自该政府信息形成或者变更之日起 20 个工作日内予以公开。法律法规对政府信息公开的期限另有规定的，从其规定。政府信息是具有时效性的，它的及时公布直接或间接地影响着社会成员及组织的切身利益与生产生活。因此，政府不仅应主动公开信息，还应保证及时公开信息，如此才能切实有效地展现政府工作作风、保障公民权利。

（二）依申请公开

依申请公开是指广大公民依据法律法规的有关规定，依法向政府机关提出申请，请求其公开某些特定的但不与国家、社会、他人的利益相冲突的信息情报。可以说，依申请公开是政府信息主动公开的一种有效补充。

申请可以通过信函、电报、传真、电子邮件的方式向有关部门提出，对于使用书面及电文形式申请有困难的公民，也可以提出口头申请并由政府机关代为填写申请书。政府机关在收到政府信息公开权利人申请书时应即时送达受理回执，并在收到申请书之日起在法定期限内决定是否公开，制作公开决定书，并将信息送达公开权利人。对于不能提供信息的，应当说明理由。

需要特别指出的是，信息依申请公开的渠道较主动公开的渠道来说更为单一。它并不像主动公开那样面向全体公民，而只是面向公开权利人。因此，它不可能利用网站、发布会、大众传媒等公开渠道，只能根据公开权利人要求的答复方式进行一对一的公开，这包括书面答复、口头答复等。

在答复时间上，《条例》规定：行政机关在收到申请时，能够当场答复的需要当场答复；不能当场答复的，应当自收到申请之日起 15 个工作日内予以答复；需要延长答复期限的，应当经政府信息公开工作机构负责人同意，并告知申请人，但延长答复的期限最长不能超过 15 个工作日。

（三）信息公开中的监督与保障

根据《条例》规定，各级行政机关应当在每年 3 月 31 日前公布本行政机关的政府信息公开工作年度报告，说明其主动公开或依申请公开政府信息的情况，并对不予公开情况、收费及减免情况、申请行政复议或提起行政诉讼情况以及工作中存在的主要问题与改进措施等情况进行报告。同时，《条例》明确指出，各级人民政府应当建立健全政府信息公开考核制度、社会评议制度及责任追究制度，定期对政府信息公开工作进行考核、评议。另外，《条例》也严格规定了公民、法人及其他组织对行政机关相关行为的监督举报权利，并列出了应依法进行行政处分及刑事责任的若干违法行为。

三、政府信息公开制度的现状与完善

（一）政府信息公开制度的现状

《政府信息公开条例》的颁布与实施标志着我国的政府信息公开具有了法律保障，这对我国政府信息公开制度的建构具有重大意义。自《条例》实施以来，我国各级政府都给予了不同程度的重视，纷纷做出明确规定，落实政府信息公开的基本工作，并相继主动公开了很多信息。公众在了解到可以通过提出申请获取政府信息后，一些依申请公开的案例逐渐增多，这说明我国部分公众对信息公开方面知情权及参与意识的提高。在信息公开的渠道上，各级政府基本先后开通电子政务，通过网络公开政府信息，采取政府网站（包括官方微博）和传统媒体相配合的公开方式，成效显著。在信息公开的内容上，也呈现了公开范围不断扩大和细化的趋势；目前一些省市正在推进对政府核心信息的公开。拿北京市来说，“十二五”期间，北京市将重点推进财政预算决算、公共资源配置、重大项目批准和实施、社会公益事业建设等领域的政府信息公开。各级政府财政总预算和总决算、部门预算和决算，以及政府性基金、国有资本经营等方面预算和决算，将向社会公开并逐步细化有关内容。

（二）政府信息公开制度的完善

目前，我国正式的政府信息公开制度才刚刚建立，《条例》的实施时间仍比较短，一些政府机关及公民对信息公开的意识仍然较为淡薄，信息公开考核、评议及责任追究等在制度层面上仍不尽完善。同时，由于法律支撑体系的不健全，法院对“受案范围”未能有明确把握，因此有半数以上的信息公开诉讼案无法受理。2012 年 2 月，由中国社会科学院法学研究所、社会科学文献出版社联合发布的《2011 年度中国政府透明度报告》显示，目前我国仅有三成省市合格。另外报告还指出，从各省市信息公开年度报告内容来看，避重就轻的问题依然存在，编写标准有待细化。有的政府机关的年度报告仍然是报喜不报忧，笼统地说明取得的成绩，未涉及本部门存在的不足，难以对公众监督政府信息公开工作提供有效的数据支持。结合目前出现的问题，我国政府信息公开制度仍需进一步完善。

1. 完善政府信息公开的立法体系

从西方发达国家的经验来看，它们都制定了专门的政府信息公开的法律法规，以保障个人和企业自由获得政府信息。对我国来说，已有的《政府信息公开条例》存在立法位阶低、执行力度不高的问题。《条例》仅仅是国务院制定的行政法规，只能约束其下级和政府，对人大、检察院、法院及党的工作机关则无约束能力。如能通过立法程序制定专门的“政府信息公开法”，则不仅可以使政府信息公开有法可依，为政府信息公开提供坚实的法律保障，同时也能解决目前下位法推动上位法的被动局面，有利于推行政府信息公开制度。同时，还应加快修订《保密法》、《档案法》等与《政府信息公开条例》密切相关的法律，修改其中与《条例》要求相矛盾和冲突的规定，从而建立起政府信息公开的法律体系。

知识窗

法律可以分为上位法、下位法和同位法

不同国家机关制定的规范性文件在法律渊源体系中所处的效力位置和等级不同，因此，法律可以分为上位法、下位法和同位法。上位法是指相对于其他规范性文件，在法的位阶中处于较高效力位置和等级的那些规范性文件。下位法是指相对于其他规范性文件，在法的位阶中处于较低效力位置和等级的那些规范性文件。同位法是指在法的位阶中处于同一效力位置和等级的那些规范性文件。我国的法律的位阶关系是：下位法不得与上位法的规定相抵触；同位法之间具有同等效力，在各自的权限范围内施行。

在微观层面，《条例》应明确与完善“公开为原则，不公开为例外”原则，对信息公开的例外情况，也就是不能公开的政府信息应采取列举的方式加以明确。《条例》中

虽规定不得公开涉及国家秘密、商业秘密、个人隐私的信息，但在实践过程中因很难精准把握“国家秘密”，造成国家秘密范围无限扩大，从而延误了信息公开，导致民众的误读。

2. 转变政府“官本位”观念，继续增强政府及公民的信息公开意识

人民是国家的主人，“全心全意为人民服务”是各级政府维持运转的根本目标。在以往的政府管理模式中，政府总是习惯于保持自身对信息的垄断地位，通过对信息的控制和筛选，掌握信息成为一种特权。但在信息化社会，尤其是互联网高速发展的今天，人们所掌握的信息渠道日益多元，如若一味地持有“官本位”思想而继续把持信息的垄断，则会与民众越发疏远，与政府“为人民服务”的初衷背道而驰。对此，各级政府及工作人员应转变观念，清楚地认识到保障公民知情权的重要性，树立“服务型政府”意识，积极推动信息公开的进程。

此外，广大公民也要从思想上认识到自己拥有获知政府信息的权利，从而参与到政府信息公开的监督及评议中来，共同推动政府信息公开制度的建立与完善。

案例3—2 学者谈《政府信息公开条例》：旨在建立改革倒逼机制

中国社科院法学所研究员周汉华是国内最早研究政府信息公开的学者之一。受原国务院信息办委托，最早牵头提交了《政府信息公开条例》草案，在学界被称为《条例》起草第一人。在接受记者采访时，对《条例》几年来的实施情况，周汉华认为，“整体实施状况并不尽如人意”。

周汉华直言：“虽然近年来政府信息公开了不少，但公开也暴露了很多问题：首先，公布的一些数据明显有水分，经不起推敲；其次，民众想知道的很多信息仍不在公开之列，如三公消费、拆迁、规划、征地之类的信息，而公开的信息又多为群众所不关心的。”这是政府主动公开信息中所存在的问题。

周汉华指出，更大的问题出现在依申请公开上，可谓举步维艰。“行政机关在收到公民关于信息公开的申请时，总有一个惯性思维：这是来找茬儿的，这不是你的特殊需求，因此，总免不了要质问申请人动机。实践中大量的依申请公开因此都无法实现，极个别的即使能走到行政复议和行政诉讼这个阶段，也会因行政机关可能给法院施加影响，而多以失败告终。”由此，依申请公开制度的实际运作结果在周汉华看来，与传统的政务公开已越来越相似，“这在《条例》已经实施的情况下是非常不好的，有损于政府的信誉与权威”。

真正的问题到底出在哪里呢？除去信息公开涉及某些棘手的历史问题带来的困境外，周汉华认为，“这些年其他方面的改革相对滞后，如大部制改革进展缓慢，垄断行业地位尚未受到真正冲击，媒体监督力度还不够，社会组织发育也不充分等等，使得政府信息公开有点‘孤军深入’或‘错位’的意味”。

周汉华为此开出的药方是，“当然不是要把信息公开拉回来，而是要全面推进各项改革”。他用“多米诺骨牌的最后一张”来形容信息公开制度，“就是要利用它的倒逼机制来推动各项改革”。周汉华认为，“要从供给主导型转向需求主导型。信息公开制度的推行必须自下而上，这样制度才能有生命力和活力”。

资料来源：张维：《学者谈政府信息公开条例：旨在建立改革倒逼机制》，载《法制日报》，2011-05-03。

3. 健全政府信息公开的内部监督及保障机制

在政府信息公开制度的建设中，对于如何有效考核、评议和监督应公开而未公开、应保密而未保密的责任主体，《条例》并没有规定实施细则；在实践过程中，部分主管部门及监察机关也未将监管落实到位。可以说，对政府信息公开的监督与保障，是我国政府信息公开制度建设中的薄弱环节。

强有力的监督能够保证政府行为正确及有效的实施，对于政府信息公开来说也是如此。一方面，我国是法律体系正逐步健全的法制国家，各级政府应当严格依法办事，不能让任何法律条文及政府规章制度形同虚设。对此，人大、政协应加大监督力度，对政府信息公开情况进行全程监督与考核。同时，作为信息公开最直接的助推器，新闻媒体及社会公众也应积极行动，对政府信息不公开的行为予以揭发和检举。另一方面，从政府自身角度来讲，应在机关内部建立标准统一且行之有效的激励约束机制，按照《条例》相关规定，明确工作考核和社会评议标准以及责任追究的主体、方式等，以此调动工作人员的工作积极性。在信息公开的过程中，应该制定可行的考核标准，将信息公开纳入政府目标及责任考核体系。充分发挥行政机关上级对下级监督所具有的监督范围广、方式灵活、约束力强的特点，对不公开、拖延公开、虚假公开的部门或个人进行严肃处理。比如，郑州市制定了政府信息公开考核暂行标准，切实保障公民合理获取政府信息的权利，真正将“为人民服务”落到实处（见表 3—1）。

表 3—1　　郑州市政府信息公开考核暂行标准

<table>
<tr><th>季度考核标准</th><th colspan="3">考核内容</th><th>满分标准</th></tr>
<tr><td rowspan="3">社会评议
（公众投票）</td><td colspan="3">政府信息公开内容是否满意</td><td>10</td></tr>
<tr><td colspan="3">政府信息公开方式是否满意</td><td>10</td></tr>
<tr><td colspan="3">政府信息公开投诉处理是否满意</td><td>10</td></tr>
<tr><td rowspan="6">随机检查
（网站监督）</td><td>内容</td><td colspan="2">形式</td><td></td></tr>
<tr><td>机构信息</td><td>是否公布</td><td>是否更新</td><td>10</td></tr>
<tr><td>规范性文件</td><td>是否公布</td><td>是否更新</td><td>20</td></tr>
<tr><td>重要信息</td><td>是否公布</td><td>是否更新</td><td>20</td></tr>
<tr><td>公众投诉</td><td>是否受理</td><td>是否满意</td><td>10</td></tr>
<tr><td>网站运行</td><td>是否可靠</td><td></td><td>10</td></tr>
</table>

续前表

年终考核标准	考核内容	满分标准
机构信息	组织机构健全，单位、处室工作职责明确	5
	各级领导分工责任明确	5
	单位联系方式明确	5
公开内容	内容全面，以公开为原则，以不公开为例外，严格按照本单位政府信息公开目录全面公开	20
	建立以网站公开为主要、其他方式公开为辅助的政府信息公开平台	15
	及时准确，各类规范性文件自发布之日起30日内公开，其他信息内容更新及时	10
	公开方式便民，便于公众进行检索、查询、复制	5
工作制度	制定政府信息公开实施细则和工作计划	5
	制定政府信息公开指南和目录	5
	建立政府信息公开考评（检查）及责任追究制度	5
公开效果	公众对政府信息公开工作反映	10
	政府信息公开工作无违法违规行为	5
	公众依申请公开渠道畅通，受理反馈及时	5
年度考核标准	分数	程度
	季度分×60%＋年终分×40%＝90分以上	优秀
	季度分×60%＋年终分×40%＝70～89分	良好
	季度分×60%＋年终分×40%＝60～69分	合格
	季度分×60%＋年终分×40%＝60分以下	不合格

资料来源：郑州市人民政府网站。

在对政府信息公开的过程进行监督的同时，还应为政府信息公开工作提供人力及财力上的支持与保障。尤其对于基层行政机关来说，它与人民群众的联系最为紧密，民众对基层政府信息也更为关注。因此，应重点加强基层行政机关的政府信息公开机构的建设，为其增设专门机构，配备专职人员，并从各级财政专项中列支保障经费，集中办理政府及其所属部门的信息公开事项。

4. 建立外部救济渠道

目前，政府内部对信息公开的行政救济主要靠监察机关和上级机关来执行，司法救济由法院负责执行。由于行政救济来自系统内部，故其力度和可信度往往不高；而由法院负责的司法救济其程序也较为烦琐，其执行能力也往往不能服众。因此，可以独立于政府、法院之外，设立相对独立、专业的政府信息公开复审机构，并制定有效易行的复审程序，对政府信息公开的相关诉讼案件进行专门审理和裁定。对此，我们可以借鉴日本的先进经验。日本设有专门的信息公开审查委员会，其独立于行政部门，直接归总理府领导。在行政机关对公众的不服申请进行裁决时，必须首先向信息公开审查委员会咨询，然后才能做出裁决。

此外，拓宽与畅通政府信息公开渠道也是促进政府信息公开制度发展的重要一环。

上文已经提到，新闻发布会与大众传媒是政府信息公开的主要渠道。继续完善我国新闻发言人制度，改善政府与媒体关系，是继续拓宽与畅通信息公开渠道的可行路径。对这些路径的具体论述与实施，本书其他章节已有详细论述，在此不再赘述。

思考题

❶ 政府信息公开制度的理论基础是什么?

❷ 简述西方信息公开制度的特点。

❸ 我国政府建立健全政府信息公开制度的意义有哪些?

❹ 政府公开信息时所应遵循的原则有哪些?

❺ 我国政府信息公开制度如何继续完善?

参考书目

❶ 苏加强．政府信息公开制度研究（硕士学位论文）．济南：山东大学，2010.

❷ 袁辉．我国政府信息公开制度研究（硕士学位论文）．重庆：重庆大学，2008.

❸ 张书泽．责任背景下的政府信息公开制度研究（硕士学位论文）．上海：复旦大学，2011.

❹ 矫健．明代通政司制度研究（硕士学位论文）．青岛：青岛大学，2011.

❺ 胡海林．政府新闻发布方略探析（硕士学位论文）．长沙：湖南师范大学，2008.

❻ 张欣．政府新闻发布的制度解读（硕士学位论文）．北京：中国青年政治学院，2010.

第四章
政府新闻发布

本章学习要点

◇ 政府新闻发布的内涵与理论基础
◇ 政府开展新闻发布的背景与现实意义
◇ 政府新闻发布活动的运行规约
◇ 政府常规新闻发布会的运行
◇ 突发公共事件新闻发布会的运行
◇ 新闻发布会的操作流程

新闻发布是政府进行信息公开的重要方式，政府通过举行新闻发布会、接受记者采访、提供新闻稿件等多种形式，发布有关信息或阐述观点立场。新闻发布要坚持时效性原则、真实性原则、保守国家秘密原则、坚持立场原则。新闻发布会是政府新闻发布的重要实践，有常规新闻发布会和突发公共事件新闻发布会两种主要形式，其需要专业的运作团队对发布会的会前准备、现场应对及会后评估进行全程操控。

第一节 | 政府新闻发布概述

新闻发布是政府信息公开的一种重要方式，其发布的内容是政府信息中最能引起公众兴趣和普遍关注的信息。无论是信息公开制度还是新闻发布制度，都属于民主制度建设的重要一环。特别是新闻发布制度，与其他制度相比具有喉舌耳目的功能，通过新闻发布，可以保障人民的知情权，帮助政府保持与外界的信息沟通。

一、政府新闻发布的内涵与理论基础

（一）政府新闻发布的内涵

从广义上讲，新闻发布指的是政府、企事业单位以及其他组织将信息通过媒体对公众进行传播的一种传播形式。本书所研究的政府新闻发布是指政府通过举行新闻发布会、接受记者采访、提供新闻稿件等多种形式，发布政府部门有关新闻或阐述政府、部门的观点立场。而所谓新闻发布制度，是指约束新闻发布行为的一系列规章，是理念、规则及实践三者的集合。

提到新闻发布，人们首先想到的是新闻发布会。从狭义上讲，新闻发布会是以新闻发言人公布事件或信息为主的会议；从广义上讲，以记者提问为主的记者招待会、以信息通报为主的媒体吹风会、以首脑或知名人士发表简短讲话为主的媒体见面会等都属于新闻发布会的范畴。此外，新闻通稿、新闻发言人个人接受媒体采访、政府组织或部门定期或不定期公布白皮书或蓝皮书、官方网站发布消息等都属于新闻发布的范畴。

显而易见，新闻发布是政府信息公开的一种重要方式，其发布的内容是政府信息中最能引起公众兴趣和普遍关注的信息。新闻发布、政府信息公开、政府传播、政治传播的关系见图4—1。

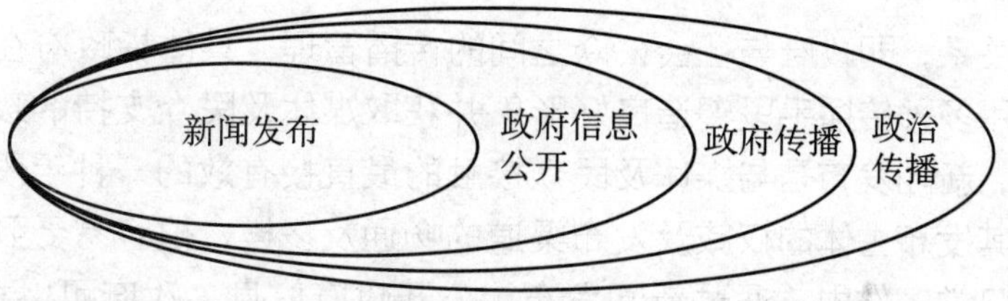

图 4—1　新闻发布、政府信息公开、政府传播、政治传播关系图

（二）政府新闻发布的理论基础

1. 知情权理论与信息公开

新闻发布是信息公开的主要途径，作为信息公开重要理论基础的知情权理论，自然也是新闻发布的重要理论基础之一。对于知情权及政府信息公开的基本概念和内涵，本书第三章已经提到，在此不再赘述。

一个国家知情权制度执行得越彻底，表明其政府透明度越高，民主参与程度越大。信息公开是知情权制度在实践层面的具体体现，新闻发布则是信息公开得以执行的重要手段。政府进行新闻发布，可以传达公众普遍关心、涉及公民切身利益的信息，体现政府执政的公正性、透明性与服务性。随着社会信息化进程的不断加快，特别是我国推行政府信息公开制度以来，新闻发布活动在全国各级政府迅速升温，这不仅满足了公众知情的需要，同时也是各级政府贯彻信息公开制度的具体体现。

2. 公共关系理论

由于现代化社会的行政工作日趋复杂，政府常会因为行为的不得当而受到来自各方面的指责。尤其是处在社会转型期的中国，社会矛盾频发，政府与公众的关系受到了多方面的挑战。因此，借鉴公共关系理论，通过开展公关活动树立良好的公众形象就显得尤为必要，政府公共关系由此受到我国学者及政府的重视。

知识窗

公共关系的定义与内涵

公共关系这一概念来源于美国，最早在企业界兴起。20 世纪初，美国新闻界因不满工商界对公众利益的无视，发起了一场揭露企业丑闻、呼唤正义的“扒粪运动”。面对这一危机，工商界为了挽回自身形象、改善与媒体及公众的关系，便广泛开展了一系列公共关系活动。所谓公共关系，是指一个组织与其公众之间的传播管理。它可以帮助一个组织和它的公众建立交流、理解、认可和合作关系；它参与各种问题的处理；

它能够帮助管理部门了解公众舆论，并对之做出反应。

政府公共关系，即政府与社会公众之间的传播管理，具体指政府在管理公共事务的过程中，运用多种传播手段塑造良好形象并获取媒体及民众支持的政府行为。在众多传播手段中，新闻发布是与媒体及民众接触的最直接有效的一种手段。政府通过新闻发布，凭借其发布主体的权威及发布渠道的畅通及多样，很容易受到各类媒体及公众的关注。在日常工作中，通过新闻发布，公开政府信息，政府可以树立廉洁高效、亲政爱民的政府形象；在突发事件来临时，政府如能把握时机，通过新闻发布获取舆论主动，则会塑造出反应迅速、行动积极的政府形象。

针对不同的目的，政府公关可分为常规性公关、针对性公关和应急性公关。针对运作功能的不同，政府公关可分为塑性传播和矫形传播。塑性传播是指通过一系列形象传播活动，塑造政府的良好形象。矫形传播是指当政府部门遭遇突发事件，不得不面临因关系冲突和关系紧张状态而导致自身形象和信誉受到严重损害的风险时，政府部门所开展的形象传播活动。其目的是及时消除负面事件给政府所带来的负面影响，缓解紧张关系。

3. 议程设置理论

议程设置是传播学中的一个概念。议程设置理论认为：媒体往往不能决定人们怎么想，却可以决定人们想什么；通过对信息的选择和有意编排，可以有效地左右人们关注哪些事实和意见以及人们对此谈论的先后顺序；人们谈论的议程反过来又会影响媒体报道的议程。政府议程设置是一个三大主体间信息双向流动的过程。第一步，作为第一大主体的政府，必须结合近期工作根据自身立场及观点来设定信息公开的轻重缓急，即政策议程；第二步，作为第二大主体的媒体，通过对政府信息的筛选和报道，形成媒介议程；第三步，作为第三大主体的公众在诸多媒介信息面前进行选择性理解和记忆，从而形成公众议程。最后，公众议程在某些方面影响媒体及政府。按这个理论，最简单最直接的说法就是，政策议程影响媒介议程，媒介议程影响公众议程，公众议程反过来又影响媒介议程及政策议程。

在现实情况中，议程设置在新闻发布中的体现较为明显。首先，政府进行日常的新闻发布工作，将政府政策、观点及其他热点信息公之于众，可以对公众视线进行有效引导，并设置公共领域中公众所要探讨的话题。特别是在突发事件来临时，政府快速进行新闻通报从而对不利影响起到限制作用。正所谓“谣言止于公开”，起到了最初的议程设置效果。其次，在新闻发布之后，政府机构可以对已发布信息的传播效果进行监测，通过重新组合或解释信息来引导舆论。最后，在信息多元化的今天，复杂多变的传媒环境大大提高了受众地位，给政府掌控社会舆论带来极大挑战。公众议程对政策议程的影响越发显著。因此政府通过调研社情民意，发布更有针对性的信息，有助于缓解社会矛盾、维持社会稳定。

二、政府开展新闻发布的背景与现实意义

（一）政府开展新闻发布的背景

1. 民主社会发展的必然要求

为了保证国家稳定和社会有序发展，人民将治理国家的权力赋予政府，政府应该保证人民赋予的权力始终用来为人民谋利益。对此，党的十八大报告明确提出要加强党内监督、民主监督、法律监督、舆论监督，让人民监督权力，让权力在阳光下运行。无论是信息公开制度还是新闻发布制度，都属于民主制度建设的重要一环。特别是新闻发布制度，与其他制度相比具有喉舌耳目的功能。

2. 改革开放带来历史契机

以党的十一届三中全会为起点，我国进入了改革开放和社会主义现代化建设的新时期；“和平、发展、合作”的外交政策，使得我国政府及国家形象逐渐明朗和亲善。进入 20 世纪，我国中央及各部门领导人在国内外出席新闻发布会、接受专访、会见记者等活动已经成为日常工作中的重要部分。尤其是在一些重大突发性事件发生后，政府及领导人的主动发声，更是帮助中国在国际上争取了舆论主动权。

近年来，我国积极组织各种新闻发布会，推出一系列白皮书、外宣品等，向世界积极宣传我国的社会发展情况。尤其是在北京奥运会期间，共举办相关发布会 84 场，协调组织外国记者 5 000 多人赴各地采访，向外界展示了开放包容的中国形象。在汶川地震发生后，我国吸取经验教训，采取积极应对措施，坚持信息公开透明，震后一个月内坚持每天举行新闻发布会，向国际社会展现了众志成城、团结自强的中国人形象，赢得了国际舆论的赞誉。

3. 各级政府一系列政策推动

我国政府对政府信息公开及新闻发布工作高度重视，特别是 2001 年申奥成功后，为了履行申奥时对国际社会所做的承诺，我国政府借着政府信息公开工程的东风先后以国务院令的形式颁布了一系列法令：

2006 年 11 月 1 日，国务院出台《北京奥运会及其筹备期间外国记者在华采访规定》这一阶段性法令，保障了境外记者在奥运会及其筹办期间在华采访的自由。

2007 年 4 月 5 日，国务院出台《中华人民共和国政府信息公开条例》，之后国务院办公厅先后印发了 7 个配套文件，以推动该条例的实施。

2008 年 10 月 17 日，国务院出台《中华人民共和国外国常驻新闻机构和外国记者采访条例》，以期保障境外新闻机构及记者在国内能够依法采访报道，促进国际交往和信息传播。

2009 年 1 月 29 日，国务院出台《国务院关于修改〈国务院对确需保留的行政审批项目设定行政许可的决定〉的决定》，确定由国务院新闻办为外国机构在中国境内提供金融信息服务业务审批实施机关。

2009 年 4 月 30 日，国务院新闻办与商务部、国家工商行政管理总局联合发布了《外国机构在中国境内提供金融信息服务管理规定》，国务院新闻办按照管理规定的要求，对一些外国和境外机构向国务院新闻办提出在中国境内开展金融信息服务的申请进行管理和提供服务。

同时，在《中华人民共和国政府信息公开条例》出台的前后，各地纷纷依据其规定制定或修改本地的信息公开办法及《条例》实施意见：

2005 年 8 月 31 日，《海南省政府信息公开办法》出台。

2005 年 12 月 10 日，《陕西省政府信息公开规定》出台，2008 年 5 月 16 日，修改后的信息公开规定公布。

2005 年 12 月 30 日，《黑龙江省政府信息公开规定》出台。

2008 年 1 月 23 日，《重庆市人民政府关于贯彻〈中华人民共和国政府信息公开条例〉的实施意见》出台。

2008 年 3 月 12 日，《西藏自治区政府信息公开指南》出台。

2008 年 4 月 28 日，《上海市政府信息公开规定》出台。

2008 年 8 月 25 日，《四川省贯彻〈中华人民共和国政府信息公开条例〉实施办法(试行)》出台。同年 9 月 25 日，《四川省政府信息公开保密审查办法》、《四川省政府信息公开过错责任追究办法》、《四川省政府信息公开社会监督评议制度（试行）》等配套办法出台，以保证《条例》的实施。

2010 年 4 月 19 日，《湖南省政府信息公开办法（草案)》出台。

…………

尽管我国新闻发布活动由来已久，一些省市在《条例》出台前已经制定了新闻发布管理办法；但是《条例》的出台，一方面为新闻发布提供了政策依据及指导，另一方面也指明了开展政府新闻发布工作的必要性及必需性。

（二）政府开展新闻发布的现实意义

1. 切实保障公民知情权， 创造良好舆论环境

政府管理唯有建立在信息公开的基础上，才能平衡公众心态，并有效地推行公共政策，获得民众的理解与支持，从而规避“塔西佗陷阱”的困境。

知识窗

“塔西佗陷阱”的含义

“塔西佗陷阱”，得名于古罗马时代的历史学家塔西佗。通俗地讲就是指当政府失

去公信力时，无论说真话还是假话，做好事还是坏事，都会被认为是说假话、做坏事。这个卓越的见解后来成为西方政治学里的定律之一“塔西佗陷阱”。这一定律也在社会群体性事件中有充分的表现。

从传播学角度看，新闻发布是通过议程设置对舆论进行控制。麦库姆斯在其议程设置理论中认为，大众注意某些问题、忽略另一些问题的做法本身可以影响舆论，人们倾向于了解大众传媒注意的那些问题，并采用大众传媒为各种问题所确定的先后顺序来安排自己对于这些问题的关注程度。新闻发布的主体通过定期发布一些权威的、经过审定的信息来引导公众关注哪些事情、忽略哪些事情，从而引导舆论，协调政府与社会公众之间的沟通。

2. 展现政府形象， 塑造国家软实力

新闻发布具有明确的行为标准和运行程序，因此它是一种社会性较强的传播活动。针对公众普遍关心的问题，如住房保障、医疗改革、食品安全等，组织适当的新闻发布活动，安排有关部门及官员与公众见面，不仅达成了政府与公众间的双向交流，同时也提升了政府美誉度，完善了政府形象。在国际传播中，也可以有效借助外力，多邀请国外媒体参与新闻发布，最大限度地展现客观的、全面的政府形象，争取舆论主动权。

软实力即国家的文化力量，它包括对他国产生的文化吸引力、本国的政治价值观、具有合法性的和道德威信的外交政策等。政府通过发布对外关系、政策解读以及社会发展成就等方面的信息，可以使媒体和国内外公众对中国的政治、文化等有更深入的了解，从而获取民心，赢得信任。新闻发布制度在中国的建立和发展，改变了以往中国落后封闭的执政观念，也间接彰显了中国政府参与国际事务的能力，提升了中国政府的国际地位，塑造了中国的国家软实力。

第二节 | 政府新闻发布活动的运行规约

政府新闻发布需要遵循以下基本原则：时效性原则、真实性原则、保守国家秘密原则、坚持立场原则。在具体实践领域，政府新闻发布包括新闻发布会、记者招待会、媒体吹风会、媒体见面会等多种形式。在发布内容上，公开政务信息，公布和解释政府政策，对公众普遍关心的问题作出回答，这是政府日常工作的新闻发布的主要内容。

一、政府新闻发布的原则

政府新闻发布的基本原则主要有：时效性原则、真实性原则、保守国家秘密原则、坚持立场原则。

（一）时效性原则

时效性是指事实发生与作为新闻事实发生之间的时间差，新闻产品的时效性是新闻的“生命”，也是媒体提高收视率及发行量的关键。政府在新闻发布过程中所发布的信息也属于新闻产品，故也应遵循时效性原则。对于政府或者新闻发言人而言，要善于从繁杂的政务信息中整理出公众所关心的信息并及时发布，实现发布信息的价值最大化。尤其是在突发事件发生后，政府若不及时发声，便会给谣言滋生提供条件，给下一步工作带来不利影响。同时，时效性原则还要求政府或新闻发言人与媒体建立经常性联系，以保证信息流通渠道畅通无阻。

案例 4—1　青岛：新闻发布纳入政府绩效考核　不及时通报将追究责任

青岛市日前正式下发《2009 年度市政府部门绩效考核办法》（以下简称《办法》），《办法》将新闻发布纳入政府绩效考核体系，规定对隐瞒不报或不及时通报的相关部门和责任人将予以追究。

根据《办法》，政府及其相关部门对于与人民群众密切相关的重大突发公共事件、市民关注的民生热点问题等重大事项，应通过授权媒体或举行新闻发布会及时发布。

青岛市政府办公厅信息处处长李爱东表示，新闻发布必须严格按照职权范围和批准内容，按照统一的口径，由专人发布。各相关职能部门隐瞒不报、迟报，或未经批准擅自发布新闻，或超越权限、超越批准内容范围发布新闻，或有义务发布而未发布等原因造成不良社会影响的，市政府将按照有关规定给予通报批评；造成严重后果的，由监察部门追究有关部门、单位负责人或主要责任人的责任。

资料来源：李紫恒：《青岛：新闻发布纳入政府绩效考核　不及时通报将追究责任》，见新华网，2009－01－12。

（二）真实性原则

真实性是指新闻报道中的每一个具体事实都必须符合客观实际，细节准确无误。政府作为新闻发布的主体，其所发布的信息必须真实可靠。信息在发布前，需要经过再三核实。凡是不经核实任意发布的信息，一旦受到质疑或证伪，那么信息发布部门的公信力就会受到质疑。

案例 4—2　陕西省政府办公厅对省林业厅擅自发布未经全面核实的重大信息的问题予以通报批评

2007 年 10 月 5 日，镇坪县林业局向省林业厅报告称：镇坪县农民周正龙在该县神州湾一处山崖旁，用数码和普通胶片照相机拍摄到华南虎照片 71 张，其中数码照片 40 张、胶片负片 31 张，省林业厅在没有派员进行实地调查的情况下，就于 10 月 12 日召开新闻发布会，宣布"镇坪县发现野生华南虎"，公布了周正龙拍摄的两张华南虎照片，并向其颁发奖金两万元。此后，新闻发布会上公布的这两张照片引起了媒体和公众的质疑，导致政府公信力成为社会舆论的热门话题。

省林业厅的做法违反了《陕西省政府信息公开规定》、《陕西省人民政府办公厅关于建立政府新闻发布制度的意见》的有关规定。为了严肃纪律，2008 年 2 月 3 日，陕西省政府办公厅对陕西省林业厅在"华南虎照片"事件中违反政府新闻发布制度的行为进行公开通报批评。

资料来源：欧阳洪亮：《陕西省林业厅为华南虎照片事件公开致歉》，见财经网，2008 - 02 - 05。

（三）保守国家秘密原则

根据《保密法》，国家秘密是指关系国家的安全和利益，依照法定程序确定，在一定时间内只限一定范围的人员知悉的事项。国家秘密包括：国家事务的重大决策中的秘密事项、国防建设和武装力量活动中的秘密事项、外交和外事活动中的秘密事项以及对外承担保密义务的事项、国民经济和社会发展中的秘密事项、科学技术中的秘密事项、维护国家安全活动和追查刑事犯罪中的秘密事项、其他经国家保密工作部门确定应当保守的国家秘密事项等。

政府在面对媒体及公众时，尽管须做到真实坦诚，但并不意味着要将所有信息都和盘托出。对《保密法》中规定的内容，各级政府机关及部门都应该做到绝对保密。另外，除去已明确为国家秘密的信息，对一些涉及重大敏感问题、不便立即公布的内容也应得到授权后再进行发布。在与媒体面对面时，如涉及需要保密的信息，政府应该采取隐匿性发布策略，采取委婉方式对相关情况避而不谈。

案例 4—3　中国外交部发言人经常使用的一些说法

（1）这个问题我只能说这些。

（2）我没有什么新的东西要说。

（3）我没有什么东西要补充。

（4）这不是外交部发言人要回答的问题，请你向有关方面询问。

（5）这个问题不属于我回答的范

围，但我愿了解后通过发言人办公室向你做出回答。

（6）对这个问题，我们正在研究（或调查）中。

（7）对这个问题，我们还需要研究。

（8）我也是刚从报纸上得知此事，还需要核实。

（9）这个问题我们可以私下交流。

（10）我没有更多要说的。

（11）我目前还没有什么细节可提供。

（12）我没有这方面的消息。

（13）目前我没有什么评论。

（14）如有这方面的消息，我们会及时发布。

（15）我没有听说这种安排。

（16）我没有听说此事。

（17）我们会在适当时间发布。

（18）我还没有被授权公布有关方面的消息。

资料来源：邹建华：《外交部发言人揭秘》，北京，世界知识出版社，2005。

（四）坚持立场原则

新闻发布机构或发言人是政府机构的代言人及喉舌。新闻发布活动发布的都是政府欲发布的信息，阐明的始终是政府官方的立场。面对媒体，发言人应该坚持正确的立场及观念，不能完全按照媒体意愿发布新闻。在一些重大是非问题及政治利害问题上，以服务社会、促进团结为目标，有策略地对发布内容进行适当调整或刻意回避，这是新闻发布机构或发言人应该掌握的技巧之一。在伊拉克战争期间，美军发言人对战争进程、战果等信息及时地向媒体公布，但对美军所受损失及伊拉克平民伤亡情况却绝口不提，在受到媒体记者的抱怨和批评后仍然坚持保密原则，这就是美军发言人立场坚定的表现。

要注意的是，在立场问题上，中国各部门各地区的整体利益虽然一致，但由于各个部门和地区的情况不同，政府在进行新闻发布时，要从大局出发，站在整个国家的立场考虑问题，而不能简单地站在某个部门和地区的立场考虑问题。同时，坚持国家立场的前提是政府进行新闻发布的态度要真诚，要说实话。

二、政府新闻发布的主要形式

（一）新闻发布会

新闻发布会是新闻发言人公布事件或信息的会议。目前我国各级政府举办的新闻发布会主要有三种形式：一种是以新闻发言人的名义，选取特定的时间、地点，由专门人员举办的新闻发布会，比如外交部举办的新闻发布会；另一种是邀请部门发言人或负责人介绍有关情况，比如国务院举办的新闻发布会；还有一种是在突发事件发生时，由相关部门临时组织新闻中心进行的新闻发布活动。

（二）记者招待会

记者招待会具有专题性质，在政府代表或知名人士向记者提供情况时使用，一般有较高层次的官员参加。记者招待会可以是正式的，也可以是非正式的；在时间上可以是定期的，也可以是不定期的。在记者招待会上，主持人首先就主题发表谈话，然后由有关部门负责人介绍情况，最后回答记者问题。记者招待会的成本较高，规格较高，一般情况下，国家元首或政府首脑的新闻发布，往往会采用记者招待会的形式。与新闻发布会不同的是，记者招待会可以发布新闻，也可以不发布新闻而直接回答记者提问，其持续时间也长于新闻发布会。我国人民代表大会及政治协商会议的记者招待会就是典型代表。

（三）媒体吹风会

吹风会的英文单词是“briefing”，意是“简报”。媒体吹风会又叫新闻吹风会、新闻通报会。它分三种形式：专题性吹风会、时期性吹风会、小组吹风会。专题性吹风会主要涉及外事活动、方针政策的公布、重大事件等；时期性吹风会主要是关于一个阶段的工作安排或工作综述；小组吹风会则倾向于双向交流，主要目的是了解对方意见和建议。与新闻发布会相比，吹风会的形式相对简单，气氛也较为轻松。

（四）媒体见面会

重要政治人物或知名人士与媒体见面，并发表简短讲话的会议，其主要目的就是与媒体进行简短见面，不涉及深层次内容。

（五）组织记者集体采访或接受专访

即主动邀请独家或多家媒体前来采访。其形式灵活机动，既能体现政府的主动性，又可以对来访媒体进行选择。采访时记者可以多次提问，答问也较为详尽，便于发言人与媒体进行更深层次的交流。

（六）政府白皮书、新闻公报、声明谈话

政府白皮书、新闻公报、声明谈话政治性强，采用书面和官方用语。政府白皮书是政府正式发表的重要文件或报告书，立场明确，文字简练。从 1991 年第一部白皮书发布到 2012 年 6 月，中国已发表了 78 部白皮书，涉及民主政治建设、法治建设、政

党制度、人权状况、军控、国防、防扩散、宗教问题、人口问题、能源问题、环境问题、知识产权问题、食品药品安全、互联网以及西藏和新疆等内容，全面准确地介绍了中国政府在这些重大问题上的政策主张、原则立场和取得的进展，增进了国际社会对中国的了解和认识。

（七）网络发布

政府进行网络发布主要有两种形式：一种是通过官方网站及微博等发布政府重大决策或政策信息；另外一种是组织网络新闻发布会。它把新闻发布与网络技术相结合，通过虚拟会场将分散于各地的记者和公众集中在一起，大大增强了信息的传播范围。

三、政府新闻发布的内容

在发布内容上，公开政务信息，公布和解释政府政策，对公众普遍关心的问题作出回答，这是政府日常工作的新闻发布的主要内容。具体而言，政府新闻发布的内容包括：重要政策措施和重大改革方案的出台背景、主要内容及相关问题；政府重大工作部署及实施情况以及举办的重要活动；政府就社会关注的热点、难点问题提出的解决意见或采取的措施及工作进展情况；有较大社会影响的自然灾害、重大事故、突发事件等问题的详细情况与处理情况等。

案例 4—4　《佛山市政府新闻发布管理办法》对应发布信息内容的规定

（1）常规政府信息：《政府信息公开条例》中要求公开并适合新闻发布的内容。

（2）社会热点：对新闻媒体及公众普遍关注的有关社会热点的事实确认、政府立场、政府所采取的措施及提示公众应注意的事项等信息。

（3）突发公共事件：辖区内发生自然灾害、事故灾难、突发公共卫生事件和突发社会安全事件等重大突发公共事件的相关信息，包括事件基本情况、政府立场、政府所采取的措施及提示公众应注意的事项等。

（4）重要预警信息：包括即将发生自然灾害、政府将采取的公共管制措施等可能影响公众利益的情况。

（5）重大活动：以行政机关名义主办、承办的社会文化、经贸交流、体育竞赛、会展论坛等大型活动的相关信息。

（6）对新闻媒体实施舆论监督的事项的及时回应。

（7）其他需要对外披露、介绍的情况以及市、区政府授权发布的新闻。

第三节 | 政府新闻发布会的运行

按照发生情境，政府新闻发布会分为政府常规新闻发布会和突发公共事件新闻发布会。这两类发布会的运行，在遵循政府信息发布的基本原则基础上，在形式和内容上各有特点。

一、政府常规新闻发布会

（一）政府常规新闻发布会的定义与特征

常规新闻发布会是指由政府设立相对固定的新闻发言人，举办定期或不定期向媒体及公众发布政府信息的发布会。它可规划、可预见，是一种在常态下利用媒体达到传播政府信息目的的新闻发布模式。政府通过常规新闻发布会，能够及时传递权威信息并表达政府及国家立场，直接引导国内或国际舆论。

常规新闻发布会分为两种形式：一是由特定部门组织的新闻发布会，不定期地邀请有关部门负责人或新闻发言人介绍有关情况，如国务院新闻办的新闻发布会。二是以新闻发言人的名义，定人、定时、定点举办新闻发布会，如外交部的新闻发布会。

政府常规发布会具有以下特点：

1. 计划性与可准备性

一般而言，政府常规新闻发布会都是按照已制定好的新闻发布规划召开的。它包括定期与不定期两种。国务院新闻办、外交部、国台办等部门召开的例行新闻发布会就是定期召开的。目前外交部的例行发布会已经做到了每日一场。不定期的新闻发布会，包括一些可预见的重大事件、重大活动的信息发布，如全国“两会”的新闻发布会等。可以说，计划性是常规新闻发布会的最主要特征。

2. 内容及程序的相对固定性

常规新闻发布会都有明确的制度规定，因此在发布内容及程序上相对固定。2000年9月5日，国台办在北京梅地亚中心举办了首次新闻发布会。在此之后，国台办会定期举办例行发布会，就台湾局势和两岸关系的发展等发表中央政府的立场及主张。卫生部自“非典”之后，建立了完善的常规新闻发布制度，定期公布重要疾病的防治情况、卫生设施的建设情况等。在程序上，常规新闻发布会因为都有提前准备，发布内容、参加人员等都相对固定，因此发布程序也相对固定。

3. 操作的便易性

常规新闻发布会通常具有相对固定的人员组织与参与，并在事前有充分的准备时间，再加上其程序与内容的相对固定，因此对于新闻发布机构来说，常规新闻发布会最易把握与操作，它有利于新闻发布机构有条不紊地将信息发布出去。

（二）政府常规新闻发布会的内容要求

首先，政府新闻发言人在信息发布过程中应牢牢掌握主导权，在发布会刚刚开始时就应明确指出此次发布的重点，在后续的信息发布及回答记者提问的过程中，应紧紧围绕发布主题，不断强调发布的重点内容。

其次，在突出重要信息的同时，还应重视信息的全面性，既要报喜也要报忧。尽管发布会的初衷是介绍“发展成就、典型事例、成功经验”的，但仅单方面劝服，对负面消息刻意回避，不仅会使人反感，也容易使人对信息的真实性产生怀疑。因此，在强调成就的同时也应指出仍存在的问题，全面地将事件原貌呈现给公众，这样做更易获得媒体及公众的信任。

案例 4—5　中国少数民族文化发展与成就情况新闻发布会

2012 年 5 月 17 日，国家新闻办举行中国少数民族文化发展与成就情况新闻发布会，邀请了国家民族事务委员会副主任丹珠昂奔介绍中国少数民族文化的发展与成就情况。在整个发布过程中，他自始至终把握主导权，不断强调发布的重点。首先，他开门见山地指出中国政府对保护和传承少数民族文化的重视，通过强化法律保障、加强政策扶持和资金投入力度、加强人才培养等方式，使少数民族文化繁荣发展并取得了新的成就。随后在回答记者提问时，又进一步充实了自己发布的重点内容，就少数民族文化发展所遇到的问题及应对、国家在推动民族地区的文化产业发展所做的努力及成就等进行了耐心和系统的阐明。同时，丹珠昂奔还对少数民族被汉族同化的说法进行了批判。会后，各大媒体均对中国少数民族文化的建设情况进行了报道，报道内容与发言人会上强调的重点内容基本一致，实现了此次发布会举办的目的。

（三）政府常规新闻发布会的操作要求

首先，应按期举行。常规新闻发布会的时间及地点一旦确定就应及时向外界公布并按预定时间举行。如遇特殊情况必须暂缓或取消的，则必须第一时间公之于众，并解释缘由。国务院新闻办网站上专门列有“发布会预告列表”，对即将召开的发布会主题、时间、地点及参加方式等各类信息一并公布，会议若有推迟，也会在预告列表中及时列出，方便人们查阅。“按期举行”看似平常，但却是政府执政态度的体现，能够从一个侧面反映出政府执政的连贯性与规范化。

其次，应有固定的新闻发言人。新闻发言人的形象往往是其所属部门形象的重要组成部分，如果发言人变来换去，则不易获得公众的良好印象。一般情况下，设置2～3名发言人为宜，对于几位发言人在性别、年龄、知识结构、专业背景等方面都应有适当考量，做到既有个人特色，又彰显整体风貌。在每次发布会前，几位新闻发言人都应事先研究发布口径，注重在重大问题上反映政府立场及民众需求。

最后，程序应简短有效，整个会议持续时间不能过长。发言人的开场白应尽量简短，将大部分时间留给现场记者提问。这样做不仅可以提高新闻发布的效率，同时能够对记者所提出的一些民众更为关心的问题进行现场答疑，使新闻发布更具现实意义与影响力。在回答记者提问时，应做到内容精简、中心突出，不宜在一个问题上花费太长时间，从而提升参会记者的注意力，突出新闻发布的重点内容。

近些年来，外交部例行新闻发布会已经成为国内外记者获取我国内情外交及政府立场的主要途径之一（见图4—2）。经过多年的运作及经验积累，外交部例行新闻发布会已经形成了一整套完整的运作模式。拿一场例行发布会来说，新闻发言人首先会在发布会之初发布最近需要向外发布的消息，比如国家领导人或各部委领导的出访信息以及重要会议的举办信息等，然后直接进入记者提问环节。在接受记者提问时，发言人回答的内容都较为精简，整个发布会既紧凑又高效。

案例4—6　外交部发言人华春莹主持例行记者会

图4—2　外交部发言人华春莹主持例行记者会现场

问：据报道，日方称中国正在东海“中间线”附近建设新的油气开采设施，日方已就此向中方提出抗议。中方此时采取行动的目的是什么？

答：中方不接受日方所谓抗议。中方在中国管辖海域进行开发活动无可非议。关于日方单方面声称的“中间线”，中方从未接受。

…………

问：在巴基斯坦总理谢里夫访华期间，中巴双方是否会达成新的核能合作协议？中方期待取得什么主要成果？

答：中巴是全天候战略合作伙伴。我们一直在包括能源在内的各个领域开展着良好合作。谢里夫总理访华期间，双方领导人将就推进各领域务实合作进行深入交流，我们期待此访取得丰富成果，为两国战略合作伙伴关系注入新的动力。至于具体成果和合作协议，访问刚刚开始，我想等两国领导人会谈会见结束后，大家就能知道了。

…………

问：据报道，日本首相安倍晋三3日在朝野党首辩论会上拒绝就日本是否曾在二战期间侵略邻国作出明确表态。中方对此有何评论？

答：日本军国主义发动的侵略战争给中韩等亚洲国家带来深重灾难，铁证如山。历史不容翻案。正确认识和对待历史是日本同亚洲邻国发展关系的重要政治基础。诚信是立国之本，一个国家特别是政治领导人只有诚实地面对自己和历史，正视现实，尊重事实，才有可能给这个国家创造未来，带来希望。我们希望日本认真倾听国际社会的正义呼声，本着对历史负责、对国家和人民负责的态度，切实尊重历史，承认历史，深刻反省历史，慎重妥善处理历史问题。否则，日本和亚洲邻国的关系不会有美好的未来。

资料来源：中华人民共和国外交部网站，2013-07-03。

二、突发公共事件新闻发布会

（一）突发公共事件新闻发布会概述

所谓突发公共事件，是指突然发生，造成或者可能造成重大人员伤亡、财产损失、生态环境破坏和严重社会危害，危及公共安全的紧急事件。从突发公共事件性质及其发生机理来看，突发公共事件主要分为四类：自然灾害、事故灾难、公共卫生事件、社会安全事件。突发公共事件按性质、严重程度、影响范围等分为四级：Ⅰ级（特别重大）、Ⅱ级（重大）、Ⅲ级（较大）、Ⅳ（一般）。突发公共事件的特点是：突然性、灾难性、混乱性、社会舆论的焦点性、对政府形象及能力的挑战性。由于突发公共事件是超越常规突然发生的，需要立即处理并及时发布相关信息。

1994 年之前，我国关于突发公共事件的公开多是通过新华社发布新闻稿的方式进行的，但此种方式因时效性缺失深受诟病。1994 年“千岛湖”事件后，中共中央办公厅、国务院办公厅联合下发《关于国内突发事件对外报道的通知》，明确规定国务院新闻办承担突发公共卫生事件的新闻发布工作。2001 年又下发了补充通知，明确规定隐瞒突发事件的要追究相关领导责任。“非典”之后，国家提出了加快突发公共事件应急机制建设的重大课题。党的十六届三中、四中全会明确提出，要建立健全社会预警体系，提高保障公共安全和处置突发事件的能力。2006 年 1 月，《国家突发公共事件总体应急预案》颁布，其中规定“特别重大或者重大突发公共事件发生后，各地区、各部门要立即报告，最迟不得超过 4 小时，同时通报有关地区和部门。应急处置过程中，要及时续报有关情况。”“突发公共事件的信息发布应及时、准确、客观、全面。事件发生的第一时间要向社会发布简要信息，随后发布初步核实情况、政府应对措施和公共防范措施等，并根据事件处置情况做好后续发布工作。”“信息发布形式主要包括授权发布、散发新闻稿、组织报道、接受记者采访、举行新闻发布会等。”

《国家突发公共事件总体应急预案》明确规定了突发公共事件的信息发布工作是整个运行机制的重要组成部分。因此，突发公共事件的新闻发布本身就是处置突发公共事件的必然要求和重要环节。发布突发公共事件信息其意义在于，有助于控制谣言传播和安定人心，有助于披露事件真相，并化解公众疑虑，有助于树立良好的政府形象。

（二）突发公共事件新闻发布会的操作要求

突发公共事件发生初始，专门的新闻发布小组应迅速成立起来，并且其小组成员应由直接参与事件决策的核心人员担任，以便根据事件进展情况随时部署信息发布。这样做有两个好处，一是便于新闻发布人员了解核心信息，避免信息在各方传递过程中出现差错及纰漏；二是便于在对事件进行整体处置时能够综合考虑舆论及新闻发布环节。在后续发布会组织和召开的过程中，新闻发布小组应同时承担邀请记者采访、发布新闻以及对记者进行管理等各项工作。

知识窗

新闻发布小组的构成及职责

新闻发布小组下设三个工作组：新闻发布组、信息监控组、综合协调组。新闻发布组由负责事件处置的政府主管部门、机构及有关单位和宣传部门、政府新闻办公室组成，负责制定新闻发布方案，拟定新闻发布内容，组织新闻发布并回答记者提问。信息监控组由宣传部门、政府新闻办、公安部门、安全部门及信息办组成，负责对境内外媒体有关事件报道的收集、整理和分析工作，重要信息及时上报；组织对互联网的舆论引导和信息安全管理工作。综合协调组由宣传部门、新闻办、外事办和负责事件处置的政府主管部门、机构及有关单位组成，负责新闻发布领导小组的运转，情报信息的上报及通报，受理中外记者的采访申请及记者管理等工作。另外，在必要的时候还应再设新闻中心，专门为事件现场采访的中外记者提供采访和发稿等服务。

政府应该将新闻发布小组设定为常设部门，以便在展开日常信息及突发公共事件的新闻发布时更加快速和专业。

在新闻发布小组成立并正常运转以后，应及时针对事件制定灵活多变的新闻发布方案。同时，突发公共事件虽不能预计，但突发公共事件的新闻发布工作却可以提前演练，只有如此，一旦危机来临，才能够做到快速反应、有效应对。在发布方案的制定过程中，应把握灵活多变的原则。具体来说，方案中应该特别注意以下问题：首先，建立强大的信息收集及分析机制，对事件信息进行及时准确的把握，并在核实后向媒体公布。其次，新闻发布会场地也可以不限于室内，选择事件发生现场或有特殊意义的场所有时能更加方便事件信息的传递。“7·23”动车追尾事故发生后，温家宝选择在事故现场答记者问，不仅增强了事件感染力，也表明了领导人亲赴现场的尽职态度。再次，新闻发布小组在邀请发布会与会媒体时，应根据发布事件的性质确定几家重点媒体，并由专人主动出面联系，以示对媒体的尊重。最后，要注意媒体发布信息的多样化，必要的时候可以采取网络、电视、广播直播等形式，为突发事件信息的快速传播提供尽可能多的通道。

最后需要强调的是，在新闻发布过程中，应做到快速准确，并牢牢掌握信息主动权。传播的速度决定传播质量。及时发布可以先声夺人，有效引导舆论。同时，在发布信息时要保证陈述准确，不能有任何模棱两可的说法；与突发公共事件相关的各部门及机构间应口径一致，不能提供互相矛盾的信息。

三、新闻发布会的操作流程

（一）新闻发布会的组织支撑及运作方式

一般来说，各级政府的新闻办公室是政府新闻发布会的常设组织机构，也是政府新闻发布机构的主体。它承担了搜集分析新闻、确定新闻发布口径、联络媒体及召开发布会等工作。通常而言，新闻办公室由信息动态汇集组、分析组、专职新闻发言人及新闻办公室的负责人组成。具体到新闻办公室的机构及编制问题，各级政府可以根据需要和可行性原则进行考虑，一般来说不超过 10 人。为操作方便，等级较低的新闻办公室通常设在宣传部、处室内，这有利于及时准确地获取新闻及快速确定发布口径。县级以上各级人民政府都应设立新闻办公室并指定专门人员负责新闻发布工作，同时，各省、自治区、直辖市人民政府，计划单列地区和对外交往频繁的地区应当有独立的新闻办公室。

知识窗

国务院新闻办公室的定位及机构设置

国务院新闻办公室作为我国最高级别的新闻办公室，组建于1991年1月，与中共中央外宣办属一个机构两块牌子，在机构编制中同中组部、中联部一样划入中共中央直属系列，级别为正部级。下设新闻局、国际交流局、影视与出版局、网络局等九个业务局，其中一局新闻局负责新闻发布和重大事件的对外报道，其余各局分别监管各自领域的新闻工作。从国务院新闻办公室到省、市、县级新闻办公室构成垂直系统，在业务上有从属及指导关系。

从我国目前政府新闻发布会的运作实践来看，不同级别、不同类别的发布会在具体运作上有着不同的方式，可根据各级政府对新闻发布的制度实施安排和组织机构设置来加以选择。大体来说，现行的新闻发布会的主要运作方式可以从时间安排是否固定、出席人员构成和具体内容设定上进行简要的划分。

上文已经谈到，根据时间安排的不同，新闻发布会分为定期发布和不定期发布两种形式。从出席人员构成上看，新闻发布会大体有两种情形：一种是配备主持人，主持人及发言人都在主席台上就座，先由主持人介绍有关情况，然后再由发言人进行新闻发布，之后再接受记者提问；另一种是不设主持人，不设坐席而改为立式发布台，由发言人自己上台发布新闻并回答记者提问。从具体内容设定上看，新闻发布会可以分为“自主发布”和“搭台发布”两种方式。其中“自主发布”即无主题发布，它由新闻发言人出面定时、定点举行新闻发布会，其发布的主题由现场记者的提问而定，因此发布内容涉及广泛。我国外交部的新闻发布会就属于这种形式。“搭台发布”即有主题发布，它由各级政府定期不定期地邀请不同政府部门的有关责任人或该部门新闻发言人进行新闻发布，并且只对记者就发布主题的提问进行问答。国务院新闻办及国务院各部门、省级人民政府新闻办公室举行的绝大部分新闻发布会均属于此类。2013年6月26日，国务院新闻办公室举行新闻发布会，请中国载人航天工程办公室主任王兆耀、中国航天科技集团公司副总经理袁洁、中国航天员科研训练中心主任邓一兵介绍“天宫一号”与“神舟十号”载人飞行任务有关情况，并答记者问（见图4—3）。

（二）新闻发布会的会前准备

新闻发布会的会前准备，是一场发布会成败得失的关键。新闻发布会的会前准备包括很多方面，包括内容、场地、人员、发布口径等各个方面，具体来说，要考虑和安排好“谁说——什么时间说——在哪里说——给谁说——说什么——说多少——怎样说”这七个环节。

图 4—3 该新闻发布会现场

首先，要确定发布会的主题。总体而言，新闻发布会主题的选定应注重吸引力及新闻价值，在具体操作上应坚持“重大、热点、突发、例行”的信息范围。其中“重大”包括重要举措、重大事件、大型活动，“热点”是指社会普遍关心的热点问题、敏感话题，“突发”是指突发事件尤其是重大突发刑事案件，“例行”即政府定期进行的一般信息发布。一般而言，新闻发布会的目标单一且主题明确会更加方便会前准备，也方便媒体报道，同时也有利于新闻发言人回答记者的提问更有针对性，从而获得较好的传播效果。

其次，要确定发布内容的重点，即针对这个主题应该发布哪些相关的重点内容。一般情况下，重点信息在三个以下为宜，否则会造成重点不突出、发言人不好把握发布内容、记者报道抓不住重点等问题。重复是突出发布重点的一种可取手段，为强调重点，发言人通常会设置一些宣传语或者标志性语言在发布会过程中不断强调和重复。只有通过重复，才能使发言人发布的重点成为媒体关注的重点，从而成为公众关注的重点。

最后，新闻发言人应对自己的发言做出准备。其实，新闻发言人的准备分为两个阶段，一是舆情调研阶段，二是发布材料准备阶段。在发布会的主题及发布内容确定之初，新闻发言人通过了解媒体及公众关注的热点直接参与到发布主题及内容的制定当中。在第二阶段，新闻发言人要着手准备新闻稿及发布辞。在此阶段，发言人首先应全面搜集和掌握相关资料，做到对事件全部包括细枝末节的掌握，对于专业性较强的问题应及时向专家请教，对重大信息要进行全方位的考证与核实，从而保证所掌握信息的真实性与准确性，保证政府信息公开的权威性。

新闻稿主要采用消息体裁，一般在 1 000 字以内。新闻稿应具有新闻及宣传的双重价值，语言应准确简明且富有感染力，并以新闻性的语言进行表述。同时还可以给记者提供一些其他文字或图像资料，包括相关的统计数据、汇总资料及背景介绍、照片表格等。另外，新闻稿与新闻发言人的发布辞可以不完全一致。一般而言，为了把更多的时间留给回答记者提问，发言人通常不再按照发布辞照本宣科，而是简明扼要地介绍发布重点或直接进入回答问题阶段。此外，发言人还应提前确定新闻发布的口径，如话说到什么程度、分寸如何把握等都需要在发布会之前进行认真的准备，做到正确代表政府的立场及态度。

对于发布会的会务准备，在上文已有所论及，包括发布场地及发布时间的选定。在前期工作准备妥当之后，还应采取各种手段联系媒体，并向外界公布发布会信息。

案例 4—7　国务院新闻办公室新闻发布会预告

采访通知

兹定于 2013 年 7 月 10 日（星期三）上午 10 时举行新闻发布会，请海关总署新闻发言人、综合统计司司长郑跃声介绍我国 2013 年上半年进出口情况，并答记者问。欢迎光临。

为使记者在发布会上获得更多信息，欢迎通过电子邮件或传真将您对此场发布会感兴趣和关注的问题提供给我们。

邮箱：notice@scio.gov.cn。传真/电话：65592311

注意：请持国务院新闻办新闻发布会采访证出席，并在参会期间始终佩戴（联系电话：65592311）

地点：国务院新闻办公室新闻发布厅（朝阳门内大街 225 号）

国务院新闻办公室

2013 年 7 月 8 日

另外，对于发布会的会场布置等其他事宜也应有所重视。发布会现场应预先安装并调试好供记者发稿的专用设备及空间，包括提供上网电脑、话筒、传真机，以及预留放置摄像机的空间等。对于会场的环境布置，应注意对于气温、灯光、噪音等的全面考虑。主席台背板上应写明新闻发布会的主题，发布台上应注意摆好发布人、主持人的名牌。另外，要注意通过灯光等其他手段来调节新闻发布会的整体气氛。在整体把握上，应注意发布会庄重、大气、严肃的政府风格（见表 4—1）。

表 4—1　　新闻发布会准备事项一览

人员安排	主办方：主持人、发言人、负责人、其他嘉宾
	邀请方：媒体记者、翻译人员
	接待服务人员、录音摄影人员、设备管理人员
	保安人员

续前表

物品和资料准备	媒体邀请函、会议出席胸卡
	新闻通稿、背景资料、图片（光盘、文图电子版）
	会议流程
	重要发言的文字稿
现场设备和布置	接待桌、签名簿、笔、名片、水
	会标、座位牌、发言席和记者席座次安排
	麦克风（台式和手持式）、音响、电源等
	备注：如有需要则须配备电脑、投影仪、幻灯机等

资料来源：郎劲松：《新闻发言人实务》，北京，中国传媒大学出版社，2005。

（三）新闻发布会的现场应对

在发布会现场，应注意对各个环节的应对。一般正式的发布会流程通常为：来宾签到、贵宾接待、主持人介绍出席人并宣布发布会议程、发布信息、回答记者提问、会议其他活动等。在这其中，新闻发言人应始终占据发布会的主导地位，引导并控制好记者情绪及发布会现场的节奏。

对于新闻发布来说，好的开场白是成功的一半。发言人的开场白相当于新闻导语，因此应注重提炼新闻事实，点明发布会的主题。通常情况下，开场白在5～10分钟即可。开场白的表达方式，分为开门见山式、抛砖引玉式、背景介绍式、穿针引线式、术语解说式等。发言人应根据不同的发布会类型及发布内容灵活选择。在情绪的把握上，除突发事件和灾难事件的新闻发布会，发言人在开场时应注意营造一个轻松平易、真诚面对媒体的气氛。沉着稳重的语调、自然大方的态度及亲和平易的眼神、适时适量的肢体语言等都是促进交流的重要符号，发言人应善于运用这些符号，提升交流效果。

知识窗

政府新闻发布的五种开场白表达方式

开门见山式：直奔核心信息，简洁明快，无须客套和铺垫。一些例行的、日常的发布会常采用这种方式。

抛砖引玉式：开场白只透露少部分信息，略微点题。多在时效性不强的发布会中使用，可以调动记者积极性；或者有领导或专家在场要讲话，将重要内容留待他们发布。

背景介绍式：在主题式新闻发布会上，尤其是新的政策及举措出台时，如果有必要向公众说明来龙去脉及其重大政治意义，发言人的开场白就会重点介绍背景性信息，从而引起记者重视。

穿针引线式：当发布会有重要官员出席时，发言人成为配角。此时发言人主要起穿针引线的作用，要简化开场白，但又要烘托气氛，重点介绍出席嘉宾和会议的程序安排。

术语解说式：一些专业性较强的主题式新闻发布会，涉及的经济、法律或工业等术语较多时，发言人首先要对与发布会主题密切相关的概念、术语等进行必要的解释，否则会影响发布会效果，或者容易引起多种猜测。

在与记者进行互动的过程中，发言人一方面要在发布过程中不断启发记者提问以避免出现冷场，另一方面也应注意把握好交流过程中的细节问题，包括对提问记者的选择、对回答内容的突出强调或回避等。

首先，在提问记者的选择上，要注意平衡原则。过于偏向或者关照某家媒体及记者的做法是不可取的，这容易引起其他媒体的反感。因此，要注意为更多媒体提供机会，在中外媒体的选择、男女记者的选择、不同类别媒体的选择及大媒体小媒体的选择上都要注意机会的均衡。其次，在回答记者提问时，要遵守平等原则。对于不同媒体，在回答问题时都应注意平等对待，在态度及语气等方面都应一视同仁。最后，在回答记者提问时，要遵守平和原则。发言人应注意对记者所提问题的控制，特别是着眼于应对记者的问题陷阱。对于记者提出的比较尖锐的、具有挑战性的问题，发言人应迅速反应并沉着应对。对于不便回答的问题，不能直接说“无可奉告”，以避免因态度的强硬引起媒体和公众的反感。面对媒体时，不能流露任何负面情绪，并要善于使用一些外交辞令。比如“根据规定和我的权限，我不能回答这个问题”，对这样直接礼貌的回答，记者也是可以理解的。

在新闻发布会进行过程中，发言人应充分发挥自身的专业素养，把握并控制好现场局面。做到虚实转承，进退自如，让答记者问内容充实，节奏流畅。在答记者问之后，发言人还可以做简单的总结，这样既可以再一次强调发布会的重点，也可以对记者的报道进行引导。在总结发言时，应注意用语的简洁和精辟。

（四）新闻发布会的会后评估

在发布会结束以后，新闻办公室应注意对社会的舆论反应做好信息反馈，包括统计媒体发布情况、整理发布会音像资料、收集会议剪报、制作发布会成果资料等，更重要的是，应评估发布会是否很好地起到了舆论引导的作用，对于新闻报道引发的新问题，要注意及时补充及说明，并安排媒体的后续报道。另外，对新闻发言人履行职责情况的评价也是会后评估的重要一环。其评价包括两个方面：一是信息是否及时、准确地进行了传递；二是面对记者的提问是否做到了机智及合宜。对此发言人应该及时全面地进行反思，找出不足以便更好地改进工作。

需要说明的一点是，在某些情况下，正式的新闻发布会结束之后，相关负责人还会召集一个小型的非正式的记者招待会，新闻发言人可以与记者重新讨论一些信息事件，便于记者更好地领会会议精神，也便于发言人及时掌握记者对信息的反馈，进一步开展工作。

案例 4—8 江苏《政府新闻发布工作评估指标体系研究报告》出炉

江苏省政府办公厅和省信息中心在大量调研并广泛听取各方意见的基础上，研究撰写了《政府新闻发布工作评估指标体系研究报告》。按照这一指标体系，全省政府新闻发布工作可量化评估，并将公众评价和媒体评价纳入检验政府新闻发布工作水平的满意度评价范围。

通过研究、比对和筛选，报告课题组构建了江苏省政府系统新闻发布工作评估指标体系框架。该框架创造性地设计了评估方式，采用了"附加指标"的方法。同时采取"外界评估＋自我评估"的方式，提高了指标体系的科学性和可操作性。评估指标主要包括政府新闻发布工作评估指标、政府日常工作新闻发布会评估指标、政府突发事件新闻发布评估指标、政府热点回应新闻发布评估指标。政府新闻发布工作评估指标主要用于省辖市、省级行政部门新闻发布工作年度评估，旨在反映评估对象的整体工作状况，本指标包含 5 个一级指标、22 个二级指标；政府日常工作新闻发布会评估指标的评估目标有两个限定条件，一是发布内容是"日常工作"，二是发布形式是"新闻发布会"，包含 5 个一级指标、22 个二级指标；政府突发事件新闻发布评估指标设计了 3 个一级指标、7 个二级指标；政府热点回应新闻发布评估指标设计了 3 个一级指标、7 个二级指标。

有关研究人士表示，该指标体系的推出，具有一定的创新性、针对性和可操作性，对提高政府新闻发布、信息公开工作水平具有积极意义。

资料来源：中国江苏网，2012－04－18。

思考题

❶ 政府开展新闻发布的理论基础和背景是什么？
❷ 简述政府开展新闻发布的现实意义。
❸ 简述政府开展新闻发布的原则、形式和内容。
❹ 常规新闻发布会的特征有哪些？
❺ 政府开展突发公共事件新闻发布会的意义何在？
❻ 简述新闻发布会会前准备的注意事项。

参考书目

❶ [法] 古斯塔夫·勒庞．乌合之众：大众心理研究．北京：中央编译出版社，2004．
❷ 郎劲松．新闻发言人实务．北京：中国传媒大学出版社，2005.
❸ 曹劲松，庄传伟．政府新闻发布．江苏：江苏人民出版社，2009.
❹ 刘建明．新闻发布概论．北京：清华大学出版社，2006.
❺ 丁海宴，赵鸿燕．新闻发言人与媒体．北京：中国传媒大学出版社，2009.

第五章 新闻发言人制度

本章学习要点

- ◇ **新闻发言人制度的界定及缘起**
- ◇ **我国新闻发言人制度的确立与发展**
- ◇ **政府、新闻发言人、媒体的关系**
- ◇ **新闻发言人制度管理体制**
- ◇ **新闻发言人的角色定位、职责权限与素养要求**
- ◇ **新闻发言人制度的完善**

新闻发言人制度是新闻发布的重要形式之一，目前已成为世界各国政府普遍采用的进行社会沟通的重要方式。新闻发言人代表着政府，在政治、专业、心理及文化素养上都需要有高素质表现。当前，我国政府新闻发言人制度还存在一些不足，需要政府在思想和实践层面做进一步完善。

第一节 | 新闻发言人制度概述

新闻发言人制度是以政府为传播主体，以新闻媒体和社会公众为传播客体，通过发布、传播与公众利益相关的政务信息和重要新闻来实现政府与社会的沟通，它是一种相对稳定和规范的公共信息传播机制。

一、新闻发言人制度的界定及缘起

（一）新闻发言人制度的界定

新闻发言人指公开传递新闻信息的个人或单位，由国家、政党、社会团体任命或指定。其职责是在一定时间内就某一重大事件或时局问题，举行新闻发布会或约见个别记者，发布新闻或阐述本部门的观点，代表有关部门回答记者的提问。可以说，新闻信息的公开发布是新闻发言人工作的核心；而新闻发言人制度又是政府信息公开制度的核心。根据新闻发言人制度的定义可将新闻发言人分为政府新闻发言人、社会团体新闻发言人、企业新闻发言人等。本书中所讲的新闻发言人、新闻发言人制度，均仅指政府新闻发言人、政府新闻发言人制度。

根据在新闻发布过程中功能的不同，新闻发言人可以分为：主持型、客串型和主角型。主持型新闻发言人在新闻发布过程中只起到控制进程的作用，并不真正发布新闻。此类发言人多出现在商业或影视娱乐行业中，在政府活动中不常出现。客串型新闻发言人则多是由新闻发布方外请的专家学者或某事件相关责任人，这在一些重大社会问题及社会事件的新闻发布会上比较常见，比如在有关“非典”及“H1N1”的新闻发布会上，受邀向民众解释医学问题的医学专家就属于客串型新闻发言人，由于专家的权威性，这类发言人通常能够增强人们对所发布新闻的信服度。主角型新闻发言人是新闻发布会绝对的信息源，其对事件有着清楚的认识及全面的把握，一般承担着制定决策和发布新闻的双重责任。

知识窗

新闻发言人制度不同于新闻发布制度

尽管两者都属公共信息传播机制，同为政府服务和管理社会的必要方式，但新闻发布制度的外延远远大于新闻发言人制度。从纵向上看，新闻发布制度形成的时间远远早于新闻发言人制度，尽管形成初期是为了维护统治阶级的形象而并非是保障公众知情权，但随着社会进步，它也渐渐走向完善。而新闻发言人制度产生于19世纪末20世纪初，它是新闻发布制度现代化的产物，并在当代发展成为现在的体系。从横向来看，两种制度在传播主体、传播渠道、传播对象上都存在一定差异。可以说，政府新闻发言人制度是政府新闻发布的重要形式之一。

（二）新闻发言人制度的缘起

新闻发言人制度起源于美国。19世纪20年代，美国民众普遍获得了选举权，30年代“便士报”出现，人民开始关心国家事务。在政治改革和传媒大众化发展的推动下，新闻发言人应运而生。19世纪30年代美国总统安德鲁·杰克逊最早聘用了新闻发言人，那时新闻发言人的身份仅仅是总统私人秘书，属总统私人雇佣。直到1897年，自麦金莱总统开始，新闻发言人正式成为国家公职人员，乔治·B·科特柳成为美国政府第一位正式的新闻发言人。为了应付每天守候在白宫大门和周围街道的众多记者，麦金莱总统专门任命了一位助手每天向这些记者做一次简报。这便是最初的白宫新闻发言人。在威廉·霍华德·塔夫脱执政期间，他安排每周两次定期新闻发布会。富兰克林·罗斯福在执掌政权的12年间，共会见记者998次，平均每年83次，此期间新闻发布会正规化、制度化趋势日益明显，这一时期也被很多研究者称为新闻发布制度的开端。在经历发展与反复之后，白宫新闻发言人制度逐渐固定下来，发展至今，白宫新闻发言人已经成为总统的代言人，也成为美国政府的喉舌。

美国的新闻发言人制度是有法律保障的。1966年美国颁布的《信息自由法》，要求每个联邦机构制定详细规章，保证公共信息的自由流通，制止官方机构向公众和媒体封锁消息。另外，《在阳光下的政府法》规定，五十多个拥有两个或两个以上成员的联邦部门举行会议要公开。美国各级政府为了履行这两个法案，便指定了专人负责保证媒体接触政府公务信息和参加政府会议。现在，据美国全国政府传播者协会估计，在美国各级政府中大约已有4万名政府传播者。

20世纪50年代以后，美国经验开始被别国效仿和借鉴，新闻发言人制度逐渐在世界多国落地生根，在内涵及外延被不断本土化的过程中，新闻发言人制度逐渐嵌入政治结构及社会生活中，成为各国媒体、政府和公众都普遍认同的公共信息沟通方式。

美国的新闻发言人制度对新闻发言人的要求有很多，首先是政治立场坚定。在面对政府和记者的针锋相对时，白宫新闻发言人绝对会站在政府一边。其次是对应掌握的信息要十分熟悉，随时能够脱口而出，但对于机密性的资料却要守口如瓶。最后，虽然新闻发言人是个严肃的职业，但承担者要永远保持微笑，甚至很多时候需要以幽默来应对。

案例5—1 美国《时代》杂志原记者卡尼接任白宫发言人

图5—1 美国白宫首席总统发言人杰伊·卡尼

2011年2月中旬，原《时代》杂志记者杰伊·卡尼接替罗伯特·吉布斯出任白宫新闻秘书，成为首席总统发言人（见图5—1）。

现年45岁的卡尼出生于美国弗吉尼亚州，毕业于耶鲁大学的俄语和东欧学专业。1987年卡尼进入新闻界，他先在《迈阿密先驱报》担任记者，继而加入《时代》杂志，成为《时代》驻迈阿密站的首席记者。1990年至1993年，会说俄语的卡尼担任《时代》杂志驻俄罗斯记者，经历并报道了苏联解体。回到美国后，卡尼开始报道白宫和国会新闻，在克林顿和小布什担任总统期间，卡尼是白宫记者团的常客，他凭借多篇优秀报道逐渐树立起自己在美国新闻界的地位。2001年“9·11”恐怖袭击发生当天，卡尼是总统专机“空军一号”上少数几名与布什同行的媒体记者之一。

2005年至2008年，卡尼任《时代》杂志华盛顿分部主管。美国新一届政府2009年成立后，他被选为副总统约瑟夫·拜登的发言人。卡尼为拜登工作期间保持低调，确保不夺走“老板”的风头。工作中，他逐渐为奥巴马所知。美联社分析，卡尼凭借多项优势入职：担任《时代》杂志华盛顿分部主管时他练就了丰富的管理能力；作为记者，他知道如何面对电视摄像镜头；为拜登工作，他懂得如何处理好和媒体的关系。对于奥巴马而言，卡尼既是“自己人”，又了解白宫记者团的心理。

卡尼一上任面临的挑战便是重建白宫和媒体机构的关系。吉布斯担任白宫发言人期间，以强硬的发言风格著称，曾令白宫与媒体的关系一度紧张。美国媒体评论说，选择《时代》杂志记者卡尼担任白宫发言人，是白宫作出的一个重要改变。卡尼在新闻界摸爬滚打多年，与华盛顿的记者们有着深厚的友谊和广泛的联系。外界认为他将是一个尊重记者、和蔼可亲的新闻发言人。与卡尼打交道多年的共和党选举策略师盖伦称，奥巴马此次任命卡尼是个“不错的选择”。盖伦说，白宫新闻发言人的工作并不轻松，需要一面为总统干活，一面与媒体打交道，这好比“高难度走钢丝”。

从国内外政府新闻发布会的运作机制来看，设立、授权新闻发言人作为政府的主要代言人，定人、定期地向媒体和公众发布政务信息，是各国政府普遍采用的实现社会沟通的主要方式。西方国家的政府新闻发言人制度的诞生、发展及运行模式，也从侧面反映出资本主义制度下的政治传播形态。

二、我国新闻发言人制度的确立与发展

在我国，自辛亥革命后，新闻发布会就已经得到了一定程度的运用。那时，它不仅是政府与民众沟通的手段，也是中国与国际接轨的方式，更是政治斗争的工具。孙中山以临时大总统的名义公布了由参议院通过的《中华民国临时约法》，规定“人民有言论、著作、刊行及集会、结社之自由”，这促进了我国新闻传播事业的迅猛发展。1912年，中华民国临时政府内阁总理唐绍仪在国务院设“新闻记者招待所”，并向记者发布新闻。解放战争时期，在国共谈判期间，国民党南京政府和中国共产党双方都举办过新闻发布会阐明各自立场。特别是周恩来曾多次举办新闻发布会，通过揭露国民党阴谋，获取了国际国内的舆论支持。值得一提的是，1940年周恩来在重庆期间，周恩来的外交秘书兼翻译龚澎为代表团的新闻发言人，她也因此成为中国共产党的第一位新闻发言人。

在新中国成立后的第二年，中共中央就下发了《中央人民政府政务院关于新闻秘书工作初步经验的通报》，其中指出，举行新闻发布会或座谈会，是团结记者、提高记

者、集中使用记者力量之比较好的组织形式。该通报强调了新闻发布工作的意义，同时也对新闻发布会的组织给出了指导意见。然而在新中国成立初期，由于帝国主义的封锁及党报体制的单一化，我国并没有建立新闻发布制度，仅是组织过几次具有影响力的记者招待会。1965 年，苏联对中国进行军事包围，时任国务院副总理的陈毅专门举办新闻发布会，对苏联的恶劣行径进行谴责。1980 年，“四人帮”集团受到法律的审判，全国人大常委会为此专门召开新闻发布会，向中外记者发布关于审判“四人帮”的决定。同年，我国政府就“渤海二号”石油钻井船翻沉事故召开了新闻发布会，这是我国首次就突发事件举行新闻发布会。这两次新闻发布会成为改革开放后中国政府新闻发布工作的起点。

1982 年 3 月 26 日，时任外交部新闻司司长的钱其琛就中苏关系发布消息，钱其琛仅说了包含 3 句话的简短声明，整个过程没有问答，这是外交部第一次以发言人形式举行的新闻发布会。

1983 年 4 月 23 日，中国记协向中外记者介绍了国务院各部委和人民团体的新闻发言人，宣布我国建立新闻发言人制度。1983 年 6 月，全国人大和全国政协六届一次会议首次举行新闻发布会，全国人大六届一次会议副秘书长曾涛、全国政协六届一次会议副秘书长孙起孟担任起“两会”新闻发言人，共同向中外记者发布了关于召开“两会”的新闻，开启了历届“两会”召开新闻发布会的传统。

1987 年 7 月 18 日，中共中央宣传部、中央对外宣传小组和新华社共同发出《改进新闻报道若干问题的意见》，其中提到，对于国务院会议可以公开报道其重要决定，由国务院新闻发言人定期举行中外记者招待会或新闻发布会加以介绍，在记者招待会上还可就一个时期国内政治、经济、文化等方面全局性的重要问题和群众关心的问题发布新闻并答记者问。

2000 年 7 月，国务院新闻办新闻发布厅正式启用。300 平方米的发布厅最多可容纳 150 名记者，厅内配有现代化专业灯光、音响和多媒体演示系统，还可提供声像编辑和卫星传输及国际长途通信服务，满足了会议全球直播之需。2003 年 9 月，国务院新闻办组织第一期全国新闻发言人培训班，分别对来自中央国家机关的 100 多位新闻发言人和新闻官进行了集中培训。这是公开资料中最早对于新闻发言人进行培训的记录。

2004 年年底，时任国务院新闻办主任的赵启正对社会公布了中央六十多个部委的新闻发言人联系电话，并正式对外宣布，中国政府三个层次的新闻发言人制度已经确立：第一层次是国务院的新闻发布，由国务院新闻办组织对外发布我国大政方针或重大新闻；第二层次是外交部的新闻发布，由外交部新闻司人员担任发言人，只发布被授权发布的内容；第三层次是国务院其他部委和人民团体的新闻发布，由各部委办公厅或政策法规司人员担任发言人。

2008 年 5 月，《政府信息公开条例》正式实施，为新闻发布的制度建设提供了法规条例的保障和规范。2010 年 6 月，中共中央宣传部等 11 个中央部委新闻发言人集体首次亮相（见图 5—2）。2011 年 3 月，中共中央对外宣传办公室组织全国党委新闻发言人第一次集体培训。同时，国资委直属的121家大型中央企业通过新华网将各自新闻发言人的姓名和联系方式等相关资料向社会公布。

图5—2 中共中央宣传部等11个中央部委新闻发言人集体首次亮相

至此，我国新闻发言人制度的建设基本完成，新闻发布会也不再由中国记协出面协调组织。1991年到1995年，5年间中国记协组织各部门新闻发布会256次，平均每年51次。1993年到2003年，10年间国务院新闻办举办220多场新闻发布会，内容包括政治、经济、科教文卫等各方面。我国新闻发布会的数量和质量不断提高，更及时、准确、全面地向中外新闻界提供政府信息。2007年是国新办举行发布会数量突增的一年，之后每年举办的发布会数量呈平稳态势，上下增减的幅度不大。从2005年到2012年，发布会数量呈逐渐递增趋势（见表5—1）。

表5—1 2005—2012年国务院各部委举办新闻发布会数量汇总

部委名称	发布会数量	部委名称	发布会数量
外交部	682	国防部	27
卫生部	130	人力资源和社会保障部	20
教育部	115	中国人民银行	13
商务部	104	监察部	11
公安部	72	民政部	13
发展改革委	66	科技部	11
农业部	45	环境保护部	8
交通运输部	43	审计署	15
国土资源部	46	国家民委	4

续前表

部委名称	发布会数量	部委名称	发布会数量
财政部	44	住房和城乡建设部	4
文化部	48	水利部	3
工业和信息化部	21	司法部	4
铁道部	18	计生委	1

注：2012年数据截至2012年12月31日。

资料来源：根据国务院新闻办公室网站发布会相关新闻进行的数据统计结果。

三、政府、新闻发言人、媒体的关系

在新闻发言人与记者互动传播的过程中，为什么有的媒体记者总是用敌对的态度、用尖锐的问题“刁难”发言人？为什么发言人对有的问题避而不谈却对有的问题回应积极全面？只有弄清政府与媒体的关系，才能更深刻理解作为双方代言人的新闻发言人与记者之间存在多种互动类型的原因。

（一）西方国家政府、新闻发言人、媒体三者的关系

弥尔顿在其著作《论出版自由》中指出，人是有理性的，不能阻止他们自由地发表意见，真理总是在观点的自由碰撞中产生的。“观点的公开市场”和“观点的自我修正过程”成为自由主义新闻理论的重要组成部分。洛克认为人生而平等和有理性，并论证了资产阶级天赋人权的原则。1787年，美国《独立宣言》主要起草人、后任美国总统的托马斯·杰斐逊提出：“自由报刊应成为对行政、立法、司法三权起制衡作用的第四种权力”。1789年，“出版自由”（the freedom of the press）第一次见诸法律，美国宪法明确规定，“国会不得制定关于下列事项的法律：剥夺人民言论或出版自由，剥夺人民和平集会及向政府请愿的权利”。同年，法国国会通过《人权宣言》，以宪法形式确认了公民言论、出版自由的原则。政府是公民的代理权力机构，民众为了让政府更好地履行职责，要求政府公开信息，政府应使民众有途径了解政府信息，参与到民主政治中去。

在西方，大众传播媒介是为民众代言的“第四权力”，因此“知情权”是一个由媒体提出并大力提倡的概念。《人权宣言》中规定，自由传达思想和意见乃是人类最宝贵的权利之一。因此，每个公民都有言论、著述和出版的自由。但是在法律限定的情况下，应当对滥用此项自由承担责任。有关新闻出版自由的法律，确立了西方国家新闻自由的法律地位。基于这些法律，西方国家将媒体视为社会舆论工具。

西方国家政府与媒体之间存在着“剪不断，理还乱”的复杂关系。媒体在维系政党与公众间联系、及时发布政治信息、向公众解释政府纲领及决策、塑造领导人公众媒体形象方面，有着重要的作用并做出了突出贡献。也有学者将媒体与政府的关系比

喻为“情人”关系，即无法和对方正常生活，但没有对方又活不下去。这也说明媒体从来都不是超然独立于政府的，这点上美国最具代表性。

美国政府对待媒体的手段大致是：“胡萝卜 + 大棒”。政府给予媒体的“胡萝卜”主要包括两个方面：其一是供给信息，成为媒体最主要、最稳定的信息源。政府与媒体之间存在被监督与监督的关系，媒体代表其背后广大的受众对政府实施监督职能，政府为赢得公众的支持接受这种监督。新闻发言人作为政府的职能部门之一，承担着新闻发布的职能，特别是要处理好政府与媒体之间的沟通协调关系。政府与新闻发言人团队中的成员之间属于纯粹的雇佣关系，政府雇佣其处理新闻发布的相关工作，发言人被看作与其他工种并无二致的一种职业。当新闻发言人工作尽心尽力不出差错时，一切相安无事；若新闻发言人因某些言论或表达被公众及媒体错误解读，特别是矛头已经指向其背后老板——政府时，政府会通过指责新闻发言人的业务能力来转移公众矛盾，解雇新闻发言人并聘请新的新闻发言人。同时，多数新闻发言人都有着丰富的从业经验，这使得他们即使被政府解雇也仍然有可能被媒体机构继续雇佣。这种职业发展上的考虑使得新闻发言人在位时也会对一些主流媒体敬让三分，这种敬让既有作为政府的信息传播者出于更好实现与媒体沟通的考虑，也有出于自身未来职业发展的考虑。政府与媒体之间的关系通过相互制衡与相互影响来达到各自的目的。同时我们也必须承认，尽管西方媒体标榜自身的独立性，媒体对政府行使多方面的监督权，但它总是逃不出政府各种手段的控制，政府力量显而易见大过媒体力量。

（二）我国政府、新闻发言人、媒体三者的关系

在我国，媒体与执政党、政府的关系是部分与整体的关系，前者必须无条件地服从后者的领导。《人民日报》前总编辑范敬宜在《总编辑手记》中曾说：“我们的一切工作都要服从于、有利于国家和社会的稳定。有利于稳定的就多做，努力去做；不利于稳定的坚决不做，避免去做，至少是少做。”可见，我国新闻媒体把讲政治原则置于极其重要的位置，记者必须坚持正面舆论导向为主、帮忙不添乱的思想原则，始终把讲政治放在第一位。

新中国成立以后到 20 世纪 70 年代末的 30 年间，中国处在计划经济时代，所有媒体都是按计划来设置的统一格局，报纸成分单一，党委机关报就是报纸的全部类型。1981 年，中共中央在《关于当前报刊新闻广播宣传方针的决定》中明确，“报刊、新闻、广播、电视是党的舆论机关”。长期以来，“喉舌说”、“工具说”一直是我国对媒体属性的主流认识。我国媒体是党和政府的宣传机构和舆论机关，其主要功能是宣传党的基本理论和方针政策、国家的法律法规。报纸在内容上一般以思想性为主导的硬新闻为主，是中国舆论宣传的主阵地。

1978 年，财政部批准《人民日报》等首都八家报纸试行企业化管理，“事业单位，企业化管理”的经营管理体制在报社开始推行。新闻事业不但要促进社会主义市场经

济的发育，而且它本身就是社会主义市场经济不可或缺的有机组成部分，进而形成了新闻事业具有双重属性的新观念，即新闻事业具有形而上的上层建筑属性和形而下的信息产业属性。新闻事业实行“企业管理”，表明它除了以信息的生产和流通为核心外，还可以经营信息的处理与传递。这种重视市场变化的作用，使得媒体开始重视受众的意见与声音，使媒体自身开始成为受众的代言人。

我国政府的新闻发布体现了政府的民主政治理念。中国政府是人民的政府。为人民服务、对人民负责，支持和保证人民行使当家做主的权利，是中国政府全部工作的根本宗旨。为人民服务、对人民负责是中国政府一直以来秉持的政治理念，政府信息向人民公开应该是这种政治理念的题中之意。同时，转变政府职能和执政为民执政理念的正式提出和发展，为政府新闻发布制度建设的快速发展提供了依据。

因此，我国政府、新闻发言人、媒体三者的传统关系可概括为：新闻发言人制度作为政府增强新闻执政的重要手段之一，承担着舆论引导与耳目喉舌的职能。政府对新闻发言人岗位的设计与安排有绝对控制权，新闻发言人作为担任组织内一定职务的领导，时刻按照党和政府的要求，坚持“以我为主”对媒体进行舆论宣传引导。随着改革开放的持续深入，我们应对目前国内存在的媒体一分为二看待，分为体制内、体制外两类媒体。党的管理使得政府对体制内媒体拥有绝对领导权与控制力，它作为党和国家的耳目喉舌，起到了政府与人民之间的桥梁作用。以境外媒体为代表的体制外媒体，也正在逐渐成为我国新闻报道中的一股重要力量，它更多的是从自身所代表群体的视角来观察与报道中国，并在与新闻发言人沟通交流的过程中得到更多的资讯。这种体制外媒体对我国发展情况的关注与关心，也使得我国党和政府适应新变化，逐步提升自身的开放水平和与媒体的互动水平。

在实际工作中，各级政府认为党报是党和政府的下属宣传机关，是喉舌和工具，媒体自然就应该以“正面报道”为主。对于负面信息和突发事件，甚至有些政府部门往往极少考虑媒体传播信息的功能，而是以行政命令的方式要求媒体不予报道。这种情况时有发生，结果造成为了追求与政府新闻发言人的默契型互动关系，体制内媒体停止对重大敏感新闻事件的跟进。

2012 年 3 月 14 日，在十一届全国人大五次会议闭幕后的总理记者见面会上，我国记者在现场的提问可以被视为政府与体制内媒体互动不足的一种表现。本场新闻发布会历时三个小时，共提问 14 次。境内媒体的 6 次提问依次涉及本届政府工作评价、房地产市场调控、国内经济增速、社会公平正义、浙江“吴英案”、扭转收入分配差距扩大。6 个问题各有视角，且都是百姓关心的重大问题。但这些境内媒体的提问均没有涉及一段时间以来引人注目的重庆“王立军”事件。《金融时报》的文章针对路透社记者提问写道，“屏幕前攒动的人们一定也会对这位深谙汉语技巧的记者（本文注：路透社记者）说声谢谢，除了遭遇民间异议者阻击的刑诉法修正案之外，‘重庆’可能是关心中国政治者最想听到的关键词”。

这样受人关注的新闻事件，国内媒体却不约而同予以回避，令人有些不解。事实上，2012 年 3 月 20 日国内知名搜索网站百度的事件搜索显示，“王立军”事件作为关键词位列最近一月百度搜索榜第一位，最近 7 日搜索频次达 220 万余次。在发布会快要结束的时候，当时的总理温家宝“如果不累的话，可以再提两个问题”的话语具有相当大的提示性。笔者认为因为在发布会现场没有记者提此问题，导致中央政府对此问题的表态无法呈现，进而可能导致整个发布会质量缩水。发言人的话给出了明显的信号，也才有了路透社记者的有效设问。因为早在 3 月 2 日全国政协十一届五次会议的新闻发布会上，路透社记者已经就“王立军”为提问点向新闻发言人赵启正提问，此时温家宝在发布会上最后再留出时间把提问机会交给路透社，不能不说其中存在发言人主动与记者寻求默契互动的可能性，即使这位记者并不是来自自身组织。从此分析出发，也可看出国内记者存在与政府互动不足的问题，面对发言人适当延长提问时间的有效提示，我国的记者并没有抓住机会。体制内媒体坚守自身舆论导向主线，在提问环节对此事件没有涉及；新闻发言人则巧妙借助体制外媒体记者的问题，将政府的态度与立场进行了有效的表述与阐释。

第二节 | 新闻发言人制度的运行规约

我国新闻发言人制度坚持“党管新闻”的原则。党对新闻发言人制度的领导具体体现在，新闻发言人制度的建设要以党的要求为准绳，接受宣传部门的工作规划与部署。可以说，新闻发言人是政府与媒体之间的公关人员，也是政府与民众之间的桥梁，既是政府形象的代表者，也是公众利益的维护者，是传播信息的“使者”，也是引导舆论的“领航员”，这种复杂的角色定位给新闻发言人提出了较高的要求。

一、新闻发言人制度管理体制概述

我国新闻发言人制度坚持“党管新闻”的原则。各级政府的新闻办公室是其新闻发布制度的主要执行部门。以国务院新闻办公室为例，其职责包括：推动中国媒体对各国情况和国际问题的报道，促进中国公众及时了解世界经济、科技、文化的发展进步情况；推动中国媒体向世界说明中国，包括介绍中国的内外方针政策、经济社会发展情况，以及中国的历史和中国科技、教育、文化等发展情况。新闻发布会是国新办推动媒体报道的重要形式之一。具体到新闻发布，国新办主要负责的工作有：制定年度新闻发布规划、制定新闻发布的规章和流程、组织新闻发布会的召开、监督与评估新闻发布的质量、培养与管理新闻发言人等（见图 5—3）。

图 5—3　国务院新闻办公室网站首页

在现行管理体制下，我国新闻发言人主要由中层或中层以上的各层政府官员构成，主要采用兼职的形式，由熟悉各个部门或行业业务的有关领导来从事新闻发布工作。目前，我国对新闻发言人的新闻发布时间并没有进行统一规定，而是根据工作需要或实际情况的变化，采用定期发布与不定期发布相结合的方法公布新闻事实。

同时，推行新闻发言人制度需有健全的相关管理审批政策，才能保证各类新闻发布有序平稳的进行。各级政府因具体情况的不同，其相关的管理审批政策也存在差异。

案例 5—2　《辽阳市人民政府新闻发布制度（试行）》中对新闻发布申报的相关规定

辽阳市政府各组成部门、直属单位以市政府名义向社会发布新闻的，一般应于施行新闻发布之日的 5 个工作日前向市政府新闻办公室提出书面申报，如情况特殊可特事特办。市政府新闻办公室初审同意并报请市委对外宣传小组审定后，以书面通知形式回复。对新闻发布内容的审定，有如下规定：市政府新闻发布内容一般应由市政府新闻发言人所在部门、单位起草文字稿件，经该部门、单位领导审阅，报市政府新闻办公室初审，尔后报送市政府秘书长审修同意后，报相关副市长和市长审定。

二、新闻发言人的角色定位、职责权限与素养要求

（一）新闻发言人的角色定位

新闻发言人制度是以政府为传播主体、新闻媒体与社会公众为传播客体，通过发布政务信息与重要新闻来实现政府与社会沟通的公共信息传播机制。站在公共关系的角度，我们从政府公关、公共知情权和媒体沟通三个角度分析新闻发言人的角色定位。

从政府公关的角度讲，新闻发言人体现着现代政府重要的执政能力，即公关能力。政府公关与企业公关不同，其主体更具有权威性，且需要协调各种社会关系。政府公关的核心功能是：沟通信息、参谋协调、树立形象。目前，新闻发言人制度是一项重要的政府公共关系活动，对宣传内外政策、促进社会信息流通起到了良好作用。因此，政府公关的信息功能更具有宏观性和社会性，它要求这一功能的具体实施者——新闻发言人，能在信息发布中体现这种宏观性与社会性。

从公共知情权的角度讲，新闻发言人制度是公共知情权制度的有力保证。可以说，新闻发言人虽然是为政府代言，但更是为公众的知情权服务。我国各级政府部门的新闻发言人，把为社会公众服务作为根本目标，不以技巧取胜，成熟、负责、准确、平等是发言人的努力目标。

从媒体沟通的角度讲，新闻发言人是记者获取新闻的消息源。在政府与社会沟通的过程中，媒体记者是重要的中介。对记者来说，新闻发言人是政务信息资源的拥有者，是记者要捕捉、开发的采访对象，是消息源。对新闻发言人来讲，记者有时是“刁难者”，不断提出敏感问题，有时是朋友，帮助树立良好形象。这种微妙的关系确实需要新闻发言人具有过人的智慧与技巧来维系。

总之，新闻发言人是政府与媒体之间的公关人员，也是政府与民众之间的桥梁，既是政府形象的代表者，也是公众利益的维护者，是传播信息的“使者”，也是引导舆论的“领航员”，这种复杂的角色定位给新闻发言人提出了较高的要求。

（二）新闻发言人的职责权限

新闻发言人日常工作的主要职责包括：了解本部门、本地区的工作情况，及时准确地发布政府决定、计划及相关政策；在发生突发事件后，及时向社会公众说明事情真相及处理情况，发挥安定民心、维护社会团结的重要作用；与媒体保持经常性的沟通和良好关系，了解媒体对本部门、本地区工作的报道情况，并及时向有关领导和部门通报，适时提出引导舆论的工作建议；对记者的采访申请提出处理意见，接受中外

记者采访或安排记者采访本部门、本单位与新闻事务相关的其他工作；制定新闻发布方案、准备新闻发布材料和统一对外答问口径等。

新闻发言人在履行职责时，应严格按照新闻发布制度规定的程序办事，遵守新闻纪律。重大问题、敏感问题和没有把握的问题都要向政府领导请示，并向国务院新闻办通报。

新闻发言人是一个机构、组织的代言人，获得组织机构的授权是新闻发言人履行职责的前提，一般而言，授权应该包括三部分内容：(1) 参政权。参政权是指，发言人能够参加所在组织、机构的重要会议，能够了解主要的决策过程。只有这样，在面对媒体和记者的采访时，才能不仅"知其然"，还能"知其所以然"，不至于被问倒。(2) 话语权。发言人与媒体接触，应该经过上级领导的授权，这样才能名正言顺。不经上级领导允许私自与媒体、记者接触，对所讲的内容不进行汇报，容易产生工作上的摩擦和矛盾。(3) 策划权。策划权是指发言人在其所负责的领域内有可能了解到的信息更多、更全面，在发布最新的政策、措施时，比其他人甚至上级领导更清楚如何面对媒体。因此，新闻发言人必须具有策划权，选择受众关注的时机或契机，进行媒体公关和策划，比如通过举行一些活动，或是与一些媒体进行对话，来打造组织的良好媒体形象。

（三）对新闻发言人素养的具体要求

新闻发言人是公众人物，尤其是政府新闻发言人，其一言一行都代表着政府。由于工作的特殊性与重要性，国家和政府对新闻发言人的素养要求是比较高的，也是综合性的。概括而言，新闻发言人需要具备以下四点基本素养：

1. 政治素养过硬，立场坚定

政府新闻发言人首先应具有坚定的政治立场：自觉与党中央在政治上保持一致，熟悉党和政府的大政方针，有强烈的政治责任感。在此前提下，还应忠于祖国和人民，有捍卫国家和民族利益的决心和勇气。这要求新闻发言人在平时应坚持学习思想理论，掌握我国新闻宣传及舆论引导的政策，掌握所代言的工作领域的政策措施与表达口径，熟悉政策决策的产生过程。

案例 5—3　新闻发言人与记者的对抗型问答

因所代表利益集团的不同，某些记者确实会带着挑衅、找茬儿的态度前来参加新闻发布会。必要时，媒体甚至会偏离新闻基本规律，通过歪曲事实为自身所代表的利益集团服务。发言人面对这样的提问，自然要据理力争，立场坚定地驳斥记者的不实说法，借记者提问之机，向公众解释、说明事实的真相。

这样的情况也多出现在分属不同意识形态领域的记者与新闻发言人之间。比如，2008 年 5 月 27 日外交部发言人秦刚举行的例行记者会上，CNN 记者的提问就挑衅意味十足：“国际社会对中国的人权记录，特别是对中国政府处理拉萨事件持批评态度。中方对此有何评论？”发言人秦刚面对如此问题，在判断对方来意后给出了坚定的回答：“我们当然不能接受这样的批评和指责。众所周知，中国这些年来，特别是改革开放以来，在人权领域取得了巨大的进步和举世瞩目的成就……至于你提到的在西藏发生的‘3・14’事件是一起打砸抢烧的严重暴力犯罪事件，已经过去两个多月了……我也希望国际上有关人员能够客观公正地看待中国的人权状况，尊重事实，放弃偏见。我还要请你注意你的用词。你提到‘国际社会’，不知道你所提到的国际社会代表谁？那些对中国进行无端指责，睁着眼睛说瞎话，戴着有色眼镜，鸡蛋里挑骨头的人，他们占世界人口的百分之多少？他们能代表国际社会吗？他们有什么资格代表国际社会？”发言人用事实驳斥了记者的说法，也通过与记者的对抗型问答，及时正确引导在场的其他媒体记者。

再比如有记者曾在新闻发布会上质问外交部发言人孔泉：香港有 50 万人上街游行，为什么中国的媒体没有报道？孔泉用反问的手法回答：“我在发布会上经常回答几十个问题，有时我讲了 40 多分钟，西方媒体没有任何报道，不知道你如何看这个问题？”对待某些记者的无理问题，新闻发言人应立即予以回应，将错误观点消灭在发布会现场。发言人与记者之间应是平等的问答关系，若记者试图就荒谬的莫须有事实进行提问来达到自身的目的，发言人就要奋起与之对抗。

2. 专业素养扎实，沟通能力强

新闻发言人必须对所代言的部门有全面深入的了解，否则就难以自信自如地面对媒体和记者，一些专业性较强的领域甚至由具有高级技术职称的专家来担任发言人。

另外，新闻发言人需要熟悉新闻专业知识，深谙新闻传播规律，发布信息时要对新闻价值做出正确判断，善抓“新闻点”。在面对具有不同倾向的媒体时，需要领会记者的提问，回答问题时要掌握好说与不说的界限，做到巧妙得体、不存漏洞。在记者们抢“独家新闻”的意识与日俱增的情况下，新闻发言人要注意一定不谈自己的个人看法，说话时注意措辞及语气，以免使自己的个人观点被等同于政府立场，被记者以至大众误读。

案例 5—4　新闻发言人的防守型回答策略

赵启正在担任全国政协新闻发言人的数年里，给中外媒体留下了“博闻强识”、“幽默直率”的印象。经常受到境外媒体“刁难”的他，总能给出较好回答，并通过自身的智慧回答化解难题，赢得记者的尊重。最近的一次案例是在2011年的全国政协新闻发布会上，美国之音记者抛出了一个看似简单却极具挑战性的问题：“我想请问发言人，每年开‘两会’花多少钱?”一个看似简单的问题，却足以引起全场各路记者的浓厚兴趣。而作为全国政协的新闻发言人，赵启正确实不太了解“两会”总的具体花费情况，但又不能如此回答记者，于是他说：“我很少在这个会议上被别人难住过，花多少钱我还真不确定，我想钱还是不少的，既要保持大会顺利进行又能够满足会议需要的，请允许我会后一两天内给您发个邮件告知您。”这经典的问答环节被一位台湾记者评价为“虽然他（赵启正）答不出来，但答得极其严密，没有漏洞”。这种发言人防守型的回答策略，后来被广泛学习并运用于各类新闻发布会当中。

3. 心理素养过关，控制力强

由于政府新闻发言人影响面广，且当今世界信息传递和反馈非常迅速，舆论监督几乎无处不在，因此，新闻发言人需要较强的心理承受能力。从一定意义上说，与记者的沟通，其实也是智力的考量，经验丰富、老到练达的新闻发言人能够掌握现场的主动权，控制好记者的情绪和情感。而对发言人自身来说，也要控制好自己的情绪，做到既不被记者激怒，也不因记者恭维而忘乎所以；做到该严厉处严厉，该动情处动情。此外，随机应变能力也是新闻发言人不可或缺的心理素质之一。机敏、巧妙的回答，可以表现出发言人的智慧和幽默，有时也可以活跃现场气氛。

案例 5—5　李肇星说谚语秀英文：“人类一思考，上帝就发笑”

2012年3月4日上午，十一届全国人大五次会议新闻发言人李肇星快步走上大会首场新闻发布会主席台。这位以诙谐幽默闻名的“铁嘴”发言人说谚语，秀英文，妙语连珠。

“人类一思考，上帝就发笑”，李肇星回答英国ITV记者关于中国军费问题的提问时，引用了这句古希伯来谚语。他说：“我觉得我们应该让上帝多笑一笑了，我们要多思考思考，我正在思考的问题之一，就是怎么好多西方记者年年就特别盯着中国的军费问题。”“你提这样一个很重要的问题，使我有机会说好多话。”一旁的翻译人员翻译此句时，李肇星还插了一句英语，“quite a lot”。

李肇星在发布会上几次使用中国民间谚语，在回答内地人赴香港生子的问题时，他以"生小孩是好事、喜事，相信我们一定会通过沟通、合作，把好事办喜，把好事办好"作答。而在回答美国中文电视记者有关海外华侨归国创业、发展事业时遇到困难和纠纷该怎么办的问题时，李肇星则引用谚语"饭要一口一口吃"，指出困难会慢慢克服。

巴基斯坦联合通讯社记者马苏德·萨塔尔·汗在评价李肇星时说："他很优秀（He is excellent）。"而首次参加"两会"报道的美国中文电视记者步凡称，李肇星的回答很朴实，也很认真。

资料来源：田军、欧阳开宇、刘羡：《"铁嘴"李肇星说谚语秀英文》，见中新网，2012-03-05。

4. 文化素养深厚，展现个人魅力

新闻发言人是新闻的发布者，要对新鲜的信息、新的知识比较敏感，能广闻博学，具有较为宽广的知识面和复合型的知识结构。首先，新闻发言人在发言时，要做到诚实与真诚，回答记者提问时不说假话、力求准确。其次，面对记者要有信心、讲信用，如此才能展现出其沉稳大方、坦诚亲和的形象，给记者和公众一种敬服和遵从感。再次，新闻发言人在与记者谈话时要注意礼节仪态，做到衣着得体、端庄沉稳。最后，新闻发言人应做到知识广博、交往广泛。从性格上讲，较外向、善言谈、爱交往的人更适合做新闻发言人；从认知结构讲，对专业知识内行，对天文地理、国内外大事有所了解，更有利于新闻发布工作的展开。

第三节 | 新闻发言人制度的完善

从长远角度讲，我国新闻发言人制度还存在相当大的改进空间。有人质疑新闻发言人制度会成为形象工程，新闻发布流于形式；也有人认为此制度会使媒体报道陷入困境，使媒体声音单一化，新闻报道有相同的倾向性；当然也有人担心新闻发言人素质不过关，或多或少存有"隐瞒"倾向，一旦发言不当就会影响政府和国家形象。这些问题，都直接或间接指明了我国新闻发言人制度完善和改进的方向。

案例 5—6　"刘铁男案"中的新闻发言人之殇

据媒体报道，国家发展和改革委员会副主任、原国家能源局局长刘铁男因涉嫌严重违纪，目前正接受组织调查。这是一个并不突然但很值得回味的消息。因为，就在去年（2012年）的12月6日，当《财经》杂志副主编罗昌平以微博形式实名向中纪委举报后仅仅4个小时，刘铁男所供职的国家能源局新闻办公室有关负责人就对媒体表示，罗昌平所言“纯属污蔑造谣”，“我们正在联系有关网络管理部门和公安部门，正在报案、报警。将采取正式的法律手段处理此事”。

国家能源局新闻发言人的快速“辟谣”，显然是受到了刘铁男的指使，使其成为刘铁男个人的舆情公关和应急工具。这样的做法，不仅严重违背了新闻发言人制度的初衷，也严重伤害了政府的形象和新闻发言人制度的正面作用。

所以，对“刘铁男案”中国家能源局新闻发言人的“冒失”行为，除了该新闻发言人必须深刻反思并正面回应舆论追问之外，更需要其他部门及其发言人引起深思的是，新闻发言到底是一种工具还是一种制度，到底应当服从于政务信息公开还是领导人个人需要。不然，就会剑走偏锋，不仅会伤人，还会伤己。

资料来源：艾琳：《刘铁男案中的新闻发言人之殇》，见中国网，2013-05-14。

一、制度层面：继续完善相关法律体系及配套机制

新闻发言人制度的实施，必须以保障公民获取政府信息的权利为旨归。通过制定信息公开法，甚至是新闻法等，有效保障新闻发言人制度产生实效。

在有强大立法体系的支撑后，进一步建立与新闻发言人制度相关的配套机制，能够保证制度实施的效果达到最佳。目前，新闻发言人制度缺乏有效的责任监督机制，一些地方严重存在新闻发布不及时、瞒报不报等问题。新闻发言人何时发言、如何发言、按何种程序发言、如何追究责任等一系列重要问题仅仅停留在“办法”、“规定”等无法律效力的文件上，这使得在实践中对新闻发言人缺乏约束力。因此，政府因发布信息而对公众造成的侵权很难被追究法律责任。新闻发言人的资格认定、信息发布的程序及程度、信息发布对象、信息发布时所应承担的法律责任等问题，都应该有正式的问责机制去规范和限定。

仍需强调的一点是，我们不仅应对新闻发言人进行问责，也应考虑对非新闻发言人问责。新闻发言人并不是政府发布信息的唯一途径，政府其他官员不能因为单位已有了新闻发言人就拒绝接受媒体采访。对新闻发言人制度的误读，不仅不能促进信息披露，反而会使信息更加封闭。

二、思想层面：树立正确的职业意识

新闻发言人要尊重人民群众的国家主人翁地位，及时向公众发布与政府和人民息息相关的新闻，保障公众的知情权。尤其在突发事件中，新闻发言人要扭转以往藏着掖着的心态，树立“公开为原则，不公开为例外”的危机沟通思想。同时，新闻发言人应该树立“政府、媒体、公众”三位一体的思想，知道这三者之间是可以实现良性互动的。具体来说，政府把信息传递给媒体，媒体也有了新闻来源，从而可以整合政府信息并传递给公众。公众一方面可以将心声反映给媒体，再由媒体向政府反映，另一方面公众也可以将心声直接反映给政府，督促政府实现更好的社会管理。

总之，新闻发言人只有树立更为开放、包容的心态，才不会对网络新媒体有所抵触，甚至会主动学习新媒体的操作流程，结合传统媒体和新媒体更好地向公众发布新闻，创造良好的信息传递环境，为公众营造良好的参政议政的氛围，从而维护社会公共秩序的正常运行。

案例 5—7　媒体盘点新闻发言人应对公共危机的“家奴”行径

2013 年 5 月，《潇湘晨报》记者梳理了近几年公共危机事件中某些新闻发言人的消极应对公众关切方式，总结出“习惯性否认”、“打太极”、“沉默是金”等特征。

(1) 习惯性否认。

解题：每有负面新闻，不做调查，第一时间张嘴否认，这似乎已经成为一些部门和官员的习惯性动作，但最终结果是，官方否认的“真相”获得了官方承认。

案例：在 2011 年云南昆明市发改委副处长“成建军艳照”事件中，官方的回应经历了否认、否认之否认、再次否认、再次否认之否认、最终承认的变化。2011 年 7 月 31 日，网上曝光昆明市发改委副处长成建军不雅照，举报人称“捡到 U 盘请有关部门收货”。8 月 1 日，昆明市发改委有关人士回应称“无此人”，并“已经报警”。8 月 2 日，昆明市发改委确认，艳照当事人正是昆明市发改委收费管理处副处长成建军。8 月 3 日，昆明市发改委再回应称不雅照是 PS 的。最终，经有关部门调查证实，发改委不但确有其人，照片也是真的，当事官员被开除党籍、撤职。

官方第一时间习惯性否认而最终被确证为真的事件还有：高铁事故发生后掩埋车体引发质疑，铁道部官员对此曾予以否认；损毁国宝事件曝光后，故宫同样否认；三聚氰胺事件发生后，涉事企业和地方政府也曾否认。

(2)“沉默是金”。

解题：应对舆论关切迟缓，回避矛盾、隐瞒信息，往往在焦点事件发生几天之后，官方才做出回应。这一行为背后的心态是，害怕应对媒体时因言语不当而惹火烧身，所谓“言多必失”。“沉默是金”成为官员面对复杂局面时的“本能选择”之一。

案例：2012年12月31日，山西长治潞安天脊煤化工集团发生苯胺泄漏事故，8.68吨苯胺排入浊漳河。山西28个村、两万多人受影响。污染远及河北、河南，并导致河北邯郸大面积停水。直到一周之后，2013年1月5日下午，长治市才向下游的河北、河南方面通报有关情况。

(3)“打太极”。

解题：不针对疑问回答，反应南辕北辙，说辞左腾右挪，回应内容“零信息”、“负信息”，无针对性、实质内容，“王顾左右而言他”，说一些让人摸不着头脑的闲话，导致更多的疑问产生。

案例：2012年5月19日，临沂大学爆出165名学生腹泻，官方马上回应，力陈“高度重视”、“专门会议”、“详细部署”、“全力医治”等各种努力，但得出的结论却是“患者病情得到控制”。对学生及网友最关心的病因，说法模棱两可，先说“诊断为季节性肠胃炎”，又表示“病因仍在调查中”，结论闪烁其词。

针对上述问题，前教育部新闻发言人王旭明建议：面对负面新闻，官员应快讲事实、多表态度、慎讲原因。

资料来源：袁名清：《媒体盘点新闻发言人应对公共危机“家奴”行径》，载《潇湘晨报》，2013-05-15。

三、实践层面：继续推动新闻发言人职业化建设

新闻发言人应当对政府工作、媒体关注和公众希望了解的信息付出专门的精力进行搜集和研究，才能做到发布新闻时的胸有成竹与灵活应对。这需要新闻发言人对自己的身份定位有明确的认知，这是新闻发言人素质培养的第一步，也是最关键的一步。如今，在各种新闻发言人培训班上，如何巧妙应对记者提问、如何着装、如何调整语气等内容成为了培训重点；而一个最重要也是最应该强调的问题，即新闻发言人的角色自觉问题，却被忽视。新闻发言人不是舆论的“救火队员”，只顾如何在负面舆论风潮来临时被动应对，而是作为政府立场的代表者及人民利益的维护者，应当及时跟进社会动态，积极探究事件内涵，主动向社会发布公众需要的信息。因此，将新闻发布作为一种职业就成为必然。

案例5—8 赵启正：新闻发言人应走向职业化

2012年3月，在全国政协十一届五次会议新闻发布会上，大会新闻发言人赵启正表示，中国的新闻发言人制度几年来已经逐渐普及了，去年（2011年）中央部委以及地方省市以上的新闻发布会就有2 000多次，它

已经成为中国政治生活和社会生活的一部分。新闻发布会的效果就是对内政务公开、透明，扩大了公众的知情权，也有助于公众监督政府；对外就是向世界说明中国的真实情况，解疑释惑。

赵启正说，随着国际国内形势的发展，新的问题不断出现，加之互联网带动的舆论传播线路的现代化，我们新闻发言人制度以及新闻发言人本身都要与时俱进。发言人应该走向职业化，要专职化，少用兼职的岗位，他们需要经常性的培训才能进步，需要一个成长的过程，也需要社会的支持，也希望记者们爱护他们。

资料来源：人民网前方报道组：《赵启正称新闻发言人应走向职业化需要成长过程》，见人民网，2012-03-02。

（一）常规机制建设

1. 设置专门职位，建立完整的新闻发言人团队

在有了职权保障以后，新闻发布工作才有条件做出整体规划与部门间口径的协调。美国的新闻发布机构一般分为两个部分：新闻办公室和传播办公室。其中，新闻办公室负责舆情调研、发布会策划、新闻稿撰写等工作，新闻发言人相当于这个办公室的负责人。传播办公室负责制定长远的公关宣传计划、联络媒体、做好发布会的安排及后勤保障等。

2. 在设立专门的新闻发布机构以后，要保证其与其他政府部门间的沟通与协调

“条块分割”式的行政设置，导致部门间缺乏深入沟通，这样不利于信息收集，使新闻发言人很难清楚地掌握各领域情况。对此，可以给新闻发言人提供更多权限，比如规定其可以列席各部门召开的各种会议，甚至是最高级别的决策会议，这样有助于信息共享及口径协调。

3. 建立信息的定期或适时发布机制

政府的日常工作信息要及时透露给公众，这就需要新闻发言人定期或适时向社会传达工作中的重大方针政策等，尤其要及时回应与公众生活息息相关的热点问题，并尽快商议这些问题的解决措施。除了发布与政府工作有关的新闻外，新闻发言人还应发挥政府人民公仆的作用，及时向社会发布服务类的新闻，如天气情况、交通状况等。新闻发言人只有形成了新闻的定期或适时发布机制，公众才能及时了解政府的工作动态，并通过提建议等方式与政府进行互动，发挥对政府工作的监督作用。

4. 建立信息的多样化、形象化传播机制

新闻发言人只有创新新闻发布的形式，注重新闻发布的传播效果，才能不断提高自身进行新闻发布的能力。政府新闻发布不应该是单调的、死板的，新闻发言人应拓

宽新闻发布渠道，除了传统的新闻发布渠道外，还应建立网络新闻发言人等。传播时，在内容方面，要力求发布的新闻是接地气的，符合人民群众的需要，并注重对一些大政方针进行通俗易懂的解释；在结构方面，要找准切入点，把所发布的新闻讲清楚，可以从不同角度进行阐释；在表达方式方面，除叙述以外，还可以适当地运用抒情、议论的手法，同时可以运用文字、图片、音视频等多媒体手段综合发布新闻，使新闻更具有感染力；在反馈方面，要改变以往只注重单向传播的传播方式，为人民群众提供发声的平台，及时与群众进行互动交流，以更好地收集群众的意见，为群众提供更好的服务。

案例 5—9　宿迁新闻发布形式创新　让民众享受更多知情权

2012 年 4 月 26 日上午，江苏省宿迁市委、市政府举行新闻发布会。与以往一场发布会只有一家单位唱“主角”不同的是，在新闻发言人就“宿迁现代物流业发展”发布完主题内容后，宿迁市人社局、总工会、体育局等市直部门相关负责人就全市一季度服务企业用工暨养老金调整、全市劳动模范推荐评选、市游泳馆万人免费体验等工作情况进行了专题发布。

这一全新的新闻发布形式被称为“1＋x”，即由市委、市政府搭建新闻发布平台，市直相关部门在这一平台上自由发布相关内容。“1＋x”新闻发布模式是宿迁进一步完善信息披露制度化和常态化的重要举措，不仅能更好地整合和节约行政资源，还能增加新闻发布会的信息量和发布次数，让市民可以更及时地听到更多来自党委政府的声音，充分享受公民知情权、参与权、监督权，更加了解、理解和支持党委政府工作。据悉，今后宿迁每月都将定期定时举行“1＋x”模式的新闻发布会。

资料来源：吴学文、王晨：《宿迁新闻发布形式创新　让民众享受更多知情权》，见人民网，2012-04-28。

（二）重大或危机事件中及时发言

面对危机事件频发的社会现实，政府如果不能在第一时间公布信息、澄清事实，便会给造谣者带来可乘之机，造成公众的恐慌与不满。对于新闻发言人来说，必须不断强化危机意识，并在危机来临时实施有效的危机传播行为。

互联网时代，公民在网络中获得了更多的信息表达自由及信息传播机会，特别是对于年轻人来说，网络已经成为他们感知社会、交流信息的第一渠道。人民网舆情监测室发布的中国互联网舆情分析报告显示，从公共话题来看，虽然内容五花八门，但受年轻网民追逐个性、求新求异等心理因素的影响，更多的话题往往会聚焦在一些危机事件的负面效应和负面信息上。对此，倘若政府不重视网络民意，出现问题时不积极做出正面回应，敷衍塞责，任由事件发酵，那么网络民意终会影响现实生活，对事件本身的发展推波助澜。

总之，政府各部门及新闻发言人只有转变观念，强化自身危机意识，并制定相应的危机应急预案，才能有力应对危机带来的“媒体轰炸”和“舆论压力”。

案例 5—10　王旭明：破除“什么危机都不发生才正常”的观念

长期以来，在我们的头脑中有一个错误认识，甚至进入了一个误区，认为什么危机都不发生才是正常的、才是好的，这样的主观愿望和为之付出努力是没错的，但主观愿望和客观实际总是有距离，这个距离表现在，客观实际总是发生这样或那样的问题。老百姓口头禅“躲过初一躲不过十五”，所谓防不胜防就是这个道理。

尤其应该注意的是，陷入怕出事、侥幸别出事的误区就会终日固守已有的一切，不能积极主动地思考发生了这样的问题该怎么办，面对这个问题，我们必须坚持用辩证的观点看待，即一方面必须采取各种措施，防止各种灾难发生，一方面又必须充分认识到人类社会生活的复杂性和各种危机随时发生的可能性，做好一旦发生危机该如何应对的准备，建立起“出事是正常的、不出事是不正常的”观念，有别于“出事是不正常的，不出事是正常的”惯性思维，这既是思想观念上的转变，更是行为方式上的调整、完善和补充。

资料来源：王旭明：《王旭明说新闻发言人》，北京，新华出版社，2012。

（三）加强与媒体记者的互通互信

新闻发言人并不能直接将信息传播给公众，而是需要大众传媒作为传播渠道。新闻发言人与记者间虽然难免会产生利益上的博弈，但这种博弈并不是胜负的较量，而是合作层面的双赢。加强政府与媒体的互通互信，需要政府一方首先亮出明确的态度。表现在新闻发布上，新闻发言人应主动考虑媒体的需要，尽量使发布的信息有新闻性，而不是一味地发布程式化、教条化的工作信息。在新闻发布过程中，在不涉及国家机密的前提下，不要设置太高的新闻发布门槛，才能克服对信息的垄断倾向。会上，发言人面对记者提问时，应做出直接回答，才能取得公众与媒体的信任；会下，新闻发言人应该与媒体记者保持良好互动，可以考虑双方联合建立新闻宣传效果反馈评估机制，定期形成评估报告。

案例 5—11　武和平：政府部门新闻发言人和媒体是伙伴关系

原公安部新闻发言人武和平认为，“从我十多年和媒体朋友打交道的经验看，我觉得新闻媒体对我们整个民主法制、经济社会的发展都起了很大的积极作用。我曾经写了一篇文章，题目叫作《政府发言人应该是和媒体共同生产优质新闻产品的伙伴》，我将这种关系称为伙伴关系，因为我们手牵着手，尽管分工不同，但我们都是为了一个共同的目标，都是为了社会稳定，都是为了关注民生，都是为了使我们的社会更加和谐。我们应该满足媒体提出的要求，同时也希望媒体来支持我们的工作。……比如有一些案件，是利用手机群发短信发送一些淫秽和违法犯罪如诈骗、虚假中奖等有害信息，为了解决这个问题，我们和信息产业部、发改委等部门在2005年11月1日共同组织了一个新闻发布会，发布治理手机违法短信的情况，把手机有害短信的危害、老百姓怎么识别、老百姓应注意的问题（如不要贪小利、不要把自己的账号密码告诉陌生来电等）进行了发布，同时欢迎群众举报。从11月1号到11月30号，网民就给我们提供了107 000条违法短信的线索，公安机关破案一批，抓获一批，一下子使这类案件减少了”。

资料来源：武和平：《政府部门新闻发言人和媒体是伙伴关系》，见新华网，2008-02-26。

媒体在报道的过程中，有时会出现事实性错误，从而有可能产生本不该有的负面社会影响。面对此种情况，新闻发言人应该以理性态度应对，避免与记者发生冲突，在注意言行的前提下积极与记者沟通，快速澄清事实。如已经造成不良社会影响，则可以作出更正及道歉，也可以以后续报道的形式使问题得到解决。

思考题

❶ 简述我国新闻发言人制度的管理体制。
❷ 简述新闻发言人的角色定位及职责权限。
❸ 新闻发言人应具备哪些基本素养？
❹ 简述新闻发言人制度的完善路径。

参考书目

❶ 郎劲松. 新闻发言人实务. 北京：中国传媒大学出版社，2005.
❷ 王旭明. 王旭明说新闻发言人. 北京：新华出版社，2012.

❸ 宫贺．政府新闻发言人教程．北京：中国传媒大学出版社，2011．
❹ 丁海宴，赵鸿燕．新闻发言人与媒体．北京：中国传媒大学出版社，2009．
❺ [美] 哈尔·哈特．打造成功的新闻发言人：掌握媒介采访和成功演讲展示之道（第二版）．北京：北京大学出版社，2007．

第六章 政府形象塑造

本章学习要点

- ◇ 政府形象的概念与特征
- ◇ 政府形象形成的一般过程
- ◇ 政府形象的意义与影响因素
- ◇ 政府形象 GIS 识别系统
- ◇ 政府形象塑造的途径
- ◇ 领导人公共形象的概念与特征
- ◇ 领导人公共形象塑造的路径

政府形象具有形象性、可塑性、易损性及高度权威性等特点，政府重视自我形象传播，有助于增强政府凝聚力与号召力，提高政府工作效率。目前，政府形象塑造的一般途径有：转变政府职能与执政理念；培育成熟的公民社会；借助传播媒介的影响力等。在政府形象的诸多要素中，领导人的公共形象占有重要地位。

第一节 | 政府形象概述

政府形象是指政府在自身的行为与活动中产生出来的总体表现与客观效应，以及公众对这种表现与客观效应所作的较为稳定与公认的评价。政府形象具有形象性、可塑性、易损性及高度权威性等特点，政府重视自我形象传播，有助于增强政府凝聚力与号召力，提高政府工作效率。

一、政府形象基本概念

（一）政府形象的概念与分类

政府形象是指政府在自身的行为与活动中产生出来的总体表现与客观效应，以及公众对这种表现与客观效应所作的较为稳定与公认的评价。由此可知，政府形象包含两层含义：一是政府本身的客观实在，即政府的价值目标体系、结构功能体系、程序运行体系等；二是公众对政府客观实在的认知与评价。政府客观实在是政府形象的基础与根源，政府形象是对政府客观实在的能动反映。

政府形象的分类方法有很多，根据不同的分类方法，可分为有形形象与无形形象、整体形象与局部形象、真实形象与虚假形象、现实形象与理想形象。

1. 有形形象与无形形象

政府的有形形象是指政府的构成与活动作用于公众的感官而直接产生的带有显露性的、具体的、标志性的主观印象。比如，政府的建筑物及周边的自然风光，政府公务员的言行和仪容仪表，以及政府的文档资料等。一般而言，政府在办公楼的设计上会显现高大、庄严的特点，而政府公务员在着装和言行上也都要求大方得体。另外，政府对公开的文件或公告在行文逻辑与遣词造句上都会有极严的标准和要求，如此才能树立权威严谨的政府形象。

政府的无形形象是指公众在大量有形形象的基础上，借助于理智的判断，从具体的、感性的、外显的印象中升华出来的具有一般性、抽象性、理性的印象，其通常由政府的权威程度、政府的信誉程度、政府的精神状态、政府的工作作风等方面组成。

2. 整体形象与局部形象

政府的整体形象是指公众从整体上对政府的目标、结构、功能、效率所做出的评价和得出的带有总括性的主观印象。因为政府的整体形象具有高度的概括性，因此也具有一定的稳定性。而政府的局部形象是指不同的公众对政府系统做出的不同评价以及公众对不同的政府部门的行为做出的不同评价。政府局部形象因公众类别的不同及政府部门的不同存在差异，因此具有不稳定性。政府的整体形象与局部形象是全局与局部的关系，只有政府各个部门及公务员做到行为规范、效绩显著，才能从总体上提升政府形象。

3. 真实形象与虚假形象

政府的真实形象是指公众主观上形成的符合政府系统客观实在的形象。政府的虚假形象是指对政府的真实形象有一定程度曲解的关于政府的主观印象。政府在与公众进行沟通的过程中，一旦信息受阻、交流不畅，就会对公众的认知和评价产生误导，使政府形象受到歪曲。因此，政府的虚假形象往往不利于政府开展工作。

4. 现实形象与理想形象

政府的现实形象是指在现实条件下为公众普遍接受与认同的政府形象。因时代背景和具体政治、经济制度的不同，政府的现实形象也会有所区别，因此，政府的现实形象往往具有暂时性和变动性。政府的理想形象是指政府在行为活动中尽力追求的形象，也是公众所期望的形象。无论在哪个国家，理想形象总是政府努力追求的目标。

（二）政府形象的特征

政府形象的特征主要包含以下方面：

1. 形象性

政府形象是整体形象与个体形象的统一。政府由不同的部门和人员组成，是一个完整的有机体，只有个体形象提升，政府形象才会整体提升。此外，政府形象是稳定性与动态性的统一。常态下，政府形象是稳中有变的，因为在不同的社会背景下，政府的规模、结构、职能及政策也会有所不同，同时公众对政府的认识也会随着政府职能的变革而发生变化。

2. 可塑性

政府形象伴随政府客观实在和公众认知而产生，是政府领导人、公务员以及广大社会公众共同塑造而成的。在不同的历史时期，政府形象是不同的，即便在同一历史时期，不同的领导集体所展现的政府形象也会存在差异。

3. 易损性

在正常的社会秩序下，人们往往不会过于关注政府行为，而一旦发生公共危机，政府则会成为万众瞩目的焦点。公众会对政府在处置事件时作出的任何决策和行为保持高度紧张，危机决策稍有不慎，便会引起公众的不满，导致政府形象的受损。

4. 高度权威性

政府是社会管理的执行者，是整个社会秩序的组织者。施政纲领、方针政策出台后，政府通过法律、经济、暴力等手段保证其施行。因此，政府形象具有高度权威性和影响力，这是其他组织所无法比拟的。

（三）政府形象形成的一般过程

政府形象是政府与公众通过认知机制而互动形成的。在这个过程中，政府是行政主体、认知客体，公众是行政客体、认知主体，而认知机制则是认知主客体相互作用的过程及结果。

作为行政主体，政府的行政体制、行政效率以及领导人的人格魅力、公务员的精神风貌等，直接影响着认知主体对它的评价。尽管政府在社会发展方向的选择及政策方针的制定上居于主动地位，但就政府形象而言，政府很难对作为认知主体的公众进行直接干预，其只能是公众头脑中的认识对象和反映对象。

作为行政客体，公众将部分权利让渡于政府，使政府有能力维护公共利益，配置社会资源。在政府行使政府职权的过程中，公众通过对政府客观实在的种种感知形成对政府的认识，成为政府形象的认知主体。

一般而言，这一过程可大致分为四个阶段：偶然印象阶段、暂时印象阶段、定型印象阶段、政府形象阶段。公众结合个人对政府的初步感知和主观推测，形成对政府的偶然印象，这是认知过程的第一步。这种印象的产生是随机和偶然的，它可能来自政府的任何一个行政行为或某位公务员的言行举止，也可能产生于某种传播信息的间接影响。在对政府进行较大范围的感知及分析判断后，暂时印象产生。暂时印象相较偶然印象更加稳定和准确，也更接近于政府本质形象。通过对政府长期及更大范围的感知，公众个人进行深入分析和综合判断后形成了比暂时印象更为稳定的定型印象，这种印象一般不会轻易改变。绝大多数公众的定型印象结合在一起，就形成了政府形象。

在政府形象建立之后，它会不断传播与渗透，逐渐形成稳定的整体形象。政府整体形象良好，会使公众对政府客观实在产生信任和理解感，这又成为政府客观实在运行的良好环境和宝贵资源，从而进一步充实和完善政府形象。

二、政府形象的意义与影响因素

（一）政府形象的意义

1. 政府重视自身形象的传播，是“以民为本”思想的有力体现

邓小平多次谈到，我们的改革要使人们感到面貌一新，人民是要看实际的，人民一看，还是社会主义好，还是改革开放好，我们的事业就会万古长青。政府在进行形象管理时，必然要把为人民服务作为工作的出发点和落脚点，这是“以民为本”思想的有力体现。

2. 良好的政府形象能够增加政府的无形资源，增强政府的凝聚力与号召力

2003 年“非典”及 2008 年汶川大地震时期，中国政府凭借积极的应对态度获取了公众的心理支持，良好的政府形象在公众心中迅速重塑。政府振臂一呼，社会万众云集的景象不断重现。政府与公众在互相配合、紧密团结的氛围中，顺利渡过难关。可以说，良好的政府形象是政府力量的源泉，它可以帮助政府集中各方面的力量去实现公共管理。

3. 良好的政府形象能够提高政府工作效率

一个有威信的政府，其方针政策一经颁布，便能做到政令畅通，令行禁止。反之，如果一个政府不注重自身的形象问题，其公信力便会大大下降，政策无人相信，指令无法落实，政府行为的有效性便无法保证。

4. 良好的政府形象能够转化为宝贵的经济资源

一个政府拥有良好的形象就意味着其有着良好的内部环境，对于投资者来说，这是决定其在当地投资的根本前提。因此，良好的政府形象是吸引外商投资的重要基础。

5. 良好的政府形象有益于国家形象的建设

政府在对外传播中，很大程度上代表和体现着国家形象。一个良好的政府形象，不仅能够帮助政府与各国政府及公众建立良好的沟通关系，也有助于提升国家形象，提高国家的综合国力与国际竞争力。

（二）政府形象的影响因素

影响政府形象的因素主要有：公众、政府、认知主体与客体的和谐程度。

1. 公众因素

从公众对政府形象认识的产生与发展来看，首先出现的是个体对政府客观实在的感知。由于公众个体具有特殊性、广泛性、多维性，其生活背景与价值取向都会对感知的形成产生影响。

生活背景主要包括个体的知识水平、生活经历。知识水平直接决定了公众个体认识问题与分析问题的角度与深度，同样的政府行为在不同知识水平的公众眼中产生的效果与评价是不同的。知识水平越高、经济能力越强的公众个体，对政治参与权的要求就越强烈，政府是否民主和廉洁对于高知识水平公众来说已经成为判定政府形象好坏的决定性因素。但对于知识水平较低的个体，比如对普通农民来说，只要政府政策好，物质生活越来越丰富，政府就能获得较好的评价。同时，有着不同生活经历的人，对政府评价也会不同。如果一个人历经坎坷，又不断地遭受打击与不公正待遇，情绪低落、萎靡不振，那么其很难对政府和社会有积极评价。此外，由于沉默螺旋效应的显现，处于群体中的个体对政府作出评价时，极易发生从众现象。因此个体所处的生活环境也会间接作用于个体对政府的认知与评价。

价值取向是公众对政府形象进行衡量的标准，对于公众来说，价值取向的第一影响因素便是利益需求。政府是进行社会价值分配的操作者，因此当个体利益没有得到满足时，其很难对政府有积极的评价，但如果其是政府政策的受益者，那结果将恰恰相反。在现代社会，公众对政府的利益需求不仅仅局限在物质层面，还表现在精神层面与法律层面。在公众的价值判断中，另一个重要影响因素是公众对政府的期望。一般而言，公众的期望往往产生于对比，这包括纵向对比与横向对比。纵向对比是指本国历史与现状的对比，横向对比是指本国现状与他国现状的对比。

2. 政府因素

政府客观实在是政府形象的基础，是公众产生认知与评价的依据。政府因素由以下方面组成：

（1）政府存在基础。

政府存在基础包括两方面内容，即合法性与有效性。合法性是指政府权威被自觉认可与服从的一种状态，简言之，政府的合法性就是人民对政府的认可、信赖和服从程度。有效性是指政府是否能够真正满足公众需求，只有当其对公众的满足能力无法被其他社会组织取代时，它才有存在的必要。

（2）政府施政能力。

政府施政能力与政府形象是相互影响并相互促进的，它包括两个方面：一是抽象行政行为能力，包括政府战略层面上政策及路线的制定；二是具体行政行为能力，包括政府工作的日常运转。这两方面对政府形象的影响主要体现在决策质量与执行效果上。

（3）政府价值观念。

政府与人一样，同样存在价值取向的问题。一个形象良好的政府，其价值取向应该尽可能与公众的追求相一致，将社会发展目标与利益目标紧扣公众的实际需求。

(4) 政府行政人员。

政府行政人员的状况会对政府形象产生决定性的影响。在政府行政人员与公众的广泛、高频率的接触中，政府形象的直观认识在公众中慢慢形成与传播。与普通行政人员相比，政府领导人对政府形象往往具有更大的影响力，领导人的人格魅力、决策水平、生活作风等往往是公众关注的焦点。

(5) 政府机构设施。

政府机构设施也是政府因素的重要组成部分。它包括政府部门设置及职责划分、政令政策及文件的水平、政府的办公设施等。一个机构精简、权利分配科学、职位设置合理、设施配置适度的政府往往能够给公众留下良好印象。

3. 认知主体与客体的和谐程度因素

认知主体与客体的和谐程度是指政府在运行过程中与公众关系的和谐程度。对于政府来说，政府的运行应从半封闭的自我循环系统转变为社会开放循环系统，在加强政府内部的横向和纵向联系的基础上，注重与外部的信息交流以积极展示政府作为，从而建立与公众的和谐关系。

三、政府形象识别系统

作为形象识别研究成果之一的企业识别系统（corporation identity system，CIS），已经成为企业营销战略策划的一个重要依据。

知识窗

企业识别系统的组成要素

企业识别系统由三个要素组成，即理念识别（mind identity，MI）、行为识别（behaviour identity，BI）、视觉识别（visual identity，VI）。理念识别是指企业内在的价值观念，它是企业识别系统的基础。行为识别与视觉识别都是在理念识别指导下进行的。行为识别是企业具体的行为体现，是企业的动态识别形式。视觉识别是企业具体化的标志，强调用视觉形式生动地将企业理念向企业内外传播。

从 20 世纪末开始，美国一些学者试图从企业管理的理念中寻找方法以帮助政府提高管理效能和公众对政府的满意度。政府作为社会组织，尽管有其特殊性，但也具有社会组织的一般性。将 CIS 导入政府形象，将政府理念、行为与视觉形象统一组合，形成政府形象识别系统（government identity system，GIS），这使得政府形象更加标准化与系统化。政府形象识别系统同样由三个要素组成：政府理念识别子系统、政府行为识别子系统、政府视觉识别子系统（见图 6—1）。

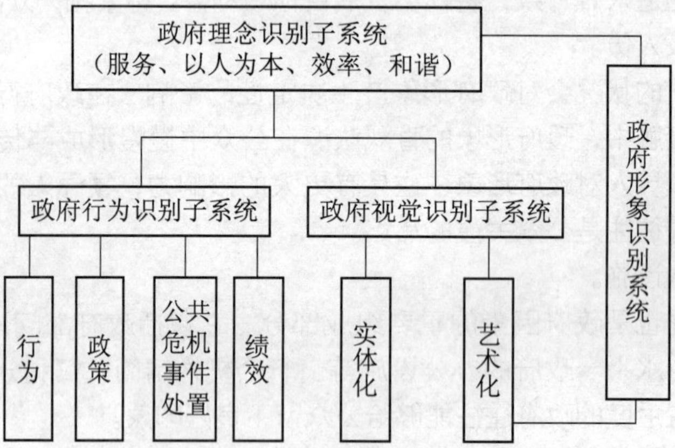

图 6—1 政府形象识别系统示意图

（一）政府理念识别子系统

政府理念识别是指政府在执政观念及指导原则方面的标志，它是政府进行公共管理的宗旨。政府理念识别系统包括政府精神、伦理道德、基本价值观及信仰的意识层面整体框架。政府理念具有较强的稳定性，我国的政府形象塑造与传播基本围绕以下政府理念：服务、以人为本、效率、和谐。正如党的十八大报告明确提出的，深入推进政企分开、政资分开、政事分开、政社分开，建设职能科学、结构优化、廉洁高效、人民满意的服务型政府。

以上所提到的服务、以人为本、效率是世界各国政府普遍追求的政府理念，而和谐则是我国政府结合自身国情与长期实践所发展出的独特的政府理念。和谐理念是中国特色社会主义发展过程中的价值取向。它包含了人与人之间的和谐、人与自然的和谐、国际社会和谐三个方面。建设“民主法治、公平正义、诚信友爱、充满活力、安定有序、人与自然和谐相处的社会”一直是我国政府努力追寻的目标。

案例 6—1 国务院总理李克强提出“简朴政府”理念

2013 年 3 月 17 日，国务院总理李克强在回答记者提问时指出，我们要用简朴的政府来取信于民，造福人民。要让人民过上好日子，政府就要过紧日子。李克强总理还约法三章：本届政府任期内，一是政府性的楼堂馆所一律不得新建，二是财政供养的人员只减不增，三是公费接待、公费出国、公费购车只减不增。对这三条，中央政府要带头做起，一级做给一级看。

资料来源：任寿根：《“简朴政府”是深化经济改革信号》，载《证券时报》，2013-03-19。

（二）政府行为识别子系统

政府行为识别是指政府在言论和行动上不同于其他社会组织的行为特征，是政府理念的外化。与企业行为识别不同，政府的行为识别具有明显的公共性与非营利性、合法性与规范性以及复杂性与综合性。

政府行为识别包括行为、政策、公共危机事件处置、绩效四大要素。

案例 6—2　陕西省政府出台相关政策　大学生开网店可获小额贷款

陕西省政府要求，各地、各有关部门要积极完善创业政策，大力扶持高校毕业生自主创业，尤其要鼓励高校毕业生创办国家和地方优先发展的科技型、资源综合利用型、智力密集型企业，支持通过网络创业带动就业。扩大高校毕业生创业基金规模，充分发挥小额担保贷款及创业基金对高校毕业生创业的扶持作用。对高校主办的具有法人资格主体、为高校毕业生提供自主创业服务并经设区的市以上人力资源和社会保障部门认定的创业园区和创业孵化基地，经高校提供反担保，可采取整贷整还的扶持模式，给予最高限额不超过 400 万元的小额担保贷款扶持，期限两年，按规定贴息。毕业后两年内未就业的高校毕业生依据规定从事网络商品经营并依法办理工商登记注册的，可以享受鼓励自主创业的小额担保贷款政策。

资料来源：石志勇：《省政府出台相关政策　大学生开网店可获小额贷款》，见新华网，2013 - 07 - 13。

（三）政府视觉识别子系统

政府视觉识别是指借助特定的名称、标识、图案、字体、色彩、文案标准等视觉要素，利用政府的建筑物、办公环境、办公用品、人员服饰、公务车辆、政府文件和出版物等作为形象载体，向公众传达出政府作为公共管理角色的理念和行为的特征，以方便公众使用政府的公共服务及配合政府的公共管理。政府视觉识别可以用实体化、艺术化两种形式涵盖政府整体形象，并直观地将其传递给受众。

政府环境是政府形象实体化的体现，也是政府视觉识别的重点，政府环境主要包括环境建设、环境卫生、环境美化等。其中，环境建设主要包括政府主体建筑、办公设施、生活设施、道路规划布局等。环境卫生包括卫生设施的建设以及清洁工作。环境美化是指人文环境和人们的审美心理，对政府环境进行装饰，使其形象鲜明、赏心悦目。政府形象 logo，是政府形象艺术化的重要表现形式。以往经验可以证明，“特色与和谐美”是形象艺术化体现的关键（见图 6—2）。

案例 6—3　广东省佛山市及五区行政服务中心视觉形象策划

图 6—2　佛山市及五区行政服务中心标识

“行政”：这个标识鲜明地展现了行业特征，符合政府形象的调性，稳重、规范、理性、科学。

“服务”：色度渐变的五边环犹如众人双手交叠相握，且色调采用亲和舒适的蓝色，寓意亲民服务，且五边也刚好和五个区对应。

“中心”：环绕结构形成的一个集中的窗口形态，体现行政服务中心“窗口化”和“一站式”服务。

标识结构紧凑集中，一方面体现政府行政部门集中办公、便民利民的“一站式服务”宗旨，一方面大五角形象征佛山市，五条蓝色绶带紧密交织，象征一市五区心手相连、团结互助、共同进退的大佛山精神。同时，标识又可以看作一个打开的窗口，充分体现了开放性和包容性。与原来的标识相比，新标识极大地提高了辨识度，且具有简约、现代的国际化美感。

资料来源：《政府视觉识别形象策划》，见百度文库，2013-10-14。

需要特别强调的是政府在进行视觉识别设计时，关键是要看其与自身特征及传达的理念是否一致。总体而言，它应传达出政府理性、公正、严谨的形象，在此基础上应讲求柔和亲民，不能过于严肃。同时，政府应把美誉度放在知名度之前，政府的形象策划，不是为了博人眼球，不具备美誉度的传播，哪怕再有名也是不及格的。

第二节 | 政府形象塑造

政府形象塑造是一项完整的信息传播过程，就一般意义而言，政府形象塑造活动就是一种以传播沟通为主要手段的政府与公众的交往行为。目前，通过加强和完善新闻发言人制度，正确、有效、及时地借助媒体实施议程设置，已经成为地方政府塑造自身形象的重要举措。

一、政府形象塑造的内涵及理论基础

政府形象塑造是指政府在自觉的形象意识指导下以公众利益为核心，借助各种传播手段进行的实践活动。政府形象塑造是政府理念与政府行为的有机结合，其中政府理念是政府形象塑造的核心。政府形象塑造需要借助传播沟通，同时，这种传播沟通非一日之功，需要长远的策划与不断实践。

政府形象塑造的理论基础主要有：公共关系学、形象改变理论、交往行为理论。

首先，政府形象塑造是公共关系学在政治领域中的具体运用。政府公共关系是指政府在利用公共权力进行公共事务管理的过程中，通过与公众之间相互沟通、协调，塑造良好政府形象的一种活动。特别是在公共危机事件中，政府是危机公关的组织者与发动者，政府将公共关系理论与危机管理理论结合运用，在危机中主动建立各种对话机制与应急措施，这有利于政府形象的塑造与维护。

其次，政府形象塑造是形象改变理论的延伸。形象改变理论认为，个人或组织最重要的资产是其声誉，个人或组织应该从战略的角度去维护和提高自己的声誉。同时，形象的树立总是在一个流动的、永远变化的环境之中进行的。这一理论提供了个人或组织为了放大其声誉应该采用的一系列战略方法，它建立在攻击—防御、刺激—反应的动力学基础上。政府形象传播的目的就在于维护和提升政府形象，促成全社会对政府的认同，通过传播过程中的反馈，不断调整政府行为，从而更好地为公众服务。

最后，政府形象塑造是交往行为理论在公共管理领域的应用。哈贝马斯在20世纪70年代开始研究交往理论，该理论的核心问题是交往行动和交往合理性。该理论认为，语言符号系统在交往行为以及社会进化中起到重要作用，通过语言交往可达到相互理解、行为合理化和普遍的共识。借鉴哈贝马斯的交往行为理论，实现政府与公众的真诚交往，使政府工作人员与公众的关系成为主体性对话关系，这对政府形象传播具有积极意义。

二、政府形象塑造的程序

政府形象塑造是一项完整的信息传播过程。借助公共关系学原理中的“沃尔特·巴洛伦作为倾听的研究”，组织的管理过程包括四个步骤：界定问题、制订计划、采取行动和传播、评估方案。通过对这一过程进行借鉴与补充，我们发展出政府形象塑造的五大步骤，这五大步骤相互衔接，形成一个动态循环模式（见图6—3）。

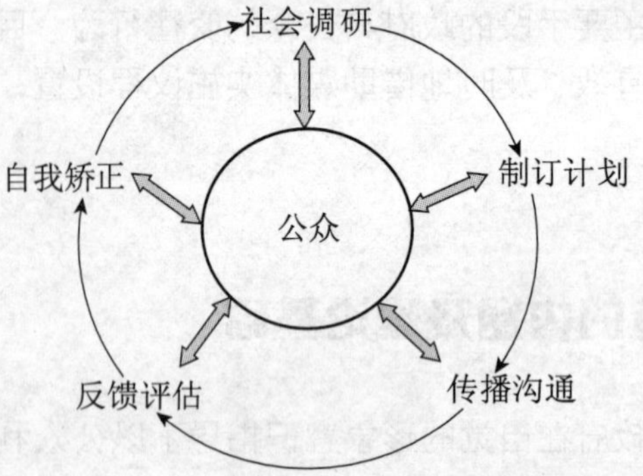

图 6—3　政府形象塑造基本步骤

（1）第一步：社会调研。

政府面向社会公众开展调研，是为了获取公众的态度与意见。它可为政府决策层及时提供可参考的信息，这有助于政府迅速了解社会民情并预测事态发展趋势。

（2）第二步：制订计划。

制订计划涉及两个层面：一是政府日常行为活动；二是政府在重大事件中的形象展现。在制订计划时，应注重把握三个统一，即主观与客观相统一、整体与个体相统一、稳定与动态相统一。

（3）第三步：面向政府组织内外进行信息传播与沟通。

依据公共关系学的原理，一个组织要想与环境保持动态平衡，那么这个组织应当与环境之间建立双向沟通和良性互动。对于政府形象传播而言，其核心就是政府与社会公众的有效互动及政府与其他社会组织的有效互动。

（4）第四步：反馈评估。

信息反馈贯穿于政府形象传播的全过程，因为政府形象传播的每一环节都需要通过信息反馈使其理念与运作不断修正和完善。在得到反馈信息后，政府应对传播效果进行评估，以便帮助政府在肯定成效的同时发现问题并及时矫正，并为下一步传播计划提供参考依据。

（5）第五步：自我矫正。

当政府自我设定的理想形象与公众期望相悖或公众对政府的认识与政府客观实在存在偏差时，政府需要通过自身行为和对行为的解释两方面进行矫正，如此才能构筑符合政府客观实在的政府形象。

三、政府形象塑造的途径

（一）转变政府职能与执政理念

当民众参政意识普遍提高时，对政府工作的监督力度将大大提升，这给政府形象管理带来了挑战。这种形势下，我国各级政府迫切需要加强自身组织和队伍建设，转变政府职能与执政理念，学会依靠社会力量进行公共管理。在执政理念上，应深入贯彻落实科学发展观，努力缩小贫富差距，缓解社会矛盾。

案例 6—4　余姚官员穿高档鞋视察灾区　由村支书背进灾民家

2013 年 10 月 14 日上午，浙江余姚网友“哈桑其”在网络上爆料称，余姚三七市镇某领导下乡视察水灾，因其穿高档鞋子不便入水，“迫不得已”由年近六旬的村书记将其背进灾民家里，“围观”网友评价该“领导”行为让人汗颜，并对所谓“高档皮鞋”表现了浓厚兴趣。

当日下午 13 时 24 分许，当事的余姚三七市镇人民政府通过官方微博证实此事，表示“我镇纪检、组织部门对网友反映的他人背镇干部进村走访一事进行调查。经查，当事人系我镇机关工作人员，于 13 日上午去魏家桥村上门走访慰问患重病村民。目前，镇纪委已对当事人作出严肃批评教育，下一步将进行组织处分”（见图 6—4）。

资料来源：吴心远：《余姚官员穿高档鞋视察灾区　由村支书背进灾民家》，见人民网，2013 - 10 - 14。

图 6—4　村书记将余姚三七市镇某领导背进灾民家里

（二）培育成熟的公民社会

政府形象的塑造依赖于公众的认知与评价，具有主观性。公众在社会组织中，对社会发展热点问题进行讨论，在思想的交锋中逐渐形成清晰的政府观，进而影响政府形象的形成。因此，培育健康成熟的公民社会对政府形象塑造意义重大。对公民社会的培育，政府应从以下方面着手：首先，加强和完善公民社会发展的制度建设与政治环境；其次，健全有关公民权利和义务的法律法规，加强对公民权利的保护；最后，转变传统政治文化，废除臣民意识，使公民成为现代社会中权利和义务的主体，为政府形象的塑造发挥重要作用。

知识窗

公民社会的内涵

公民社会（civil society）是指围绕共同的利益、目的和价值的非强制性的集体。它不属于政府的一部分，也不属于营利性私营经济的一部分。换而言之，它是处于“公”与“私”之间的一个领域。通常而言，它包括了那些为了社会的特定需要、为了公众的利益而行动的组织，诸如慈善团体、非政府组织（NGO）、社区组织、专业协会、工会等。

公民社会还包含了由一系列价值原则所构成的精神内核，这些基本社会价值原则包括：人本主义、多元主义、公开性和开放性、参与性、法治原则。

（三）借助传播媒介的影响力

政府形象的塑造与传播分为三种状态：政府行为（政府的行政过程）、解释政府行为（媒介及其他机构对政府行为的解释）、政府行为和对政府行为的解释同时并举。其中，第三种两者并举的模式是政府形象塑造与传播的最佳模式。政府形象塑造首先是通过政府客观实在“做”出来的，同时政府也需要借助多种渠道将政府所“做”的“说”出去，如果政府“说”得不好，与公众的沟通不够顺畅，那么将直接导致公众对政府的错误评价，从而影响政府形象。可以说，大众传媒是政府面向社会公众“说”的最主要也是最重要的手段，公众所得到的对政府的解读信息其实大多数是由大众传媒传递和解读的结果。如何保证大众传媒在解读政府形象时不失真，并且利用大众传媒来改善政府形象，提高政府在公众心目中的信任度，增强公众对政府的凝聚力和向心力，是政府形象研究的一个重要方面。目前，通过加强和完善新闻发言人制度，正确、有效、及时地借助媒体实施议程设置，已经成为地方政府塑造自身形象的重要举措。

第三节 | 领导人公共形象塑造

社会转型期，政治人物尤其是领导人的公共形象是民主社会重要的符号语言，其有效传播有利于增强民众的凝聚力和向心力，成为稳固政治合法性资源的一个新的途径和视角。2012 年年底，中共十八大及领导人权力顺利交接牢牢占据媒体“十大国际新闻”的一席，中共中央总书记习近平与中央政治局常委李克强频频登上各种新闻人物榜，新华社播发的“中共高层新阵容”人物特稿更是成为海外媒体转发、评点的热门新闻，他们惊讶于中国领导人的形象更加立体。无论是微博上的朴素展示还是“新阵容”的人物特稿，无不在展示着他们的自信与气度。日本《东京新闻》称之为“清新和亲切”，英国《金融时报》中文网称之为“公开透明的一种体现”。

一、领导人公共形象的基本概念

（一）领导人公共形象的概念与特征

本书所指的领导人从类别上来说是政府领导人，他们是政府公共行政过程中的领导，是各级国家行政机关的行政首长及其领导集体，为实现政府制定的各种目标，依法行使国家权力，组织和管理国家事务和公共事务而实施的决策、指挥、控制、协调、监督等行政活动及其过程的统称。行政学领域中的领导人角色定位主要有三种：“自利经纪人”、“理性执行者”与“价值负荷者”。其中，“价值负荷者”一说最符合我国领导人的角色定位：是具有裁量权的责任行政者，是具有道德能动性的义务承担者，是根本性的受其自身信念和伦理约束的行政者，是以人民民主和公共利益为最高准绳的价值负荷者。

领导人公共形象（leader’s public image）主要是指领导人群体或个体以各种传播手段为渠道，通过行政输出方式传递给社会公众的社会形象。它由两方面的内容构成：一方面是领导人的外在仪表，包括领导人的外貌、服饰以及言谈、举止等；另一方面则是领导人内在的人格魅力，这是领导公共形象的内在基础。

一般来说，领导人公共形象具有以下特征：

1. 稳定性与动态性相统一

领导人公共形象的稳定性与动态性实质上是相对于形象的稳定性与动态性而言的。

形象的动态化是附载于稳定形象基础上的发展及运动，因此，稳定形象确立了形象发展的起点。同时，形象自身也蕴含着运动能和势能，它既有运动的自由，也有静止的自由。可以说，静态形象和动态形象是有机统一的，对于领导人公共形象来说，其自然也是稳定性与动态性的统一。具体来说，领导人的外貌、穿着、身材等组成其稳定形象；其谈吐、举止、行为、风度等则组成动态形象。

2. 可视性和透明性相统一

随着传媒技术的不断发展特别是新媒体的兴起，领导人暴露在公众视野中的机会越来越多，涉及的内容与范围也不断延伸。从服饰、言语、行为、举止到业余生活，再到私生活，领导人的方方面面似乎都具有了可视性和透明性。英国前首相布莱尔曾经谈到，面对媒体，自己感到“工作最大的挫折”是“所说的任何话”，都会被媒体毫无保留地报道出去。可以说，在大众传媒时代，公共舞台上的领导人早已不再神秘，甚至他的一举一动、一言一行都会成为公共新闻，被广而告之。

3. 敏感性和影响性相统一

领导人公共形象的敏感性，既涉及领导阶层对“形象”功效价值的认识与对自身形象的呵护，也涉及公众依据特定“形象信息”所进行的社会评价。因为具有敏感性，其对公众生活必定具有一定的影响性，甚至产生导向作用。

4. 代表性和风险性相统一

领导人是政府工作人员中的核心人物，领导人公共形象自然就是政府形象的核心。在一定情况下，任何部门的领导人都是这个部门的形象代言人。领导人的独裁意味着政府的独裁；领导人的开明则意味着政府的开明。

形象投资带来的回报是诱人的，不过其回报背后的风险却是很高的。领导人形象一旦在公众心中定位，其重塑的机会就会很小。同时，由于过分注重形象，一些领导人往往误入歧途，大搞特搞“面子工程”和“形象工程”，带来负面的社会影响，反而损害了其形象。因此，领导人公共形象具有一定的风险性，在塑造个人形象的同时，领导人也应注意不能违背形象所应遵循的伦理原则。

（二）领导人公共形象的分类

领导人作为一个特殊的群体，大众很难有机会直接去了解他们，只能通过大众传媒塑造的公众形象去知晓、评价他们。李普曼认为，在专制社会中，公众是一个被驯服的群体，他们被排斥在政治生活之外，统治者可以在“宫廷里”或“乡间宅第中”相互了解彼此的品行。在民主社会中，公众是具有选举权的选民，选民没有机会，也没有时间与统治者直接交往，他们只能根据统治者所塑造的虚拟的公众形象，对统治者的品行进行评判。领导人公共形象主要集中于“客观形象”、“媒体形象”、“公众形象”。

1. 客观形象

客观形象侧重于对领导人的社会活动的直观反映，但此客观形象并不能与领导人的真实的人性本质相联系。

2. 媒体形象

大众传媒在人们的生活中扮演着越来越重要的角色。政府领导人的媒体形象取决于媒体对事实的选择、加工、报道。在现代政治生活中，政府领导人的出镜率往往成为政治地位的重要标志，只有经常出境的人，才能成为公众人物。通过媒体这个渠道，公众可以根据自身的思想价值观去评判政府领导人的形象。

3. 公众形象

公众形象，顾名思义，即公众对政府领导人的基本反映。政府领导人的公众形象具有一定的可视性、相对稳定性、影响性及风险性等。

（三）领导人公共形象的影响因素

1. 宏观因素

影响领导人公共形象的宏观因素主要指社会大环境带来的因素，包括政策、经济、思想文化等方面。

首先是政策因素。众所周知，政策具有规范的功能，它在社会实际生活对社会的正常运转起到规范作用。在领导人公共形象塑造过程中，政策的规范功能也同样起到重要作用。2003 年 3 月 28 日，中共中央政治局召开会议研究进一步改进会议和领导同志活动新闻报道等工作的《关于进一步改进会议和领导同志活动新闻报道的意见》，这是 2001 年 12 月 4 日中央“两办”《关于进一步精简会议和文件的意见》在新形势下的具体化措施，更加全面和更有操作性。新的《意见》指出，中央领导同志出席部门召开的会议，一般不作报道。中央领导同志题词、作序、写贺信、发贺电、参观展览、观看演出、给部门或地方的指示或批示，出席地方和部门举办的颁奖、剪彩、奠基、首发、首映等仪式和接见、照相、联欢、探望、纪念会、联谊会、研讨会等活动，一般不作公开报道。党中央的这个《意见》很好地体现了政策对领导人公共形象塑造的规范性。2010 年 4 月，根据胡锦涛的重要指示精神，经中央同意，进一步推进出访礼宾改革。今后中国领导人出访时，将简化驻外使领馆组织迎送活动相关安排。当时的中国国家主席胡锦涛乘坐的专机抵达华盛顿安德鲁斯空军基地，实行新的礼宾安排。在抵达和离开往访国时，没有组织当地华侨华人、留学生等到机场迎送。这彰显了一个日益成熟稳重、开明自信的大国形象，同时也有利于塑造良好的大国领导人的公共形象。

其次是经济因素。作为上层建筑，政治的本质、内容、形态和方式从根本上是由经济基础所决定的。可以说，政治以其特定的社会作用，体现着社会经济关系。对于一个国家或一级政府来说，经济因素决定了一个国家或地方的经济实力，同时也决定着领导人展现于外的公共形象的强弱。对于扮演“世界警察”的美国，其总统素来强势强硬的风格与其强大的经济实力不无关系。仍属于发展中国家行列的中国素来强调以发展经济为核心，因此在战略上要求韬光养晦、稳中求进，故而我国领导人塑造的公共形象也比较温和与亲民。

最后是思想文化因素。中国是儒家文化的发祥地，五千年的文明史深深影响着每一代中国人，在这种影响下，中国人崇尚中庸，追求谦谦君子的儒雅形象，这一点在我国领导人形象塑造上体现得尤为明显。纵览近十几年的中国领导人的照片，举止都比较谨慎与克制，没有比较夸张的动作。而素来崇尚个性自由的西方国家，其领导人在谈吐及行为上也通常表现得极为放松，符合一般西方人的工作及生活习惯。当地时间 2013 年 6 月 7 日，国家主席习近平在美国加利福尼亚州安纳伯格庄园同美国总统奥巴马举行中美元首会晤。在会晤结束后，习近平与奥巴马共同会见记者，我们仅从中美两国领导人的坐姿就能感受到两者的不同。

以“不拘小节”扬名国际政坛的意大利前总理贝卢斯科尼“趣事”不断，先是“赞扬”美国黑人总统奥巴马的皮肤被太阳晒得更黑了，再是在重要峰会上与德国总理玩捉迷藏，还因“煲电话粥”错过了北约六十寿诞庆典仪式等，都体现出了意大利总理的不拘小节的公共形象。

2. 微观因素

除去上述政策、经济、思想文化等宏观因素，领导人公共形象塑造也受主体、社会公众及媒介的影响。

首先是主体因素。主体因素是指微观层面的影响领导人发展的自身因素，包括领导人个人的内在素质和外在素质。内在素质包括领导人抽象的、宏观层面的素质，即心理素质、道德素质、智能水平等，这也是德与才的集中体现。随着信息传媒时代的来临，传媒素养逐渐成为领导人不可或缺的素质，对领导人的形象塑造具有重要的作用。首先从外在形象上说，领导人的风格、品性、修养、水平等，在很大程度上是通过其外表形象表现出来的。尽管外表并不是决定性因素，但人们评判一个人是否有教养、有智慧，是否平易近人，首先会从外表形象开始。

其次是社会公众因素。形象的形成是互动的过程，说到底它是在公众心目中形成的主观印象。因此对于领导人公共形象塑造来说，其会受到领导人自身的主体因素影响，也必然会受到作为认知主体的公众因素的影响。无论是在公德还是能力方面，社会公众对领导人的期待都存在“崇高”预期，一旦领导人的表现不符合公众预期，其公共形象自然就会受到影响。

最后是媒介因素。在领导人公共形象塑造的过程中，媒介起到了中介及桥梁的作用。从传播学的角度讲，媒介就是插入传播过程之中，用以扩大并延伸信息传送的工具。用以政治传播的媒介有很多，可以分为人际媒介、组织媒介和大众传播媒介。目前，报纸、杂志、广播、电视等大众传播媒介以及网络、手机等新媒体已经深入到了社会生活的各个角落，在信息社会中发挥着举足轻重的作用，它们同时也是领导人公共形象传播的重要渠道。

（四）十八大后国家领导人形象传播的新特征

传播符号分为语言符号和非语言符号。语言符号是人类交流、沟通的主要工具，包括口头语言符号和书面（文字）语言符号；非语言符号是指除了语言符号之外的其他所有传播信息的符号，如表情、图像、手势、运动画面、标志、音乐、气味、空间距离等。十八大后，中国政治人物的形象塑造发生了新的变化，新一届中央领导集体通过一系列语言符号和非语言符号的运用，展示了亲民、务实、简约、朴素的形象，呈现出以下传播特征：

1. 语言符号

（1）从宏大叙事到个性化表达。

2013 年“两会”期间，时任商务部部长的陈德铭讲到网购，人家说你政府部门门难进，我们一般不给政府部门送货。在此，他引入了个人体验，体现出陈德铭在这个时代对网购有一定的认知。整个“两会”期间，从国家领导人或者高层领导到一些干部，他们的讲话都出现了个性化表达的风格。例如，总书记习近平谈到雾霾的时候，他说要用生活的淡定去面对它。李克强总理被插话的时候，他说你我都是人民代表不用紧张。这些都体现了领导人的语言符号从宏大叙事到个性化表达的转变。

（2）内容平实，贴近百姓民生。

习近平在 2012 年 11 月 15 日中外记者见面会上的讲话给中外媒体留下深刻印象。英国广播公司评论说，中国最高领导人的演说展示了新的风格。笔者认为，“新”主要体现在：第一，没有官话套话，通篇没有再提已写入《党章》的马列主义、毛泽东思想、邓小平理论、“三个代表”重要思想和科学发展观，这些内容已经是法定内容，避免了时间的浪费；第二，没有赘余辞藻，讲话中没有常用的“紧紧抓住”、“奋力推进”、“牢牢秉持”等词语，用“我们一定要始终与人民心心相印、与人民同甘共苦、与人民团结奋斗，夙夜在公，勤勉工作，努力向历史、向人民交一份合格的答卷”作结；第三，没有回避问题，尖锐指出了党内贪污腐败、脱离群众、形式主义、官僚主义的问题，所谈有关教育、工作、收入、社会保障、医疗服务、生活环境、孩子成长等每一项内容都切实具体，是广大百姓关心的重点。

考虑所选媒体的典型性与权威性，笔者选择人民网“强国论坛”2012 年 11 月 15 日点击率在 50 以上的热帖作为内容分析样本，采取非概率抽样的方法（立意抽样），通过检索结果对“强国论坛”11 月 15 日 24 小时内 402 页论坛帖子进行统计，标题内准确含有习近平的帖子共 212 篇，符合标准的热帖为 94 篇。统计结果显示，网民最为关切、印象深刻的政治问题，按照关注度从高到低依次是：缩小贫富差距和促进社会公平（34%）、贪污腐败（27.7%）、社会保障机制（11.7%）。由此可见，在民生问题上的姿态，正是中国领导人进行形象塑造的最佳方向。

(3) 节奏适当，寓说服于“唠家常”。

这里仍以习近平在 2012 年 11 月 15 日中外记者见面会上的讲话为例。在语音语调上，他注意节奏的变换。在谈到重大问题时，节奏加快，而谈到感谢时，节奏变缓，总体上语言节奏平缓、适当，带有“唠家常”的感觉。讲话中，他用了“啊”、“了”、“呢”等语气助词，比如“这些天来啊”、“在此啊”以及拉长尾音，给人以亲近感，而十个“更”字构成的排比句式更能激发人们的共鸣。

(4) 风格干练，体现务实导向。

从习近平脱稿讲话，到李克强、王岐山等在会上不约而同要求与会者不准念稿子，要讲实在话，语言风格上体现出强烈的务实导向。2012 年 11 月 21 日，李克强在国务院召开的防艾工作委员会全体会议上，多次打断部、地方官员的发言，要求他们有什么建议，直来直往地说。12 月 10 日，刘云山在北京西城区主持召开座谈会，以一个野猪的故事来比喻“空谈误国”：讲空话、唱高调连野猪都骗不了。英国《独立报》对于新一届政治局委员的说话方式和形象塑造给予了这样的评价，“间断的、指戳要害的讲话，伴随着朴素的语言和非正式的形式，成为新的规范”。

案例 6—5　习近平“APEC 演讲”展现自信开放的“中国好形象”

国家主席习近平 2013 年 10 月 7 日在印尼巴厘岛出席亚太经合组织工商领导人峰会，并发表《深化改革开放　共创美好亚太》的重要演讲，强调中国经济发展态势良好，中国将坚持改革开放正确方向，做到改革不停顿、开放不止步。中国希望同亚太伙伴们携手同心，共同创建引领世界、惠及各方、造福子孙的美好亚太。中国共产党新闻网七一社区的网友认为，习近平主席的演讲进一步唱响了和平、发展、合作的“中国好声音”，向世界进一步展示出了自信、负责和开放的“中国好形象”。

习近平主席从四个方面论述了对中国经济发展前景充满信心。“言由心生，习近平主席高瞻远瞩的气魄、海纳百川的胸怀和高远宏伟的目光吸引了世界的眼球，习近平主席的演讲赢得满堂喝彩，定将推动亚太地区继续在世界经济复苏方面发挥引擎作用。”网友“晓风追月”发帖写道。

2. 非语言符号

(1) 进行表情管理，契合场合和语境。

在 2012 年 11 月 15 日的中外记者见面会上，习近平一登场就带着含蓄温暖的微笑，既符合中国人内敛的性格特征，又拉近了与与会者的距离。在谈及中国面临的问题和党的使命、责任时，他表情庄严，态度坚定；而在谈到中国与世界的关系时，他的表情又转变为微笑，展示出中国开放、友好的外交姿态。

（2）使用肢体语言，恰当传递情感。

2013 年元旦即将来临之际，胡锦涛到江苏考察工作，在盐城市恒北村考察时亲自为负责讲解的女村支书打伞，这样一个亲切自然的动作表现出了尊重女性的绅士风度，也展现了一国领导人对基层干部的关爱。

（3）传递家庭信息，展示立体形象。

2012 年 12 月，新华社集中刊发了关于新一届中共中央政治局七位常委的特稿，这是媒体第一次将国家领导人早年工作与生活中的照片、经历，甚至是家庭细节公之于众，同时以英文的方式传播到国际上，这大大增强了国家领导人形象的立体感。

二、新媒体为领导人公共形象塑造带来挑战与机遇

（一）传统的领导人公共形象塑造模式面临挑战

在传统媒体环境下，领导人的公共形象传播是一个由政府主导，依托传统媒体渠道，按照一定方向进行传播的过程，政府对整个流程的把控能力较强。新媒体的出现，打破了我国政治传播的封闭系统，去科层化的互联网重构了政治科层体系中的信息沟通，减少了传播的层级，去科层化的互联网也重构了政治体系内的权力关系，中央政府、地方政府与民意间的博弈格局发生一定变化。

从领导人自身来看，新媒体语境下公民意识日渐增强，政府及政治人物由于在理念、思路、经验、能力等方面的滞后与不足，其不当言行与解决种种社会突出问题（如资源分布、收入分配、贫富差距、社会保障、腐败等）时的力不从心，都可能使其形象受到损害。可以说，新媒体改变了我国的政治传播环境，对传统的领导人公共形象塑造提出了重大挑战。

1. 网络舆论监督在一定程度上强化了“刻板成见”和“破窗效应”

网络舆论监督是指公众通过互联网等新媒体，了解和评价政府事务、社会事务等一切涉及公共利益的事务，形成共同意见以促使这些事务沿着法制和社会公共生活准则的方向运作的一种社会行为。公民行使网络舆论监督权是其积极参政的体现。2009 年 2 月，在英国接受《金融时报》采访时，时任国家总理的温家宝便提出，一个政府不应该怕人民，应该创造机会让人民监督和批评政府。2010 年 3 月 5 日，在十一届全国人大三次会议上，温家宝又在《政府工作报告》中明确表示，要创造条件让人民批评政府、监督政府，同时充分发挥新闻舆论的监督作用，让权力在阳光下运行。

2012 年，我国受查处的政府官员中有不少是被网络举报的。通过新媒体，网络舆论监督省去了传统监督的流程，呈现出更为便捷、意见放大、公民主动和注重细节的特点。对此，中国人民大学唐钧教授认为，新媒体时代下信息传播的速度和广度都发生了变化，官员形象、政府形象的维护都面临巨大挑战。

更值得关注的是，新媒体语境中，网民在舆论监督过程中的“刻板成见”在一定程度上得到强化。“刻板成见”（stereotape）是美国新闻传播学者沃尔特·李普曼在1922年《公众舆论》一书中提出的概念，又被译为“刻板印象”，是指“常以高度简单化和概括化的符号对特殊群体与人群所做的社会分类，或隐或显地体现着一系列关乎其行为、个性及历史的价值、判断与假定”。李普曼在此将“成见”出现的范围扩大到“所有的一切”，也就是说，不论人类以什么样的眼光观察世界，无非都是在不断制造“成见”。当前，中国正处于社会转型期，社会阶层分化明显，不同阶层在社会经济地位和生活机遇方面均处于不同的状态，富商、政府官员往往被看作既得利益者，因此，涉及官民对立、社会公平等内容的字眼一旦进入网民视野，就会激活网民心中的“刻板成见”，从而引起他们强烈的情绪反弹，并通过点击、转发、评论等方式来表达自己的情绪。

此外，新媒体语境中，网络舆论监督的“破窗效应”更为明显。“破窗效应”是犯罪学的一个理论，该理论由詹姆士·威尔逊及乔治·凯林提出，并刊于《大西洋月刊》1982年3月版的一篇题为“Broken Windows”的文章中。该理论认为环境中的不良现象如果被放任存在，就会诱使人们仿效，甚至变本加厉。在政府或政治人物等被置于某一负面舆论的风口浪尖时，如果没有采取妥善的方式及时化解危机，很快就会有更多相关的负面信息被挖掘、曝光，从而使其陷入极为被动的境地。

2. 网络批判使领导人的公共形象“得分难”、“失分易”

新媒体语境中，民众对政府及政治人物的批判，除了毫不留情的严厉批评，更多的是调侃。可以说，网友的犀利批判在一定程度上加剧了政治人物公共形象塑造“得分难”、“失分易”的困境。

网络批判除了受社会现实的影响外，网民自身可能存在的“相对剥夺感”也会起到促进作用。“相对剥夺”最早由美国学者S. A. 斯托弗提出，其后经R. K. 莫顿的发展，形成了一种关于群体行为的理论。该理论认为，当人们将自己的处境与某种标准或某种参照物相比较而发现自己处于劣势时，会产生被剥夺感，令他们产生愤怒、怨恨或不满等消极情绪。人们因相对剥夺感会产生受挫情绪，随之就可能有批判、攻击他人和社会的欲望，尤其是在有他人“示范”时，可能会马上转化为实际行动。有研究者认为，中国社会各个阶层、各个职业群体，无论是工人、工商业服务人员、知识分子还是国家干部，都普遍存在着“相对剥夺感”：各个群体的人都觉得将自己的所得与贡献相比或与其他人相比，获得的太少，本该属于自己的利益被“剥夺”了。此类心理现象已经成为改革开放以来最突出的社会特征之一。《中国社会舆情年度报告(2011)》显示，2009年、2010年网络舆情热点事件元文本（元议题）中词频最高的几个词分别是“局长”、“警方”、“官员”、“最牛”、“死亡”、“领导”、“拆迁”等，因此，当涉及官民对立等内容的字眼进入网民视野时，就会激活网民心中的“相对剥夺感”，从而引起他们的强烈不满。

（二）新媒体为领导人公共形象塑造带来新机遇

正如英国学者安德鲁·查德威克所言，互联网具有技术的天生政治性，但是它的政治性是政治环境所决定的。当前，新媒体正逐渐获得主流的社会地位。2008 年 6 月 20 日，胡锦涛通过人民网与网民在线交流，首次实现了中国最高领导人同网民的互动，这种网络时代的互动方式正在掀开中国政治传播的新篇章，也给领导人的公共形象塑造带来了新的机遇。

1. 公民新闻提供了多元化的表达渠道

所谓公民新闻，指的是由分散的网民自发进行的一种新闻传播活动。1998 年，美国新闻网站“德拉吉报道”（Drudge Report）率先报道美国总统克林顿与莱温斯基的性丑闻，该事件也因最早由公民发布而成为美国公民新闻发展的一个标志性事件。在我国，基于新媒体平台之上的公民新闻亦日渐兴起，在一系列重大的突发事件中，公民积极参与信息发布的现象屡见不鲜。可以说，新媒体语境中，公民新闻为领导人的公共形象塑造提供了真正“去中心化”的多元表达渠道。

(1) 新闻发布者和发布工具的平民化、个体化。

从新闻发布者来看，与传统媒体不同，公民新闻的发布者是分散的网民，他们大多数是没有经过专业新闻训练的普通民众，更多的是通过自己手中普通而非专业的信息采集设备——手机、小型摄像机、笔记本电脑等，记录、制作并在某些网络平台上发布信息。

为此，互联网界提出了 UGC 的概念，UGC 是英文“user generated content”（用户生成内容）的简写，是指用户使用互联网的一种新方式，即由原来的以下载为主变成下载和上传并重，社区网络、博客、分享站点等都是这一概念的应用平台。与 UGC 相伴而生的自媒体（we media）是普通公民经由数字科技与全球知识体系相连，提供与分享他们真实看法、自身新闻的途径。通俗来讲，自媒体强调由个体进行信息的生产、积累、共享与传播，是一种由个体控制与主导信息生产与发布的信息传播方式。喻国明将其描述为“全民 DIY”，即用户自己动手制作内容，没有专业资质的限制，每个人都可以生产表达自我的“产品”。

(2) 新闻内容生产过程的“去中心化”。

所谓的“去中心化”，是互联网发展过程中的社会化关系形态和内容生产形态，是相对于“中心化”而言的新型网络内容生产过程。具体来说，在 Web 2.0 的技术结构中，中心的意义被大大弱化，甚至被完全消解。个体主导信息的获取渠道和方式，并规定信息的来源路径，这种分散式的信息消费行为分解并弱化了门户网站作为信息权力中心的作用和地位，互联网向更加扁平化的形态发展。

随着新闻内容生产过程的“去中心化”，网民与社会各界的交互不断增多，学界形象地提出了“碎片化”的概念。“碎片化”是描述当前中国社会传播语境的一个形象的说法，即诸多信息如同凌乱的、无关联的碎片。就公民新闻而言，围绕着某一事件的碎片化信息会由多个信息源发出，每一个信息源在信息传播过程中的贡献是有限的，甚至在某些阶段，许多信息是错误的。但随着网民与社会各界的交互不断增多，大量信息源之间会自然形成相互协作、相互验证、相互纠正的关系，并由此不断校正信息传播中的偏差，逐渐将复杂事件的真相还原出来。

2. 网络民意提供了现实化的目标指向

所谓网络民意，指的是民意在新媒体平台的呈现，它通常生发于由网民或网站设置的议题。这些议题主要是社会现状的反映。“知屋漏者在宇下，知政失者在草野。”在新媒体普及之前，政府和政治人物体察民情的渠道存在覆盖面窄、程序烦琐、缺乏反馈等不足。借助新媒体，政府和政治人物可以畅通、便捷地体察民情、汇聚民意，与信息终端的社会公众进行沟通。

在互联网领域里，每个网民都有平等的机会自由表达个人意见。依托于这一“理想的话语环境”，网络民意更具真实性，网民在匿名的状态下可以不受现实生活中的种种束缚而畅所欲言，从而将其在现实生活中难以传播的信息和观点完全展现。网络民意的来源更加广泛和多元，网络在一定程度上消除了身份地位的差别，淡化了权力色彩，任何人都能够自如地表达意见、参与讨论。可以说，通过互联网等新媒体提供的公共意见表达场所，社会公众可以低成本甚至免费地向规模化的受众发布信息，民间的声音源源不断地从四面八方而来，并在网络平台交汇、争鸣，使得民意变得前所未有的丰富、多元、直接和真实。

(1) 强化公民意识的“培养基”。

公民意识主要包括三个方面：主体意识、权利意识和社会责任意识。具体来说：公民的主体意识是公民对自己在国家中主人身份的认同和感知；公民的权利意识指公民作为国家的主人落实到个人而应享受的权利，权利意识是公民意识的核心；公民的社会责任意识，是公民将自身的主体意识和权利意识外化为自觉的社会参与活动，对公共权力运行的方向、过程和结果施加现实的影响。

网络传播促使拥有了更多话语权的民众得以进行无障碍沟通和多元化交流，在沟通和交流的过程中，民众参与公共事务的意识和意愿不断加强，进而聚合形成推动社会民主与法制进程的强大力量。继 2012 年 12 月初微博直播中共中央总书记习近平广东行之后，2013 年 2 月，微博账号“学习粉丝团”继续以草根追星方式实时直播最近数日的“习大大”(陕西方言叔叔之意) 甘肃行，再次引起网友关注。有传媒学者表示该账号发布的一些照片连新华社都没有，而其在微博直播的表现甚至超过了中央媒体的速度。“学习粉丝团”的身份引发众多猜测。博主自称是普通上班族，无任何团队操纵，“就是喜欢习总书记”，用微博来传递情感。不管“学习粉丝团”有无背景，无论是作为一名现代官员塑造个人形象、实现官民良好互动的新型平台，还是作为一个现代公民关注社会时事、表达政治情感的粉丝身份，都引人深思。

(2) 释放社会压力的“减压阀”。

我国正处于社会转型期，制度、法律、道德等方面存在的诸多问题，使民众所承受的紧张感和压力增加，他们迫切需要发泄的出口。在这种情形下，网络空间凭借其所独具的传播特点而成为非常适合民众的“减压阀”，这在一定程度上缓解了社会压力。《管子》有云：“政之所兴，在顺民心，政之所废，在逆民心。”越来越多的事实表明，政府和政治人物积极从网络上听取民意、加强民主决策，对社会矛盾的缓解意义重大。

(3) 展示社会需求的“参照系”。

新媒体提供的公共空间展示了多元化的社会需求，不少政府部门和政治人物已经通过网络问政等方式实现了对这些需求的汇总和提取，并将之作为政府施政方向的重要参考。2009 年 6 月，湖北省巴东县法院一审判决女服务员邓玉娇刺死镇干部的行为构成故意伤害罪，但对她免除处罚。至此，备受关注的“邓玉娇案”基本尘埃落定。在此事件中，网络民意的力量得到了集中体现，其最重要的影响在于有力地促使司法部门较为公开透明地查案办案，特别是还原案发真相。同时，在地方法制并不完善的现实环境中，网上舆论有效地遏制了地方权力干预司法的可能，起到了一种特殊的制衡作用。

3. 网络对话提供了更直接的交流平台

新媒体所具有的平等、开放、互动的特征，很好地契合了对话的内涵，基于这个平台，政府和领导人与公众的对话变得更加直接而频繁。网络问政，为网友表达自己的真实意愿提供了快捷途径。

(1) 在线交流由示范走向日常。

2008 年 6 月 20 日，时任中共中央总书记胡锦涛来到人民网，通过强国论坛与网友谱写了中国最幸福“网事”。胡锦涛在互联网上同网民的直接互动，在中国网民和国际媒体中引起强烈反响。有评论指出，“中国领导人的这一标志性举动，给世界上尊重和热爱中国的人们留下了深刻的印象”。目前，越来越多的政府官员开始主动借助网络征询民意。与网民在线交流作为政治人物与公众对话的新形式正在日益常态化。

(2) 政务微博与粉丝有效互动。

复旦大学舆情与传播研究实验室发布的国内第一份《中国政务微博研究报告》显示，尽管不少官员都开通了微博，但就影响力而言，省部级官员的微博显然更具关注度和影响力。因为他们身居高位，“微”言有力，往往带动一个群体、一个地区都闻风而动，加入到微博中来听民意、察民情，与群众直接沟通与互动，形成了一个官方与民众公开、直接、有效互动的新平台。

(3) 与网民直接面对面。

2008 年，由时任广东省委书记汪洋倡导发起的一场广东有史以来最高规格的网民座谈会——“汪网会”上，26 名网友应邀来到会场，刚一入座，网友“三季稻”就拿出了温度计，说：“汪书记，我来‘拍砖’，国务院规定政府办公场所夏季空调不能开到 26 摄氏度以下，这里开到 22 摄氏度了。”汪洋书记马上要求工作人员调过来。当一名网友说，离开广州很久再回来，珠江水还是那么臭时，汪洋说，起码还有你熟悉的味道，当时全场会心一笑。除了上述政府官员与网民之间非常规的对话之外，另有一些政府机构及政府官员在网上专门开辟官民对话论坛，并且设定制度以保证这些平台的持续运行。政治人物“开博”、“网聊”，以更加亲和的形象和网友交流、听取意见，可以以最快速度和最大限度了解到真实民意，进而为自己的行政决策提供依据。从这个角度讲，其积极意义是不言而喻的。

三、领导人公共形象塑造的路径选择

（一）提升媒介素养

媒介素养这一概念包括两个方面，一是指对于传媒、传媒信息和传媒专业人员本质特征的基本认知、评判、接受及利用传媒信息的实际能力；二是指针对这种基本认知和实际能力的教育与培养的过程。以美国总统电视竞选辩论为例。从某种程度上说，美国总统竞选是一场利用包括大众传媒在内的各种宣传手段进行的宣传战。在参选双方实力势均力敌的情况下，候选人在辩论中的表现往往能够对选举的结果起决定作用。1960 年，美国首次电视直播总统竞选辩论，肯尼迪以其年轻精干的形象，在大选中赢得更多选民的支持，从而击败了在电视上看起来有些衰老的尼克松。再比如，克林顿第一次竞选民主党总统候选人的时候，有传播学者分析其演讲和电视辩论文本发现，克林顿的每次发言都充满了一连串的“大词”，像经济一体化、全球变暖、粮食危机、人道主义援助等，虽然并没有特别清晰的逻辑和实质内容，但却给选民留下了能言善辩、富有能力的印象。而这正是克林顿背后的竞选班子的策略：克林顿来自阿肯色州，该州地处偏远，容易给选民造成克林顿视野狭窄、没见过大世面的刻板印象。这一手段的运用，恰恰实现了较好的传播效果。到了奥巴马竞选美国总统的时候，他顺应新媒体技术的发展潮流，利用网络媒体发布信息，争取更多网民的支持，被称为“Web 2.0 总统”。

作为政府代表，领导人应重视自身媒介素养的培养，增强与媒体的互动，争取媒体信任，树立其领导人公共形象。政府官员应对媒体形成积极的态度及具备主动把握全局的能力，能够了解媒体、善用媒体、参与媒体。政府官员由于掌握一定范围的政治、经济和文化资源，控制着国家和社会的运行，尤其在新的媒介环境中，更需要利用传媒发布政务信息，引导社会舆论，以及评析公共危机、动员民众力量、树立政府形象等。尤其是在突发事件或公共危机中，政府官员如何面对媒体，将很大程度上影响政府官员的形象塑造。贵州瓮安“6·28”事件中，时任贵州省委书记石宗源的表现体现出了良好的媒介素养：他敢于正视问题，承认工作中的不恰当之处，三次向百姓鞠躬道歉。敢于承担责任、及时调查事件，使贵州省委掌握了舆论的主动话语权，改变了整个事态的发展局势。

（二）改变媒体报道导向

首先，应当允许和支持新闻媒体在国家政策的指导下，在政策和法律的范围内拥有及时、客观公布各类社会信息的自主权。同时，媒体同党和政府主管部门的关系也应当从原有的行政隶属关系向指导和合作的关系转变。这样的转变会更有利于媒体与领导人的沟通，从而增进公众与领导人互动，更好地塑造领导人的公共形象。

在具体报道上，我国主流媒体应继续改变僵化的报道模式。对于领导人等时政类新闻报道，人们早已不再满足于知道领导人做了什么、说了什么等浅显信息，对领导人的喜好也早不以其政治功绩作为唯一判断标准。人们更希望获知的是领导人政治行为背后更具个性化的新闻和故事。在新的要求下，一个成功的领导人必须在坚持理性思维的前提下对其形象进行感性化塑造，做到人格形象与形体形象的完美结合。具体来说，这种感性形象包含三个特质：崇高化、平民化与个性化。

1. 感性形象之崇高化

崇高，古往今来一直是人们对理想领导人形象的基本要求。管理国家事务、维护公共利益，这要求领导人必须具备超强的政治手腕、深厚的道德修养以及超高的才智水平。在政治素养、道德修养与才智水平之中，道德修养又是重中之重。尼克松声望再高，也敌不过受“水门事件”的影响而被迫下台；匈牙利前总统施米特也因其博士论文涉嫌剽窃而黯然辞职。由于我国传统文化的规约，我国民众对领导人的道德情操与人文修养的要求更为严格。他既是谦谦君子，又要博学多才。因此，我国主流媒体在塑造领导人“正统、权威”形象的同时，也要善于捕捉领导人典型的细节和特征，注重对领导人道德修养及人文修养层面上的观照。被誉为“诗人总理”的温家宝，凭借其温文尔雅的媒介形象，给人以谦谦君子的印象。无论是外事出访还是回答记者提问，温家宝总会“以诗言志”。媒体抓住这些细节加以报道，向世人充分展现出一个大国总理的政治智慧以及深厚的文化底蕴。可以说，崇高是领导人感性形象的首要因素，媒体也需要正视其内涵，不能误将“权威”等同于“崇高”。

2. 感性形象之平民化

平民化期待是对人本质特性的要求，一个现代的公共权威首先必须是一个活生生的人，他需要有个人生活，需要有和普通人的正常交往，需要有对民众的和善与尊重。政治象征理论代表人梅利亚姆在《政治权利》一书中提出了“理性政治”和“感性政治”两个术语。所谓感性政治，是为了维护权力而使用的感性的“应使人激动的东西”，即通过某些象征和仪式，调动人们的感情和情绪来维护权力。他认为，像纪念日以及拥有纪念意义的建筑物、歌曲、故事、历史等，都是感性政治的代表物。那么，为了将感性政治艺术落实到技巧层面，西方学者提出了著名的七种宣传技巧，其中一种为平民法，即某讲话者以他和他的观点来自“人民”为由，试图让受众相信他。

平民法被广泛应用于政治传播领域，用以帮助政治领导者塑造“只是普通人”的形象，从而拉近与民众的距离。

国外领导人都比较重视利用个人业余生活来塑造自己的公共形象，如普京喜欢练柔道并且是黑带，这和他一直以来的硬汉形象非常契合。美国政治人物在这一方面表现也很突出，例如：克林顿夫妇在巡回竞选中穿便装，展示“只是平民”；奥巴马喜欢汉堡，并亲自去汉堡店排队；第一夫人米歇尔和小学生一起在白宫后院当“菜农”。这些看似与政治无关的举动，无疑都从侧面展示了政治人物在生活中的性格和品质。

传播学的说服理论认为，在传播中，特别是在广告中，声画并茂的传播方式能够增强说服力：一是有助于吸引人们的注意；二是有助于增进人们对消息内容的学习；三是图像引起的正面情感反应可以转移到消息的其他方面。十八大以来，我国对于领导人的媒体报道更加注重图文、声画并茂，更加倾向平民化、生活化。从 2012 年 12 月新华社刊发的关于中共中央政治局常委的人物特稿可以看出，内容不仅涉及了每个人的简历，更突出了对其在工作中的某一件事，某一决策的制定过程，某一句话，某一个表情的描写。这些文学性手法的运用，无疑使报道更加富有感染力和穿透力。以习近平的英文特稿为例，新闻图片就包括了他在浙江清远镇一农户家做饭，年轻下乡时扛着锄头走在田埂上，陪伴母亲散步，与夫人在一起，带女儿骑车等诸多生活化场景。由此可见，以日常生活为着眼点对领导人公共形象进行传播，可以更好地满足受众的选择性接触心理和情感诉求，从而潜移默化地争取到民众的支持和好感。

目前，主流媒体对领导人“平民”、“亲民”形象的塑造已经有了一定效果，我们经常能够在《新闻联播》与《人民日报》上看到许多领导人与普通工作者亲切交谈、对受灾群众亲切慰问的文字及照片。但是，这些报道仍然存在“官方用语过多”、“情感劝服生硬”等硬伤，不利于面向普通民众传播。对此，我国一些媒体包括党媒正全力以赴探索新的报道路径。《南方周末》曾报道过一篇名为《领导人在哪里过年》的文章，文中回顾了我国三代领导人的春节足迹，浓郁的人文关怀气息充分展现了领导人的亲民形象。同时，增加领导人的“直接引语”和“同期声”，有利于增强领导人的真实感和亲切感。其实我国领导人在各种发言和活动场合中，都时常会说一些风趣、恳切的话语，但是被一些媒体有意或无意忽略了，取而代之的是政治术语，原本和蔼亲切的领导人形象没有得到充分体现。

案例 6—6　从叙事学视角解读习近平在新任常委见面会上的讲话

2012 年 11 月，党的十八大顺利闭幕，新一届国家领导人习近平在新任常委记者见面会上的讲话成为国内外媒体和学者关注的焦点。随着政治传播的重要性以及叙事学的发展，叙事学的引入为政府传播提供了新方法和新技巧。

(1) 叙述视角——百姓视角，弱化地位差异。

叙述视角（narrative perspective），即叙述角度，就是指叙述者观察和叙述故事的角度。事件无论何时被描述，总是要从一定的视觉范围内描述出来，无论涉及的是“真实”的历史还是虚构的事件。政治传播中的叙事视角，是指政治传播主体从什么样的角度来传递政治信息、政治理念或政治形象，将受众置于什么样的框架视野中。

习近平此次讲话站在百姓角度（并且是一种全知视角）去观察他们所关心的问题。宏观上，有关系国家大局的民族发展问题、党的发展问题。微观上，有人民所期盼的更好的教育、更稳定的工作、更满意的收入、更可靠的社会保障、更高水平的医疗卫生服务、更舒适的居住条件、更优美的环境、孩子们能好的成长等。习近平此次讲话的叙述视角和美国总统奥巴马一贯的演讲视角很相似。奥巴马演讲的一大特点就是美国民众视角，谈到的即使是关于美国经济、科技的长足发展等问题，也是从美国民众的角度去观察、去阐释。

(2) 叙述聚焦——核心责任，传递国家意识形态。

聚焦（focalization）是“视觉”（即观察的人）和被看对象之间的联系。也即在叙述时，将重点放在那些有意义的点上。

在叙事学上，话语被认为是意识形态栖身和抗争的场所。话语在本质上是社会的，是社会上不同的个人、不同的集团、不同的阶层，或者说不同的社会价值观和意识形态展开对话的场所。因此，国家领导人的讲话无疑是传递国家意识形态的重要场所与平台，通过选择讲什么而引导受众的接受。

习近平此次的讲话所聚焦的内容一为“责任”二字，对民族的责任、对人民的责任、对党的责任。二为“人民”这一主体。习近平此次讲话中使用“人民”一词共计19次，并且将民生问题放在突出位置。通过这样的叙述聚焦，对讲话内容进行有选择性的框架设置，从而表达出党和国家对“人民”国家主体地位的坚定不移。

(3) 话语模式——平民化风格，实现交流意图。

话语模式是习近平此次讲话在叙事学上的最大亮点，展示出一种新风格——平民化风格，实现了较好的交流意图。主要表现为：

第一，词语、句式的选择。

首先是在词语方面，呈现两大特点：一是通俗化、日常生活化用语的使用。诸如“大家好！让大家久等了”、“同事”、“孩子们”、“打铁还需自身硬”等，这些词语的使用或是拉近距离，或是体现身份平等，或是令人耳目一新。二是人称代词的使用。人称代词的使用也是奥巴马演讲中的一大特点，这种人称代词以及它们的变体具有创造社会和政治空间的特殊功能，说话人、听话人和其他人将分别在这个空间中找到自己应处的位置。习近平讲话中使用的人称代词除了向记者表示感谢时使用的第二人称“你们”外，其他全部是第一人称的“我”和“我们”。在这种讲话者和听话者的权力关系不均衡的讲话环境下，这一人称代词的使用一下就缩小了讲话者和听话者之间的情感距离，从而传递了一定的意识形态，也达到了一定的政治目的。

其次，在句式和句法结构方面，呈现三大特点：一是通篇为陈述句，有利于直接表明态度和立场。二是根据“三大责任”形成的三大排比段，强调了语势，使讲话充满力量。三是长短句的搭配，三大短句表明三大责任，而紧接着用一系列长句对其进行细化阐释。奥巴马演讲时也爱用长短句搭配，这样既可用短句准确表达政治态度与立场，又可用长句对相关复杂概念进行解释与说明。

第二，话语基调。

话语基调，又称为角色结构。指谁参与了交际，参与者之间存在怎样的角色关系，包括长期的与暂时的，以及他们在话语活动中所扮演的角色和所涉及的一切复杂的社会关系。在国家领导人演讲中，讲话者和听话者之间更多地表现为一种暂时的交流角色关系。

在话语基调上，和奥巴马一样，习近平在此次讲话中使用的是交流式基调，无论是词语的选择，还是语气、节奏、重音等方面都呈现出交流式的特点。打破政治人物演讲时传达式的语气、统一的节奏，采用了一种类似聊天式的话语基调。

第三，逻辑结构。

逻辑结构最明显的一点是前后呼应。讲话伊始对媒体朋友表示感谢，讲话最后再次表示感谢。还有就是内部顺承关系。整个讲话以“责任”为主线，由对民族的责任到对人民的责任再到对党的责任，从宏观到微观一步步具体化，层次分明。这种内部顺承关系，使党和国家责任意识的传达一点点得到强化。

资料来源：何冬英：《叙事学视野中的政治传播特点分析——以习近平在新任常委见面会上的讲话为例》，载《新闻爱好者》，2013（01）。

3. 感性形象之个性化

个性是领导人形象塑造中需要彰显而非掩饰的元素，在当今世界的政治舞台上，较有影响力的政治领袖，都是个性十分鲜明的人。目前国内很多都市类媒体都已开始注重领导人的个性化塑造。我们不仅从相关报道中看到领导人健康的生活情趣，也感受到了更加个人化、生活化的领导人形象。同时，个性化塑造不仅仅体现在内容的选择上，也体现在内容的报道方式上。近年来以《南方周末》为代表的南方系报纸开创的“南方体”就是个性化报道方式的典型代表。拿领导人访美报道来说，它完全颠覆了《人民日报》的官方叙事方式。2006 年胡锦涛访美期间，《南方周末》仅刊登了一篇名为“西方媒体眼中的胡锦涛”的文章。文章将胡锦涛在耶鲁大学演讲时面带微笑的照片作为配图，以美联社对胡锦涛“强硬开放”形象的评价作为开头，文中大量转引了美媒对胡锦涛的评价，并夹杂了对历次中国领导人访美的回顾、评价与展望。这种综合性的写作方式，不仅交代清了胡锦涛访美的各种事实与细节，也成功勾勒出胡锦涛在美媒眼中“自信、开放、亲切”的个性化形象。2012 年 2 月时任中国国家副主席的习近平访美，《南方周末》也仅刊登了一篇综合性文章，名为“国家副主席习近平访美：叙旧之旅，展示之旅，暖身之旅”，文章开头是美国前国务卿基辛格对习近平的评价“当习近平走进房间时，你就会知道有一位重要人物到场了”为开头，以习近平 27 年前访美为引子，回顾了习近平与美的“美好过往”，并通过各种事实叙述与美方人士的评价，展现了习近平此次访美的“气质、眼光、个性、风度”，最后对习近平今后的执政道路与中美关系的发展给予了客观的评价与展望。总结来看，这两篇文章信息量虽大，但经过感性化包装后让人读起来津津有味，深受人们的喜爱。可以说，个性化的报道方式，既展现了领导人形象，也营销了媒体本身。显而易见，市场化媒体个性化的报道方式更加符合人们的审美品位与阅读收看习惯，对此我国一些传统的主流媒体必须自我突破，大步跟进。

（三）整合利用媒介资源

目前，中国国家领导人形象塑造的模式一般是主持或参与政治活动并通过传统媒体进行报道，网络媒体对传统媒体的报道跟进，尚未实现真正意义上的媒介资源整合利用。2010 年 2 月，刚上线的人民网人民微博上出现了一个特殊名字——国家主席胡锦涛。博主资料为：“中共中央总书记、国家主席、中央军委主席”。一天内该微博的粉丝数量即迅速上涨突破 14 000 个，两天后因造成服务器拥挤，人民微博不得不宣布将该账号关闭。新媒体环境下，广大社会公众对于国家领导人通过新媒体与之进行互动的需求由此可见一斑。

在西方，一些国家领导人已经实现了运用新媒体进行形象传播的日常化，美国总统奥巴马就被形象地称为“新媒体总统”（见表 6—1）。他曾在社交网站 Pinterest 上分享了自己最爱的家常辣椒酱配方，许多网友对配方中的新配料——红葡萄酒醋进行热议，受关注度甚至高出了医保改革等问题。奥巴马使用 Twitter 与公众互动十分频繁。截至 2012 年 7 月 11 日，他在 Twitter 上共发布了 4 745 条微博，粉丝数量达到 1 737.8 万。其微博内容涵盖了国事活动和日常生活。比如，乔布斯逝世后，奥巴马就发微博表达了对他的悼念：“安息吧，史蒂夫·乔布斯。奥巴马 2012 竞选团队的所有员工感谢你创造的这所有岗位——包括我们的。”

表 6—1　　奥巴马的主要新媒体传播渠道分析

新媒体类别	传播方式	典型案例
搜索引擎	关键字购买（购买的关键字包括“奥巴马”、“油价”、“伊拉克战争”和“金融危机”等热点话题）	将网络营销费用中 82% 的资金投入搜索引擎（涵盖了 Google、Yahoo! 和 Facebook 等各大网站）。比如，用户在 Google 搜索“奥巴马”时，即会在页面右侧显示一个奥巴马的视频宣传广告
社交网络	开设运营多个社交网站账号（包括 Facebook、Twitter、Google+、LinkedIn、Flickr、Tumblr、Pinterest、Instagram、Reddit 等）	2012 年美国大选期间，奥巴马在 Reddit 开帖进行 AMA（ask me anything）活动回答网民提问，在 30 分钟内回答了 10 个问题，获得了 6 500 多个网友评论，在线人数达到了创纪录的 20 万人。这次 AMA 活动很快超出了 Reddit 社区本身扩散至整个互联网，并挤进了 Twitter 十大热门话题
手机	手机网站提供 12 首助选铃声，奥巴马的有声图书、相册、个人播客等内容下载	奥巴马 iPhone 应用程序可以使选民及时获知奥巴马竞选的最新消息、视频和大事件
网络游戏植入式广告		出资购买“Guitar Hero”和“Madden09”两款热门电子游戏的广告牌，号召玩家参加提前选举。奥巴马成为历史上第一名实施游戏植入式广告策略的总统候选人

（四）掌握符号语言规律

英国诺丁汉大学的政治分析家认为，在政治形象上，中国领导人很少标新立异，很难将他们区分开来。马克斯·韦伯在《经济与社会》中提出了著名的三种统治法：“法理型统治”、“传统型统治”和“魅力型统治”。魅力型统治是“与个人的魅力品质的适用及其实践考验相联系的社会关系”。奥巴马坚持自己的草根形象，卡梅伦以骑脚踏车上班闻名，事实证明，我们已经进入了真正意义上的政治人物的形象营销时代，只要有一两个亮眼的行动，传媒都会将之无限放大，传播的范围无远弗届。

1. 语言符号

领导人掌握语言表达技巧，对于塑造自身良好形象十分关键。国内有学者总结了评估语言的几个标准：真实性指数、清晰度指数、激情度指数、官僚化指数。真实度指话语的可信性；清晰度指话语的易懂性；激情度指话语的鼓动性；官僚化指话语的亲民性。

美国总统奥巴马的演讲非常强调群体性，注重将自己摆在广大民众中。比如，“YES WE CAN”的口号，一方面表现自信，另一方面阐明自己和大家在一起努力。“American Dream”则把个人的意志放在整个国家、民族的宏观背景下去展示，很巧妙地树立了自己代表人民行使权力的形象。另外，奥巴马善于用口语，用简短标语在必要时“喊口号”。奥巴马的竞选网站的标语从“JOIN THE TEAM（加入团队）”改成更加随意更口语化的“GET INVOLVED（来参与吧）”，在 2012 年竞选时则用了更加年轻化的“ARE YOU IN（你来不来）?”投票的红色按钮上则写“I'M IN（算我一个）!”简短凝练的话语容易塑造“果敢可信”、“亲切平等”的形象，比如美国飓风灾难中奥巴马说“When they tell you to evacuate, you need to evacuate（他们让你撤离，就一定要撤离）”，尽管是命令性口吻，但是语态镇定，给受灾的美国人以安定感和信服感。中国领导人可以进一步推进语言风格的平民化、口语化，多用新概念、流行语，尤其在政府报告中用短句替代长句，便于普通民众进行理解。

2. 非语言符号

美国学者 L. 伯德惠斯特尔估计，在两个人传播的场合中，有 65%的社会含义是通过非语言符号传递的。事实上，在一个传播链条中，非语言符号比语言符号的传播发挥着更大的效用。

（1）遵循视觉和时尚规律，丰富着装等静态非语言符号。

根据凤凰卫视《世界看中国：中国政治人物形象》介绍，很多西方学者试图通过中国领导人的着装来解读中国。居住在北京的美国人费志远（Nels Frye）经过多年研究认为，虽然中国发生了巨变，但是国家领导人的着装从未改变。

从形象心理学看，体貌和着装由于诉诸视觉说服，容易先入为主给人以某种印象暗示。服饰是体貌的修饰，更是一种文化符号。世界服装节有一个公认的 TPO 着装原则，即服饰的选择应依照时间（time）、地点（place）、场合（occasion）三个条件来确定。有学者认为，现代领导者的基本服饰应遵循这些原则：整洁得体，庄重大方，因时因地制宜。在此基础上，很多国家领导人更是引领了时尚之先，例如：被誉为日本政坛明日之星的横滨市市长中田宏以日本“牛仔裤穿得最好看的人”而著称，现年 67 岁的美国前国务卿希拉里一贯保持着自己与众不同的时尚感，她的很多经典时尚造型为人们津津乐道。2013 年 10 月，国家主席习近平和夫人彭丽媛在印度尼西亚巴厘岛出席 APEC 非正式会议。彭丽媛优雅亮相，一身身亮丽民族风的服饰给人留下深刻的印象。

（2）使用手势等动态非语言符号，增强感染力和说服力。

相比于静态的非语言符号，举止和姿态等动态的非语言符号更有感染力和说服力。从政治学角度讲，领导人的举止和姿态属形体政治艺术范畴，国家领导人应善于利用举止和姿态来塑造和完善自己的形象。美国总统比较典型的肢体语言符号有：克林顿喜欢抿嘴，用手托下巴；老布什喜欢握拳头；里根喜欢用手指人以及跷二郎腿；奥巴马善于使用一些强势的手势来彰显自己的力量和信心。

总之，新媒体环境下，随着传播渠道的多样化，受众对公共事务有了更多的参与权与发言权。加之中国与国际间的交流日益频繁，要充分展示中国领导人的形象，必须强化主动传播意识，变被动报道为主动公开，加强与境内外媒体的交流和互动，为政治人物的国际形象塑造营造良好的舆论环境。

案例 6—7　台湾地区领导人马英九在 2012 年选举中的形象塑造手段

2012 年 1 月 14 日，台湾选举落下帷幕，国民党候选人马英九以 51.6%的得票率获得连任。在选战中，马英九团队采取多种传播策略，形成了有利于自身的舆论环境，最终赢得了选举。

(1) 竞选广告。

政治广告具有广告的特点，通过强化政治人物或团体的形象特征、政治理念，承诺给受众他们所关心的议题来获得民众的支持。政治广告是候选人、政党和提出问题的团体与公民进行交流的主要手段。在 2012 年台湾地区领导人选举中，马英九竞选团队推出的电视竞选广告多达 66 条，其中有 45 则“塑造形象”与 9 则“攻击对手”为主题的广告。在诉求方式上，主要采取感性诉求以及名人诉求，多以普通民众为主角，以“竞选广告要找出每个人的生命故事”为创意理念，使马英九亲民的形象深入人心。

(2) 政治辩论。

电视辩论作为政治宣传的重要形式之一，与政治广告的最大不同在于其现场性和面对面的交锋。从马英九同蔡英文的电视辩论表现来看，马英九的表现优于蔡英文，经过申论、媒体质询、交互诘问、结论四个环节的较量，马英九的心态、辩论策略、逻辑、现场反应、控场技巧、情绪调控以及攻守节奏的把握等这些综合起来，显得更胜一筹。马英九在辩论的最开始就先声夺人，发问：“谁能真正振兴台湾经济？谁能真正实践社会正义？谁能实现两岸和平，带领台湾人有尊严地迈向世界?”马英九在进行政治说服时，极具自信，抓住蔡英文是政治新手的短板进行攻击，步步为营，将公众的关注聚焦到自己身上，让民众相信自己更能胜任重职。

(3) 走访活动。

马英九在此次选举中采取了人际传播的策略，到台湾的各个地区进行走访扫票活动。2011 年 12 月 21 日开始，马英九开始了以“与民同在”为主题的下乡之旅。马英九走进民众的生活场所，如集市、宫庙等，喝菜市场大妈送来的椰汁，吃路边小吃，到宫庙参拜祈福，向民众派送平安盐袋等，还借宿在走访农户家中，与农家同吃同住。马英九的一系列走访活动都展现了他亲民、草根的形象。作为马英九的夫人，周美青在此次选举中也一改之前的低调作风，在 2011 年 12 月 6 日分别到云林、嘉义两地走访，到公园、幼儿园等民众日常生活场所与民众进行互动。周美青面带微笑，与民众挥手拥抱，弯腰鞠躬。周美青的亲善形象为马英九的选举添油加力。

(4) 新媒体的运用。

在 2012 年的选举中，马英九团队十分注重利用新媒体的传播优势来扩大自己的影响力。2012 年选举文宣策略是“先网络后电视”。每个竞选广告都要制作电视版和网络版两个版本。马英九的竞选团队成立了新媒体部，在多个社交网站上开设了主页，例如Facebook、Twitter、Google＋等，由专人负责主页的每日更新管理，主页中多登载马英九的每日行程以及竞选视频等。截至2012年6月，马英九的各类社交网站的粉丝总数已达到93万。此外，台湾政治向来有泛娱乐化倾向，在此次选举中，积极利用时下流行的“微电影”进行政治传播，以求吸引年轻网友的注意。微电影《爱情签证》以爱情包装政绩，一改竞选影片呆板、严肃的刻板印象，走清新浪漫的风格，推出后引发了热烈的反响。

思考题

❶ 政府形象的特征有哪些?
❷ 简述政府形象识别系统的构成。
❸ 简述政府形象塑造的内涵及理论基础。
❹ 政府形象塑造的途径有哪些?
❺ 简述领导人公共形象的内涵与影响因素。
❻ 领导人公共形象塑造的途径有哪些?

参考书目

❶ 廖为建．公共关系学．北京：高等教育出版社，2000.
❷ 李丽丽．行政领导者公共形象塑造研究（硕士学位论文）．哈尔滨：黑龙江大学，2010.
❸ 郑银玲．公共危机中的政府形象管理研究（硕士学位论文）．长春：吉林财经大学，2010.
❹ 任堃．危机管理视角下的当代中国政府形象构建（博士学位论文）．济南：山东大学，2010.
❺ 郭玮．基于GIS的政府形象管理研究（硕士学位论文）．天津：天津大学，2006.

第七章
政府危机传播管理

本章学习要点

- ◇ 危机传播的内涵
- ◇ 政府危机管理与危机传播
- ◇ 政府危机传播的管理组织
- ◇ 政府危机传播的原则
- ◇ 政府危机传播的应对策略

本章从介绍危机的概念与特征入手，从政府危机传播体系建构的角度，对政府危机传播的管理组织、传播原则等作出解读。在此基础上，介绍了政府危机传播的主要应对策略和方法，并重点对新媒体环境下的政府危机传播管理进行阐述。

第一节 | 危机传播概述

近年来，随着新媒体的迅速发展，新形式的危机事件不断发生，其中由网络舆论引发、直接威胁到政府形象的事件，使政府在应对危机时的传播能力面临挑战。

一、危机传播的内涵

（一）危机的分类

危机是指由组织外部环境变化或内部管理不善造成的可能破坏正常秩序、规范和目标，要求组织在短时间内做出决策，调动各种资源，加强沟通管理的一种威胁形势或状态。根据《国家突发公共事件总体应急预案》中突发公共事件的发生过程、性质和机理，以及近年来国内频发的危机事件的新特征，危机主要分为：（1）自然灾害。由于不可抗力引发的灾害，如地震灾害、水旱灾害、气象灾害等。(2）事故灾难。由于人为因素引发的生产事故、交通运输事故、公共设施和设备事故以及环境污染和生态破坏事件等。(3）公共卫生事件。主要指严重影响公共健康和生命安全的事件，包括传染病疫情、食品安全等。（4）社会安全事件。主要指恐怖袭击、经济安全事件、涉外突发事件等。

政府面对的主要危机类型有：

(1）公共危机：重大事故、环境破坏、公共卫生、公共安全。

(2）管理危机：行政管理、人员管理、财政管理、公共管理。

(3）素质危机：执政能力、服务意识、办事效率、基本素质。

(4）形象危机：公务员形象、官员形象、政府形象（见表 7—1）。

表 7—1　2006—2012 年与我国政府相关的代表性危机案例

时间	危机事件	时间	危机事件
2006 年	云南牟定 5 万只狗的“非正常死亡”	2009 年	上海“钓鱼执法”
2006 年	湖南岳阳、甘肃徽县环境污染	2009 年	成都唐福珍阻止强拆自焚身亡

续前表

时间	危机事件	时间	危机事件
2007年	重庆最“牛”钉子户	2010年	西南地区大旱
2007年	江苏无锡太湖蓝藻事件	2010年	山西“疫苗致死”事件
2007年	山西黑砖窑非法用工	2011年	上海地铁10号线追尾事故
2007年	陕西华南虎照片真伪	2011年	“抢盐”风波
2008年	我国南方冰雪灾害	2011年	甘肃正宁校车事故
2008年	西藏拉萨“3·14”打砸抢烧事件	2011年	广东乌坎事件
2008年	胶济铁路重大列车颠覆事故	2011年	四川会理“领导悬浮照”事件
2008年	安徽阜阳手足口病流行	2011年	江苏南京“梧桐让路”事件
2008年	四川汶川特大地震灾害	2011年	江苏“局长微博开房”门
2008年	贵州瓮安群体性事件（“俯卧撑”）	2012年	哈尔滨塌桥事件
2008年	山西襄汾尾矿溃坝事故	2012年	贵州毕节5名流浪儿垃圾箱身亡
2008年	三鹿奶粉含三聚氰胺	2012年	广州越秀区委常委方大国殴打空姐
2009年	云南晋宁“躲猫猫”事件	2012年	陕西“表哥”杨达才事件
2009年	浙江杭州胡斌飙车案	2012年	北京“7·21”特大暴雨事件
2009年	甲型H1N1流感	2012年	湖南黄金大米事件
2009年	湖北巴东邓玉娇事件	2012年	河南周口平坟事件
2009年	上海在建楼盘倾覆（“楼脆脆”）	2012年	湖南岳阳“天价切糕”事件
2009年	新疆“7·5”打砸抢烧暴力事件	2012年	中华少年儿童慈善救助基金会“洗钱”风波

资料来源：涂光晋：“政府危机传播管理”课程课件，见百度文库，2013-01-15。

（二）危机的特征

1. 偶然性

危机的形成是必然的，同时，危机又是由特定的偶然要素促发的。以2003年的“非典”事件为例，这是一次国家公共卫生危机，危机形成的根本原因是长期以来公共卫生管理理念和政策存在一定问题，但危机的爆发则源于“非典”病毒的偶然传播。

2. 突发性

与危机的偶然性相关，具体的一次危机往往是突发产生的。潜藏的危机一旦浮出水面，便可能瞬间形成翻江倒海之势，对组织产生巨大威胁。

3. 破坏性

危机的破坏性主要表现在：一是有形损害，二是无形损害。有形损害是指危机造成的财产、生命或健康损失，正常秩序和规范的破坏，既定发展目标的破坏等；无形损害是指危机带来的名誉或信用受损，以及由此形成的组织与利益相关者之间恶性的互动关系。

4. 紧迫性与公共性

紧迫性是指危机演化过程中一系列表现特征的概况：一是时间紧迫，必须在最短时间内作出反应和决策；二是资源匮乏，必须在人才不足、财力不够、信息不畅等情况下有效整合和配置资源；三是涟漪效益，必须形成一套完整的策略以防止危机的扩散和蔓延。

（三）危机传播的概念及特征

所谓危机传播，是指在危机事件发生之前、之中以及之后，介于组织和公众之间的传播。与传统传播相比，危机传播呈现出以下特征：信息符号呈混乱状态，导致传播结构和系统的失衡；信息传播主体与客体复杂互动，传统的传播秩序和信息机制都受到冲击；基于特定结构方式的常态传播彻底失去平衡，整个传播系统自身也面临危机。

二、危机传播的理论建构

危机传播领域最初的研究多是集中在不管是成功还是失败的案例上，比如挑战者号太空飞船失事，而对整合概念、理论体系的研究非常少。目前，逐渐发展起来三个主要的理论模式，即斯蒂文·芬克的阶段分析理论、以威廉·班尼特为代表的形象改变理论和以托马斯·伯克兰为创始人的焦点事件理论。

（一）阶段分析理论

斯蒂文·芬克的阶段分析理论是危机管理中最为著名的理论，他将危机过程划分为危机潜伏期、危机突发期、危机蔓延期、危机解决期四个阶段。

1. 危机潜伏期

危机事件的发生往往都会有一个潜伏期。这个阶段，危机还没有发生，但存在发生的潜在风险，政府往往也难以察觉到危机的苗头。所以，决策者应树立一种危机意识，尽早察觉危机可能发生的“警告标”，应该多想一想“万一……怎么办”的问题。

2. 危机突发期

这一阶段，危机迅速爆发，发展迅速。虽然这一阶段的时间最短，但不良影响最大，容易对人们的心理造成最严重的冲击。此阶段的特征是事件的急速发展和严峻态势的出现。危机管理者在此阶段面临的最大威胁就是雪崩式的速度和巨大的破坏力。危机突发期有四个典型的特征：在强度上事态逐渐升级，由不为人所知到引起公众广泛注意；事态引起越来越多媒体的注意；烦扰之事不断干扰正常的活动；事态影响了组织的正面形象和团队声誉。

3. 危机蔓延期

这一阶段，危机持续的时间较长，危机的热度逐渐消减，不良影响随之也变小。如果危机管理得力，将会大大缩短这一时间。此阶段主要是采取措施，弥补危机突发期造成的损害。这是危机之后的恢复时期，但是决策者要勇于进行“自我怀疑”和自我分析，认真分析危机产生的深层次原因，是外部因素导致危机，还是内部功能失效导致危机。一个组织有无危机管理计划，将在很大程度上影响危机恢复时间的长短。

4. 危机解决期

在危机解决期，事件得到妥善处理，组织从危机影响中完全解脱出来，公众的情绪渐渐回归平静和理性，但又容易发生波动，因此仍要保持高度警惕，因为危机仍可能去而复来。

（二）形象改变理论

在危机传播研究中，威廉·班尼特是利用模型来发展宏观模式的最有影响的学者。班尼特的理论建立在这样的假设之上：个人或组织最重要的资产是它的声誉。他认为，就像其他有价值的资产一样，声誉或公众形象应该从战略高度去维护。任何社会组织必须最大限度地提高其声誉和形象。同时，一个组织面对危机时天生是脆弱的，因为危机事件总是在非控制状态下发生，或者是因为人们的失误或错误判断，或者存在于两个相互冲突但是同等重要的目标选择中。班尼特的形象改变理论分为五个大的战略方法，其中很多又可细分为不同的战术。具体包括：

1. 否认战略

班尼特把否认分为简单否认和转移视线两种。转移视线的好处在于它可以把个人或组织描绘成不公正环境的牺牲品，以引起人们对替罪羊的直接责问。

2. 逃避责任战略

这是最复杂的策略。这个策略有四种战术：一是不可能性。危机状态的发生，是由于信息不对称，并不是组织内部自身的原因导致危机的发生。二是刺激。行为因有害因素的刺激而发生，这样，这种行为天生具有防御性。三是偶发性。危机发生时往往不被人注意，总存在缓和敌对行为的可能。四是良好意图。坏的事件发生，但它总预示着好的真挚的解决意图。

3. 减少敌意战略

班尼特提出六种战术方法，使组织减少责任，维护其声誉和形象。这六种战术是：援助、最小化、区分、超脱、反击、补偿。援助是指为了补偿受害者的损失而采取的救助措施。最小化包括减少或者轻描淡写错误行为，使负面影响降到最低。区分是指把人为错误与社会大环境的深层次矛盾区别开来。超脱是指向人们描绘一种美好前景或新的发展机会，而不是局限于危机事件。反击就是进行申辩和分散公众注意力。补偿即直接向受害者提供帮助，以减轻其痛苦。减少敌意战略就是从各个方面缩小错误行为传播的范围和程度。

4. 亡羊补牢战略

亡羊补牢战略是通过制定相关法律法规来减少以后类似事件的发生。这种亡羊补牢式的做法，与上面提到的补偿的区别在于它是针对未来的，而补偿则针对当前的损失。塞农认为亡羊补牢战略应该和其他形象改变的战略战术共同使用，如否认、援助等，以促进组织重建，维护其合法性。

5. 自责战略

自责战略包括道歉、忏悔和寻求公众的宽恕。班尼特认为，其他战略必须相互配合才能发挥作用，而这项战略可以单独发挥作用。

（三）焦点事件理论

托马斯·伯克兰在 1997 年提出了另外一种危机传播研究的视角。他的理论基础是建立在议程设置功能和对危机传播事件的公共政策运用上的。他认为，鉴于社会变革往往是衰退的结果，而且有着广泛的社会和经济原因，所以社会变革和冲突往往产生突发事件，而那些突然发生的、不可预知的事件，在促进公共政策讨论方面起着重要作用。伯克兰称这些事件为“焦点事件”。一个焦点事件有极大的冲击力，能够唤起公众的注意力，并且在制定公共政策方面容易被人接受。

案例 7—1 埃克森·瓦尔迪兹溢油事故促进美国《石油污染法》出台

作为对1989年埃克森·瓦尔迪兹溢油事故的回应，美国国会通过了1990年《石油污染法》(Oil Pollution Act of 1990)。该法规定，责任方（responsible party）的“损害赔偿责任”主要涵盖“清除费用”（removal costs）和“损害”（damages）两个方面。其中，“清除费用”包括美国联邦政府、州政府和印第安部落依法支出的油污清除成本和任何人根据国家应急预案（National Contingency Plan）支出的油污清除成本。“损害”涵盖六个方面：（1）自然资源损害；（2）不动产或个人财产损害；（3）生计损失；（4）税费损失；（5）利润和盈利能力损失；（6）公共服务支出。

资料来源：王小钢：《中美海洋污染损害赔偿制度及渤海湾溢油损害赔偿》，见《环境保护》，2011（08）。

伯克兰相信焦点事件在设置公众议题方面扮演着主要角色，因为媒体对焦点事件的采访能够引起广泛关注并促使组织采取改善行为。他认为，议程设置就是一个问题及其解决方案得到或失去公众和政府注意的过程。一个焦点事件不能自然地改变政策，但是它可以促使媒体长时间地关注某件事，这样就为新的法律政策的制定提供了“机会之窗”。焦点事件不同于普通事件与日常事件的常规新闻之处在于，它可以最大限度地促使政策制定者和公众对不可预测性事件立刻做出反应，这种反应不像常规事件那样已经经过某种程度的过滤。

伯克兰认为焦点事件有两种主要类型：

1. “常规性”的焦点事件

“常规性”的焦点事件，比如飓风、龙卷风、暴风雨、地震等。这种类型基本上属于自然灾害，也具有一定的可预测性，它们尽管并不完全相同，但还是具有很大的相似之处。这类事件大多是孤立的，对人们话题议程的影响有一定程式可循。

2. “新型”的焦点事件

“新型”的焦点事件往往出乎人们意料、违反常规，具有不确定性和不可预知性。这类新型事件对日常媒体传播的常规的、可预知活动来说是一种冲击。它逼迫人们以新的态度、新的引导标准来对待，甚至制定新的法律法规。

伯克兰指出“新型”的焦点事件与“常规性”的焦点事件的另外一点区别在于，如果全社会都一致认为这事是因为非人力所抗拒的力量所造成的，比如自然灾害，那么人们的注意力往往集中在“我们能够帮助受害者做些什么”这样的焦点上；而在

案例 7—2 美国校园枪击事件引发公众对“枪支文化”的猛烈抨击

2012 年 12 月 14 日，美国康涅狄格小学发生校园枪击惨案，造成 28 人死亡，其中包括 20 名儿童。这是 2012 年以来美国发生的最血腥、死亡人数最多的枪击事件，这也是继 2007 年导致 33 人死亡的美国弗吉尼亚理工大学枪击案后的另一起严重的校园枪击案。

惨案发生后，当天立即有 4 万多名美国人在某网站上联名请愿，要求奥巴马政府颁布控枪法案。该请愿书指出，目前只有严格的控枪法案才能有效减少枪支案件的发生。该网站短时间内便筹集了超过 4.2 万个签名。与此同时，引发了人们在控制枪支和校园暴力问题上更加广泛的讨论。

根据一项调查，美国枪支暴力居发达国家之首。人口 3 亿的美国民间拥有 2.5 亿多支枪，每年有 3 万多人死于枪口下，20 万人因枪支暴力受伤。面对枪击惨案频频发生，无论总统、议员，还是平民百姓，人人生命都有可能面临威胁。

资料来源：据新华网等媒体报道整理而成。

“新型”的焦点事件上，人们更关心的是事故的责任人。自然灾害与人为灾害都具有极大的破坏性，但是自然灾害造成破坏的程度与范围是非预知的，同样人们对其反应的速度与技能也不是完全可知的。对此，公众会允许政府拥有特殊的权力来保护人民的生命财产安全。相反，第二种类型的焦点事件可能引发立法行为，并会影响公众议程。焦点事件不仅能吸引公众，而且是一种人们立法和进行公众讨论的中介工具，舆论可以从多种维度对焦点事件进行讨论。

综合运用阶段分析理论、形象改变理论和焦点事件理论，可以把一个危机事件看作迅速变化环境中的动态的、多视角的一系列关系。在每一项危机传播中，三种理论不一定都得到应用，但是，从不同理论模式中借鉴观念与理念将是非常有效的。这些理论化的过程就是综合与拓展概念的过程，现在被广泛应用在议程设置、政策制定和舆论焦点等方面。

第二节 | 政府危机传播的管理

政府危机管理的根本目标就是塑造良好的政府形象，即将政府处理危机的治理理念及时传播出去，通过一系列外在行为，使管理措施变为可见的外在形象，实现良好的传播效果。

一、政府危机管理与危机传播

在论述政府危机传播的概念之前，首先阐述与它相关联的概念——政府危机管理。政府危机管理主要是指政府为避免或者减轻危机和紧急事件所带来的严重威胁、重大冲击和损害，而有计划、有组织地学习、制定和实施一系列的管理措施和相应的策略。它包括四个方面的变量因素：一是危机情境；二是公众的承受能力；三是政府的控制力；四是媒体舆论。

（一）政府危机管理的范畴

政府危机管理包括三个范畴：

一是政府危机战略规划。政府危机战略规划主要包括：危机发展观的明确和危机理念体系的形成；日常化危机管理制度的建立、维护与修正，明确危机管理的使命和流程，使危机发展观和危机理念体系具有化为现实的制度工具；危机管理战术框架的勾画、论证和执行，以确保危机征兆一旦显现或者危机爆发，组织能依循既定的战术原则、战术组合和资源配置模式开展工作。

二是政府危机预控。政府危机预控主要包括风险评估、危机预警和危机应对训练等内容。

三是政府危机应急管理。政府危机应急管理主要包括决策、执行和恢复等内容。

（二）政府危机管理与危机传播的关系

政府危机传播是指在危机事件和危机状态中，以政府为传播主体和主要信息来源，面对社会公众，通过各种传播媒介和传播形式进行的以危机信息、危机治理信息为主要传播内容的传播过程与传播行为。

政府危机管理的根本目标就是塑造良好的政府形象，而形象塑造就是将政府处理危机的治理理念及时传播出去，通过一系列外在行为，使管理措施变为可见的外在形象，实现良好的传播效果，所以政府危机传播已逐渐成为政府部门应急机制的重要组成部分。换言之，政府危机传播是政府危机管理系统中的重要子系统，主要承担消除危机中最容易发生的不确定信息，发动和引导有利于解决危机的正向舆论，发挥修复、改善和提升政府形象的传播功能。

近年来，我国各级政府部门相继建立起突发事件的应急机制，制定了较为完善的应急预案。但目前绝大多数政府部门的应急机制和预案还是以危机管理为核心，对以媒体和公众为主要对象的危机传播重视程度不够。

政府危机管理与危机传播的区别在于：政府危机管理侧重对危机的管理和规制，以采取措施为主；政府危机传播则更为侧重在危机中的沟通和影响，以信息的流通为主。一般而言，政府危机管理涉及的是危机策略的设计、危机传播管理小组的建立、环境监测、偶发性的规划以及与特定危机有关的管理措施，主要指为了应对突然爆发的威胁甚至危及政府行政、社会生活和群众利益的重大事件或灾难，组织在常态管理的基础上采取的非常态管理措施与程序。而政府危机传播是政府公关中主体组织与客体公众之间沟通的中介。通过运用各种信息传播媒介去建立和维持与公众之间的有效沟通，保持组织中信息的透明和畅通，从而争取公众的理解支持，达到塑造组织形象、协调关系、提高效率、促进实现组织危机决策的民主化和科学化的目的。

二、政府危机传播的管理组织

（一）政府危机传播管理小组的职能

危机传播管理小组是政府危机传播管理的最高权力机构和协调中枢，在政府授权下，它有权合理、合法地调动和配置各种资源以应对危机，并在危机中代表政府作出决策，采取行动。因此，成立危机传播管理小组实际上是在危机状态下聚合资源、集中权力的一种管理模式，将平时分散在政府不同部门的危机传播管理功能汇总于专门机构。

案例 7—3　美国公共危机管理体系的现状

从纵向看，美国危机管理体系大体上分为联邦、州、地方三级。美国是一个联邦制国家，联邦政府、州政府与地方政府在公共事务管理上各有分工，在危机处理方面也是如此。国家以立法形式要求各州、县、市设立相应的紧急事务管理机构。从横向上看，国家以立法形式要求各州、县、市设立相应的危机管理机构，负责本级的危机处理和协调；其他政府部门或单位也要指定具体人员负责，配合危机管理机构的执行。在联邦层面，国土安全部以及下属的联邦紧急事务管理署总揽联邦一级的危机应对事务，司法部、国防部、商务部、农业部等政府部门依据自己的功能在危机应对的不同领域发挥协调或支持作用。从州一级看，州级紧急事务管理署是本级危机管理组织体系的核心领导机构，州政府其他机构在需要时配合参与危机处理。在地方层面，地方紧急事务办公室协调地方各部门的危机应对。

资料来源：高远：《美国公共危机传播初探》，硕士学位论文，北京，中国人民大学，2007。

具体而言，危机传播管理小组主要有如下职能：

1. 预警职能

危机管理专家巴顿认为，如果一个危机管理团队在危机发生前失灵，那么在处理危机的过程中它肯定也会失灵。在危机征兆出现后，危机传播管理小组应立即投入运转，建立并领导危机检测系统、危机评估体系和危机预报系统。小组要针对政府所处的内外环境，在尽可能深入调研的基础上，了解危机产生的根源，把握危机发展变化的趋向。同时，小组有必要对危机做出理性评价，制定初步的应对方案，以扼制危机的蔓延势头。除内部有效沟通外，小组还应有选择地向政府外部的利益相关者发出危机预报，警醒利益相关者准备应对危机。

2. 执行职能

在全面监测和科学评估的基础上，危机传播管理小组要研究和拟定危机传播管理的战略规划和战术体系。战略规划包括危机传播的总体目标、基本原则和策略框架等；战术体系包括危机传播的具体流程、权责分工、实施方法和应对技巧等。

在制定战略规划和战术体系的基础上，危机传播管理小组的工作，主要包括三项内容：一是按计划确定流程，逐步实施危机的应对策略，如管理危机现场、安排媒体采访、接待利益相关者和着手恢复形象，等等；二是为小组之外的政府成员提供政策咨询，在必要的情况下要针对可能出现的问题提供应答蓝本，避免节外生枝、乱中出乱；三是联系、聘请外部公关专家和管理顾问，以寻求外脑支持，对涉及司法诉讼的危机事件，还要取得专门法律机构或人士的帮助。

3. 培训职能

危机状态下的组织，每一个成员都是危机传播的主体。因此，危机传播管理小组必须对包括最高领导者在内的所有组成人员进行危机传播培训与演练，以开创全员公关的良好局面。危机传播培训一般包括危机意识教育、危机防范教育、危机管理实务教育等内容。除了危机传播培训外，危机传播管理小组还有必要组织适当规模的危机演练。演练的目的有两个：一是提高组织成员应对危机的传播实务技能，使之在真实情境中了解自己应该如何想、如何说、如何做；二是情境模拟和实践演练可以发现危机传播计划中的漏洞和弱点，以便及时弥补和修正。

（二）政府危机传播管理小组的构成

危机传播管理小组规模和结构的确定，要坚持功能和资源导向相结合的原则。功能导向是指团队成员在危机状态下能发挥什么样的作用，对于化解危机能否产生重要影响；所谓资源导向是指团队成员在政府中各自掌握何种资源，是否具备丰富的资源配置经验和较强的资源整合能力，资源流向也为人员构成指定了方向。按照功能与资源的双导向原则，一个合理的危机传播管理团队应包括以下几类人员：

1. 组织领导者

领导者加入危机传播管理小组，有利于在紧要关头做出权威决策，有利于计划执行中的人员协调与资源整合，使计划得到坚决、彻底的贯彻。

2. 公共关系专业人员

危机传播管理对团队的专业素养和技能要求较高，公共关系专业人士的加入有助于管理程序的优化和棘手问题的处理。他们对沟通中出现的问题更敏感，对政府与利益相关者关系的异常更具洞察力，对危机信息的加工、处理也相对更加科学、规范。

3. 危机涉及领域的专业管理人员、服务人员

危机爆发的领域不同，团队的构成人员也应有所区别。这里的“领域”具有双重含义：一是指空间范围，危机在哪里爆发，便需要吸纳哪里的管理和服务人员，以求做到对区域情况了然于胸；二是指危机问题的归属范畴，财务危机、质量危机、人力资源危机、品牌危机、竞争对手挑衅、媒体造谣滋事，这些不同类型的危机指向了不同的专业领域，因此有必要让相关部门的管理人员加入团队，以求做到“内行看门道”。在必要的情况下，团队也可以从外部聘请专门领域的社会权威提供咨询和指导。

4. 新闻发言人

新闻发言人是政府在危机时期的代言人，经验不足或能力低下的发言人只能导致危机恶化。发言人的核心任务是与媒体和公众打交道，因此无论由组织领导兼任，还是设立专职人选，杰出的沟通管理能力都是最重要的。此外，小组成员还应包括行政后勤支持人员、律师或法律顾问以及“公众热线”接待人员等。

三、政府危机传播的原则

（一）及时性原则

英国危机公关专家里杰斯特曾提出关于危机处理的著名的“3T”原则：以我为主提供情况（tell you own tale）；尽快提供情况（tell it fast）；提供全部情况（tell it all)。显然，这三条原则都涉及危机传播。危机事件的突发性、紧迫性、高度不确定性和既有及潜在的破坏性，决定了“尽快提供情况”（tell it fast）即及时应是危机传播的首要原则。

调查表明，突发事件中大多数公众在接受信息时有“先入为主”的趋向。换言之，人们更愿意接受第一时间得到的消息。政府向公众传递信息的速度其实是政府对危机的反应速度的一种体现，它说明应急的预案已经启动，事态正在逐步得到控制。但是如果公众没有得到任何消息，一方面，人们就会认为政府未能对危机做出及时的反应，从而对政府失去信心，而公信力是需要政府付出百倍的努力才能够挽回的。另一方面，信息的滞后容易造成谣言的滋生，在新媒体环境下，谣言传播的渠道多，并且速度很快，这有可能导致人心惶惶，不利于社会的稳定。

因此，政府危机传播应该遵循“时效第一”的原则，不能等到问题全部搞清楚以后才发布信息，重要的是向公众表明政府的立场和态度——政府部门关注危机，并且已经启动了相应的机制来处理危机。例如，2005 年 7 月 7 日，英国伦敦发生地铁爆炸案，这一突发事件立即成为媒体和国际舆论关注的焦点。案发后仅数小时，伦敦市政厅新闻办快速拿出新闻发布和舆论应对方案，打破常规，以多频次、多层次、多角度的新闻发布活动，通过媒体向社会及时提供大量的信息，形成大面积的信息覆盖，满足社会对爆炸案的信息需求。在整个爆炸案的处置过程中，伦敦市政厅新闻办以快速、高效、公开、透明的姿态确立了自己在事件中新闻发布的主渠道地位，始终控制着新闻发布的主导权。

（二）坦诚性原则

政府危机传播的首要目标就是建立政府部门的公信力和可信度，这也是危机传播组织必须遵循的原则。诚信负责的原则要求政府保证信息真实准确。危机事件发生后，传播组织不能在公众面前遮遮掩掩，而要实事求是、真诚坦率地面对公众，直截了当地公布危机事件的真实情况，以最短的时间发布坦诚的声明，承诺对危机事件的处理，并及时向公众通报危机处理进度，正确引导社会舆论，稳定民心，消除公众疑虑。只有这样才能争取到公众的信任、理解和支持，从而有利于危机事件的解决。在此基础上，信息的连贯性和一致性十分重要。时断时续和不一致的信息会增加公众的焦虑情绪，并且导致他们产生质疑。

危机传播是政府义不容辞的职责，危机传播组织作为政府危机传播中的决策者、执行者，必须坚持公众利益至上，把公共利益的最大实现作为传播活动的目标。当危机发生时，不推诿、不后退，积极主动地去化解危机；在危机发生之后，对受害者表达同情和慰问，及时有效地解决危机给公众带来的困扰。

（三）预警原则

《左传》中说“居安思危，思则有备，有备无患”；《礼记·中庸》中说“凡事预则立，不预则废”。政府危机传播的目的是使用少量的钱去预防，而不是等危机出现以后，造成了损失，再花大量的钱去治疗。而预警则可以实现这一目的，即使不能阻止危机事件的发生，也可以最大限度地减轻危机所造成的损害，这可以说是政府的最优化传播。政府危机传播的核心是平时预防，而不是危机出现之后力挽狂澜。比如，1953 年 5 月，日本沿海发生了破坏性海啸，海啸发生后 7 分钟，靠近震中的监测站就发现了海啸波，第 14 分钟后由电脑自动制作的警报已向日本全国发布，并迅速传达到太平洋各国家和地区，这次破坏性海啸仅造成 104 人死亡；而 2004 年 12 月在南印度洋发生的破坏性海啸，由于地震监测部门未能及时预警，结果造成了 30 万人以上的死亡。

（四）协调沟通原则

政府危机传播是一个系统工程，它涉及很多系统和部门。危机事件越复杂，涉及的系统和部门就越多。坚持协调沟通原则不仅要求政府进行纵向的协调和沟通，还要进行横向的协调和沟通，这既包括政府自身的协调和沟通，也包括和外部门的协调和沟通。在协调和沟通的过程中，要求双方建立起信息全面、双向交流的具体运行机制，采用一些具体可行的方法促成双向信息协调和沟通，同时还要求政府打破“小而全”的模式。

第三节 | 政府危机传播的应对策略

近年来，在应对三聚氰胺事件、南方冰冻雪灾、汶川及玉树大地震、新疆乌鲁木齐“7·5”事件等一系列重大突发事件中，各级政府通过不同类型的危机传播手段，以及时、准确、丰富的新闻资讯满足了国内外媒体和公众的信息需求，对稳定社会秩序、平稳解决危机事件、树立政府良好形象发挥了重要作用。

一、突发事件中政府信息公开与“泄洪”模式

突发事件中的政府信息公开，是政府依照法定程序将其在应急管理中拥有或

获取的各类信息主动向公众发布的一系列活动过程。以新闻发布制度为例：自2003年“非典”危机以来，我国新闻发布制度从无到有，从中央直属部门初试到地方各级政府普遍采用，从召开形式单一的新闻发布会到举办各种吹风会，安排集体采访、个别采访，受理记者问询，发表白皮书等多种形式综合运用，从初期的政府主体“单打一”到逐渐尝试建立党委新闻发言人制度，我国的新闻发布制度建设不断走向深化和成熟。

（一）突发事件中政府信息公开的基本原则

1. 依法公开原则

在突发事件中政府信息公开具有举足轻重的作用，不仅因为政府是突发事件中最权威的消息源，还因为政府肩负着保障社会公众知情权的重任。《政府信息公开条例》和《突发事件应对法》两部法律法规对突发事件中客观发布突发事件信息、反映事件真相、全面公开应对举措、满足公众知情权等做出了详细规定。

案例 7—4　“非典”事件中依法公开原则的缺失

2002年11月16日，广东省佛山市出现了世界上有记录的首起“非典”案例，随后几个月“非典”疫情开始从广东佛山蔓延到了广州。在此期间，病毒和流言开始扩散，而我国媒体对病毒和流言都表现出不敏感。在近3个月的时间内，政府和媒体基本上保持沉默，既没有对“非典”做出基本的医学解释，也没有提及相关预防措施。随着“非典”病毒向全国各地迅速蔓延，疫情的重灾区开始转向北京地区。

2003年4月3日下午，在国务院新闻办举行的中外记者招待会上，时任卫生部部长、党组书记的张文康在新闻发布会上公布了“截至3月31日，北京发现‘非典’12例，死亡3例”，并强调“中国已经逐步有效地控制了疫情”，这显然是个令人难以信服的数据。果然，17天后的4月20日，同样是国务院新闻办举行的中外记者招待会上，卫生部副部长高强通报中国内地“非典”最新疫情，总数由此前的1 512例增至1 807例，新增病人大多集中在北京，已达339例，其中18人死亡，疑似患者402人。随即，中央作出决定，免去张文康卫生部党组书记和孟学农北京市副市长职务，并采取了一系列补救措施，如建立官员问责制、一日两次的疫情披露、实施政务公开等。

资料来源：据人民网、新华网等媒体报道整理而成。

2. 准确发布原则

在广播、电视、报刊和网络新媒体高度发达的今天，公众获得消息的渠道日趋多样化，这让政府现行的信息公开制度面临全新的挑战。不管是事件处理者、新闻发布者还是政府官员，都会成为被监督的对象。因而只有最大限度提供与突发事件有关的样本，全面、客观、精确地描述事故，才能最大限度满足公众了解事件真相和掌握进程的需要。准确发布信息的最基本要求就是在突发事件中信息发布的对外口径要统一，信息发布者应与事件调查组密切协作，及时跟进突发事件的调查进程，掌握事件调查的第一手资料，这对于树立政府应对突发事件的高效、负责形象大有裨益。以 2011 年 7 月 23 日发生的"7・23"甬温线特别重大铁路交通事故为例，铁道部新闻发言人王勇平对于事故的经过和调查掌握不够具体，在新闻发布会中，面对记者质问本次动车事故中具体的伤亡人数，他以一句"不管你信不信，反正我信了"作答，引发舆论的诟病和不满。

3. 及时传播原则

面对突发事件，政府应急信息公开的第一要素就是从快发布，第一时间、第一现场向媒体和公众发出最权威的信息，抢占舆论制高点。突发事件中信息的及时公开传播是让真相跑在谣言之前的有效途径。无论是中国 2008 年"5・12"汶川地震，还是美国的卡特里娜飓风，在世界上每个国家都可能遇到突发事件，而谁在突发事件过后仍然能挺立潮头，要看各国政府在突发事件中的危机处理能力。

在危机传播中，24 小时内曾被业内认为是应对的最佳时机，这也被称为危机处理"黄金 24 小时"，如果拖延则必将带来一定的恐慌和流言。而突发事件中也时常伴随着公众对政府的信任危机。2008 年 5 月 12 日 14 时 28 分，在四川省汶川县发生了里氏 8.0 级地震，北京、上海、天津、重庆、云南等 20 多个省、自治区、直辖市都有震感，而在此次地震发生后不到 10 分钟，中国国家地震局就迅速通过新华社向社会发布了消息，通畅的信息传播和政府及时的信息公开树立了坦诚、公开、负责任的政府形象。在新媒体高速发展的今天，"黄金 24 小时"已经提速为"黄金 1 小时"。

（二）"泄洪"模式

危机发生后，政府传播往往面临诸多困局，比如：媒介的主观故意或客观失误造成报道偏差，形成以讹传讹的不利传播流；某些媒体穷追不舍、刻意刁难；在突发的灾难现场，记者蜂拥而上，严重阻碍急救工作；等等。美国学者皮恩伯格和杜因在描述 1987 年西伯格渡口灾难时写道，消息刚刚传开后，大量记者迅速赶到，他们有的拦住正争分夺秒抢救伤员的急救人员，有的登上输送急救队伍的船只，有的无休止地跟踪和骚扰被害者家属，有的冲破警戒线将现场秩序搞得混乱不堪，最后政府不得不叫警察威吓他们。事实上，警察的干预往往也收效甚微，记者总是能找到危机的孔隙，钻入其中，寻觅自己认为有价值的东西。

这就要求政府积极行动起来，采取有效的应对策略，迎接挑战。从各国危机传播管理实践和研究成果来看，媒介应对策略的“泄洪”模式越来越受到重视和认可。所谓“泄洪”模式，实质上是“堵不如疏”传统智慧的现实应用——危机洪流翻江倒海，简单围堵必遭决堤之险，不如顺其流势，修补堤岸，于疏通中改变航向。同时，“泄洪”模式也基于另一点考虑：避免或削弱其他社会团体影响媒介议程，发出于政府更加不利的声音（见表7—2）。

表7—2　“泄洪”模式中政府的沟通策略

沟通策略	实施方式	适用范围
诚意致歉	公开表示政府将承担危机责任，呼吁利益相关者的宽容、理解与支持	适用于组织的错误行为导致危机时
改善行动	宣布将尽最大努力弥补和消除危机带来的损害，采取措施预防危机再度发生	适用于组织的错误行为或偶发意外导致危机时
顺应迎合	尝试顺应、迎合利益相关者的心理、态度和行为，并尽量满足他们的需求	适用于利益相关者的需求正当、合理，需予以迎合时
行为正当化	传播真实信息，证明自身行为的正当性，摆脱恶意的破坏和纠缠	适用于危机责任较小且主要由外部诱因引发时
据实辩解	寻找可资辩解的理由，提供证据表明自己不必承担责任，或应承担较小责任	适用于危机责任较小却遭受牵连时
驳斥谣言	采取公告、论辩、戳穿或法律诉讼等手段，攻破谣言	适用于出现可指认并可驳斥的造谣者时
坚决否认	利用各种必要手段，及时告知利益相关者危机并不存在，或者与己无关	适用于证实危机并不存在或与己无关时

资料来源：涂光晋：“政府危机传播管理”课程课件，见百度文库，2013-01-15。

总体来说，“泄洪”模式的实施，应注意以下问题：

1. 提供关键信息，解答关键问题

政府应及时、准确地向媒体发布信息，让自身成为媒体的主要信息源。媒体是依照特定的“框架”选择报道议题的，对信息的筛选总是存在特定的优先序列。对政府而言，为记者提供他们最关注问题的答案，实质上就是“泄洪”中的“排堵”和“清淤”。这就要求政府了解媒体需求，找准关键问题，拟定解决方案。

案例7—5　四川省政府举行“4·20”地震第八场新闻发布会　重点发布地质灾害

4月24日晚20时，省政府新闻办举行第八场“4·20”芦山地震新闻发布会。省委常委、省政府常务副省长钟勉，四川省政协副主席、地质

灾害防治国家重点实验室主任、教授黄润秋，四川省国土资源厅党委委员、副厅长徐志文，成都山地灾害与环境研究所所长、研究员邓伟参加了会议。省委宣传部常务副部长、省政府新闻办主任侯雄飞主持本次会议。

钟勉介绍了地质灾害相关情况。他同时强调，目前地质灾害防治面临相当突出的矛盾：一是救灾物资需求量大与运输通道灾害隐患大的矛盾突出，作为抢险救灾生命线的芦山至宝兴公路，每天多处路段多次发生滑坡、山体崩塌，救灾车辆和人员进出存在很大安全风险，目前又不能封路停运、实施应急治理。二是大量灾区群众急需安置与可供安置的用地稀缺的矛盾突出，很难选择安全、适合的受灾群众安置点，确保受灾群众不受到地质灾害二次伤害的压力很大。新闻发布会上，钟勉还介绍了目前四川省在地质灾害防治方面所开展的工作。钟勉同时通报了下一步工作安排。

发布会上，侯雄飞呼吁广大灾区群众增强防灾意识，提高识灾避灾本领。希望广大参与抗震救灾的外来救援人员、志愿者学习地质灾害防治知识。

黄润秋、徐志文、邓伟就震后地质灾害防治工作开展情况回答了记者提问。

资料来源：《“4·20”芦山地震第八场新闻发布会举行》，见四川在线，2013-04-24。

2. 就事论事，谨慎发表意见

传播的效果可区分为三个基本层次：认知、态度和行为。议程设置假说研究表明，媒体在形成公众认知效果层面功能强大，但在改变态度和引导行为层面则是脆弱的。因此，政府在危机中面对媒体，要把重点放在对具体事实的描述和解释上，而非高谈阔论和指手画脚，“我认为”、“我觉得”等措辞都可能被记者无穷追问和主观臆断打开缺口。在明确根本立场和主要原则的前提下，政府要慎重发表意见性信息，尤其要避免对组织内部成员、相关责任单位的批评，对肇事者的指责也需择机而为。否则，内部消耗、推诿搪塞和更大的抨击浪潮将会随之而至，导致危机局势进一步恶化。

特别提示

政府工作人员应对媒体采访应注意：一是有备而来，在认真调研的基础上充分掌握一手信息；二是心态积极，要懂得换位思考，理解记者，积极配合，态度平和；三是实事求是，要讲真话，态度诚恳，言之有物。

3. 有效管理媒体活动，减少信息“渗漏”

危机事件中，政府需要应对的媒体主要有两类：一类是本级媒体。对本级媒体地方政府应做到“放得开，管得住”。“放得开”，就是在危机传播中应充分尊重和保障媒体的采访权，不以“正面宣传为主”或其他条规束缚甚至打压媒体。因为地域上的便利，本级媒体往往可以在第一时间赶赴危机现场，通过本级媒体，政府可以及时、准确、透明地传达与危机事件相关的各种信息，以及政府对危机事件的基本态度和应对措施，取得全社会的支持与配合。同时媒体也把公众的需求和呼声传递给政府，以利于其科学决策，形成有利于应对危机事件的社会舆论环境。“管得住”，就是对本级媒体不放任自流，应充分利用“党管媒体”的优势，依靠新闻议程设置来引导媒体的报道方向，从而形成正面的主流舆论，为化解危机助推加力。

另一类是外媒体。这类媒体又分境内和境外两类。外媒体覆盖面广，影响力大又不为地方政府所领导，既可以帮助地方政府化解危机，也可能给其工作造成极大被动。因此，政府必须高度重视这类媒体的应对工作。危机事件发生后，政府应迅速主动与本区域外的各主流媒体取得联系，邀请其参加新闻发布会或进行采访报道，利用各个媒体的主渠道功能传递并放大自己的声音。在此过程中，政府必须坚持公众利益至上的原则，对各媒体做到实事求是、开放透明、坦诚自信，在最短的时间内公布危机事件的真实情况，并通过媒体及时向社会通报危机事件处理进度，消除公众疑虑，争取公众的理解、信任和支持。

特别提示

危机事件中对媒体活动范围的把控

这里的“范围”，包含三个内容：特定地点、特定时间和特定人物。特定地点是指要在合适的场所接待记者，确定记者能参与和不能参与的范围。最好的方式是在危机现场指定地点、新闻发布会召开地点、安排好的记者访谈地点等可控制区域与媒体进行对话。特定时间是指在合适的情境和局势下接待记者，把控信息发布的时间节奏。一般来说，要尽可能快地对媒体和利益相关者作出反应，公布危机状态和事实真相，表明自身态度和立场。但是，不宜急于告知尚不确切的结论，否则反受其害。特定人物是指要明确危机传播的新闻发言人，由专门人员向媒体“接招”，避免众说纷纭，口径不一。记者有时会避开新闻发言人，找到政府其他工作人员进行随机询问，这就要求政府必须提前做好准备，进行必要的全员危机传播管理培训。

二、政府形象恢复策略

（一）转移视线

转移视线策略是把公众的焦点转移到那些可以摆脱政府责任或对政府有利的问题上去。通常的做法有两个：一是把政府描绘成不公正环境的牺牲品，以引起人们对替罪羊、真正责任者和其他问题根源的责问；二是“制造”新闻事件以引起公众关注，从而转移他们对危机的注意力。

案例 7—6　再炒“火控雷达照射”：日本打的什么如意算盘

2013 年 2 月 5 日晚上，日本防卫大臣小野寺五典在防卫省举行记者招待会，宣布中国军舰曾在 1 月 19 日和 30 日在东海海域使用“导弹发射雷达”瞄准日本海上自卫队驱逐舰和直升机。没过几天，日本防卫省防卫政策局长西正典又改称，中国军舰在公海上是用火炮火控雷达瞄准日本海上自卫队护卫舰“夕立”号的，但舰上主炮并没有瞄准“夕立”号。之后，日本政府高官不断发表不负责任的言论，大肆炒作所谓的中国军舰火控雷达照射日本舰机事件，渲染“中国威胁”，蓄意制造紧张气氛，误导国际舆论。《产经新闻》等媒体发表社论，污蔑中国军舰“在战争边缘行走”，雷达照射是充满动武意识的“极其危险的挑衅行为”，并鼓动安倍政府对中方采取坚决的“对抗”。

…………

日本炒作“火控雷达照射”还有一个不光彩目的，就是模糊焦点，转移视线，减轻由于日本单边挑衅行动造成钓鱼岛局势紧张的责任和压力，掌控中日关系的主动权。世人很清楚，正是由于去年 9 月日本单方面打破中日在钓鱼岛问题上达成的“搁置争议”默契，公然对中国钓鱼岛实施所谓的“国有化”，才导致中日围绕钓鱼岛主权的争端激化。日本的挑衅行动遭到了中国政府和人民的强烈抗议和坚决抵制，受到了国际舆论的批评，也招致了日本国内爱好和平政党和政治家的不满。为维护国家领土主权，反对日本的单边挑衅行为，中国政府在钓鱼岛问题上采取了一系列维权行动，打破了日本所谓的“实际控制”。在“偷鸡不成蚀把米”的情况下，日本右翼政客选择了炮制、炒作所谓的“火控雷达照射”事件，抹黑中国，以转移国际社会的视线，转嫁日本对造成钓鱼岛局势紧张应承担的责任，进而掌控中日关系的主动权，在钓鱼岛问题上向中方施加压力，获得日本公众对其对华强硬政策和扩军计划的民意支持。把这个事儿拿出来炒作，不过是一场政治把戏，闹剧终将以“搬起石头砸自己的脚”而收场。

资料来源：张军社：《再炒“火控雷达照射”：日本打的什么如意算盘》，见中新网，2013 - 03 - 27。

（二）合理避责

合理避责策略适用于政府确应由自身承担危机责任的情况。危机结束后，政府可以有机会在相对平缓的环境下，比较从容地向公众分析和解释危机的爆发诱因和发展过程。譬如，政府可以强调危机的偶发性，确实因出乎意外而导致措手不及；也可以告知公众自己有着良好的意图并付出了努力，但仍然未能规避损害。这些方法能在一定程度上唤起公众的同情和理解，使其以更冷静的态度审视政府的形象和声誉。

（三）战略自责

战略自责策略包括公开道歉、忏悔和寻求公众的宽恕。所谓“战略”，是因为它应在组织非常有把握的情境下采纳——不适宜的时机下和盘托出必然冒极大风险；而在适宜时机下公开检讨自己，则可能让自己赢得认可和赞许。

（四）重返社会公共空间

除了上述防守型策略外，政府还可以采取积极进取的建设型策略。这类策略包括：主动出席各类社会公共场合，并发出自己的声音；主动加入社区、行业建设，树立负责任的政府形象；主动发起慈善、赞助活动，传播自己的价值主张。如果前述三项防守型策略旨在修复政府形象，使之回归到危机前状态的话，那么建设型策略则重在为自身的形象系统注入新的元素，使之在原有基础上得到改善和提升。

需要强调的是，无论防守型策略还是建设型策略，在执行过程中都必须坚持形象恢复和改善的基本原则。这些原则包括：

1. 让危机的受害者或其家属得到最大的安慰

2004 年 10 月 20 日，河南大平矿难发生后，矿工家属从四面八方集聚到事故现场，盼望亲人生还，然而善后工作管理者却简单、粗暴地进行压制，结果导致冲突。随后，境外媒体纷纷报道这一事件，使河南乃至中国的国家形象受到损害。这一反例说明，对核心利益相关者的关怀和抚慰是危机传播管理的基本着眼点，做不到这一点，其他一切努力都会大打折扣。

2. 让利益受损者重新树立对政府的信心

危机过后，利益相关者的心态会发生重要而微妙的变化：由对危机的恐慌转向对政府的失望。这两种心态，对应着两种期待：前者希望政府能够迅速控制危机，后者希望政府能够重建自己对它的信心。

3. 获得新的关心者和支持者

在形象恢复和改善的过程中，政府可以为之注入新的元素，诸如责任感、凝聚力、可信性等，这些新元素可以为政府获得新的关心者和支持者（见图 7—1）。

案例 7—7 奥巴马就康涅狄格州校园枪击案的讲话原文

图 7—1 奥巴马就康涅狄格州校园枪击事件讲话

今天下午，我同马洛伊州长和联邦调查局局长米勒通了话。我代表国家向马洛伊州长致以慰问，并明确表示，他可以利用一切所需要的资源，去调查这起令人发指的罪行，照料受害者，慰问他们的家属。

在过去几年，我们承受了太多这样的悲剧。每次听到这样的消息，我的反应不只是作为总统会有的，也是作为每个家长都会有的，在今天尤其如此。我知道整个美国没有家长能不如我这般感到巨大的悲痛。

今天逝去的大多数是孩子，是 5 到 10 岁天真烂漫的孩子。他们原本还有漫长的人生路要走：庆生、毕业、结婚、生儿育女。同样殒身的还有老师们：无论性别，他们都致力于帮助我们的孩子实现梦想。

今天的惨案令人心碎——为那些逝去孩子的父母、祖父母、兄弟姐妹，也为那些成年逝者的家属而悲伤。我们的心也为那些幸存孩子的父母而破碎，因为今晚他们为孩子能安全在家而祝福的同时，也知道他们孩子的纯真过早地被撕碎了，然而没有任何言语能够缓解他们的痛苦。

作为一个国家，我们经历过太多次这样的痛苦。不管是纽镇的小学，还是俄勒冈的购物中心，抑或是威斯康星州的锡克教神庙、丹佛奥罗拉的影院，还有芝加哥的街头——这些街区就在我们身边，这些孩子也是我们的孩子。无论如何，我们必须共同努力，采取有意义的行动，去阻止这类悲剧再次发生。

今晚，米歇尔和我将像每个美国家长那样，将自己的孩子抱得更紧一些。我们会告诉他们我们爱他们，我们会互相提醒，我们彼此有多爱对方。但是在康涅狄格州的受害者家庭，今晚再也无法这么做了，他们现在需要我们。在接下来的艰难时光里，这个社会需要我们尽己所能的帮助。作为总统我也将尽我所能提供帮助。

尽管没有什么可以弥补失去孩子或爱人的伤口，但我们可以向那些需要的人伸出援助之手——提醒他们，我们和他们一起，为他们祈祷，他们对失去的亲人之爱不仅藏在他们的记忆里，还在我们每个人的心中。

正如《圣经》中所说，愿上帝保佑遇难者，愿上帝治愈受伤的心灵，包扎流血的伤口。

资料来源：国际在线，2012-12-16。

知识窗

美国环境保护署关于危机传播的原则及行动指南

美国的传播学者森特·科维罗和弗里德里克·艾伦编制了《危机传播七原则及行动指南》，被美国环保署等政府部门广泛采用。

原则一：让公众成为危机管理的合作者。

在民主社会中，危机传播要遵循两个基本宗旨：首先，所有个人和社区都有权利参与那些影响他们生活、财产、价值观的决策活动。其次，危机传播的目标不应该是转移公众对危机的关注或者劝服他们无所作为，而是应该告知公众真相，让他们主动参与到危机管理的工作中来，表现出积极合作的态度。

行动指南：(1) 在制定重要决策之前，要让个人和社区尽早参与进来，尊重公众的意见。(2) 不仅仅要让公众了解危机的严重程度，还要说明危机与公众有何关系。要让公众感到危机管理和自身的利益息息相关。(3) 危机传播的最终目的是赢得公众的信赖。

原则二：倾听受众的声音。

危机发生时，公众所关注的并不仅仅是伤亡者的数目或者是其他反映灾难破坏力的统计数字，他们更关注的是政府部门是否可靠，是否有能力控制局势，是否表现出同情和关注。如果人们觉得他们的声音没有被政府听到，那么他们可能不会去听取政府的任何建议和意见。因此，有效的危机传播一定是双向的。

行动指南：(1) 不要武断地猜测危机爆发后公众会想到什么和想做什么。(2) 可以采用个别访谈、召开座谈会、设立免费电话热线和民意调查等手段，搜集公众的意见。(3) “换位思考”也是很重要的，多了解公众的感受，多从公众的角度考虑问题。(4) 通过危机传播来了解不同社群在政治和经济上的诉求、文化习俗和语言特征，这对进行有效的危机传播是非常重要的。

原则三：坦诚和开放。

有效的危机传播需要由一个值得信赖的信息传递者来完成。因此，危机传播的首要目标就是建立政府部门的公信力和可信度。要想获得信任就不能朝令夕改。获得短期的信任比较容易，只需要通过使用各种传播手段（如语言传播和非语言传播）就能达到。长期的信任则要通过具体的行动和表现来获得。

作为政府部门的信息传递者，发言人最重要的品质就是信誉。赢得公众的信任需要一定的努力，一旦失去就很难再获得。

行动指南：(1) 可以向公众阐明自身的优势和业绩，但不要直接要求公众的信任。如果问题的答案还不清楚，承认这一事实，并且保证尽快提供对方满意的答案。如果发现错误要及时纠正。(2) 及时向公众阐明危机可能带来的风险，同时保留一定的余地，不要缩小或者夸大风险的严重性。如果信息本身带有一定的不确定性，则尽可能多地给公众提供信息，把存在的优势和劣势如实告诉公众，这样公众才不会觉得你在故意隐瞒什么。

原则四：与其他值得信赖的信源合作。

有效的危机传播通常借助于各个部门之间的协调和合作。危机传播中面临的最大困难是出现不同的声音。如果政府部门发布的信息彼此相互矛盾，那么危机管理便无从谈起。

行动指南：(1) 危机传播还应包括组织内和组织之间的传播和交流。(2) 政府各部门应当竭尽所能与其他权威信源——如专家学者、地方官员以及各个社群的“意见领袖”——建立联系，他们可以成为危机传播的权威信源，同时政府部门也可以选择与他们联合发布信息，从而增强传播效果。

原则五：满足媒体的需要。

危机期间，媒体是信息的主要传递者。媒体既能够设置公众议程，也能够影响危机传播的效果。要了解媒体运作的一些特殊规律：它对危机的政治意义的关注往往会超过对危机本身的关注；它喜欢政府部门发布的言简意赅的信息，不喜欢长篇大论；它会不停地寻找各种问题和错误，作为“新闻点”。

行动指南：(1) 对所有的记者保持合作的态度，了解并尊重媒体的截稿时间。尽量为各种媒体提供它们所需要的媒介“产品”，比如为印刷媒体提供新闻通稿，为广电媒体提供同期声和音像资料等。(2) 接受采访之前，要与记者商议具体的主题，并在采访过程中始终坚持这些主题。提前准备几条有说服力的正面信息，在采访过程中反复抛出。可以为记者提供一些相关的背景材料，但不要做推测或假定。(3) 受访时只说那些你愿意重复和应该重复的话，确保受访的所有内容都记录在案。尽量使采访简短。(4) 受访后要追踪记者的报道，与一些值得信赖的记者和编辑建立起长期的合作关系。

原则六：语言清晰、饱含感情。

使用专业术语可以显示政府官员的业务素质，但是对以媒体和公众为主要对象的危机传播而言却是很大的障碍。危机爆发时，媒体和公众没有耐心听那些枯燥的数字和专业术语，这时通俗易懂、表达关爱的语言更有说服力。

行动指南：(1) 使用清晰的、非技术性的语言。尽量适应危机发生地的受众语言习俗。尽量让讲话简短，但又要尽可能多地向公众提供他们所需要的各种信息。多用图片等来说明问题，多使用“人性化信息”比如故事、案例以及趣闻轶事等，使技术性很强的信息鲜活起来。(2) 在描述伤亡和疾病等主题时，避免使用一些抽象的、不常见的或者没有任何感情色彩的词语。通过语音和行动对公众的恐慌、焦虑、无助等情绪做出回应。(3) 在谈及危机可能带来的风险时，可以采用比照的方法，帮助公众对所面临的各种风险的严重性做出评估。(4) 多使用“行动性信息”，即向公众阐明即将或可能采取的行动。要向公众阐明政府接下来会采取的措施和公众将会得到哪些救助。要清楚明确地告知公众：伤亡和疾病是令人心痛的，但却是可以避免的。

原则七：周密筹划和认真评估。

危机传播虽然应当遵循一定的基本原则，但根据传播目标、媒体和受众的不同，我们仍然需要制定不同的策略。危机传播的成功取决于周密的筹划和认真的评估。

行动指南：(1) 从最简单、最清晰的目标做起，比如给公众提供信息，安抚公众情绪，鼓励公众进行自我保护，调整行为习惯等等。(2) 对危机中的一些技术性因素进行评估，搞清其优势和劣势所在。在受众当中确定一些能够协助政府进行危机管理的群体和一些有特殊需求的群体，对这些群体进行有针对性的传播。(3) 选拔口头表达和人际交往能力过硬者担任新闻发言人。对政府部门的有关人员（包括从事专业性和技术性工作的人员）进行传播技巧的培训。对发布的重要信息，事前要在小范围内做传播效果的检验。(4) 事后要对危机传播的全过程进行认真评估，总结经验，吸取教训。

第四节 | 新媒体环境下的政府危机传播管理

新媒体环境下，危机的突发性更强，破坏性更大，危机影响的双重性更加显著。政府要实现有效的危机传播管理，需要根据危机发生的不同阶段，有针对性地制定策略并加以实施。与此同时，还需借鉴国外政府危机传播管理的相关经验。

一、传统的政府信息发布制度遭遇新挑战

新媒体打破了传统意义上危机传播的信息系统，形成了更新、更广泛的传播渠道。在这个系统中，危机具有了新的内涵。

（一）危机的突发性更强

新媒体环境下，危机事件的发生往往可以通过新媒体话题的聚集而产生。信息生

产主体发生了变化，网络和手机等用户拥有上传海量信息的自由，同时受众可以通过新媒体便捷地获取信息，这时危机产生的原因、后果和变化方向以及影响危机的各种因素使危机爆发时的不确定性增加，危机的扩散更为迅速。危机突发性的增强对政府、媒体和公众都提出了挑战。危机爆发时，缺乏危机传播经验的政府往往会反应缓慢，导致政府的控制力下降；缺乏危机报道意识的媒体不仅不能及时传达政府的声音，更不能及时反映公众的意愿；同时，缺乏危机意识的公众往往会表现出明显的脆弱性。

（二）危机的破坏性更大

新媒体的广泛应用促使社会高效、快速发展的同时，也使危机的破坏性呈现出特殊的表现形态：首先，新媒体信息的全面无障碍传播的特性从一个侧面提供了仿效的平台，使危机事件在规模和频率上都有上升的趋势，频繁出现的社会安全事件、群体性事件等就是这类危机的实例；其次，危机的组织性加强，一些事件的爆发是因为事前组织者通过网络、手机便捷地发布消息，大规模地组织不明真相的“乌合之众”；最后，危机事件的危害性增强，即使危机事件得以平息，但是造成的恶劣社会影响会持续较长时间。

（三）危机影响的双重性更为显著

网络技术的发展使信息的传播不再完全依靠政府和传统媒体发布，信息往往通过网络和手机传播出去，政府对信息的全面控制时代已经远去。面对危机，政府应采取积极的方式，及时公开危机的发展情况，让公众了解实情，而媒体应与政府建立良好的信息通报制度，保持信息渠道的畅通。

二、新媒体环境下政府危机传播管理的策略

（一）危机潜伏期：建立信息的预警和监测机制

危机预警通常会采用两种方式：一是政府、专业机构、权威部门的预警传播；二是社会舆论的预警传播。其中社会舆论的预警传播必然通过网络和手机等媒体来实现，这是由数字媒体在传播方式上非线性、双向去中心化的传播特点决定的。

网络媒体的开放性赋予受众充分的话语权，使公众得以自由地在网上表达思想。其意见诉求心理在网络上表现得更加明显。公众对于社会制度中所存在的某些问题的不满和意见，常常会在网络上无所顾忌地进行表达。这些意见表达出公众的不满情绪或行为，一些看起来偏激、片面的言辞却是真实情绪的表达，是民意的反映，有助于政府及时发现危机的苗头，提前采取措施加以控制和解决。公众的不满情绪如果不被

重视，得不到正确引导，则有可能在网络上蔓延和扩散，酿成严重后果。若政府掌握了这些信息，并恰当地运用网络媒体与公众进行及时的沟通，有效地疏导和化解他们的不满情绪，则能够防止危机的发生。所以一定程度上，网络媒体的危机预警是对公民知情权的尊重和政府社会预警职能的体现。

此外，在新媒体环境下，危机预警的一种重要方式则体现为政府危机预警机制的建立。政府应联合数字新媒体，如网络、数字广播等，建立媒介一体化的有效的危机预警系统。对可能发生的自然灾害，政府要及时做出预警，力图将损失减到最小；对可能由人为因素引起的危机，由于在潜伏期中危机存在变大或消退两种可能性，在日常工作中，政府相关管理部门要时刻监测社情民意，同时要研究谣言的传播规律，提高对纷繁复杂的信息的监测能力，特别是针对有可能给社会造成巨大危害的谣言，应及时对民众进行预警与教育，防止非理性言论和谣言大范围快速传播，力图将危机扼杀在萌芽状态，以免日后酿成不必要的冲突，从而维护社会秩序的和谐稳定。

案例 7—8　香港：预警机制完善，危机教育到位

2012 年 7 月 24 日 14 时 40 分，香港天文台改发一号戒备信号，13 年来袭港最强台风“韦森特”渐行渐远。因台风一度短暂停顿的城市生活又恢复了往日繁忙。除了倒伏路边未及时清理的树木，在香港多数地方，这场最大风力 12 级的台风仿佛未曾造访。应对台风“韦森特”，从政府、企业到市民密切配合，出台包括停课，企业允许员工提前下班，确保疏通及修葺淤塞或损坏的污水渠及雨水渠等措施，政府完善预警应急机制，使得这场强台风在香港未造成人员死亡。

恶劣天气是对一个城市政府管理水平的考验。“韦森特”肆虐之际，也是政府各部门最繁忙之时。如果说天文台不断更新的警告信号是迎战台风的指挥旗，那么保安局制定的《天灾应变计划》就是政府应对台风的“宝典”。这里边详细规定了政府各部门的具体任务，还指定了责任人。比如，渠务署署长负责疏通及修葺淤塞或损坏的污水渠及雨水渠，确保污水处理厂及洪水抽水站运作良好。该署的应急及处理台风损毁组织 24 小时运作，遇到 8 号或以上热带气旋警告信号，会成立紧急事故控制中心。运输署的紧急事故交通协调中心会在台风袭港期间，联系公共交通营办商，各政府部门包括香港天文台、警务处及各工程部门，收集交通及道路的资讯，作出协调并通知媒体。

香港市民能够有条不紊地应对 13 年来最强的台风，主要原因之一是得益于危机教育——香港特区政府应急管理的重要一环。特区政府从中小学开始就着手培养市民的危机意识，开展教导市民如何应对灾难的培训和实地演习等活动。

资料来源：正北：《香港：预警机制完善，危机教育到位》，载《新闻晨报》，2012-07-27。

（二）危机爆发期：建立信息的及时、准确发布机制

在危机爆发期，网络和手机等媒体的信息发布，并没有在危机潜伏期的舆论及时预警中得以控制，而是继续呈现扩大散播趋势，并且大众传媒虽然接收到了相关信息，但是由于制度上的限制，相关深度全面的报道不能在第一时间发布，造成这一时期受众一方面通过新媒体发布信息，另一方面运用新媒体使知情权得到满足，由于网上的言论得不到“第三方”——大众传媒的有效支撑和验证，这就在一定程度上加剧了舆论形态的畸变——流言传播。流言是社会不安定状态的反映，当社会危机四伏，或发生重大的事件时，随着谣言的增多，流言会在社会上蔓延开来。危机事件的新闻发布要注重信息的时效性和真实性，不能避开热点。为了控制流言的不断蔓延，政府要在第一时间发布关于事件进展的最新的准确信息，掌握舆论引导的主动权，从而有效提供事实真相，化解人们心中的疑惑。2009 年 3 月，在中央党校的开学典礼上，习近平提出了领导人要提高同媒体打交道的能力。政府只有借助多样的媒介形式，才能实现信息的更快速、更广泛的传播。这就需要政府与多种媒体之间建立良性的互动合作机制，使政府信息能够借助传统媒体与新媒体的跨界传播及时使公众知悉。

政府作为政府危机传播中的传播主体，其独立和常设功能在危机传播中起到至关重要的作用。政府在新环境下的危机传播中主要担负的职责应该包括信息的快速采集与分析和通过网络进行信息的发布与沟通等。其中，高效充分的信息采集和科学精密的信息分析能为政府部门及时、全面地掌握危机信息及科学决策提供依据。而在网络环境下，政府对流言传播的网络防范机制并未成熟，在危机爆发期，网络在传播特点上的更少限制和更多互动，造就了突如其来的流言，而政府相关部门还未从传统媒体环境下的政府危机传播的职能向新媒体环境下的危机传播职能转变，未能将权威信息通过网络广泛传递给受众，普遍缺乏运用网络与受众进行沟通交流的意识。在危机爆发期，政府对流言的控制是“被动式”的应对，而非“主动式”的解决。

2011 年 3 月，中国市场上掀起了一股“抢盐”风潮。事情源于一条来自微博的谣言，说日本核辐射会污染海水从而导致食盐短缺。这条信息未经核实即被大量人转发，多地出现抢购食盐现象。与此同时，国家发改委、商务部等政府相关部门借助传统媒体与新媒体的联盟，纷纷在第一时间辟谣，与谣言进行“赛跑”。真相大白后，这场非理性的闹剧不禁引发我们更多的思考。

案例 7—9　民政部：改进突发事件中的新闻发布，加强与媒体良性互动

据民政部网站消息，在今日召开的加强和改进民政新闻宣传工作视频会议上，民政部部长李立国围绕在媒体关注与公众监督下推进工作的主题

指出，民政部门和民政工作者要增强重视媒体、依靠群众的意识，自觉与媒体互动、与公众交流，从媒体监督和公众关注中解决问题，推进工作。

…………

李立国指出，面对舆论监督，相关地方有的应对及时、妥当，有的应对迟缓、不当。一方面是因为在抓大事、办实事中，存在着与多方媒体应急沟通、细致沟通不够；另一方面则体现了民政部门在接受媒体和公众监督中还存在一些不适应之处。比如对媒体作用的认识有待提高，对新媒体的使用有待学习，对媒体看待问题、分析问题的视角有待研究等。

李立国要求，各级民政部门要高度重视，提高应对媒体能力。要加强和改进突发事件新闻发布工作，建立健全新闻发布工作机制，有条件的地方要建立新闻发言人制度，及时准确地发布权威信息，有效引导舆论。要加强舆情监测分析工作，建立舆情会商机制，提高舆情研判引导能力。要加强系统内部信息沟通，形成上下畅通的工作联动机制。要加强民政干部新闻素养的教育培训，引导民政干部既要做好民政业务工作，又要主动做好新闻宣传和舆论应对工作。要善用媒体，善待媒体，与媒体良性互动，引导媒体走近民政、参与民政，为民政事业发展提供支持。

资料来源：《民政部：改进突发事件中的新闻发布，加强与媒体良性互动》，见中新网，2013-01-15。

（三）危机扩散期：建立信息的追踪、深度挖掘机制

危机扩散期是政府与媒体进行沟通的最主要阶段，此时政府不但需要迅速决策，还要通过媒体协调各种社会力量共同处理危机。政府要借助多种媒体的传播力量，尤其是微博、网络论坛等新媒体的传播优势，持续关注事件的后续进展。比如，事件中伤者的情绪是否稳定？民众的救援物资是否真正物尽其用？相关部门是否承担起在事故中应该承担的责任？通过媒体的积极作用，政府能及时获得危机状态和民众心态的反馈，促使政府根据公众舆论的要求和建议，适时调整政策，进行科学决策，实现政府和公众的良性互动，从而进一步引导公众舆论向合理方向发展。新媒体传播的碎片化特点不仅能从多个角度提供关于危机的信息，对事件进行全面报道，更能因其传播优势，第一时间发布事件的最新情况，满足民众获知事件后续发展的需要。若错过了在危机突发期信息发布的最佳时机，政府则应该在这一阶段主动承担应有的责任，及时澄清真相，控制谣言的传播，公布相关政策，获得公众的信任。只有不逃避责任，不断加强自身的诚信建设，才能防止失语情况的出现，以减轻社会恐慌。在关注事件后续进展的同时，政府也要对危机情况进行深度分析，探析危机的前因后果，聚合分散的舆论，引导人们进行理性思考，在最大限度上消除危机事件的隐患。

值得注意的是，虽然新媒体为政府和传统媒体的舆论引导提供了畅通的环境，但

是从另一个侧面增加了政府舆论引导的难度。对于受众来说，新媒体具有较强的群体暗示和群体感染机制，并体现出了较强的群体集合行为特征。群体集合行为中，传播的一个重要部分是与信息相伴随的情绪或感情，这种情绪或感情通过群体暗示和感染机制不断得以加强，就容易形成某种舆论导向。集合行为多以群集、恐慌、流言、骚乱的形态出现，是具有非理性特点的传播行为，通过新媒体更容易在网络上形成先入为主的舆论导向。政府部门在危机事件发生后发布的官方消息和开展的舆论引导，如果与这些集合群体原有的猜测和设想不一致，他们就会对政府部门发布信息的真实性和准确性产生诸多质疑。

（四）危机消退期：建立信息的总结、情感关怀机制

危机消退期，并不意味着政府危机传播过程的结束，尤其在新媒体环境下，信息的传递更多地呈现出去中心化的特点，即政府与公众进行双向沟通，而非单向的信息发布。政府立足于现实的危机问题，应充分利用新媒体广泛的舆论空间，针对公众舆论的热点，通过各种渠道及时发布官方消息，向公众说明事实，安抚人心，及时消除危机消退期的危机事件隐患，对危机进行反思，重塑政府形象。

传统媒介环境下，在危机消退期，政府部门主要通过报纸、杂志、广播和电视等传统媒体来公开信息，发布真实情况。而在新媒体环境下，网络媒体突破了传统传播技术功能的局限，为政府危机传播提供了更加丰富和多样化的修复危机的方式。比如：可以基于信息技术建立门户网站，使之成为官方发布信息的权威平台；通过论坛、电子邮件、网上信访等方式与公众产生互动，减少公共危机事件再度发生的可能性。同时，网络媒体继续进行后续报道，做到危机过程的“有始有终”。并且通过利用网络多链接的特点，进行危机事件发生、发展的全面回顾，为公众展示完整的危机事件过程和多角度多层次的分析，使公众广泛参与到问责和经验总结的政府形象修复过程中，寻求今后避免此类危机和改进政策的方法，这也是网络媒体引导舆论并且上传舆论的良好时机。

在危机消退期，社会心理往往呈现反弹和低落的状态，网络媒体可以发挥其人文主义关怀的优势，尽量安抚公众情绪，使危机后社会震荡的影响降到最小限度。而对于政府来说，危机后政府的形象和声誉都会受到不同程度的损害，政府要借用多种媒体，尤其是新媒体在互动性方面的情感关怀优势，对公众给予情感关怀与精神支持。新媒体可以通过发起投票、发起话题了解民众对危机处理的反馈意见，从而可以达到良好的互动效果。说到底，贯穿于危机始末的是一个“爱”字。这个阶段也是政府、媒体进行形象修复的阶段，政府只有找出危机应对的不足之处，对危机事件进行总结，才能更好地应对下次发生的危机，建立其在公众心中的公信力和权威性。

三、国外政府危机传播管理的相关经验

危机已经成为全世界各国政府必须应对的紧急状态，国外学者很早就开始了危机传播理论的相关研究，同时国外政府对于新媒体环境下的危机传播应对也积累了丰富的经验。

（一）重视制度建设

1. 建立电子媒体信息公开法规

美国政府颁布了一系列信息公开法案，即使政府在危机传播管理这种特殊的情境下也必须遵循，这不仅保障了危机信息的及时发布和有效传播，也保障了人们的知情权。1996年的《电子信息自由法》对电子情报的检索、公开、期限等问题都有具体规定，其最主要的目的即要求相关的电子版的政府行政信息也必须遵循《信息自由法》中的信息公开条款。《信息自由法》及其开放的精神是美国政府开展信息管理的最根本准则。法律的支撑保证了政府信息的自由流动。此外，美国还颁布了专门的作为基本法的《联邦应急计划》（Federal Response Plan，FRP）。FRP最早发布于1992年，并于1994年4月进行重新修订。FRP具体阐述了危机应对中的政策与计划设计的前提、运作纲要、应对和恢复行动，以及27个联邦政府部门及机构（包括美国红十字会）各自的职责。

知识窗

美国：《国家应急反应计划》统领应急工作

美国国土安全部于“9·11”事件之后成立，是美国政府管理重大自然灾难和人为紧急事件等涉及国土安全危机的领导机构。2005年1月，该部与其他部门合作制定了《国家应急反应计划》。

这项计划综合了美国原有的应急处理程序，取代了以前的《初期国家应急计划》、《联邦应急计划》和《联邦放射性应急计划》等，为所有国家紧急事件管理机构提供了一个核心行动计划，为美国处理天灾人祸、恐怖威胁及袭击等国土安全事件确立了统一标准。美国前国土安全部部长里奇指出，这一计划体现了政府对实现“一个团队，一个目标——一个更安全的美国”的承诺。

《国家应急反应计划》重新构建了美国的危机管理机制，为不同部门间的协作建立起标准化培训、组织和通信程序，并明确了职权和领导责任。根据该计划，美国政府设立永久性的国土安全行动中心，作为国家级最主要的多机构行动协调中心；成立国家应急反应协调中心，作为国土安全行动中心的一部分，负责联邦

危机反应的整体协调；建立地区应急反应中心，负责协调地区应急反应，在各地落实联邦项目支持等。

这份长达426页的计划指出，美国联邦调查局、国家和各州的应急行动机构、联邦机构等接到紧急事件报告后，要提交给国土安全行动中心进行评估。如评估认为所报事件构成了现实或潜在的国家级危机，国土安全部必须据此做出反应，包括统一发布预警和警告，与其他部门分享信息，启动国家应急系统内的有关组织，部署人力、物力，开展预防、准备、应对和善后活动。

《国家应急反应计划》还重视公民组织和团体在危机预防、准备、应对、善后中的作用。它规定由专门机构负责召集这些团体，开展公民培训等社区活动，按公民技能和实际需要组织社区应急小组、医疗预备队，提供社区守卫和志愿警察服务等。

美国国土安全部还强调，应急不仅是国家和地方的责任，也是公民的个人责任，要求公民平时就做好应急准备，包括备好足够3天生存所需的应急物品。这些物品包括：换洗衣物、睡袋、食品和水。食品以易储备的罐头和干燥食品为宜，饮用水量应以每人每天至少1加仑为标准。每家还应备好手电、电池供电的半导体收音机、备用电池、急救包、处方药品、个人卫生用品、能密封门窗的胶带和结实的塑料垃圾袋；确定家人联络方式，确保灾害发生后家人之间能保持联系。

资料来源：曲俊雅：《美国：〈国家应急反应计划〉统领应急工作》，见新华网，2005-11-06。

另外，英国政府为了保障信息公开的权利，颁布了《信息自由法》。1984年通过的《数据保护法》赋予公众通过计算机查阅个人信息的权利。同年，《地方政府法》通过，它给予了公众更多的获知地方议会的会议、报告和文件的权利。

2. 建立专业的传播组织

美国建立了国家传播体系。国家传播体系专设有国家电信传播协调中心，其职责是联结美国各电信产业公司以及美国联邦部门，以应对政府在国家安全和突发事件预案中的信息传播服务需求。国家传播体系还负责培训主要的突发事件应对人员，以处理危机时的信息传播恢复工作，确保面对突发事件时的信息畅通。

英国建立了全国媒介突发事件论坛。自1996年以来，英国全国媒介突发事件论坛定期召集来自媒体的高级编辑、中央和地方政府以及为突发事件服务的公共组织的代表与会，商讨洽谈处理突发事件的经验，突发事件中相关信息的传播与沟通是该论坛的核心目的。自“9·11”事件以来，全国媒介突发事件论坛更是发挥了在媒体和政府部门之间的沟通桥梁作用，使双方都进一步了解各自在面对突发事件时的责任，使公众在突发事件中能及时获知相关信息。除了全国媒介突发事件论坛外，英国各地区还有地区媒介突发事件论坛。该组织发起于2003年6月，很多地区的论坛主席同时又在英国地区危机恢复论坛中工作。在地区论坛会议上，地区媒介突发事件论坛成员可以参观和访问英国各地区的政府办公地点，以增强媒体和政府的交流与沟通。此外，全国媒介突发事件论坛还在2002年7月出版了报告《“9·11”对传播的启示》；在2003年出版了涉及传播技术的报告《信息交换必读》。另外，其成员还在全国各地的社区组织演讲，以增加公众应对突发事件的必备知识。

（二）加强对新媒体的监管和控制

国外尤其是西方国家的政府认为，要避免新媒体对政府危机传播的负面影响，最重要的措施就是加强对新媒体的监管和控制，在新媒体的议程设置上起到“把关人”的作用。

1. 通过立法明确网络监管内容

例如，新加坡于 1996 年颁布了《互联网操作规则》，其中指出了网站“禁止内容”的判断标准，即有违公共利益、公共道德、公共秩序、公共安全、国家稳定以及其他现行法律禁止的内容。

2. 通过立法明确网络服务商的法律责任

新加坡颁布的《互联网操作规则》中还要求互联网服务商应主动采取措施屏蔽互联网上的有害信息，开设“新闻组”、“私人论坛”的服务商应遵守更为严苛的法律规定。德国互联网法律规定：如果网络内容提供者提供非法内容，则要承担相应法律责任；网络服务生产商如果有能力屏蔽非法内容传播而不作为，则要承担相应法律责任。

3. 对涉及政治性敏感话题的网站或者言论采取严格监管和控制

2005 年，美国联邦电子委员会宣布了针对网络政治行为和政治性博客的新规定，以解决网络上种族歧视等不良舆论的传播，同时对个人博客中严重嘲弄别人的行为进行限制。

4. 限制网络论坛和新闻跟帖

日本的网络论坛主要采取“会员制”管理，同时实行“实名制”。日本各大门户网站中的网络新闻页面一般不设“评论栏”，公众如果要发表评论要选择专门的网络论坛。

5. 网络媒体新形式不断衍生，政府不断调整监管手段

针对博客、播客、网络电视等网络传播新形式，各国政府及时调整管理理念，改变管理措施，确保网络环境安全和网民运用的协调发展。采取的措施包括：实行许可证制度；采取实名制；严格设定和规定管理员权限和法律责任；依法处罚利用互联网传播有害信息者；等等。

思考题

❶ 简述危机的含义和基本特征。
❷ 简述政府危机管理和危机传播的关系。
❸ 政府危机传播管理的原则有哪些?
❹ 结合一个具体案例对政府危机传播的应对策略作出分析。
❺ 简述新媒体环境下政府危机传播管理的主要策略。

参考书目

❶ 胡百精．危机传播管理．北京：中国传媒大学出版社，2005.
❷ 郭朝阳．冲突管理：寻找矛盾的正面效应．广东：广东经济出版社，2000.
❸［美］科塞．社会冲突的功能．北京：华夏出版社，1989.
❹ 许文惠，张成福．危机状态下的政府管理．北京：中国人民大学出版社，1998.
❺ 刘刚．危机管理．北京：中国经济出版社，2004.
❻ 张国良．新闻媒介与社会．上海：上海人民出版社，2001.

第八章 新媒体环境下的政府传播

本章学习要点

- ◇ 新媒体的定义和特征
- ◇ 媒介融合的定义及流程再造
- ◇ 新媒体对政府传播的影响
- ◇ 新媒体环境下的政府传播新思路
- ◇ 政务微博的特征与功能
- ◇ 政务微博传播的完善途径

新媒体环境下，政府传播面临新的挑战。因此，政府应提高对新媒体的重视程度，拓宽舆论引导渠道，提升自身运用新媒体的能力，并从制度建设和建立预警机制角度，优化新媒体传播环境。在此基础上，本章对政务微博的运行模式和完善途径进行了阐述。

第一节 | 新媒体对政府传播的挑战

传统媒体时代，话语权掌握在传播者手中，还可以通过“把关人”对信息进行筛选，使得进入流通领域的信息符合自己的价值判断标准和利益。而新媒体则打破了传与受的门槛，向所有人敞开了大门，形成了“人人都是记者”的时代，任何人都可以通过新媒体来发表观点和意见。可以说，新媒体时代，政府传播开始面临新的挑战。

一、新媒体的特征及媒介融合的流程再造

（一）新媒体的定义和特征

新媒体是指以数字技术为基础的媒体形态，分为两大类：一类是传统媒体借助数字技术改造而演化出的新形态，比如数字电视；另一类是由数字技术推动出现的新的媒体形态，比如互联网和手机等。目前业界通常提及的新媒体主要是特指互联网媒体和手机媒体。随着技术的不断进步，未来新媒体必将以多样化的形式存在。新媒体主要有以下特征：

1. 信息传播的快捷性

传统媒体的采编流程决定了传统媒体的信息传播会经历一个较长的时间段，而新媒体的移动性、可操作性、便携性等特点使得信息实现了实时传播，信息能在第一时间通过新媒体传播出去。

案例 8—1　19 岁大学生成为“报道”甘肃舟曲灾情第一人

2010 年 8 月 8 日凌晨，甘肃舟曲发生特大泥石流灾害，在这场自然灾害中，19 岁的大学生王凯用手机在自己的微博上发出一张照片和 18 个字：“水灾，停电，几乎一幢楼的人都围在这烛火旁。”这条微博，让他成

为全国图文"报道"舟曲灾情的第一人，舟曲发生灾害的消息立即在网上传播、扩散，而这正体现了新媒体在信息传播过程中的便捷性。

资料来源：《"微博男生"：不一样的夏天 不寻常的成长》，见新华网，2010-08-26。

2. 信息传播的互动性

新媒体的进入门槛低使得其具有广泛的参与性，受众与传播主体之间的互动大为增强，传受两者之间的反馈也因为信息传播速度的加快而变得更加便利。同时，受众的主动权也得到增强，摆脱了传统媒体环境中发布或者获取信息的种种限制，公众可以通过网络论坛、微博、视频等多种方式来获取或者发布信息，这种传受双方互动性的增强，也使得两者之间的信息沟通更加快捷。

通过互动，在信息的影响和其他网友的示范下，公民参与公共事物的方式更加多样，比如提出倡议、发表意见、发起活动等。这反映了公众对社会发展的普遍关注以及对公民权利实施的深层认知，这对政府施政是良好的补充。

案例 8—2 "随手拍照解救乞讨儿童"微博引发广泛关注

2011 年 1 月，中国社会科学院农村发展研究所于建嵘教授在新浪平台上开设的"随手拍照解救乞讨儿童"微博引起全国网友、各地公安部门的关注。网友纷纷将乞讨儿童照片上传至微博，希望家中有孩子失踪的父母能借此信息找到自己被拐的孩子。广州市公安局有关方面表示，他们已经关注"随手拍照解救乞讨儿童"微博。同时，警方提醒网友，如发现乞讨儿童有被拐嫌疑的请立即拨打 110。据于建嵘介绍，"随手拍照解救乞讨儿童"官方微博于 2011 年 1 月 25 日正式建立，立刻引起全国网友的关注和支持。微博开通才 5 天就已有 1 万余人关注，300 多条乞讨儿童信息发布其上。其中以广州、长沙、厦门等地的乞讨儿童信息最多。

资料来源：何剑辉：《"随手拍照解救乞讨儿童"微博引发广泛关注》，见南方网，2011-08-02。

3. 信息传播的开放性

不同于传统媒体，新媒体打破了传与受的门槛，形成了"人人都是记者"的时代，任何人都可以通过新媒体来发表观点和意见。特别是移动终端和网络互动社区使得随时、随地、随人的公民新闻报道成为可能，并且正在深刻改变社会舆论的生成机制。这尤其表现在突发公共事件中，在官民冲突、警民冲突、城管与摊贩冲突、交通事故乃至群体性事件现场，任何一个在场的人都可能上网发送文字、图片、视频，这无疑体现了新媒体在信息传播中的巨大作用。

知识窗

公民新闻的内涵

公民新闻指的是由分散的网民自发进行的一种新闻传播活动，在业界也被称为“参与式新闻”。德拉吉报道是一家美国新闻网站，创始人是马特·德拉吉。与主流媒体不同，德拉吉报道挖掘了很多内幕消息，如率先报道了克林顿与莱温斯基的性丑闻，“拉链门”事件也因最早由公民发布而成为美国公民新闻发展的一个标志性事件。

随着社会民主和法治的不断完善，为了使政府能够更有效地运转，以保证人民的根本利益，通过司法、行政、政党和舆论等途径对政府进行监督日见必要。其中，公民基于新媒体的开放性而展开的网络舆论监督发挥着重要作用。具体来说，网络舆论监督是指公众通过互联网等新媒体，了解和评价政府事务、社会事务等一切涉及公共利益的事务，形成共同意见以促使这些事务沿着法制和社会生活公共准则的方向运作的一种社会行为。当前，网络舆论监督呈现出以下主要特点：监督便捷、意见放大、公民主动和注重细节。虽然网络舆论监督优势明显，作用突出，但一部分网民法治意识的淡薄以及相关法律法规的缺失，会导致网络舆论监督运作中出现许多问题。比如对个人隐私的侵犯，虚假信息对公众的误导，网络舆论对正常行政、司法的干扰等。

知识窗

人肉搜索的内涵

人肉搜索与百度、Google 等利用机器搜索技术不同，它更多地利用人工参与来提纯搜索引擎提供的信息。其流程先是一人提问，然后八方回应，通过网络社区集合广大网民的力量，追查某些事情或人物的真相与隐私，并把有关细节曝光。从现状来看，人肉搜索呈现出发展迅速、范围广泛、影响深远和结局不可预测等特点。同时，它对个人隐私的曝光带来诸多法律和社会问题。

4. 信息传播的聚合性

约翰·弥尔顿在论述出版自由的时候提到了“意见的自由表达”和“观点的公开市场”这一保障民众言论自由的观点，而新媒体正是给了现在的人们一个充分享有表达权的“观点的公开市场”，为受众集结、整合来自多方面的信息，给追寻真理提供了大量观点各异的“感性材料”，为受众呈现多元、立体的事实本身，这种信息的整合能力，有利于受众从多角度来获取各方面信息，得到理性认识。

(二)媒介融合的定义及流程再造

媒介融合指的是报刊、广播电视、互联网所依赖的技术越来越趋同，以信息技术为中介，以卫星、电缆、计算机技术等为传输手段，数字技术改变了获得数据、现象和语言三种基本信息的时间、空间及成本，各种信息在同一个平台上得到了整合，不同形式的媒介彼此之间的互换性与互联性得到了加强，媒介一体化的趋势日趋明显。

媒介融合首先是技术上的融合，信息技术的进步为不同形式的媒介的融合奠定了基础，促使新闻载体进一步向数字化方向发展。媒介融合既包括报刊、广播电视、互联网等传播手段的融合，又包括文字、图片、视频等传播内容的融合。多种形式的媒介的联盟带来了新闻生产与传播的新模式——“融合新闻”。融合新闻打破了媒介间的分散格局，整合所有媒介的力量采集新闻，然后根据不同媒介的受众的特点对新闻进行加工，通过多样化的渠道将不同形式的新闻传递给受众，受众可以根据自己需要的媒介形式针对性地接收信息。可以说，媒介融合背景下新闻业务的工作流程更加便捷和通畅。

案例 8—3　美国“坦帕新闻中心”的媒介融合业务流程

位于美国佛罗里达州坦帕市的“坦帕新闻中心”在媒介融合方面一直走在美国新闻业的前列，它也是全世界进行媒介融合比较成功的范例。该新闻中心旗下有报纸、电视、网络三个平台，每个平台都是独立的，各有其独特的媒介特点。日常工作中，这三个平台每天都会召开多次编辑会议，其中就包括媒介融合的会议。多媒体编辑会参加每个平台上的编辑会议，同时负责协调各个媒体的新闻报道内容。如在参加电视台的编辑会议时，多媒体编辑会与电视台工作人员一起讨论可以与报纸和网站进行融合的新闻。三个平台互相合作，共同发挥其报道优势，尤其在重大突发事件中，报纸和电视台使用的标题往往会比较相似，双方还会彼此宣传对方的报道，同时在网站上双方会进一步进行融合。

二、新媒体对政府传播的影响

基于新媒体带来的整个传媒生态的改变，传统媒体时代相对稳定的政府传播结构正面临挑战，主要表现在以下方面：

（一）网络展示民意，信息传播渠道增多

由于体制方面的原因，在信息传播领域，党和政府往往是一体化的，党的宣传部门在政府传播中实际上占据着主导地位，政府部门在披露信息时，需要得到党的宣传部门的认可，由宣传部门统一来进行安排，而这无疑会造成信息的滞后性，这样的情况特别是处理一些负面消息时尤为突出。

从公众角度来看，目前我国处于社会转型期，制度、法律、道德等方面存在的诸多问题，使公众所承受的紧张感和压力增加，他们迫切需要一个渠道进行发泄。这种情形下，微信、微博、社交网络的出现，使得人们接近媒体的门槛降低，传播的交互性和组织性大大增强，为公众提供了一个非线性的网状传播环境。从一定意义上说，新媒体凭借其独特的传播优势，成为非常合适民众的“减压阀”。在新媒体环境中，公众既可以是信息的接收者又可以是信息的发布者，信息渠道的增多使得信息传播具有连锁效应，一传十、十传百，这就对政府对信息的垄断性发布提出了挑战。2013 年 6 月，武汉大学互联网科学研究中心发布了《2013 年第一季度网络舆情报告》，对 2013 年第一季度网络热点事件进行了排名（见表 8—1）。

表 8—1　　2013 年第一季度网络热点事件排行榜

序号	事件名称	网络热点指数	等级
1	雾霾天气	71.17%	☆☆☆☆☆
2	习近平出访	62.11%	☆☆☆☆☆
3	猪投上海	61.44%	☆☆☆☆☆
4	李某某强奸案	56.27%	☆☆☆☆
5	华裔女生蓝可儿被杀案	52.19%	☆☆☆☆
6	重庆官员不雅视频	45.46%	☆☆☆☆
7	国五条过户浪潮	42.78%	☆☆☆☆
8	新交规黄灯细则惹争议	39.83%	☆☆☆☆
9	香港奶粉限购令	35.16%	☆☆☆☆
10	《南方周末》新年献词事件	34.58%	☆☆☆☆
11	上海毒校服事件	33.23%	☆☆☆☆
12	央视“3·15”晚会	31.81%	☆☆☆
13	朝鲜核试验	31.78%	☆☆☆
14	李克强答记者问	27.06%	☆☆☆
15	抢票插件之争	25.98%	☆☆☆
16	陈光标旁听“两会”	25.97%	☆☆☆
17	台湾人士开通微博	23.68%	☆☆☆
18	铁道部改革	22.19%	☆☆☆
19	山东潍坊地下水污染	21.67%	☆☆☆

续前表

序号	事件名称	网络热点指数	等级
20	兰考火灾	20.52%	☆☆☆
21	“80后”副市长被疑履历造假	20.07%	☆☆☆
22	多地邀请环保局局长下河游泳	19.88%	☆☆☆
23	癌症村	17.01%	☆☆☆
24	周口平坟	14.96%	☆☆☆
25	广东始兴公示官员财产	13.29%	☆☆☆
26	湖北小学踩踏事件	11.69%	☆☆☆
27	公务员抛售房产	8.95%	☆☆
28	长沙坠井女孩	7.56%	☆☆
29	日本预警机监控钓鱼岛	7.29%	☆☆

报告指出，2013年第一季度网络舆情热点事件的热度整体上升，舆情烈度呈阶梯性现状，两极化程度不明显。就舆情事件烈度而言，高、中以及低烈度舆情事件数量比例与上季度相比差距较小，舆情烈度逐级化呈现。但就事件的集中性而言，本季度的中度舆情事件密集度比上季度高，网络热点指数位于20%至40%的中烈度舆情事件占比49%，而上季度的网络热点指数位于20%至40%的网络舆情事件占比不到7%。本季度舆情烈度较高事件同类性较强，例如，雾霾天气和猪投上海都属于环境污染问题，体现民众对环境问题的多维度关注和零容忍情绪。

此外，新媒体提供的匿名、虚拟、开放的讨论空间，使在传统大众传媒时代不想说、不愿说、不敢说的普通人有了表达意见、发泄情绪的场所。新媒体空间中民众对政府及其工作人员的批评，除了毫不留情的严厉言辞，更多的是调侃。调侃的表现形式主要是充满讽刺的段子，用电脑软件处理过的图片、重新剪辑配音的视频等，这些形式的背后，折射的是广大群众普遍关注的与其利益密切相关的急需解决的问题。

案例8—4　网络调侃“名段”摘录

近年来，社会公共事件、国计民生、官员腐败等话题成为网民调侃与批评的焦点。每个调侃的段子，都是特定社会背景的体现，也表达了网民对公平正义的期许。

(1)“北京新八景”。

段子：故宫看海、陶然碧波、安华逐浪、白石水帘、莲花洞庭、大望垂钓、二环戏水、机场观澜。

语境：2011年夏天，北京连降大暴雨，导致道路拥堵，行路如蹚河的经历引得上千万网友“围观”。“北京新八景”也在网上“新鲜出炉”，网友通过这种方式表达出行不便、财产损失的诸般无奈。

(2)“雾霾”。

段子：刚才听北京交通台的广播，一个哥们打电话和主持人交流，都快哭了，说外面雾太大看不清红绿灯，车开到中间看清是红灯了，都连闯了四五个了，咋办啊？主持人安慰他说，没事，雾大，照不清你车牌号！

语境：近年来，“雾霾”成为社会热议话题。仅2013年1月，数次雾霾均笼罩了中国的大部分城市。当时在北京，不是雾霾天的只有寥寥数日。由雾霾引发的环境污染等问题，引发网友热议和调侃。

资料来源：综合中华网论坛等相关内容整理而成。

（二）聚合社会力量，受众主动性增强

新媒体的出现，不仅仅扩大了人们的话语权，也使得人们的交流突破了地域的限制，为传统的人际传播提供了一个便捷的通道，它使人们有可能因某些共同利益和兴趣由分散的个体集合起来，突破地域和空间的限制进行讨论、交流，促使拥有了更多话语权的民众得以进行无障碍沟通和多元化交流，进而聚合形成推动社会民主与法制进程的强大力量。如在近年发生的“邓玉娇案”、“钓鱼执法”等案件中，网民虽然大多数彼此没有进行面对面的接触，但是当他们利用新媒体进行意见交流时，他们的意见和看法会逐渐集中到某一点上，形成网络舆论。网民积极表达意见而形成的网络舆论在影响案（事）件处理、促进政府行为调整及优化等方面显示出巨大的作用。

案例 8—5　大连 PX 项目遭网友一致抵制

2011年8月7日夜间，受强热带风暴“梅花”影响，大连地区出现暴雨大风，大连金州新区福佳大化PX芳烃项目所在的大孤山半岛附近，海岸风力高达8级，一度掀起20多米高的巨浪。8日10时30分，该PX项目防波堤坝被冲毁，海水倒灌厂区，70万吨级剧毒化工罐体陷入险境。当地的抢险指挥部提出了包括一旦发生泄漏就立即组织社区和企业人群疏散的一系列预案，当地的公安、武警和解放军已做好了疏散的准备。这一消息在当地引发了恐慌，由此社会上出现了抵制PX项目的声音，并通过互联网等新兴传播工具迅速传播开来，并由此引发了一场群体性事件。

值得关注的是，新媒体时代一种被称为民间“意见领袖”的知识分子群体日见活跃在公众的视野中，他们提供信息、发表观点，影响甚至最终决定公众舆论的走向，成为政府在观察、运用以及管理互联网的过程中不可忽视的一股力量。

知识窗

网络政治参与得以形成和发展的枢纽：舆论领袖

舆论领袖是美国的拉扎斯菲尔德在其“二级”传播理论中提出的，他认为大众传播中的信息和舆论并非直接流向一般受众，而是首先传播到舆论领袖，再从舆论领袖散布到一般受众。后来该定义被延伸到了网络领域，即通过在聊天室、论坛、公司网站和博客上进行的信息传播而创造或改变舆论、建构潮流、引领时尚、左右股市的人。

意见是在人与人之间在交流中形成相对集中的情绪方向和意志方向的基础上产生的。在网络政治参与中，那些文字表达能力强、分析问题深刻、见解独特的活跃分子和焦点人物会逐渐成为舆论领袖，他们以自己的有见地、有代表性的观点和态度，针对具体事件发表大量具有高浏览量和高回复量的言论，通过亲自参与、组织讨论，在虚拟空间的互动交流中影响和感染其他网民，并由此引导、控制着网络政治参与的舆论方向。他们是某个领域或同时是几个相关领域的专家，有较高的社会威望，出于“认知倾向”，较一般人更多使用大众传媒并更多受到媒体影响。作为“社交型”人员，他们性格开朗、善于交际，接近信源几率大，经常参加政治组织，与多个不同性质群体保持联系，能比常人更快更多地获取信息。尽管他们在社会背景、教育程度、性别、年龄上没有显著性区别，但舆论领袖普遍具备以下基本能力：一是获信能力，即他能够证明自己发布的信息或观点的真实性和合理性并劝服他人接受其信息或观点的能力；二是沟通能力，即他能够通过网络直接交流或通过自己的态度等无形力量使其他网民产生认同和共鸣的能力；三是交际能力，即他能够与群体中的其他一些核心成员相互支持并互相借力实现预期目标的能力。

资料来源：罗旭：《网络政治参与中的舆论领袖研究：演进与规制》，载《探索》，2012（04）。

（三）政府对舆论的管控能力受到冲击

从不少群体性事件中我们可以看出，政府与民众之间的沟通不畅、政府对民意缺乏了解和理解是导致这些事件的主因。

新媒体环境中，政府信息管理的难度日趋加大，政府“把关人”的角色被极大地弱化，政府在新媒体的信息传播链条中，仅仅只是其中的一个节点，公众可以通过各种手段来获取自己需要的信息。只有对民众的需求加以洞察和捕捉，政府才能为民众提供更有针对性的服务，并在这种良性互动中不断强化自身的服务能力。

值得注意的是，网上舆论的作用日益剧增，对政府的决策过程产生了重要的影响，特别是在就业保障问题、教育问题、住房问题等国计民生问题上，网络舆论的影响力愈发凸显。

人民网舆情监测室从 100 多家境内外报刊的新闻报道和评论，8 家门户网站的新闻跟帖，约 30 家论坛，400 余名网络意见领袖博客，以及微博、QQ 群和播客网站中，梳理出了 2012 年第一季度十件“舆情热点事件”，并按照“官方响应、信息透明度、地方公信力”3 个常规指标，以及“动态反应、官员问责、网络技巧”3 个特殊指标，对 2012 年第一季度十件“舆情热点事件”的官方应对、处置能力做出了评估，同时推荐若干条应对网络舆情的经验予以推广，具体结论见表 8—2。

表 8—2　　人民网地方舆情应对能力排行榜

事件	官方响应	信息透明度	地方公信力	动态反应	官员问责	网络技巧	总分	应对能力
湖南湘潭“90 后”副局长	5.7	6.5	3.0	1.0	2.5	1.5	20.2	蓝
广东深圳“5·26”飙车案	6.0	4.5	4.5	1.5	0	2.0	18.5	黄
湖北武汉大雾	5.0	6.5	4.5	0	0	2.5	18.5	黄
河南漯河副局长打记者	3.8	4.2	2.3	1.0	2.0	2.0	15.3	黄
广东中山沙溪事件	5.0	4.8	3.0	0	0	2.0	14.8	黄
山东青岛植树增绿事件	2.0	2.7	2.5	1.0	0	1.5	9.7	橙
陕西镇平孕妇引产事件	2.5	2.3	0.3	1.0	2.0	0.5	8.6	橙
黑龙江太阳能国有之争	2.8	3.6	1.7	0	0	0	8.1	橙
云南巧家爆炸案	3.4	1.5	1.0	1.0	0	1.0	7.9	橙
陕西大荔“天价烟”事件	0.7	0.2	−1.8	0	0	0	−0.9	红

作为公权力的实施主体，政府应当代表人民行使公权力来管理公共事务，然而，部分政府工作人员的腐败现象，加上现存的利益结构、利益分配、公平公正等方面的问题，弱化了公众对政府的信任感，这种怀疑和对抗心理通过新媒体平台集中体现出来。

案例 8—6　政府官员不当言论摘录

（1）“一楼二楼别去啊，要去就去五楼”。

语境：2009 年 11 月，66 岁的河北省承德市牛圈子沟镇下二道河子村村民王秀珍来到镇政府要求解决拆迁补偿问题。该镇党委书记史国忠以要开会没时间、不熟悉情况为由，让王秀珍“别找我，反映也没用”。“史书记，您别走，您这儿都不管了，我去找谁，要我去跳楼啊！”王秀珍大哭。史国忠却说：“这我还管不了，一楼二楼别去啊，要去就去（跳）五楼。”说完，甩手离开。

（2）“你是准备替党说话，还是准备替老百姓说话?”

语境：2009 年，有群众反映河南郑州市须水镇西岗村经适房用地被开发商用来建别墅，当记者前往采访时，当地规划局态度极为冷淡，并受到当地规划局副局长如此质问。

(3) “跟政府作对就是恶！”

语境：2010年，重庆市江津区委书记王银峰以“影响政府办公楼的风水”为由，要求当地一个合法楼盘“水映康城”项目停建。根据第一财经掌握的录音，录音中涉事官员竟称：“你知道重庆为什么打击黑恶势力不？你知道什么叫恶不？跟政府作对就是恶！”

资料来源：综合大众网等内容整理而成。

（四）网络新闻发言人的兴起

随着互联网的兴起和普及，我国的政府新闻发布制度也逐步向线上发展，它不仅仅是传统新闻发布制度的拓展和延伸，也是我国“政府上网工程”的实质性发展。

1. 网络新闻发言人制度

网络新闻发言人制度是指政府利用网络平台，通过与网民互动的方式发布消息、解释疑惑，促进具体问题的解决，接受社会的监督，并主动引导网络舆论的公共信息传播机制。

2009年，广东省委办公厅推行“网友意见建议交办会”，广东省政府网络发言人现身网络与网民直接对话，在网络问政平台上回应网络舆情。同年，贵阳启动政府系统网络新闻发言人工作，发言人代表贵阳市政府对外发布网络新闻和政务信息，并就公众关心的问题进行答复。随后，以网络问政平台为代表的政府机构与网络媒体联动的网络新闻发言人在各地相继出现。这种双向交流模式成为政府与公众交流和沟通的新渠道。

目前设立了网络新闻发言人的各省级单位主要有：

云南：2009年7月，云南各级政府部门设置网络发言人，以网络新闻发布会的形式，由政府部门实名回帖。

四川：2009年9月，四川省政府网站网上虚拟新闻发布厅正式亮相，全省选择少量涉民事项较多的部门开展“网上新闻发言人”工作试点（见图8—1）。

广东：2009年10月12日，广东省教育厅、省公安厅、省监察厅、省劳动和社会保障厅等多个省直部门网络发言人设置完毕，发言人为各部门工作人员。2010年3月，7个单位设立厅局网络新闻发言人。

安徽：2009年月11日，安徽教育厅设置网络发言人，通过“网络新闻发布平台”及跟帖、回帖对网络舆论进行回应。

河南：2009年11月，河南省高院设置网络发言人，由高院网络办公室主任担任，新闻发布实行不定期举行。

全国已有多个地市级及区级单位也相继设立了网络新闻发言人。

图 8—1　四川省政府网站网上虚拟新闻发布厅

2. 网络新闻发布会

网络新闻发布会是指把新闻发布与互联网技术相结合，在虚拟会场中聚集分散在各地的记者，或者对实际会场中的发布活动网上直播并通过网络进行互动，让信息在广阔的虚拟空间中实现有效传播的一种新闻发布模式。

2000 年 3 月 20 日，由国务院新闻办公室批准，北京艺百网络举办了中国首次网上新闻发布会。其间，信息发布和即时采访均通过专用论坛和记者提问系统进行，分散于各地的记者通过输入账号和密码进入系统参与这场虚拟新闻发布会，记者的提问和发言人的回答都在网页上显示。现如今，随着网络技术的进一步发展，网络新闻发布会已经可以实现视频与音频播放、现场提问、电子名片互递、精彩回放等多种功能，可以说已经达到与人际直接传播相同的效果，甚至许多方面还优于人际传播。

从分类上看，网络新闻发布会一般分为“线上＋线下”和“纯线上”两种形式。前者是指一边在现场进行新闻发布，一边在网上进行同步直播，并接受网上提问；后者是指并没有实际的发布会场，只是通过互联网形成虚拟会场，发言人、记者以及公众均通过网络传递和获取信息。对政府部门来讲，“线上＋线下”的网络新闻发布会是一种常用方式。

网络新闻发布会相较于传统新闻发布会而言，其优势是显著的，具体体现在：

(1) 时效性更强、传播内容及范围更深、更广。传统新闻发布会，新闻发言人面对记者发布新闻，记者对信息进行筛选和编辑形成新闻，再将其通过媒体进行发布，这会使信息的传递或多或少出现延迟。而网络新闻发布不仅是面对媒体，更是直接面对公众，这使得发布会信息传递的时效性大大增强。同时，互联网相对于传统媒体，不受时间和篇幅的限制，因此网络新闻发布会延续的时间可以更长，涉及的内容也可更多、更深。最后，互联网的传播不受地域的限制，只要有网络覆盖的地方，公众都可以参与，因此，其发布会的传播范围及影响会空前扩大。面对突发公共事件时，第一时间发布信息，牢牢掌握舆论主动是十分关键的，传播速度直接决定着传播质量。因此，网络新闻发布会因时效性强、传播范围广的特点对突发公共事件来说显得更加关键和有意义。目前，我国政府已经对突发公共事件网络新闻发布会展开实践。

案例 8—7　全国首个官方突发公共事件网络新闻发布会召开

2010 年 7 月 19 日，广东省惠州市惠城区、惠阳区、惠东县和仲恺高新区出现局部地区停电现象。事件发生后，市委、市政府高度重视，市委书记、市人大常委会主任黄业斌，市委副书记、市长李汝求当即作出批示，要求调查事故原因，尽快修复设备，恢复供电。昨日（20 日）下午，市政府新闻办公室通过今日惠州网召开网络新闻发布会。副市长李选民就停电事件向公众道歉，并通报相关情况。据悉，这是全国首个针对突发公共事件召开的官方网络新闻发布会（见图 8—2）。

“因为永湖 500 千伏变电站发生故障，造成惠州市大面积停电，给不少市民、网友的工作和生活带来了很多不便。在这里，我向市民、网友表示歉意！今后，我们将在管理方面跟上去，在措施上加强，避免再发生类似的情况。”网络直播一开通，李选民就诚恳地说。他介绍，事件发生后，供电、经信、公安、交警、消防等相关部门果断采取措施，将事件对市民的影响降到最低。“截至今天下午 4 时 30 分，惠州市已经全面恢复了供电。”

李选民详细介绍了惠州市电力建设情况。他表示，惠州市一大批电力

图 8—2　惠州“7・19”大停电事故网络新闻发布会现场

基础设施正在建设，即将投入使用，将会极大地保障和支持惠州市的经济社会发展。新闻发布会结束时，他再次就事件向公众表示歉意。参加新闻发布会的广东电网公司惠州供电局负责人和市经信局有关负责人对事件应对等情况作了说明。

政府的积极态度和采取的网络新闻发布会形式，得到不少网友的认可。网友“东江人家”顶帖说，这次停电事件发生后，政府能通过网络及时向公众解释，开了个好头，希望以后有类似突发公共事件，都能这么做。

资料来源：陈河清、魏怡兰、李朝荣：《全国首个官方突发公共事件网络新闻发布会召开》，见人民网，2010－07－21。

（2）发布内容丰富、互动性强。由于网络技术的支持，网络新闻发布会可以提供音频、视频、图片、文字等各类内容，做到图文并茂，同时可以提供各种与新闻发布主题相关的链接。同时，由于可以直接参与网络直播，公众可以在第一时间得到信息，并且参与提问，使得发布会的互动性大大提高。这不仅方便了信息的快速传达，也使舆论反馈更加直接。

（3）简化组织工作，节约发布成本。传统新闻发布会的组织工作较为复杂，包括资料准备、会场布置、记者接待等，而网络新闻发布会可以大大简化这些工作。首先，发布会可以直接在直播间进行，全虚拟发布会甚至可以不要实体会场。其次，网络新闻发布会可以邀请记者，也可以不邀请记者而直接通过直播面向公众。这些都大大节省了主办方的时间与资金，有利于提高会议效率。

第二节 | 政府传播新思路

建设一个新型的现代化政府，要求政府必须主动适应新媒体带来的新变化，学习新媒体、用好新媒体。

一、转变观念，提高对新媒体的重视程度

作为代表国家行使管理职能的特殊机构，我国政府机构在应对传统媒体信息管理与发布方面有着丰富的经验，也有着专门与传统媒体相沟通的办事机构，而对新媒体的认识，特别是对新媒体在舆论形成中的作用和影响的认识尚不够充分。

案例 8—8　一则网帖引发开封全城恐慌

从 2009 年 7 月 10 日开始，一则题为“开封杞县钴 60 泄漏”的帖子在各大网络论坛流传，称当地一家辐照厂的“放射源使用后无法放进深层地下冷却水，裸露在空气中，造成钴 60 泄漏”。该帖瞬时成为网民关注的焦点。但对这一事件，当地政府抱着“只要我不说，群众就不知道”的心态，对消息采取了封锁的方式，任舆情在该地区发酵了一个多月。当地政府的不闻不问，致使事件最后发展到大量群众外出，造成整个县城的恐慌。而实际上这只是一个谣言，该县城并没有出现钴 60 泄漏。

资料来源：《河南杞县民众受“钴 60 泄漏爆炸”谣言影响大量外迁》，见中新网，2009 -07 -19。

事实上，随着网民数量的急剧增多和个人传播手段的日益便捷，网络使人们的思想、行为、认知发生着巨大的改变，其影响也在不断加强，其巨大的影响力已经不亚于传统媒体。因此，政府机构必须适时转变观念，充分认识到新媒体在政府传播中的巨大作用。

二、加强引导，采取新的舆论引导模式

（一）利用新媒体平台传播信息，保障信息传播渠道的通畅

从传播规律来看，当公众无法从正规渠道获得所需要的信息时，流言便会迅速传播，其负面影响非常大。如果政府通过网络平台传播信息，可以及时快速地把真实信息告诉公众，从而避免虚假信息的传播。政府应该充分利用信息手段，借助各种传播形式，例如网上论坛、政府官员博客等进行网上舆论引导，使符合社会发展方向的主流价值体系和健康有益的内容在网上得到充分的体现。

政府可以通过网络实现与公众的交流互动，比如，可以在政府网站主页或者在公众中享有一定知名度的网络论坛中，以发帖提问或在线沟通的方式，用正面的、积极的回应引导公众理性地看待问题，或为他们排忧解难，或接受他们中肯的建议，这样就能够使得政府与公众之间的沟通障碍最大限度地得到消除，信息透明度增加，公众接收到的信息出现失真或偏差的可能性减小。2012 年，人民网舆情监测室作了一项关于新媒体在社会管理中作用的调查，如图 8—3 所示。

从图中可以看到，超过半数以上的公众认可新媒体在社会管理中的作用，认为这增加了政府信息的公开度，只有 1%左右的公众认为应当限制新媒体在政府信息公开方面的作用。近年来，每年“两会”上掀起的“我在网上问总理”活动，都会引起网

友的热烈讨论，可以说，新媒体的出现使得公众参政议政的渠道增多，公众自身的参与意识也大大增强。

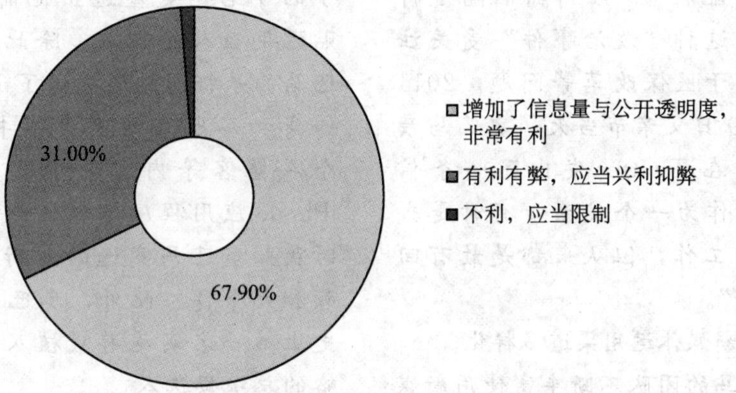

图 8—3　人民网舆情监测室关于新媒体在社会管理中作用的调查

（二）设置意见领袖，引导公众舆论

对政府而言，网络舆论引导既是一种政府管理行为，也是一种信息管理行为。在网络中，面对真真假假、良莠不齐的海量信息，人们对于信息真实性的辨别更多的是力不从心。而在网络中，有一批学识渊博、拥有理性思考能力的人，他们在网上具有较大的影响力，他们的观点很容易被别人所接受，成为网络中的意见领袖。要想引导社会舆论朝积极的方向前进，就需要发挥这些意见领袖的影响力，通过他们的影响力来使政府传播在网络中能够得以客观正确的解读，实现舆论的正确引导。

三、熟悉新媒体，提高政府利用新媒体的能力

首先，各级政府尤其是主管宣传的信息发布的具体部门，要对新媒体的特性、传播方式以及传播效果有足够的认识。其次，要熟悉和了解新媒体技术手段和网络传播的各种功能，并能进行恰当运用。

案例 8—9　美国总统奥巴马使用新媒体与社会公众进行互动

（1）新媒体运用日常化。

奥巴马利用新媒体与社会公众的互动交流不仅仅是局限在某些重大的媒介事件当中，而是融入了日常的传播过程。例如，奥巴马曾经在社交网站 Pinterest 上分享了自己最爱的家常

辣椒酱配方，引起了普通民众极大的关注。许多网友对总统奥巴马配方中的新配料——红葡萄酒醋进行热议，而这种“政治事件”受关注度甚至高于医保改革等问题。2011年6月19日父亲节当天，奥巴马亲自上网，在Twitter发出了一条信息，称“作为一个父亲，有时是我最艰难的工作，但从来都是最有回报的工作”。

（2）新媒体运用渠道多样化。

奥巴马的团队不断丰富使用新媒体的手段，实现了平台渠道的多样化。

首先，奥巴马把美国1.5亿的搜索引擎使用者作为目标，通过“关键字购买”引导网民认识奥巴马其人及政策立场。用户在Google搜索“奥巴马”时，会在页面右侧显示一个奥巴马的视频宣传广告，视频内容包括批评麦凯恩的政策立场，对热点话题的判断主张，向选民宣传自己的观点等。其次，奥巴马团队为其开设运营了多个社交网站账号。奥巴马灵活使用着各种热门的社交网站，不仅有在美国最具人气的Facebook和Twitter，而且还有一些新兴的时尚的社交网站比方说Google＋、LinkedIn、Flickr、Tumblr、Pinterest、Instagram、Reddit等。后者作为他新上手的平台，更塑造出他时尚亲和、贴近年轻人的形象。除此之外，奥巴马的手机网站还提供了12首助选铃声和奥巴马的有声图书、相册、个人播客等内容的下载。奥巴马iPhone应用程序可以使选民能够及时获知奥巴马竞选的最新消息、视频和大事件。此外，奥巴马还是历史上第一名实施游戏植入式广告策略的总统候选人。

（3）重视新媒体技术与新媒体人才。

奥巴马招揽了大量网络精英，如蓝州数码公司的创建者之一、担任奥巴马竞选班子新媒体主任的乔·罗斯帕斯，当今世界最大的社交网站Facebook的创始人之一克里斯·休斯，以及网景的创始人马克·安瑞森等。又比如奥巴马的Twitter团队运营，奥巴马的Twitter现在由专门的微博团队管理，基本上每天从上午7点至晚上7点都会发布微博。

资料来源：崔艳：《美国总统奥巴马微博的内容评鉴》，载《领导科学》，2012（28）。

四、加强立法，优化网络传播环境

互联网的低进入门槛，使得人们能够最大限度地自由发表言论，但是在当前互联网实名制推行有困难的情况下，个人在网络中的发言有很大的自由性，这很有可能带来传播权力的滥用，使得各种有害信息大行其道。在互联网管理方面，我国政府陆续出台了一些法规，如《互联网信息服务管理办法》、《互联网文化管理暂行规定》、《信息网络传播权保护条例》。目前，我国互联网的管理体系基本形成，相关行政法规、司法解释和部门规章共计30多部，覆盖互联网管理主要领域和主要环节，但是对网络传播的新形态如播客、微博等的管理基本还处于空白。

知识窗

部分国家政府对新媒体的专项管理法规

目前在国际上，不少政府对新媒体制定了专项管理法规，采取的通行做法主要有：

一是实施实名制。如韩国从2005年10月开始实施互联网“实名制”，网民在网络留言、建立和访问博客时，必须先登记真实姓名和身份证号，通过认证方可使用。

二是实施分类许可。如1996年7月新加坡政府广播管理局宣布对互联网实行管制，实施分类许可证制度。

三是设立非政府组织。如英国政府推动成立了旨在消除通过互联网传播儿童色情和种族仇恨等内容的互联网监管基金会。

四是安装过滤软件。如法国要求互联网服务供应商必须向用户介绍并推荐使用内容过滤软件。在内容上，各国普遍规制的主要是对公共秩序和国家安全、种族和宗教和谐以及公共道德规范的侵害。

五、建立预警机制，建立网上危机处理机制

在网络环境中，纷繁的信息，使得个人很难单独对网上信息的真伪进行准确的判断，这就为各种不实信息的传播提供了土壤。而危机一旦出现，就会对社会造成巨大的影响，或带来政治动荡，或造成经济损失。特别是我国，正处于经济发展的高速阶段，社会矛盾在发展中不断涌现，尤其是近两年来时有发生的群体性事件，不断提醒政府机构要拥有积极应对的措施。这就要求政府部门在进行日常管理的同时，树立危机防范意识，建立危机应对机制，防患于未然，力求将危机带来的负面影响减小到最低。

在处理公共性突发事件时，政府应利用新媒体，做好事前防范和事后疏导两方面工作。首先，政府应建立专门的危机事件监测与预警网络系统，确保在危机事件发生时，政府能够在第一时间掌握并传播利于社会安定的官方信息，占据公众舆论的主导地位。其次，危机事件发生后，政府更应当利用危机信息监控系统把握实时信息，并通过新媒体进行传播，即建立官方网络发言机构的实时播报机制。播报渠道可以是门户网站、官方博客，甚至可以是人气较高的公共论坛、即时通信软件。政府通过与这些主流新媒体合作，发布代表政府观点的官方信息，在稳定人心的同时，可以避免谣言传播造成负面社会影响。

案例 8—10　深圳警方遭遇“顶包”危机后积极回应网友质疑

2012 年 5 月 26 日凌晨，深圳滨海大道由东往西行至侨城东路段发生一起重大交通事故。一名男子酒后带着三名女性驾着一辆红色 GTR 跑车，高速撞上两辆同向行驶的出租车。其中一辆比亚迪电动出租车起火，导致车内三人被困当场死亡，跑车上四人不同程度受伤。

事件发生后，深圳警方随即公布肇事者信息，但车祸中死者家属对结果表示怀疑，同时，5 月 27 日晚间网友“@眼袋兔兔”发布的一条微博称，“希望能揪出真正逃逸的肇事司机，还她们家人一个公道”。这一微博内容瞬间引发了微博平台网友的关注，被转载达 42 746 次，评论 8 792 条。此后网友纷纷开始对深圳交警的调查结果表示怀疑。

这起事件中，深圳警方在遭遇“顶包”危机后，听取网络民意，本着信息公开透明的态度，先后召开三次新闻发布会积极回应网友质疑，并借助微博平台开展微访谈，与网友平等对话、直接交流，以一种低姿态来处理此事，有利于舆论危机的最终化解（见图 8—4）。

资料来源：朱明刚：《深圳警方遭遇“顶包”危机后积极回应网友质疑》，见人民网，2012 - 05 - 31。

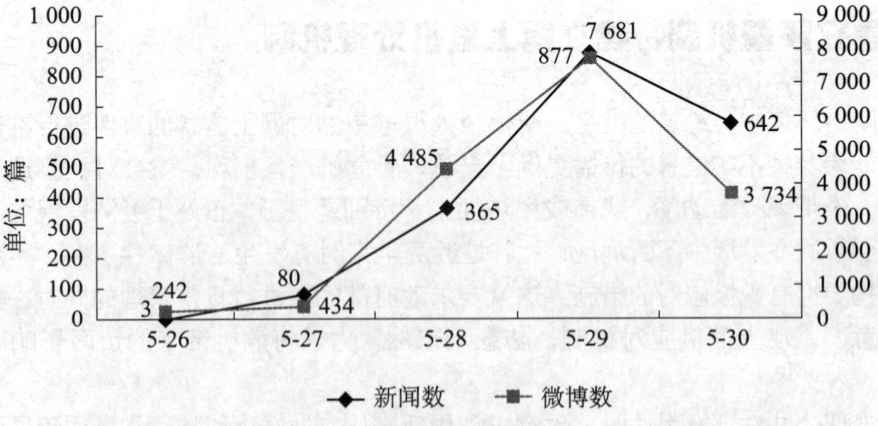

图 8—4　深圳“5 · 26”特大交通事故舆论关注度走势

政府需要在危机事件应对和舆论危机管理方面逐步认同一个观念，即事件处置第一位，舆论引导第二位。在危机事件中，媒体和互联网既不是事件的起点，也不是终点，诚恳回应民众利益诉求是根本。

第三节 | 政务微博

目前，很多领导干部和政府机构纷纷进驻微博，成为中国政坛的新热点，微博问政也渐渐成为网络问政的新趋势。可以说，政务微博的出现，拓宽了政府与民众之间传统的沟通渠道，重塑了政府与公众之间的互动方式，成为社会舆情传播的新途径和集聚地。

一、政务微博的特征与功能

微博，即微博客的简称，是一个基于用户关系的信息分享、传播及获取平台，用户可以通过 Web、Wap 以及各种客户端组建个人社区，以 140 字左右的文字更新信息并实现即时分享。中国互联网信息中心（CNNIC）在 2013 年 1 月发布的《中国互联网络发展状况统计报告》显示，截至 2012 年 12 月底，中国网民数量达到 5.64 亿，互联网普及率为 42.1%。我国微博用户数达到 3.09 亿，较 2011 年年底增长 5 873 万，网民使用率为 54.7%。

政务微博是指中国政府部门推出的官方微博账号，致力于以微博发布的形式及时公开政情、提供咨询，实现与公众更多、更直接、更快捷的沟通，在事件发生的时候，尽快发布第一手的权威信息。从定义中可以看出，政务微博的主体为政府机构、公共服务机构以及以公职身份发布微博的政府官员；载体为微博平台；内容为与其工作相关的各种公共事务及服务信息；功能则是政务公开、倾听民意、回应关切、提供服务，打造与民交流、网络问政的新渠道，助力普通民众参政议政。

案例 8—11 北京市政府新闻办主任王惠："政府没有微博，是与民众沟通的失缺"

南方周末：过去一年，北京市政府开通了"北京微博发布厅"，各个部门也开通了各自的政务微博，已经拥有了三千多万粉丝，能请你谈谈做出这个决定的考量吗？

王惠：政府开微博把信息发到网上，拓宽了发布渠道。在微博上，你必须关注受众，夸你也好、骂你也好，直接就来，你不能不看，看了还要复，问了还要答。政府如果没有微博，是与民众沟通的失缺，比较危险。没有突发事件可能还显现不出来，一旦有了突发事件，网民拥有自主发布权，人人都是麦克风，个个都是通讯社，政府的第一时间发布经常被拦截。这时候政府怎么办？必须有更好的与民众沟通的渠道。

南方周末：尽管如此，北京市各个区县、各个部门肯定不会从最开始就都认同“政务微博”这种传播方式吧？

王惠：刚开始时，确实不是所有人都意识到微博的特殊作用，大家感到更多的是压力、挑战。甚至还有人说：你想害死我们啊？我当时就说，我不是想害死你们，我是想让大家试试水，一旦来了大浪我们就不会被淹死。之所以我们一推动，全市所有区县和80%的委办局就都开通了政务微博，得益于北京长期以来注重发言人队伍建设。北京各单位有200个局级新闻发言人，他们从北京申奥、筹奥到办奥，一直活跃在信息发布第一线，积累了大量传播政府信息的经验。对政府信息传播者来说，微博是躲不过、绕不开的事。

资料来源：张哲：《“微博是政府的机遇”》，载《南方周末》，2012-12-06。

目前，很多领导干部和政府机构纷纷进驻微博，微博问政渐渐成为网络问政的新趋势。2011年11月17日，“北京微博发布厅”在新浪网上线运行，首批共有20个北京市政府部门的政务微博加入“北京微博发布厅”（见图8—5）。正如北京市公安局的官方微博“平安北京”在其首条微博中所说的那样：“最新的警方咨询、最快的防范提示，您身边警察的新鲜事儿，您最想了解的服务举措，都会织进这个警察围脖里。”与普通公众个人微博和某些企业的官方微博相比，政务微博因其特殊的地位，除了具备和普通微博账号相同的传播特性以外，它还具备一定的特殊性。

图8—5　北京微博发布厅

（一）政务微博的特征

1. 使用主体的权威性

微博低门槛进入，使得注册用户数量庞大，种类繁多，相对于普通网民、明星、企业，政府是非常特殊的微博使用主体。政务微博无论是页面形象还是微博内容，都代表着政府形象以及权威发布，公共形象严肃、权威。因此，政务微博的使用要谨慎，对微博内容的真实性、语言的准确性都要严加把关。

2. 功能定位的服务性

不同于个人微博的娱乐功能、企业微博的宣传功能，政务微博定位于政府的基本职能，正逐步成为提升政府工作透明度和公信力，加强与公众互动交流，展示地方或部门特色的重要新媒体平台。在这个平台上，政府部门不但可以将公众急需的政务信息第一时间发布出去，同时也可成为对外展示自己形象、构建良好对外形象的窗口。

案例 8—12　成都市政务微博概况

“成都发布”是成都市人民政府新闻办公室开设的微博，旨在“及时给朋友们提供有关成都的各类信息”。2010 年 6 月 30 日，“成都发布”成为新浪微博认证用户，截至 2011 年 10 月 31 日，其共有粉丝 1 925 559 名，累计发布微博数 3 862 条，日均发布微博 10.58 条。“成都发布”将其微博内容进行了细致的分类，主要分为新闻资讯和生活资讯两大板块。在新闻资讯板块，“成都发布”设置了“成都要闻”、“投资成都”、“住在成都”、“锦江评论”、“国内热点”等栏目介绍成都的住房、交通、教育、医疗等综合民生类内容，并关注国内外的重点动态信息。在生活资讯板块，“成都发布”设置了“成都求职”栏目，发布成都大型招聘、公务员招聘等招聘求职信息；设置了“成都美食香天下”，推广以成都美食为主的服务类信息。

资料来源：《2012 年新浪政务微博报告》，见新浪网，2012-12。

3. 覆盖群体的现实关联性

一般来说，企业微博、个人微博、名人微博有着相对固定的粉丝圈子，因为共同的爱好、话题或关注点形成了一个虚拟的网络社交圈子，微博与粉丝之间以及粉丝与粉丝之间并不存在紧密的联系。而政务微博则不然，政务微博面向的公众在现实中直接或间接存在着一定的联系，如地方部门的政务微博粉丝绝大多数是本地辖区内的居民，公安微博的粉丝绝大多数是该公安部门所管辖区域内的居民，因此，政务微博的覆盖群体和政府在现实生活中存在着方方面面的关系。

（二）政务微博的传播优势

政务微博自诞生以来，就被称为新环境下的新闻发言人，这是与微博的传播机制分不开的，简短、便捷、即时分享等特性决定了政务微博在搭建公众与政府良性沟通上的突出表现。

1. 信息发布迅速

与传统的新闻发布会和政府信息公报相比，政务微博突破了传统的政府信息公开的时空限制，第一时间把信息传播出去，实现了与网民“零距离”的接触，降低了传播过程中汇总信息的损耗和认知偏差。同时，微博体验平台的多样性，使得用户可以通过电脑、手机等各种终端迅速接收信息。

2. 内容关注民生

在传统的政府信息发布中，由于受到各种条件的制约，政府的信息发布多集中于某些突发事件和本部门在一定时期内的工作总结，这就导致某些关乎民生但又不足以引起重视的议题可能被忽视，而政务微博由于门槛低，无须进行类似新闻发布会那样的筹备工作便能向公众发布政务信息，发布的内容事无巨细、无所不包。不仅可以包括国家大政方针，还可以包括公众关心的诸如天气、交通、安全、求职等便民信息。

3. 语言形式轻松幽默

从目前运营的几个热门政务微博来看，这些微博早已改变了以往政府新闻发布会严肃的语言风格，以轻松的方式同网友进行交流。“淘宝体”、网络流行语也成了政务微博的常用词。北京市交通委开通的官方微博“交通北京”，一开通就成为北京市民了解出行信息的首要选择之一，在它发布微博提醒大家注意保暖时，就写道：“北京市当前温度为零下 8 度，还是很冷滴，亲们出门前把自已裹得严实点”，再加上一个晃动的表情。朋友式的语言，打破了传统政府信息公开的严肃风格，使得公众更易于接受。

（三）政务微博的功能

“微博连着民意”，政务微博如雨后春笋般的涌现，使得在许多社会热点问题上，公众不再是旁观者，全国网民都通过微博参与其中。可以说，政务微博的出现，拓宽了政府与民众之间传统的沟通渠道，重塑了政府与公众之间的互动方式，成为社会舆情传播的新途径和集聚地。

1. 畅通交流的新渠道

政务微博作为政府与民众沟通的新型工具，构建了一个实时、双向、通畅的信息网络，将政府与广大社会公众放在了同一发言平台上，真正实现了“微距离”的对话沟通。公众可以不受时空限制，方便地反映问题，表达诉求、意见和建议；政府也通过微博及时回应与公众密切相关的各种事宜。

2. 政府应对突发事件的舆论利器

危机公关学者邹建华在接受《中国青年报》采访时说：“政务微博最大的价值，就是在第一时间介入突发事件以引导舆论和公众情绪，与小道消息和谣言赛跑。不论你政务微博的民生服务做得多好，不论你平时多么降低身段说话，网络语言用得多好，多有人气，只要面对突发事件时沉默失语，政务微博的公信力和影响力就丧失殆尽。”危机事件发生后，外界公众最期待的就是政务微博能够提供事实真相。政务微博的兴起，成为突发事件中政府进行新闻发布与动员救助的有效平台。

传统观念认为，政府在进行危机公关时有一个“黄金 24 小时”理论，即在事发 24 小时之内，政府要及时发布与危机有关的新闻，引导舆论合理发展。随着以微博为典型代表的新媒体的发展，当下信息传播的速度大大加快，传统的“黄金 24 小时”理论已经过时。在危机事件中，政府如果不及时对危机事件进行报道说明，消除民众心中的疑惑，谣言就会趁机兴起，引发民众非理智的情绪，威胁社会稳定。在这个背景下，人民网舆情监测室提出了进行危机公关的“黄金 4 小时媒体”概念，它是指能产生快速舆论传播的网络媒体，以微博、QQ 群、人气高的论坛等为代表。总之，危机事件发生后，政府要在第一时间借助“黄金 4 小时媒体”甚至是“黄金 1 小时媒体”呈现关于事件的真实情况。

案例 8—13 天津市蓟县火灾中政务微博发布的缺失

2012 年 6 月 30 日，天津市蓟县县城莱德商厦发生一起火灾事故，造成 10 人死亡，16 人受伤。自 6 月 30 日至 7 月 9 日，天津市人民政府新闻办公室官方微博仅发布 4 条微博通报火灾情况，而该时段，仅新浪微博平台关于天津蓟县火灾的讨论条数已达 3 万条，其中还有网友传播蓟县火灾死亡 300 多人的谣言。火灾死亡人数被夸大并得到广泛传播，而政府权威信息却寥寥无几，网友接触更多的是被夸大的数字，这使得公众对政府信息展开质疑，并出现指责政府瞒报死亡人数的声音。在 7 月 1 日，“天津市政府新闻办发布”发布第一则关于蓟县火灾的通报，网友评论中质疑数据真实性的声音此起彼伏，面对此情境，新闻办微博运营人员未能回复一条网友评论，互动率低下使得许多网友误信谣言，并以谣言为依据批判指

> 责政府瞒报火灾死亡人数。7月6日，新闻办微博发布火灾遇难者名单，该微博收获两万余次转发。但即使公布了死者名单，网友的怒气依旧无法消除，网友质问天津市政府为何不能及早公布真相。天津市政府沉默应对的舆情处理方式在新媒体时代遭到网友诟病，而“天津市政府新闻办发布”无法联合公安微博、区县微博进行权威信息扩散的尴尬窘境也使得其在蓟县火灾中处处被动。7月8日，天津公安部门公布火灾事故原因并对部分造谣传谣者进行了处理，至此，网友批评的声音开始消退。纵观“天津市政府新闻办发布”在蓟县火灾中的应对，互动率低、信息发布少以及未能形成政务微博联动成为制约政府权威信息扩散的重要因素。天津市新闻办就如何应用微博发布权威信息方面应做反思。
>
> 资料来源：《政务新闻办微博影响力排行榜》，见人民网，2012-07-11。

3. 政府形象建构的新载体

政府微博不仅有助于及时发布信息，主动引导舆论，还能满足民众表达诉求，拉近与网民的距离，提升政府形象。微博具有“自媒体”属性，是信息发布的最好平台，政务微博信息发布具有权威性、实效性、互动性的特点，优势明显，成为政府自我宣传的新的媒体选择。政府机构通过主动发布行政领域内与百姓生活息息相关的信息和提示，一方面使得政情公开，更方便、更透明地服务于群众，另一方面也对自身进行了很好的宣传，展示了政府部门开放务实的良好形象。

4. 开辟公众监督新通道

政府直接开通微博，是网络问政的深化，有助于进一步解决以往问政渠道不畅、问政时效滞后、问政过程不公开等问题，将被问政者置于公开的传播环境下，使整个问政过程都处于公开的网络监督中。微博所具有的信息面广、互动性强、参与方便等特点，大大拉近了政府官员与民众的距离，让民众反映利益诉求有了信息直通车。这一方面可以更好地表达和实现公民的利益主张，汇集公众意见；另一方面有利于政府更好地了解民情、排解民忧、化解矛盾，维护公民个体合法权益，发展社会公共利益。特别是在公民对地方政府的举措有意见且多方投诉无果的情况下，直接在相关部门的微博上表达自己的意见能够打破官僚体系中欺上瞒下、报喜不报忧的信息屏障，让政府高层及时了解民情，让民众充分监督政府行为，进而提高政府的服务效能和水平。

5. 作为网络意见领袖发出主流声音

微博有着庞大的应用群体，是一个聚众的场所，是民声汇聚之地。微博更方便地实现了民众的表达诉求和参政议政的民主权利，使普通公众也能参与公共事务，共商国是。政府也通过微博平台对社会新事物保持敏感；方便地进行舆情收集、汇聚和民意征集，得到有效参考；能及时关注到群众、媒体及意见领袖等的言论，发现问题、解决问题，疏导民怨，避免矛盾的积累和扩大升级。

政务微博有成为意见领袖的潜质。作为本来就具备影响力和权威性的政务微博，比普通用户要更容易获得粉丝信任，完全可以通过对政务微博的精心打造，使其成长为微博平台中的意见领袖。面对突发事件，诸多政务微博可在各个节点中有效地引导网络舆论，澄清事实真相，疏导网民情绪。从长远来看，政务微博良好的意见领袖形象，还可拉近政府与百姓的距离。

二、政务微博的发展现状

2013 年 5 月 6 日，新浪发布《2013 年第一季度新浪政务微博报告》。报告显示，新浪认证的政务微博数已经达到 7 万余个，发博总数超过 4 000 万条，被网友转评超 2.1 亿次，凸显了新浪政务微博平台活跃度、影响力持续领先的地位。报告显示，我国政务微博已经实现了由发布平台到互动平台的转型，县处级微博数突破 1 万个。在 2013 年第一季度中，各级纪检微博相继开通，搭建廉政建设的新渠道。同时，以团委为代表的政务微博开始积极涉及公益领域，传递社会正能量。报告中还发布了全国政务机构微博 TOP 10 排行榜（见表 8—3）。

表 8—3　　全国政务机构微博 TOP 10 排行榜

排名	昵称	认证说明	省份	活跃度	传播力	覆盖度	影响力
1	上海发布	上海市政府新闻办公室官方微博	上海	37.64	7.30	49.59	94.53
2	公安部打四黑除四害	公安部治安管理局、公安部“打四黑除四害”专项行动办公室官方微博	部委	32.41	6.02	43.03	81.46
3	平安中原	河南省公安厅官方微博	河南	33.67	5.28	40.54	79.49
4	广州公安	广州市公安局官方微博	广东	29.98	4.73	43.67	78.38
5	上海铁警发布	上海铁路公安局官方微博	上海	36.13	3.92	38.00	78.05
6	成都发布	成都市人民政府新闻办公室微博	四川	27.80	4.74	44.47	77.01
7	深圳交警	广东省深圳市公安局交警支队官方微博	广东	31.42	3.63	41.44	76.49
8	江宁公安在线	南京市公安局江宁分局微博	江苏	30.60	5.65	40.18	76.43
9	中国广州发布	广州市互联网新闻信息中心官方微博	广东	29.70	5.21	41.28	76.19
10	南京发布	南京市委宣传部新闻发布官方微博	江苏	29.26	4.89	41.87	76.02

根据《2013 年第一季度新浪政务微博报告》，以新浪微博为例，可以看出当前政务微博发展的一些特点。

（一）从行业来看，职能部门分布不平衡

公安、团委、外宣等政府部门的官方微博数量仍然占据前三位。医疗卫生、司法机关、工商税务、文化教育、交通、市政、气象等部门微博数量普遍增长。其中司法部门微博中的省级队初具规模。公安部门以占政务微博多数的绝对优势位居第一。公安微博的作用不仅在推行警务公开、警民联系上，更在侦破刑事犯罪案件、实施交通疏导等方面体现出了作用。但是，还有部分职能部门的微博亟待开通和完善，特别是在通常看来内容比较重要或敏感的组织人事、财政税务等部门，开通微博的还很少。

（二）从地域来看，地区发展不均衡

总的来说，东部沿海地区强于中西部地区，大城市强于中小城市。截至第一季度，政务微博总数超过 3 000 个的有江苏、北京、广东、河南、山东、浙江、上海、四川等 8 个省市。其中江苏政务微博达 5 978 个，依然是全国政务微博数量最多的省份。政务微博正在从各自为战开始转为团队化、标准化运营，这些“微群”、“微城市”几乎已等同于一个网络政府。

（三）从发展进程来看，政务微博影响力不断加大

从新浪微博上开通的政务微博可以看出，大多数的政务微博粉丝数都有数万之多，在群众中具有很大影响力。如 2011 年 11 月 28 日才上线的上海市政府新闻办公室官方微博“上海发布”，截至 2013 年 7 月 15 日在新浪上粉丝超过了 393 万人。可以认为，它们的传播效果某种程度上不亚于拥有数十万、上百万受众的大众传媒。

三、政务微博的运行模式——以“北京发布”新浪微博为例

（一）“北京发布”新浪微博概况及文本分析

“北京发布”是北京市政府新闻办公室官方微博，于 2011 年 11 月 17 日正式上线。该平台旨在传递政务信息，提供群众服务资讯，倾听群众诉求，回应群众关切。“北京发布”整合了“北京微博发布厅”成员单位，它的成立为民众提供了一个了解北京文化、获取北京新闻以及与政府交流互动的重要窗口，被认为是政府微博应用的一次突破性创新，是城市职能部门发布信息和提供服务功能的聚合平台，也是提升北京世界城市形象的新的宣传阵地。

1. 样本选择

截至2012年12月26日10点08分，“北京发布”共发表微博5 003条，拥有粉丝2 219 199个。本研究以“北京发布”成立一周年为契机，截取2012年11月17日至12月23日一周的所有微博，共计114条，作为样本，并利用SPSS软件进行统计，对其从内容、形式、发布时间及类型上进行文本分析。

2. 分析类目

（1）是否有标题。

（2）是否设置话题。

（3）内容主题，分为政务信息类、新闻资讯类、生活服务类、城市宣传类、互动类、其他等六大类，下设政务发布、新闻资讯、天气预报、交通信息、生活服务、景点推荐、活动推荐、饮食推荐、道德风尚、互动交流、早晚问候、其他等12小类。其中，政务发布内容归属政务信息类，新闻资讯内容归属新闻资讯类，天气预报、交通信息、生活服务、早晚问候归属生活服务类，景点推荐、活动推荐、饮食推荐、道德风尚归属城市宣传类，互动交流归属互动类。

（4）发布日期，为2012年11月17日至12月23日，其中17、18日为周末。

（5）发布时间，分为0:00—8:00、8:00—10:00、10:00—12:00、12:00—14:00、14:00—16:00、16:00—18:00、18:00—20:00、20:00—22:00、22:00—24:00共9个时间段。

（6）微博形式，分为三个方面：一是是否使用了图片、音视频等多媒体资源；二是是否使用了微博表情；三是是否使用了常用的网络用语。

（7）发布类型，包括转发和原创。

（8）转发量，分为0～50、51～100、101～150、151～200、201及以上等5个范围。

（9）评论量，分为0～20、21～40、41～60、61～80、81～100、101～120、120及以上等7个范围。

3. 分析结果

（1）标题使用。

“北京发布”微博基本采用“标题＋话题＋正文”这样的文本形式。在这114条微博中，只有12条微博没有标题，而剩下约90%的微博都在正文前加上了标题，粉丝可以通过标题直接了解微博内容，在海量信息中迅速浏览自己感兴趣的微博。

（2）话题设置。

经过这一年多的运行，“北京发布”已经形成了一些固定话题内容，包括“晚安北京”（“北京发布”每天最后一条微博话题，涉及次日北京升降旗时间、天气预报等）、“聚焦北京”（政务、新闻、生活服务等资讯）、“科学博士”（健康提醒、常识普及等）、“最IN北京”（北京享有盛誉的旅游、美食推荐等）、“北京进行时”（活动推荐）、“北京你好”（“北京发布”每天第一条微博的话题，涉及当日车辆限行尾号、天气预报等)、“生活提示”(生活小贴士)、“提醒”（突发事件的提醒）等。这些话题的形式其实就是传统媒体中的栏目设置，“北京发布”每天都在固定栏目发布相同主题信息，有利于粉丝形成浏览习惯，增加粉丝黏度。

在这些话题中，“聚焦北京”话题下内容较多，占据了话题微博将近 30%的比例，“最 IN 北京”和“北京你好”都占据了 6.14%，接下来依次是“科学博士”、“北京进行时”、“晚安北京”、“生活提示”和“提醒”（见图 8—6）。可见“北京发布”首先是一个信息资讯平台，通过这个平台将最新最近的政务、新闻、服务资讯以最快的速度向公众传达。

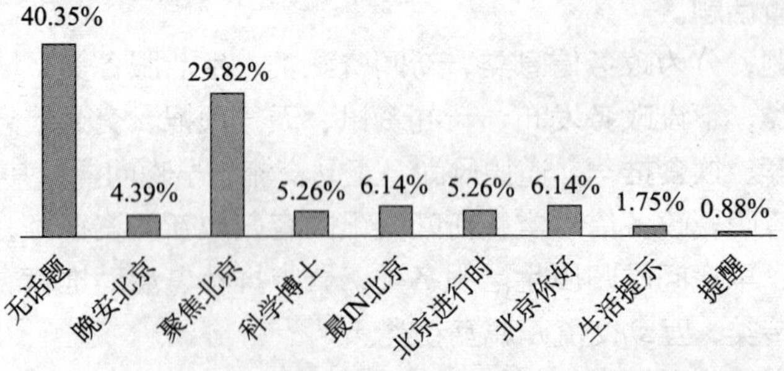

图 8—6 话题设置

(3) 内容主题。

首先从内容小类来看，与话题内容一致，新闻资讯内容所占比例为 21.05%，领先生活服务内容 7 个百分点，生活服务内容占据 14.04%的比例；紧随其后的早晚问候微博，占了 13.16%的比例；政务发布（10.53%）、交通信息、互动交流三类内容量并列；接下来依次是活动推荐（5.26%）、景点推荐（4.39%）、饮食推荐(3.51%)、天气预报（1.75%）和道德风尚（1.75%）(见图 8—7)。

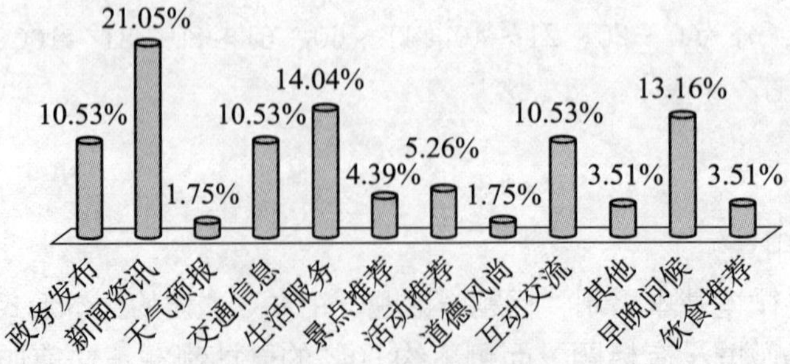

图 8—7 内容分类 1

从内容大类来看，生活服务类所占比例几近 40%，其次是新闻资讯类(21.05%)。城市宣传内容占据了 14.91%的比例，名列第三，政务信息类和互动类内容分庭抗礼（10.53%）(见图 8—8)。可见，“北京发布”不仅仅是新闻发布厅的网上窗口，它更致力于提供生活服务类信息，打造一个服务型政府。它不仅方便了市民的生活，还大大拉近了与市民的距离。

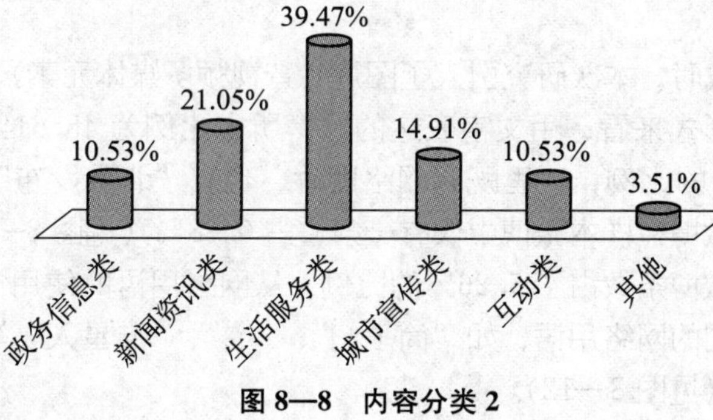

图 8—8 内容分类 2

(4) 发布日期与时间。

从发布日期来看，工作日（周一至周五）微博发布量较为稳定，日均发布量为 20 条，周末的发布量较低，日均发布量约为 7 条（见图 8—9）。

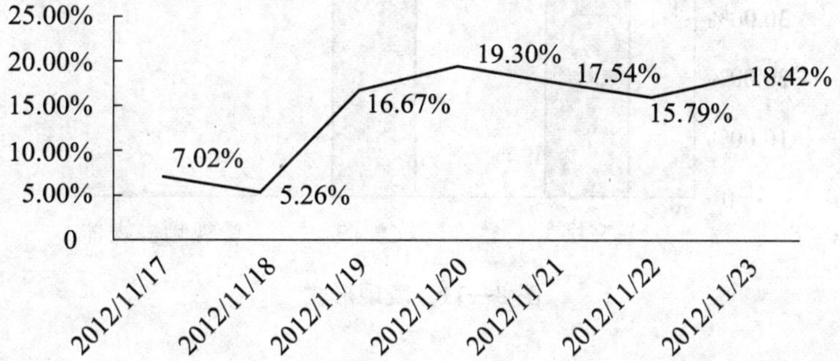

图 8—9 日发布量

对于发布时间，从图 8—10 可以看出，“北京发布”每天发布微博呈现“不规则 M”形，分别有两个波峰和波谷。每天 16:00—18:00 这个时间段平均发布微博数量最多（21.93%），这也是每天下班高峰时间。14:00—16:00 和 18:00—20:00 这两个时间段也发布较多。另一个高峰时间是在 10:00—12:00。波谷时间分别在 12:00—14:00 和 20:00—22:00。每天最早微博平均在 7:30 左右发布，最晚平均在 10:00 左右发布（见图 8—10）。

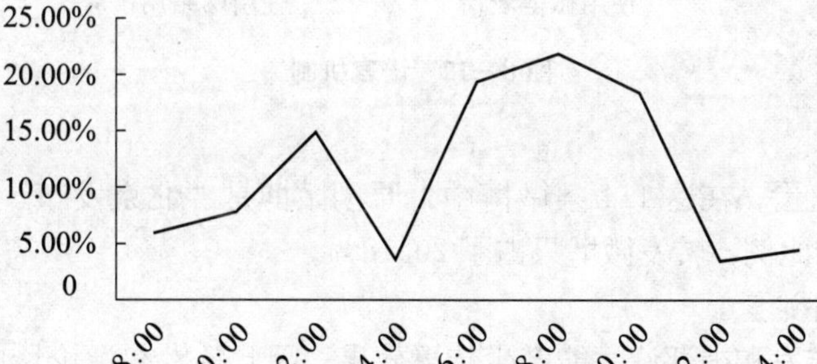

图 8—10 发布时间

(5) 微博形式。

在分析微博形式时，本次研究引入了图片（音视频多媒体元素）、表情、网络用语三个指标。从表现形式来看，用文字表达的微博所占比例为 45.61%，配以图片发布的微博占了 53.51%的比例，这里既有网络图片，也有“北京发布”的自拍图片，以多媒体形式呈现的微博在样本微博中仅有一条，占 0.88%（见图 8—11）。从表情使用来看，带有表情的微博条数占了 5.26%的比例。从网络用语的使用情况来看，8.77%的微博中出现了常用的网络用语，如“筒子们”、“宅”、“喵星人”等，给微博增添了一丝活泼与俏皮感（见图 8—12）。

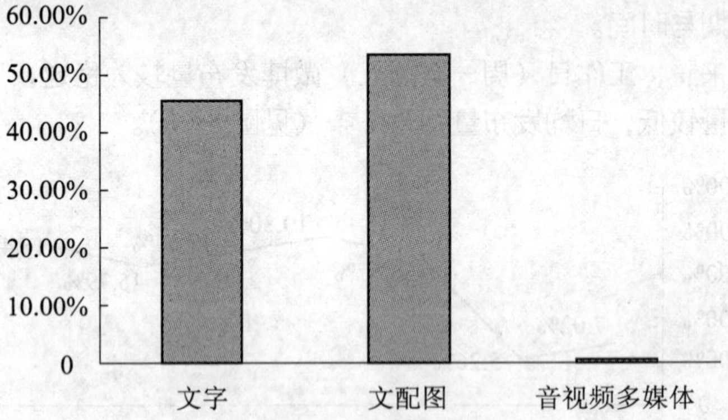

图 8—11　表现形式

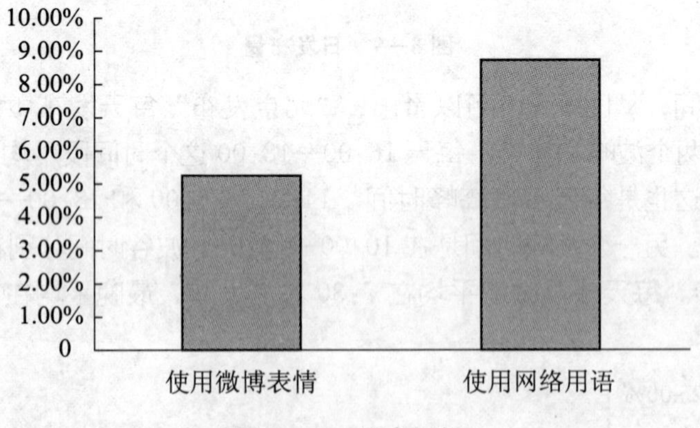

图 8—12　语言机制

(6) 发布类型。

从发布类型来看，在这 114 条微博中，原创微博是“北京发布”微博的主力军，占据了 79.82%的比例，转发微博只占了 20.18%。

(7) 转发与评论量。

微博只有被转发和被评论才能产生传播效果，因此转发与评论量成为考察微博影响力和活跃度的重要内容。在样本微博中，转发量大大超过评论量，“围观”群众总是沉默的大多数，只有一条微博（飞机上擅自更换座位很危险，发布于 11 月 20 日）创下了转发及评论的记录，其中转发 5 625 次，评论 751 次，为样本微博中转发、评论最多的微博。在转发数量中，0～50 次的转发次数最多（40.35%），其后是 51～100 次（30.70%），转发量在 151～200 次的最少（3.51%）（见图 8—13）。在评论上，评论 20 次以下的微博数最多，几乎占据微博评论总量的 50%，21～40 次的评论也相对较多（29.82%），81 次以上的评论就很少了（见图 8—14）。样本微博中，平均转发量为 146 次，平均评论量为 37 次。由于平均数易受极端值影响，所以此次统计引入了中位数（将统计总体当中的各个变量值按大小顺序排列起来，形成一个数列，处于变量数列中间位置的变量值。中位数不受极端变量值影响，适于反映中间水平），转发量的中位数为 66，评论量的中位数为 21，这与统计的数量段分布一致。

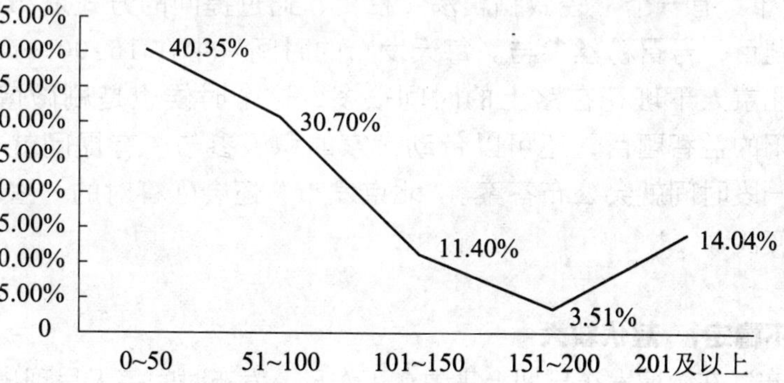

图 8—13　微博转发量

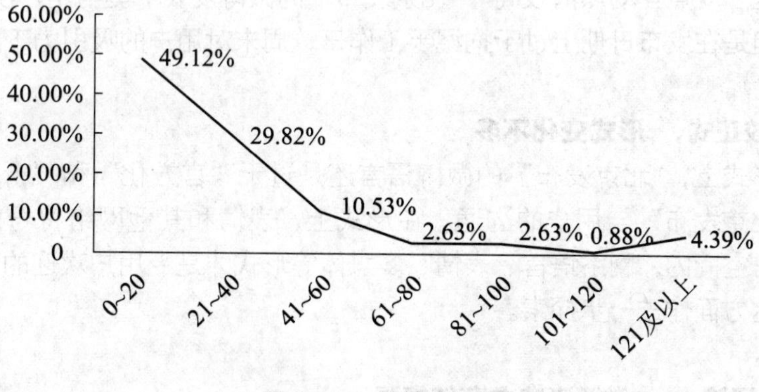

图 8—14　微博评论量

（二）“北京发布”新浪微博特点

1. 固定文本模式和栏目设置，发布形式具有稳定性

“北京发布”在微博文本模式上，基本采用“标题＋话题＋正文”形式，栏目设置较为固定，也较多样化、分类化，带给粉丝多角度的信息资讯。固定的文本和栏目，有利于培养粉丝的使用习惯，增强用户黏度。但与此同时，“北京发布”也应稳中求

变，对栏目的设置力求更加多元和丰富，不要造成用户的审美疲劳。

2. 服务为本，打造便民服务微博平台

在样本微博中，生活服务类信息几乎占据了微博总量的 40%，不论是天气服务、交通信息，还是生活贴士，"北京发布"都力求给公众提供更多的民生服务内容，从而打造一个服务型微博平台。公众通过"北京发布"就可以了解实时路况、天气变化，更有健康、求职、科普等内容，丰富实用。

3. 主动设置互动环节，增强与粉丝交流

"北京发布"有一个"轻微脑震荡"栏目，通过提问的方式发布一些脑筋急转弯、益智类题目，号召粉丝参与。每天发布的时间集中在 16:00—18:00，即下班的时间段。北京人下班花在路上的时间很多，这个时候也是刷微博的高峰之一。本是轻松休闲的益智题目，还可以带动大家的积极参与。有提问就有回答，题目出完之后过一段时间就会公布答案。"北京发布"还会@答对的一些粉丝，从而增进与粉丝的交流。

4. 发布时间不稳定，起伏较大

"北京发布"在微博发布日期上集中在工作日，发布时间每天呈现出不规则 M 形，有明显的波峰波谷。一个微博发布规律的研究表明，一周中用户在周五至周日较为活跃，晚间 18 至 23 点互动热情较高。"北京发布"的微博发表节奏与用户使用微博节奏相对一致，但是在发布日期上过于拘泥于工作日，周末对用户的吸引力下降。

5. 微博语言较正式，形式变化不多

在微博形式上，"北京发布"的微博语言还是过于"官方化"和"新闻化"，这大大影响了"北京发布"与用户的沟通。在形式上，表情和其他网络符号的使用较少。而在微博语言空间内，网络语言、表情、多媒体等形式才是受用户欢迎的形式，"北京发布"应在这方面作进一步探索。

6. 转发多，评论少，微博影响力有待加强

在微博发布数量上，"北京发布"克服了以往一些政务微博观望和被动的不足，每天都发布 20 条左右微博，且多为原创内容，微博发布的主动性高，活跃性强。但与此同时，微博的转发量和评论量都不高，与粉丝 200 多万的数量形成鲜明对比。可见"北京发布"在微博的影响力上有待加强，要创新更多的形式、提供更丰富的吸引人的内容来充分与公众进行互动，提高影响力。

四、政务微博传播的完善途径

目前，政府微博存在信息发布和反馈缺乏即时性、身份认证真假难辨、相关制度规范待完善以及政府传播中的应用尚未普及等问题。面对日新月异的网络发展，政务微博传播的完善途径主要有：

（一）完善运行机制，实现“一站式”服务

政务微博作为新媒体时代政府应对信息传播的举措，首先应有一个明确的定位：如何利用新技术来促进、改进、调整、梳理本部门的工作流程，提高管理、服务水平和能力，同时利用政务微博更好更快地响应公众提出的各种诉求，根据本部门的业务范围及时有效地公布各种政务信息。

“北京发布”的优势在于微博发布厅的创立，改变了过去政务微博一盘散沙的局面，集公安、交通、工商、质监、环保等多部门于一个窗口，形成品牌效应，凸显了政府从各自独立的金字塔式的垂直结构向错综复杂的网状扁平结构的积极转变。“北京发布”秉承“三贴近”原则，发布大量民生信息，使得公众在一个平台即可获得新闻、交通、天气、教育、求职、医疗等多方面的信息。目前北上广均已开通政务微博发布厅，这一集体优势正日益凸显，彰显了政务微博的价值。“一站式”的服务信息，能够拉近与公众的距离，提升公众对政务微博的黏度。

（二）培养经营理念，树立制度规范

政务微博同样需要培养经营理念才能规范化运作。政务微博要讲究发布频率，建立自己的发布规律，日发布量均匀，不要起伏过大。“北京发布”在这方面做得很好，每天 20 条左右的微博量，形成自己的频率，将发布微博作为一项常态工作。在发布时间上，现有微博都基本局限在工作日和 8 小时的工作时间内，“北京发布”的微博发布时间就是这类代表。而有研究表明，用户使用微博有一定的活跃期，政务微博要根据每天微博评论和转发的高峰时段对用户活跃期有个预判，从而尽量使发布节奏与用户活跃度保持一致，达到最佳的传播效果，从而逐渐在粉丝心理层面形成惯性，维持和扩大政务微博的吸引力和忠诚度。同时，“北京发布”还可通过轮班等措施，突破 8 小时工作制和周末限制，实现微博发布常态化，尽量与公众发布微博的节奏相契合。

在形式和内容上，契合网络文化氛围，多使用网民喜闻乐见的形式和语言机制，增加吸引力。创新形式积极与公众互动，从互动中回应疑问、深化信息传播、提高影响力，真正做到服务为民。比如“北京发布”专门设置与民互动的话题，或者引入奖励参与机制，激发网民的互动热情。

此外，还应制定使用指南，借鉴国外经验，建立快速处理与反馈机制。英国政府在2009年就发布了《政府部门 Twitter 使用指南》，迈出了英国政务微博规范化的一步。该指南虽然不具有强制性，但有很强的借鉴意义。该指南提供了一套比较完整的政府微博管理及使用的方法，包括使用 Twitter 的目的及评价方法，Twitter 使用过程中的风险管理、有效管理，以及使用 Twitter、推广 Twitter 等。人民网舆情监测室在《给党政机构和官员微博的七点建议》中提到：一要坦诚面对网民的质疑和批评；二要慎重处理网民对现实问题的诉求；三要积极面对网络举报；四要提升与网友沟通的技巧；五要在突发事件中用好微博；六要处理好个人和公职身份的角色定位；七要对微博"关注"、访问和维护。

当前我国还没有出台对政务微博的相关管理规范，很多微博管理人员只是兼职发布信息，人员素质参差不齐。在这方面，"成都发布"给我们提供了很好的范例。"成都发布"从建立伊始就走在专业化和规范化的道路上，从市级媒体抽调中高层资深编辑管理人员，组建专业化工作团队，从制度、人员等方面入手，全面保障"成都发布"的经营和建设。建议政府相关部门可以出台微博平台使用指南，全面、深入地对政务微博的使用规范进行概括和推广，真正将微博平台作为网络问政的窗口，创新社会管理途径。

（三）把握第一时间，注重时效性

近年来，我国突发事件频发，对各级政府的应急机制提出了新的要求。在涉及公民安全和社会稳定的事件发生时，政府有责任在第一时间传播有效信息，防止事态恶化。主动发布永远都好于被动解释。微博在很多事件面前都充当了第一信息源和传播渠道，政务微博更要充分利用这一信息平台来发布信息、引导舆论、遏制谣言、消除负面影响，确保政府形象不受损害。在"北京发布"的样本统计期间，没有遇到有重大影响的突发事件，无法对"北京发布"在突发事件上的表现进行评估。但是这一期间"北京发布"对突发的交通状况进行了信息发布，提醒广大市民出行注意。

（四）提升政务微博发布者媒介素养

政务微博发布者除了需要掌握微博的基本使用技巧及传播模式外，还需具备高度的政治敏锐性、坚定的政治立场，故需对其加强系统培训，提升政务微博发布者的新媒体技巧和媒介素养。2012年7月，人民网舆情监测室联合其他相关舆情机构组织的"微博问政与舆情应对高级研讨班"就是这一行动的典型代表。要加强政务微博的舆情意识必须对近几年的应对失当案例进行剖析，对政务人员进行相关培训，对当前新媒体环境及其媒介特性予以介绍，对当前公共突发事件的发展形势和特点进行剖析，对如何应对微博问政中产生的网络舆情、如何管理和运营政务微博进行相关的案例分析和模拟演练，以期在实践中能够妥善应对。

思考题

❶ 简述新媒体的传播特征。
❷ 新媒体对政府传播的影响主要体现在哪些方面?
❸ 简述政府利用新媒体进行传播的主要策略。
❹ 结合一具体案例对政府在新媒体语境中的传播进行分析。
❺ 何谓政务微博?
❻ 简述政务微博的传播特征和发展现状。
❼ 简述当前政务微博存在的问题以及完善途径。

参考书目

❶ 蒋宏，徐剑．新媒体导论．上海：上海交通大学出版社，2006.
❷ 熊澄宇．新媒体概论．北京：中国传媒大学出版社，2009．
❸ 黄河．政府新媒体传播：直面新媒体带来的挑战与机遇．北京：光明日报出版社，2012.

第九章 国际传播和国家形象塑造

本章学习要点

◇ **国际传播的概念与特征**
◇ **我国国际传播面临的新挑战**
◇ **国家形象的特征与功能**
◇ **国家形象与国际传播**
◇ **中国国家形象的定位与原则**
◇ **中国国家形象塑造的途径**

作为世界上为数不多的社会主义国家和经济发展势头迅猛、综合国力显著提升的大国，我国政府目前已经认识到建设强大的对外传播力量是建构良好国家和政府形象的先决条件和重要保证。从“防御型国际传播模式”到“主动型国际传播模式”的逐渐转换，是我国国际传播的应然之选。本章从界定国际传播和国家形象入手，对国际关系中的政府传播现状进行梳理，归纳出现存的主要问题并提出应对策略。

第一节 | 外交视野中的国际传播

当今世界，作为身处不同政治、经济、文化和历史背景下的国外公众，其对一个国家和政府的认知和态度，在很大程度上由媒体主宰。从这个角度可以说，国际传播是公共外交的核心载体，外交视野中的大环境、大背景是国家和政府进行传播的条件和依据。因此，对政府传播的研究必须与国际传播结合起来，在国际传播的发生、发展和变化中把握政府传播的规律、传播条件以及传播特点。

一、国际传播的概念与特征

（一）国际传播的概念

国际传播是指发生在国际领域的传播，是传播在国际领域的发生与发展，是国际大背景下所体现出来的各种行为体之间关系的传播反映。国际传播强调跨国信息流动过程中的交互特性。研究国际传播，在这个日益全球化的社会越来越具有现实意义。

知识窗

国际传播与对外传播的关系

国际传播不同于对外传播，二者紧密相关但存在一定的差异。对外传播是指特定的国家通过大众传播媒介面向其他国家或地区受众所进行的跨国传播或全球范围传播，这个概念先行设定了“以我为主”的前提。相比较而言，国际传播的手段和范围更加广泛，个人、群体、政府甚至技术传播都是它的研究范畴。

（二）国际传播的一般特征

国际传播的一般特点主要体现在以下方面：

1. 国际性

国际传播是发生在国际范围内的传播，是从世界整体考虑而形成的一种具有国际影响力的传播范式。它的国际性主要表现在：运用了包括国际广播、有线电视、互联网、国际报纸杂志、国际性的通讯社或者人员之间的跨国交流等国际性手段来进行传播；传播的文本（叙事）必须选取一些世界性的事件，或者能引起信息接收国注意的特殊信息，以期产生在一国或一定区域等小范围内不能发挥的影响力；传播的受众是跨国的、世界性的，是在“地球村”的村民中进行的传播；传播效果必须产生一种世界性范围内的影响力，从而引起世界性的关注。此外，影响国际传播的因素更是国际性的：国际关系、意识形态的碰撞都已经使这种传播方式突破了一国的限制。

2. 目的性

传播学者罗伯特·福特纳认为，国际传播带有目的性。他认为国际传播既可以是有意的，也可以是无意的，即传播既可以有意地跨越国界，又可以无意地跨越国界。这种效应会不可避免地影响到所在国的政治、经济、文化和意识形态。任何一个国家都希望通过国际传播来影响其他国家或地区的受众在对待本国问题上的信念、态度、行为乃至思考方式。

3. 顺流性

顺流是指从高到低或从强到弱的一种物理性状的流动，以及由此产生出来的一系列效果。这一概念运用到传播学中，特别是在国际传播领域，是指国际上的信息主要由占主导地位的国家或强势媒体发出，并通过其所占有的有效手段和资源进行对外传播，从而达到一种主要是发出国受益的国际传播效果。当今世界的主流媒体几乎都由西方大国所操纵、所把持，西方大国的声音通过其广播、报纸、杂志、电视等，像潮水一般涌向世界其他各处，特别是“文化低地”，客观上造成了国际传播的不平等。在国家形象的形成过程中，国际传播的顺流性是非常明显的。

4. 综合性

国际传播不仅仅包括政治、经济、文化等方面的传播，还包括娱乐、公共事务以及由国际性的人际传播所带来的可以交换的各种各样的信息。在国际传播中体现出来的综合性，是指传播所要表达的信息以及影响这些信息的政治、经济、文化等各方面的因素所叠加、交错、相互作用形成的一种“合力”。它直接影响到信息传播的各个方面——文本、制度、受众、效果等，并作用于国际传播的施动者本身，使施动者在实施传播的过程中，有意无意地受到了各种因素的影响。因此，就传播技术、传播者素质和收集反馈等方面而言，国际传播的要求更高、难度更大。

（三）新媒体语境下国际传播的新特点

新媒体语境下，国际传播具有了新的特点。新媒体跨越时空，突破国际传播壁垒，在表现手段上更加丰富多样、更具针对性。以用户制作内容出现的新媒体成为国际传播重要的民间力量，以多媒体、丰富的视频内容呈现的网络电视是国际传播未来的重要阵地。

1. 媒介传播范围的无国界化

随着信息传播技术的快速发展和商业集团的全球市场化的指向，大众传播媒介的传播范围也发生了很大的变化，这就是无国界的扩展和受众的全球化。传统的大众传播媒介中，报纸由于需要印刷是最受区域限制的媒介之一，但是现在跨国界的报纸借通信技术的发达应运而生，不但在中国可以看到大量海外报纸，中国的《人民日报》、《羊城晚报》等原来面向国内和省内的报纸也在海外发行了。同时还应看到一个明显的趋势是，不少海外知名媒体纷纷进驻中国市场，或与中国媒体合作，或独自拓展市场。中国的受众可以看到不少拥有外国公司股份的媒介产品，特别是电视节目和杂志。这样的信息环境势必导致受众信息接收方式和理解的多角度化。

全球化时代的国际传播，其传播内容与形式出现了一些新特征，主要特征之一就是传播的“泛化”，即传播内容和形式远比以前宽泛，传播也产生了前所未有的持续性效果。具体来说，主要是指国际传播发生时，它所要传播的信息文本（即内容）不仅仅局限于某一个领域，而是涉及许多领域。一个信息文本在多个领域地区跨时空传播，使得信息文本能充分被受众接受和享有。

案例 9—1　小说《哈利·波特》全球传播的巨大成功

2003 年，小说《哈利·波特》出版，仅仅作为书刊传播销售，便已经达到了天文数字。接着，作家又相继将出版权卖给音像经销商、文化传播公司以及服装品牌的商家。由此产生了一系列衍生的传播产品：哈利·波特的电影、原声带、纪念品和带着哈利·波特头像的 T 恤衫。从这个例子可以看出泛化传播的巨大影响力。它可以把一个小小的信息文本，通过动员所有传播力量表现出来，以使受众不得不接受（因为内容无处不在），更使传者无法放手（因为如此广泛的传播已经使传播内容系列化及模式化，这种“定势”反过来就加强了传者使其泛化传播的决心）。

资料来源：综合凤凰网等媒体报道整理而成。

2. 文本信息需具有爆炸性

信息化和全球化中的大众传播媒介有三个特点，即传播范围的广度、传播方式的强度和传播内容的偏向性。传播范围广表现在媒体的活动是面向全球开展的，意味着不同国籍的受众可以在同一时间内接受同一内容的媒介传播，特别是重大新闻和有关突发事件的信息传播，这种传播范围和内容的一致会导致全球受众的趋同化。传播方式的强度和传播内容的偏向性，则表明媒体从一开始就是一个以最佳传播效果为根本目标的主动传播者。这体现了媒体在传播过程中的强势地位和强势作用。同时，现代媒体被注入强势资本后会利用最先进的科学技术来提高并强化传播效果，如信息传递上的同步化、内容上的细分化、视觉上的图文并茂、新闻节目趋向解说演示，最明显的是媒体内容的娱乐化。媒体的这些传播特点使受众能轻松地、及时地得到大量新鲜的信息和精神上的放松，但是源源不断的信息、细致入微的解说和媒体内容整体上的娱乐化倾向也会使受众变得无所适从，失去或怠慢对信息的自我思考，或沉湎于娱乐信息，成为真正意义上的“受”众。也就是说，信息化和全球化时代的大众面对的是信息的海洋和具有明确传播目的、追求最佳传播效果的大众传播媒介，在有强势资本做背景的媒介面前，公众的被动性就显得很明显了。

由此可见，泛化传播主要是在横向上发生发展，从而对全球传播产生影响；而文本信息的爆炸性主要是从纵向上产生它的巨大、持久的影响力。在这个传播“碎片化”的时代，人们捕捉信息的能力如此之强，消息供大于求的现状使得只有爆炸性消息才能更好地吸引受众，从而使传播内容更明显，更容易抢占先机，让国际受众几乎可以在同一时刻接收到传者泛化传播的信息，这样传播效果才能更好地体现，也可能更顺利地达到传播目的。

3. 传播的逆流趋势开始显现

在现实的国际社会中，西方大国往往占有极多的信息资源和空间，由它们传播出去的信息流向世界其他各处。与之相对的是，以发展中的第三世界为主导，向西方发达国家进行的国际传播形式，可以称之为传播的逆流性。进入 21 世纪，国际传播的逆流趋势逐渐显现。

4. 网络媒介起主导作用

网络媒介的传播特点不同于以往的传统媒介，与报纸、广播和电视最大的不同是它传播速度快、传播范围广、传播内容广，还有传播方式的兼容和受众的超阶层、无国籍。由于网络媒介以“地球人”为传播对象，在传播信息时就会以一种普遍性较强的价值观作为信息选择标准，使无论在哪个角落通过网络获取信息的人都将渐渐产生一种类似的价值观。网络媒介的信息传播将使传统传播媒介在信息选择上的“特性”慢慢淡化，取而代之的是一种易为大多数人接受的普遍性。

案例 9—2 凤凰卫视发展壮大体现国际传播的逆流趋势

随着中国国际地位的提高，外国媒体进入中国传媒领域的需求越来越迫切。鉴于语言障碍和中国政府对媒体的规制，众多跨国媒体公司难以在中国大规模地运作。凤凰卫视可以说是中外合作的产物。它的首席执行官和执行主席都是中国人，由新闻集团控股但并不影响它作为华文媒体的性质。自成立以来，凤凰卫视不断发展壮大，已经在华文的对外传播中占有很重要的位置，而且渐渐成为中国对外传播的主要窗口之一。

资料来源：综合凤凰网等媒体报道整理而成。

二、国际传播的功能

相对于对内传播，国际传播的显著功能主要体现在：

（一）促进国际间受众的信息沟通

国际传播作为大众传播的一种特殊形式，所传播的信息大多符合本国的意识形态，服务于本国或本地区的政治、经济利益。例如，我国的国际传播，就是从扩大国际交流、促进睦邻友好合作的角度着眼，以提高我国的国际地位、在国际上树立社会主义中国的良好形象为基本目标。通过国际传播，国外的受众可以更有效地获得相关信息，从而实现国际间受众的信息沟通。

（二）助推国际战略、外交政策的实施

外交政策是主权国家参与国际政治事务的活动原则。在国际传播中，国家政府组织是主要的信息发出者之一。政府借助对外传播媒介展现自己的外交活动，并将其观点及重大外交信息向全世界公布。以美国为例，1994 年，美国在其《国际广播法》中明确提出："继续现有的美国国际广播，并创办一个针对中华人民共和国和其他缺乏充分信息自由的亚洲国家的新广播电台，将会促进信息和思想的自由传播，并有利于推进美国的外交政策。"由此可见美国政府对于国际传播在其外交政策推广过程中的重视程度。

（三）形成并影响国际舆论

国际传播媒介的新闻报道和信息发布会通过赋予某一事件以显著性，从而影响国

际舆论对其重要性的判断，强化事件在世界范围内的重要程度。2001 年 4 月，中美撞机事件发生后，美国电视媒体大量播出停留在中国的美军飞机涉事人员的家属担心、哭泣的画面，却对中国失踪飞行员家属的悲伤、中国人民对美国飞机擅自侵犯中国领空的行为置之不理。由此，我们可以看到国际传播媒介的议程设置功能对信息发挥的微妙影响，它可以帮助国家和政府形成和影响国际舆论。

三、我国国际传播面临的新挑战

近年来，我国国际传播能力的建设被提上一个重要的议事日程。国家和主流媒体围绕国际传播，做了大量的前期准备和硬件建设工作。这些对于一个新兴大国的国际传播语境，是非常必要也是非常及时的。然而，当我们再次以一个强势的姿态进入国际传播活动中时，当代国际传播已经出现的三重困境成为我们必须面对的问题。

（一）西方发达国家拥有强势话语权

在国际上，对处于话语权中心的西方强国来说，在主权概念遭遇新兴媒体冲击的过程中，跨国性的传媒集团率先取得了强大的话语权，并进而与它们形成了国际议程上的互动。这是我国在争取国际传播话语权方面面对的第一重困境。

这种困境的形成背后，有国际传媒集团的强势地位，也有传统西方强国在话语权领域的重要影响力。这种国际传媒集团不但在内容上产生了较强的“意见同化”，而且出现了越来越多的并购活动，如爆出窃听丑闻的《世界新闻报》的母公司新闻集团，近期的并购活动就频繁进行，在英国已经掌握了 35%的报纸。而这些跨国性的传媒集团在西方话语中心主义的历史背景下，对我国的报道仍然存在着一定歪曲，对我国国家形象的正常传播产生不利影响。

（二）对其他发展中国家的传播面临屏障

对于发展中国家或者经济相对落后的国家来说，我国的国际传播同样面对挑战。因为这些国家中有一部分仍然维系着比较严格的传播政策和管理秩序，对本国新闻体系或者对外传播活动的公开程度极其有限。这些国家中还有不少处于政治经济相对落后的政治环境中。与此同时，这些国家或在较长一段时间中持续一种相对简单的传播模仿行为，大量转载西方媒体报道，或者受到国际主流媒体的议程设置的影响。例如，在 2009 年 7 月的一次访谈中，一位智利学者就明确谈到，智利国内的涉华报道中除当地华人的新闻外，最主要的新闻来源是以美联社、路透社和法新社为代表的一批西方国际通讯社。我国媒体要进入这些国家，并成为它们新闻的最重要传播者之一，存在着一定的难度。这也是我国的国际传播要跨越的障碍。

（三）国内舆论的影响力日益增大

今天的国际传播，前所未有地受到国内舆论的影响。国内舆论对国际传播的影响，也从未像现在如此之大。由于信息流动的门槛越来越低，我国国内近期矛盾多发的态势，也使更多的国内新闻影响我国的国际传播，进而对我国国家形象产生影响，并容易出现“对外传播和对内传播两张皮”的状态。尤其是在突发事件中，国内舆论往往成为国际传播中的一个重要影响因素。从 1997 年开始，海外媒体涉华报道中的中国国内社会问题数量开始出现明显上升。从 2010 年开始，在十家主要的海外媒体的涉华报道中信息来源为互联网的第一次超过了 10%。甚至在近期的《外交政策》杂志上，美国媒体公开认为中国的微博已经在打造一个“谣言共和国”。这种国内舆论对国际传播的明显影响，实际上也意味着一种巨大挑战。

第二节 | 国家形象概论

全球化时代，国际关系中“硬实力”作用日益弱化，而“软实力”作用则日益彰显。作为软实力重要组成的国家形象在全球化时期越来越受到重视。如何塑造良好的国家形象成为摆在各国面前的重要议题。

知识窗

国家文化软实力的构成要素

1999 年，约瑟夫·奈发表《软实力的挑战》一文，他认为，“软实力是一国文化与意识形态的吸引力，是通过吸引而非强制的方式达到期望的结果的能力。它通过让他人信服地追随你，或让他人遵循某种将会促其采取你所期望的行为的规范和制度来发挥作用。软实力在很大程度上依赖于信息的说服力”。

国家文化软实力是国家软实力的核心要素，它与经济实力和科技实力等硬实力相互影响、相辅相成，是国家核心竞争力的重要因素。我们可以将国家文化软实力分为以下五个组成部分：(1) 激励国家形成强大向心力的国家文化凝聚力；(2) 获得外界仿效的国家文化吸引力；(3) 推动发展、追求领先的国家文化创新力；(4) 将文化要素组织成效能最大有机整体的国家文化整合力；(5) 向外界正确表达意图的国家文化辐射力。

资料来源：洪晓楠、邱金英、林丹：《国家文化软实力的构成要素与提升战略》，载《江海学刊》，2013 (01)。

一、国家形象的特征与功能

（一）国家形象的概念

国家形象是指某一国家内部公众和外部公众对该国政治、经济、社会、文化、地理等方面状况的认识与评价。具体而言，国家形象应该是一国内部公众和外部公众对该国政治（包括政府信誉、外交能力与军事准备等）、经济（包括金融实力、财政实力、产品特色与质量、国民收入等）、社会（包括社会凝聚力、安全与稳定、国民士气、民族性格等）、文化（包括科技实力、教育水平、文化遗产、风俗习惯、价值观念等）、地理（包括地理环境、自然资源、人口数量等）等方面状况的认识与评价。

知识窗

中国的国家形象不同于中华民族形象

国家和民族是意义紧密联系的两个概念，在具体的构成信息方面，两者之间尤其是涉及文化、教育等方面有部分的重叠，可以说，民族形象的许多领域为国家形象所覆盖。中国的民族形象即中华民族形象可以定义为公众对中国人的道德素养、文化知识和智慧状况等方面的总体感觉、态度及评价（见图9—1）。

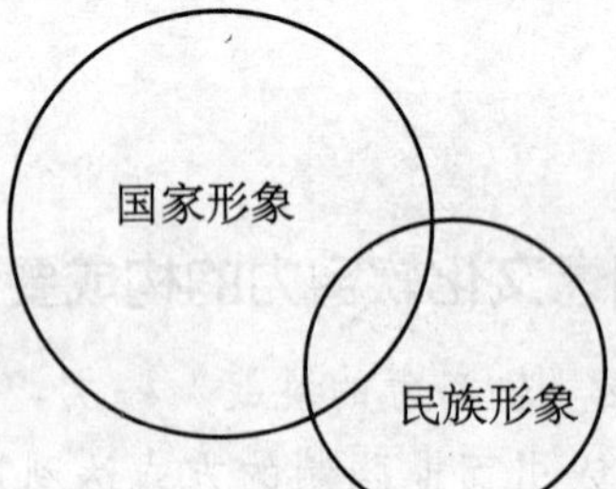

图9—1 国家形象与民族形象的关系示意图

（二）国家形象的特征

形象的本源是物质世界，它的形成过程如图9—2所示。

国家形象有自己的“源像”，也就是国家系统的运动。这种源像经过各种国际传播渠道，到达他国的公众那里，被接受与加工而产生国家形象。不同于一般的形象传播过程，国家形象传播过程的链条更长，涉及包括意识形态、国际政治经济关系、国际形势在内的更多影响因素，以至于源像和最终的形象之间会有N个层级的变形。从国

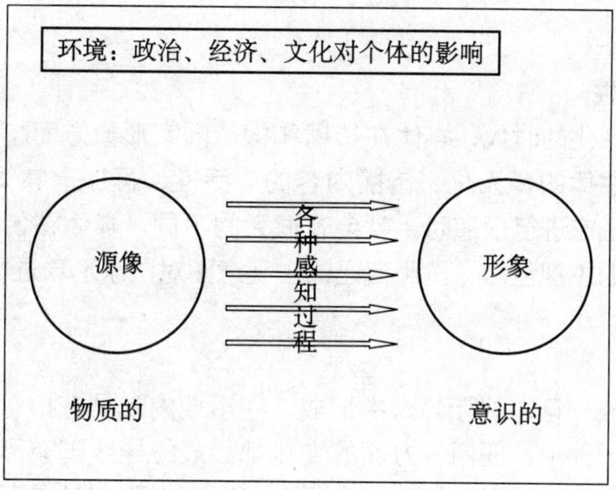

图 9—2 形象的产生过程

家形象的形成过程可以看出国家形象的主要特征有：

1. 兼有客观性与主观性

国家形象可以被感知、被评价，它取决于国家本身，但同国家的客观状况又有差异。同一国家对于不同的感知和评论者所产生的形象是不一样的，其差异取决于感知和评论者实际获取的相关信息及其具体的视角、经历、知识、价值观和感情等方面。这说明，国家形象是客观存在的，亦可主观塑造。如果要塑造好的形象，功夫既在国家实际状况本身，又不局限于实际状况。但国家形象的客观性始终占主导地位，无论感知和评论者心目中的国家形象如何，这种主观形象的最终形成也是以国家实体的客观情况为基础的。

2. 民族性

民族国家是国家形象构成中的形象客体，不同国家所固有的民族特色是国家形象最终形成的基本“素材”。在全球化时代，民族国家仍然是国际关系的主体和全球秩序的基本单位。国家形象不可避免地要打上民族的烙印，反映一国的民族特色、民族传统。民族性是国家形象的核心内容，一个不反映民族特色的国家形象是难以想象的，也是不存在的。

3. 多样性

国家形象是一个复杂的多元综合体，它包含国家的政治、经济、文化、科技、体育以及政府行为、国民素质、社会风尚、生活质量等方面。人们对事物的判断并不完全等同于事物本身，形象主体并不是照相似地反映事物的状况，而是在很大程度上取决于观察者实际获取的相关信息及其具体的视角、经历、知识、价值观和情感等。在所有这些方面，不同国际公众都存在很大差别，这就必然导致同一国家在他们眼中有不同的形象。

4. 可传播性和可塑性

在信息传播全球化的时代，媒体在传播和塑造国家形象方面起着越来越重要的作用。但是由于传播主体的多元化、传播内容的广泛性，再加上媒体本身的利益差异，不同媒体在对同一国家进行报道时，就会有很大的不同。媒体在传播国家形象时，或多或少加上了自己的主观色彩，按照自己的主观意图对国家形象进行塑造和传播。

5. 相对稳定性

一国的国家形象一旦在国际公众中形成，在短期内就具有相对稳定性。虽然在形成国家形象的三个要件中，任何一方面的变化都会最终导致国家形象的变化，但是在公众心理定势和知觉判断的影响下，公众不会在短期内改变对国家的整体印象和综合评价。比如南非虽然废除了种族隔离制度，但是当人们一想到种族制度，便会不由自主地想起南非。

（三）国家形象的功能

1. 政治功能

国家形象的政治功能主要表现为权力合法化，也就是说，积极的国家形象有利于维护国家在国内及国际上的威信，巩固其合法地位，增强国家凝聚力，鼓舞人民士气，激发人民爱国主义热情。

2. 外交功能

美国学者埃博认为，二战后发生的信息革命极大地改变了国际关系的性质。信息技术把全球变成一个地球村，大众传媒成为世界各国人民获取信息的关键渠道，并因此在国际关系中扮演重要角色。他认为，在信息技术上占据优势的国家将对全球信息流向并进而对其国际形象的塑造产生更大的影响。

3. 国家安全功能

由于国家形象本身可塑性比较强，是一种不同于传统硬实力的软性力量，所以往往在硬实力不能产生影响（或者影响很小）的情况下，达到维护本国利益，特别是使本国国家安全的效果最大化的目的。一般来说，内在认同感强、凝聚力大的国家形象和对外展示出来的“友好的”国家形象，所建构出来的国家安全必然是充分的、有支撑和保障的；相反，一盘散沙的国家以及由此产生的“虚弱的”国家形象和在国际上“危险的”国家形象，必然使得国家安全功能得不到观念上的认同和有效的发挥。

4. 商业功能

贾非和内本扎尔在《国家形象与竞争优势》一书中指出，“每一个国家都有一个形象，或有利的或不利的形象，或正面的或负面的形象。有些国家被视为仁义、进步之邦，而另一些则被视为卑鄙、专断之国。有些国家以工程开发闻名，有些则以设计精巧著称。无论这些看法如何，它们都影响着投资者或消费者对一国之国家‘品牌’的判断。而这些判断将部分决定该‘品牌’的销路，或影响其出口，或左右外国投资者的选择”。基于此，他们呼吁政府部门和企业界携手共创国家品牌，为本国的商业活动在国际上赢得竞争优势。

二、国家形象与国际传播

（一）国家形象在国际传播中的特点

国家形象的塑造与建构离不开国际传播。综合考虑国际传播的性质，结合国家形象在国际社会传播的特点，国家形象传播在整体的国际传播格局中有以下独特之处：

1. 国家形象传播是一种结合了政治、经济、文化等多方面要素的国际传播形式

国家形象包括了政治、经济、文化等多个方面，国家形象传播是一种综合政治、经济、文化等多要素的国际传播。其中，政治性是国家形象传播非常重要的一个方面，在某种程度上讲，国家形象传播是一种以政治传播为主，并兼顾其他多种形象构成要素，涉及多学科、跨门类、宽领域的传播方式。与此同时，国家形象传播也体现出经济性、文化性以及其他特征。特别是在全球化传播的时代，国家形象传播不可避免地将多种因素综合起来，形成一种“合力”传播，最终达到最优化的传播效果。

2. 国家形象传播带有明确的目的性和策略性，是国家利益的体现

国家形象传播是一种传播国家形象的传播方式和传播行为。对于传播者而言，根本落脚点在于在国家形象的自我认同和国际认同之间找到一种平衡，使自我认同与国际认同相整合、相协调，从而为国家利益服务。国家处于国家形象传播的核心，这种内在的目的性是国家形象传播的一个重要特点。为国家利益服务就必然要考虑传播的渠道、形式与手段，这就构成了与目的性相辅相成的另一个特点——形象传播的策略性。只有优良的国家形象传播策略才能把国家形象最好的一面传播出去，或者按照编码者意图建构他国国家形象。

3. 国家形象传播是一种兼具长期性和流动性，并体现本国特色的国际传播

国家形象的构建是国家把形象构成的多方面要素统合起来考虑，具有长期性。

任何一件有关某个国家的偶然性事件的发生，都可能会对这个国家在某个领域的形象，甚至整体国家形象产生影响。国家形象传播更是一个流动的过程。当今世界，国家形象传播的某些主导权掌握在“强势群体”的手中，处于“传播低地”的国家也部分掌握着自己形象的传播主导权，这种顺流性、逆流性交织的国家形象传播格局造就了国家形象传播的流动性。国家形象传播不可避免地会带有本国特色。这是由国际传播大背景及国际关系大背景所决定的。从某种程度上讲，这是意识形态因素在国家形象传播中发挥的作用。基于此，国家形象传播也是国际间国家利益竞争的一个重要方面。

（二）国际传播影响国家形象塑造的因素

1. 文化因素

文化传播是能够对国家形象产生影响的重要因素之一，国与国之间的文化交流与传播无法和国家形象割裂开。从整体上讲，世界文化间的交流与传播更具有明显的跨文化传播的意义。随着全球化的不断深入发展，世界上各种各样的文化日益交流、碰撞，面临全球文化“同质化”的问题，也在客观上造成了国际传播环境中文化传播的不平等，由此带来国家形象传播也不可避免地出现不平等。

2. 意识形态因素

意识形态在上层建筑中是非常重要的一个因素，具有长期性、操控性和稳定性的特点。一旦一个人形成了一种相对稳定的意识形态，则很难改变。正因为意识形态有这样的特点，所以，国家形象传播一定要考虑意识形态的因素。研究发现，国际上占主导地位的传播媒介通过对传播的内容和方式的操控，有想使国际社会意识形态一致化和实现西方思想泛化的明显倾向。它们在传播他国信息时，也有意或无意地按照自己的意识形态建构着他国的国家形象。

3. 国际关系因素

国际关系对国际形象的影响是很大的。关系良好的国家（或国家关系处于良好状态时的国家），彼此传播的对方的国家形象是比较好的；相反，敌对国家（或国家关系处于敌对时的国家）对对方国家形象的描述常常是带有敌意的，是不客观的，甚至是非常歪曲的。因而，国家形象传播应考虑到国际关系的因素。国际关系的范围很广，既包括国际政治关系、国际经济关系，又包括国际上思想领域建构的各种复杂关系。而国家形象的国际传播正是反映国际间各种关系的一种传播方式。

此外，包括印刷媒体、国际广播、卫星电视、通讯社和互联网在内的国际传播渠道和手段也是影响国家形象塑造的重要因素之一。

（三）国际传播模式与中国的选择

国家形象塑造的国际传播模式主要可以分为：进攻型、防御型、主动型和被动型四种模式，当前中国国际传播战略基本属于防御型国际传播模式。

1. 进攻型国际传播模式

一国政府依靠其强大经济实力和科技实力作支撑，各种媒介相互配合、相互烘托，利用卫星、互联网、数字压缩技术等高新媒介技术以及遍布全球的媒介驻外机构和工作人员，使得其国际传播能力在全球舆论中处于主导性的优势地位，在全球传播格局中处于进攻性态势。这种模式具有显著的进攻性，称为“进攻型国际传播模式”。西方发达国家是这种进攻型国际传播模式的代表，尤以美国最为突出。尽管美国常常受到国际舆论的批评，但在整体国家形象塑造方面还是处于进攻性态势，其国家形象的塑造和传播也相对较为成功。

2. 防御型国际传播模式

一个国家虽然总体经济、政治、军事和资源实力较为强大，但由于发展基础较为薄弱，人口基数相对较高，人均国内生产总值处于世界平均水平或者低于世界平均水平，国内政治经济体制处在改革和转型之中，媒介实力处于快速发展期，成长潜力巨大，整体国家实力处于上升态势。这里把这类国家的国际传播模式界定为“防御型国际传播模式”。以新兴发展中国家为代表的“金砖国家”就是这种类型的典型代表。巴西、俄罗斯、印度、中国等都符合这种国际传播模式的特点，其中中国尤为特殊。改革开放 30 多年来，中国经济高速增长，创造了世界经济历史上增长的奇迹，中国社会面貌发生了深刻的变化，但由于中国政治体制与西方异质、意识形态迥异而一直遭受西方诟病，成为被西方媒体“误读”甚至“妖魔化”的对象，整体国家形象塑造和传播态势处于防御状态。

3. 主动型国际传播模式

国家总体经济发展水平较高，工业化发展较为完备，技术较为先进，政府治理效能较高，人均国内生产总值高于世界平均水平，综合国力世界排名较为靠前，国际传播策略运用恰当，媒介实力较为强大，能够有效地在世界上发出自己的声音。虽然在国际舆论格局中并不处于绝对优势，但实施主动型国际传播模式的国家较易被实施进攻型国际传播模式的国家所认同，在国际舆论中有自己的影响力。韩国是这种传播模式的典型代表。近年来，韩国运用恰当的国际传播策略，努力提高自己民族文化的影响力，借助媒介力量不断拓展自己在国际社会的影响力，文化产业迅速发展，“韩流”文化从亚洲向世界广泛扩展，并在很大程度上绕开了对方国家民族的抵触情绪，国家形象也得到较大提升。西方媒体对韩国相对友好，西方舆论普遍将其视为一个经济发达、国富民强、社会安定的东方国家。

4. 被动型国际传播模式

由于经济基础相对比较薄弱，社会发展相对滞后，囿于自身物质基础、社会条件和政府治理效能的制约，媒介力量较为薄弱，面对西方大国强大的传媒影响力，在国际传播竞争中处于弱势地位，难以主动出击，营造和传播自己的价值观念、意识形态和生活方式，传播威力和传播效率都较为低下。这种传播模式称为“被动型国际传播模式”。大多数发展中国家都属于被动型国际传播模式。比如阿拉伯国家所处媒体环境复杂，受到本地经济发展水平和政治体制以及宗教习俗的影响，阿拉伯地区各国的媒体相对不够发达，国际影响力较小。面对西方和以色列强大的媒体攻势，阿拉伯国家常常是被“妖魔化”的对象，西方主流媒体对阿拉伯世界怀有偏见而把阿拉伯国家“恐怖化”、“想象化”，进行含沙射影式的攻击。媒体力量的弱小也使得阿拉伯国家在树立自己国家形象方面难有作为。再如非洲国家，在全球许多地区人们的眼中几乎仍然等同于贫穷、落后、战乱、饥荒、疾病，在整体国家形象塑造中处于被动态势。

当前，在“西强我弱”的国际传播格局中，中国防御型国际传播模式难以消除西方主流媒体对我国国家形象的“妖魔化”建构。在不脱离中国国家客观实际的基础上，当前中国国际传播战略应作与时俱进的积极调整，逐渐从防御型国际传播模式向主动型国际传播模式转换，依靠中国经济快速发展积累下来的物质成果，利用现代化的传播技术，主动出击，扩大中国的全球媒介投射力和影响力，以正面、客观、真挚的报道去抵消贬损甚至诋毁中国国家形象的负面影响，消除中国形象真实“源像”与西方扭曲“镜像”之间的成像背离，放大“中国声音”的分贝，增强媒体的国际传播能力，让“中国声音”既能够“入耳”、“入眼”，更能“入脑”、“入心”，积极主动地建构起我国“和平发展”的整体国家形象。

三、中国国家形象的国际传播现状

世界主流媒体对一个国家的报道倾向和所持态度塑造着这个国家在国际上的形象，在很大程度上影响着国际社会对该国的态度和立场。

（一）世界主流媒体上的中国国家形象

1. 世界主流印刷媒体

世界主流印刷媒体上的中国国家形象主要体现在以下方面：

(1) 蓬勃发展但存在问题的经济形象。

在世界主流印刷媒体中，中国国内经济的形象是比较清晰明朗的，即快速发展、生机勃勃的增长态势相当明显，且经济发展对其他国家产生的影响以积极方面为主。各主流印刷媒体在涉及中国总体经济形势时，大多以表现经济快速发展为主，在全球经济增长趋缓甚至萎靡之时，中国经济仍能连续多年以8%左右的速度增长，引起世界关注。但在世界主流印刷媒体看来，中国经济的快速发展在给其他国家经济带来诸多积极影响的同时，也会有一定的负面影响。在世界主流印刷媒体中，对于中国在经济发展方面所表现出来的感情是复杂的，混合了惊讶、羡慕、猜忌，甚至是敌意。

(2) 不断完善但不少问题仍亟待解决的政治形象。

世界主流印刷媒体对中国政治的关注点和报道倾向是比较一致的，基本上都是以超过半数或接近半数的文章对中国的政治进行负面报道，负面否定倾向明显，正面声音微弱。中国形象在政局、民主方面，表现为政府“透明度不够”，但已日趋进步好转；民主制度尚待健全完善，国家和政府领导人的形象也在不断进步中。国际社会也看到了中国政府进行政治民主体制改革的努力，并对这种努力给予了一定的认可。在世界主流印刷媒体中，中国形象在政府官员方面，表现为腐败现象“严重”。以美国为中心的世界主流印刷媒体把此方面与政府民主制度、人权相联系，对中国的政治现象横加指责。

(3) 力量强大且“令人担忧”的军事形象。

就我们所研究的世界主流印刷媒体来看，各家媒体对中国的军事关注普遍较少，报道量均在4%以下。从这些主流印刷媒体上显示出来的中国军事形象大都是军事力量较强，且“令人担忧”。其在对待中国军事力量和军费开支问题上总喜欢“夸大、臆测”，使中国的军事形象维持一种“先入为主”的神秘感。而实际上，中国无论是军队内部事务还是国防开支情况，透明度都在不断提高。

(4) 博大精深、富有魅力的文化形象。

从整体上看，各主流印刷媒体在谈到中国文化时，主要是以客观评价和正确赞美为主的，在这些媒体上体现出来的中国文化形象是有着深厚底蕴的、美好的、有魅力的、伟大的。

(5) 和平发展的大国外交形象。

这点主要体现在以下几个方面：首先，中美关系中的国家形象是利益与矛盾并存、积极互动的；其次，中日关系是克制、理智与和平的；最后，中国与欧洲国家外交以积极正面为主。中国在国际地位上正处于一个上升期，中国的大国地位正一步一步得到认可。

(6) 相对不良的社会方面的形象。

世界主流印刷媒体眼中的中国社会问题“多”而“大”，并且认为目前中国政府解决“社会问题”的态度和方法不佳。

(7) 经济发展的牺牲品——西方媒体中片面的中国环境形象。

世界主流印刷媒体上涉及中国的环境问题时，反映出来的状态是报道的绝对数量很少，而且在仅有的几篇报道中，负面报道占大多数，这大多数的负面报道使我们不得不注意到环境问题的严重性。

(8) 被西方媒体攻击的中国人权形象。

西方媒体对于中国的人权问题的评价往往以负面为主，无论在联合国还是美国国会，人权问题成了中国受西方国家攻击的主要对象。

(9) 受艾滋病问题困扰的中国医疗卫生状况的形象。

美国主流印刷媒体对中国医疗卫生的各个方面都有报道，但是其态度主要以负面评价为主。而其他主流印刷媒体对中国医疗卫生方面的报道主要集中在 SARS（重症急性呼吸道综合征）和艾滋病两个问题上，其态度也是以负面评价为主。

2. 世界主流广播电视媒体

世界上主流的广播电视媒体主要由西方掌握，在西方的话语传播占主导地位的现实情况下，对主流广播电视媒体涉华报道进行分析显得尤为重要。本书主要从 BBC 和 CNN 对中国重大事件的报道来分析世界主流广播电视媒体对中国形象的塑造。

(1) 对 BBC 中国报道的内容分析。

BBC 是英国广播公司的简称，是世界上第一家公共广播机构，同时它也是世界上最有实力的国际广播电视机构之一，BBC 一直以来是英国的“国家广播工具”。一方面，BBC 多层次的且符合英国历史文化和社会心理的节目为受众提供了异常丰富的选择。另一方面，该台自建台以来一直标榜并运用以下的方针，即坚持新闻报道的“独立性”，用事实说话，报道要求“客观、真实、公正、不偏不倚”。它在平和、中立的态度下不动声色地传达英国政府的立场、观点，引导受众不知不觉地作出它想要受众得出的结论。在“无宣传”中进行宣传，这成为它的显著特点，效果也相当突出。BBC 对中国的新闻报道涵盖了政治、经济、文化、医疗卫生、教育等多个方面。其中关于经济和人权、社会发展状况等方面的报道较多。在这些报道中，BBC 的报道基本上是客观中立的，对中国经济正在发展、人民生活水平不断进步的形象给予了肯定。同时，BBC 对中国经济中的一些不良现象也比较实事求是地进行了报道。总的来说，它向受众传达的中国形象还是比较准确和真实的。就 BBC 对中国的负面报道来说，可以看出 BBC 以揭露内幕为主，而对中国政府后期的有力措施和有效结果则是以客观报道为主，没有更多的肯定和褒奖。

(2) 对 CNN 中国报道的内容分析。

CNN 新闻频道的栏目内容设计点、线、面结合：一是以深度访谈、谈话、辩论类栏目为点，提供新闻背景、分析、评论、综述、意见等，增加新闻的深度和广度。这类栏目最见功力，也是竞争最为激烈的领域。二是以滚动新闻栏目为线，突出新闻的主要地位和及时报道的优势以及全天播出的特点。这种栏目突出量大、速度快、内容广等特点，其内容重要性依次为国际国内时事、政治、军事、财经、体育、环境、科技、健康等。三是以杂志类栏目为面，拓展内容范围，从政治、经济到科技、娱乐等无所不包。以 CNN 对我国“神舟五号”发射成功的总的报道为例，其体现的中国形象是比较正面的，是发展中的大国的形象。但是在军事层面的报道上来看，就很难说中国的形象在CNN的报道下是比较正面的，相反，有的报道字里行间传达给受众的信息是比较隐讳的，是负面的。可见，对于中国军事的发展，CNN团队的态度还是有所保留的。因此，由它反映出来的中国军事上的形象也是模糊的、不确定的。CNN作为有国际巨大影响的世界主流媒体，在对中国的报道中，基本上能够秉承中立、客观的报道立场。虽然有时在某些事件上议程设置的意图明显，但从总体上看，还是能够把一个比较真实、比较生动鲜活的中国形象刻画出来，并展现给美国以及世界其他广大受众的。CNN基本上与其他世界主流媒体相似，并没有出现针对中国的特别明显、特别集中的负面报道以及“妖魔化”中国的倾向。中国的国家形象基本上是全面进步的，是发展的，是有利于整个世界的。但其中有些问题也值得注意，比如中国军事近几年来快速的发展在CNN看来就不是件好事。

3. 世界主流影视

世界主流影视中的中国国家与中国人形象的演变与发展经历了以下两个时期：一是早期主流影视中被扭曲的中国及中国人形象；二是近期较为多元化的中国及中国人形象。近期由于李小龙等武术大师在国际上大力发扬中华武术文化，再加上新中国的成立以及中国与各个大国之间关系的改善，使得世界的目光多聚集于中国，但是由于政治等原因，导致世界对中国形象的看法呈现出多元化的趋势。

在西方与中国接触的漫长历史中，中国的面孔不断变换，这面孔分别在不同时期呈现出不同的图景。让人不得不思索，在这形象的背后，是怎样的因素促成了这些形象的生成，而我们又能做些什么？

（1）影视传播中中国形象的政治解读。

影视作品本身的特质应该是一种文化消费品，具有商品的特性，但是在全球传播的今天，影视作品往往不再是单纯的一种商品。很多时候它担负了传播某种意识或者某种政治理念的责任。同时，影视作品与受众之间更容易沟通和影响，所以政府对影视作品的控制和渗透日益加强。

（2）影视传播中中国形象的文化解读。

中国文化因素包括三个圈层：第一圈层是所有华人所组成的社会，主要是指中国内地、中国台湾、中国港澳、新加坡等；第二圈层包括散布在世界各地的华人社会；第三圈层包括所有与中国文化结下不解之缘的世界各阶层人士。可以说，文化因素以其历史的纵深性、内容的广泛性与价值的多元性能弥合意识形态差异。

当今世界的全球文化表现出两种看似背离的趋势：一是全球文化逐渐趋同的过程；二是作为抵抗全球同质化的本土力量，以差异、特色为契机，在全球不断复活民族性。它们也是国际市场上的畅销品，例如到处都可以尝到中国菜，欣赏到非洲的原始艺术和第三世界的电影、小说。但在这里，民族性、传统不过是消费主义的点缀，其背后掩盖了更加微妙、隐蔽的权力关系。西方妖魔化中国，制造中国“威胁”论、文明冲突论的口实，非常不利于世界认识真正的中国形象。

案例 9—3 美国主流媒体对中国国家形象的塑造（20 世纪 90 年代至今）

整体而言，自 20 世纪 90 年代至今，美国主流媒体对中国国家形象的塑造可简要概括为：90 年代妖魔化和新世纪的中国“威胁”论。其对中国国家形象的塑造，大体遵循了如下规律：

第一，进行议程设置，实施舆论引导。媒体通过有选择地报道新闻，把社会注意力和社会关心引导到特定的方向。美国主流媒体对中国的经济社会发展与政治文明的进步不予报道，将主要焦点放在中国社会发展进程中出现的种种矛盾、问题上，并将中国为自身防卫所加强的军事力量报道为对别国的军事威胁，使得没有到过中国或者对中国情况不甚了解的美国公众对中国产生负面印象。更有甚者，美国凭借强大的信息传播媒介力量，影响到世界其他国家人民对中国的印象，形成对中国不利的国际舆论。近期美国主流媒体大量报道中国军事实力的增强以及对世界和平及他国国家安全的威胁，使得欧盟推迟对华军售解禁即可说明这一问题。

第二，凭借垄断国际舆论的优势，形成对中国真实形象报道“沉默的螺旋”。舆论是一种社会合意，它的产生是一个“问题出现→社会讨论→合意达成”的理性过程。它是一种社会控制机制，意见的表明和沉默的扩散是一个螺旋式的社会传播过程。当今世界，以美国为首的西方主流媒体垄断了大部分国际舆论，所以，当西方主流媒体极力渲染所谓“中国威胁论”的时候，优势意见显得更加强大，这种强大反过来又迫使更多的不同意见者转向“沉默”。

第三，利用大众传播内容所具有的特定价值和意识形态倾向，达到对受众潜移默化的“培养”效果。中国在申办奥运会期间，组织万人在天安门广场打太极拳，并以此体现中国具有民众渊源的体育精神和平和的精神内涵，但美国的电视台却将此解读为“太极”是一种能有效打击敌人而自己却不费力的“KONGFU”（功夫），其本质就是“AGGRESSIVE”（攻击性的）。这样不负责任的解读和误导完全扭曲了中国太极博大精深的文化底蕴，在这样的“涵化”影响下，一般的美国民众与国际受众很难对中国形成比较真实客观的正面印象。

第四，利用大众传播与信息社会中的阶层分化所形成的“知沟”，在对中国国家形象的塑造中确立“精英效果理论”。1970 年，美国传播学家蒂奇诺等人提出，由于社会经济地位高者通常能比社会经济地位低者更快地获得信息，因此大众媒介传送的信息越多，这两者之间的知识鸿沟也就越有扩大的趋势。在美国，其决策过程一般由精英人物决定，媒体只要能影响这些人物，基本就可以决定其对华政策导向。“精英效果理论”也产生了这样的结果，即越不了解中国真实情况的所谓智囊和决策层，就越容易制订出不利于中美关系正常发展的政策；而一般民众对中国的好感度却逐步上升，对政府的涉华政策倍感迷惑。

资料来源：黄振：《全球化背景下中国国家形象的塑造》，见黑龙江新闻网，2007-08-31。

（二）中国国家形象的“自塑”过程

1. 改革开放初期的国家形象（1978—1991年）

改革开放初期，中国面临着改变过去形象，展示自己、寻求融入世界的重要任务。邓小平认为，中国作为联合国常任理事国和有重要影响的大国，应当在对外交往中时时体现出良好的大国风范，处处树立起良好的大国形象。这对提高中国在国际上的地位、维护国家利益、推进改革开放和现代化建设事业，都具有十分重要的意义。一个大国的风范行为所体现的大国形象，也是一个国家综合国力的重要体现。

邓小平还认为，作为一个大国要有自己的尊严，有自己遵循的准则。讲信义是我们民族的传统，也体现出我们泱泱大国的风度。邓小平所说的成为有原则、有尊严的大国，可以说是改革开放初期我国国家形象的代表性表述。具体体现在实践中，主要有以下几个方面：

（1）改革开放的发展形象。

党的十一届三中全会以后，邓小平等一代领导人总结了新中国成立初期发展与建设方面的经验教训，提出了改革开放的重大决策，并从广度和深度上对改革作了论述。这一政策使中国人初步意识到，任何国家想要发达起来，闭关自守都是不可能的。对外开放既是树立国家形象的需要，也是树立国家形象的条件和必然结果。改革开放的国家形象让我们在开阔胸襟、扩大视野的同时，也开辟了走向世界、让世界了解中国的重要途径。

（2）安定团结的政治形象。

从近代的列强入侵到“文化大革命”的十年动乱，中国饱尝了战乱之苦，对安定团结的重要性有着深刻的认识。邓小平指出，在中国进行社会主义现代化建设，需要两个条件，一个是国际上的和平环境，另一个是国内安定团结的政治局面。安定团结是政治稳定的前提，而社会的文明进步是安定局面的精神支柱，也是国家形象建构的重要方面。

2. 逐渐成熟的国家形象（1992—1999年）

经过20余年的改革发展，中国经济实现了持续的高速发展。改革开放以来的国家形象逐渐清晰和成熟。1992年1月18日至2月21日，邓小平先后视察了武昌、深圳、珠海、上海等地，并发表了重要讲话，改革被推向新的高潮。中国正在成为世界经济大国，人民的生活水平也有了显著提高，总体已达到小康水平；国家政治稳定，社会安定团结。中国作为东亚一个发展中的大国，开始在国际事务中发挥更大、更积极的作用。这成为中国树立“负责任的大国”形象的坚实基础。

(1) 负责任的大国形象。

20 世纪 90 年代以来，中国调整与世界大国及周边国家的关系，采取更加积极稳健的外交策略，韬光养晦，有所作为。1997 年亚洲金融危机中，中国政府宣布“做国际社会中负责任的大国”，得到了世界上大多数国家的认可和赞扬。同年，中国对香港恢复行使主权；1999 年 12 月，对澳门恢复行使主权。“一国两制”的伟大构想成为现实。

作为联合国安理会的常任理事国，中国一直奉行独立自主的和平外交政策，反对霸权主义，也向国际社会承诺决不称霸，在世界政治舞台上具有举足轻重的作用，这是中国在世界上树立负责任大国形象的重要条件。中国的国际形象建立在国家实力的基础上，在继毛泽东、邓小平等老一辈革命家塑造的独立、和平的大国形象之后，又增添了“讲信义、负责任”的浓重一笔。中国作为一个大国，高举“独立、和平、负责任”的旗帜，在国际社会中发挥着越来越重要的作用。

(2) 维护和平的外交形象。

中华民族在历史上就是一个热爱和平的民族，所谓“百事和为贵”、“家和万事兴”都广为中国人民所传颂。争取和平是世界人民的要求，也是我们搞建设的要求。中共十五大报告中明确提出，中国要反对霸权主义，维护世界和平。20 世纪 90 年代以来，作为世界大国，中国一如既往地担负维护世界和平的重任，在解决朝鲜半岛问题的四方会谈中发挥了建设性的作用。1998 年，印巴连续的核试验使得两国关系骤然紧张，中国采取公正的立场，主持联合国安理会常任理事国会议，制定了共同战略，在南亚问题上发挥了积极作用，塑造了良好的大国风范，表明了中国是维护世界和平的坚定力量。

此外，在打击国际犯罪（毒品交易、走私、伪造、偷渡等）方面，中国也设立了专门的部门，与世界其他国家通力合作。中国也积极解决人类面临的环境、人口、贫困、可持续发展等共同问题，对国际传播环境的中国国家形象起了明显的积极的建构作用。

3. 新世纪的国家形象（2000 年以来）

21 世纪以来，中国进入新的发展时期。在国际社会中，中国认为，作为负责任的大国，在发展本国经济、谋求本国利益的同时，不能损害人类社会的共同利益，主张可持续发展，应把发展经济和保护生态与人的生存环境统一起来。2002 年，中国向联合国递交了中国政府核准的《〈联合国气候变化框架公约〉京都议定书》的核准书，此外，中国还是一系列重大国际活动的组织者和协调者。在 2003 年的朝鲜核危机中，中国积极斡旋，多次组织六方会谈，提出很多合理的解决方案，发挥了积极作用。

2001 年 APEC 领导人非正式会议在上海成功召开。江泽民成功地主持了全部会议和活动，有力推动了亚太经济合作的发展。与此同时，中国积极推广新安全观，倡导成立“上海合作组织”，积极参与东盟地区论坛等，通过加强地区安全对话机制，增进相互信任，维护共同安全。

2003 年，一场“非典”疫情横扫中国大地，外界对中国实际疫情的怀疑，以及对中国政府处理公共健康危机能力的怀疑，使得中国政府苦心经营多年的良好国际形象面临着严峻的考验。对于疫情出现初期在处理上的一些失误，中国政府总结教训、增加透明度，采取快捷有效的措施，最终控制了形势，战胜了“非典”，得到了包括美国在内的国际社会大多数国家的认可和赞赏，巩固了中国的负责任大国的形象。

与此同时，面对复杂严峻的国际经济形势，这个时期的中国经济平稳增长，仍然保持约 8%的年均增长速度。党的十六大提出了“科学发展观”，面对国际社会“谁来支持中国经济的高速发展”等种种疑虑，提出了“和平崛起”战略构想，成为新时期中国国家形象的新基调。近年来，“和平崛起”战略构想逐渐发展成为成熟的“和平发展”战略。

第三节 | 国家形象塑造的新视野：政府传播

全球化时代国家形象塑造的战略地位越来越受到世界各国的高度重视。中国国家形象战略的谋划是一个以突出“和平崛起”大国形象为中心而展开的全方位的系统工程。我们应高度重视，将国家形象的塑造与政府传播明确纳入国际战略体系，积极主动地谋划切实有效的国家形象战略。

一、中国国家形象的定位与原则

国家形象定位是指对一个国家进行形象建构的过程，是通过信息传播有效接触目标受众，在目标受众心目中确立一个正面的、明确的国家形象的过程。相对于市场营销环境中的“产品”定位，国际环境中的国家形象定位的环境更加错综复杂，定位过程受到瞬息万变的国际形势的影响。而且，国家形象定位立足长远，而并非只关注短期的经济效益。国家形象定位的传播效果是一个长期累积的缓慢过程，短期成效并不如产品定位迅速明显。

中国国家形象最具代表性的层面聚焦为“和平崛起”四个字，这正是中国国家形象塑造的战略目标所在。“和平崛起”绝不仅仅体现为经济与军事力量的增强，而是一个物质文明、政治文明、精神文明协调发展，社会全面进步的趋势。中国国家形象战略的谋划是一个以突出“和平崛起”大国形象为中心而展开的全方位的系统工程。具体来说，中国国家形象定位的基本原则包括：

（一）国家利益原则

国家形象定位必须维护国家利益，从国家利益出发考虑问题。由于不同历史时期面临不同的国内国际环境，国家利益可能发生某种程度的变化，因此，国家形象定位具有动态性特征，必须适时调整，不断更新。但是，对于“中国威胁论”或“中国崩溃论”、“文明的冲突”等恶意中伤中国、毁损中国形象的行为一定要予以坚决而有力的驳斥。

（二）服务国家整体战略原则

国家形象的形成和定位从本质上来说要服务国家整体战略。国家形象的传播是一种国际行为，但其定位和塑造却不完全是国际行为，在相当程度上是国家内政的延伸。国家形象作为一种相互吸引和相互影响的力量，其作用的发挥是有条件的。在战争状态，或者控制与被控制、压迫与被压迫的关系中，国与国之间很难体悟对方的好形象。

（三）忠实历史原则

国家形象的定位还可以从多个角度进行审视和解析，从我们前面分析的国家形象定位的历程这一历史的角度来看，它是一个漫长、曲折的过程。大体上看，可以分为由改革开放初期开始的三个阶段。改革开放 30 多年来，中国在国际重大外交事件中起到重要作用，占据并享有更多、更权威的舆论信息，国际形象实现了历史性的飞跃。但在目前，中国对世界经济、舆论信息以及科技的主动参与度不强，内向发展与外向开放良性互动的格局尚未形成。

二、政府传播是塑造中国国家形象的重要手段

全球化时代国家形象塑造的战略地位越来越受到世界各国的高度重视。美国在 2002 年将政府的战时宣传机构转化为一个永久性的办公室，负责宣传美国的外交政策，树立美国的正面形象；法国开展了“法国在中国的形象”考察活动，力求扩大法国在中国的影响；澳大利亚在亚洲开展了“推销澳大利亚”的活动，旨在加深世界特别是亚洲对澳大利亚的认识，以在亚洲树立有利于澳大利亚的国家形象。政府应高度重视，将国家形象的塑造与政府传播明确纳入国际战略体系，积极主动地谋划切实有效的国家形象战略，在国际公共关系中发挥应有的作用。政府的国际公共关系是指一个国家的政府系统运用传播手段协调其与特定的国际公众关系的活动。总的来说，政

府可以用如下手段塑造中国国家形象：

（一）进行科学定位，确立“以正面报道为主”的方针

国外公众对专家、媒体尤其是官方媒体、政府的信任度是递减的，越是官方言论越是怀疑，即所谓的“与政府不合作主义”。而中国以往很多外宣部门认为，要向外界说明中国，就一定是中国是一个很好的国家，什么问题都没有，无论有什么问题或者突发事件出现，都不允许境外媒体参与报道，目的是所谓“维护国际形象”。殊不知，当海外媒体从各种渠道了解到事件的真实情况时，在报道中会不失时机地以“至今官方仍在封锁消息”作为噱头。在信息手段如此发达的当今世界，“封锁消息”这样的行为几近失效。

中国是一个进步中的发展中国家，在社会转型的过程中产生种种社会矛盾和历史遗留问题，这是任何一个国家在社会发展中所无法避免的现实。报道问题和矛盾并不意味着向国外受众表明中国是一个即将走向混乱、衰败的国家。而且可以想见，当媒体报道问题和矛盾的时候，一定会对政府的决策和行动有所提及。倘若政府本身措施合理，能够很好地处理问题并解决矛盾，保障民众利益，无疑会对中国的国家形象起到加分的作用，更能有力地驳斥某些敌对势力对中国政府的污蔑。即便对于某些不能在一时之间得到解决的问题，也应为海外媒体提供足够的信息渠道和采访空间，做好后续报道。

比如“三农问题”，中国政府是何时注意到这个问题又是采取怎样的措施去解决这个问题的；在解决问题的过程中所遇到的阻力是什么，应该以怎样的改革去冲破这种阻碍，保障广大民众的基本利益；中国民众对于相关的措施和改革有什么样的反应；实施了改革之后对中美贸易关系尤其是农产品贸易方面有什么样的影响，以及双方应如何达到有益的良性互动；等等。提供这样的采访报道资料，相信就会很少有人去关心个别“练功者”在中国 960 万平方公里的土地上的动作了。因此，要科学定位中国国家形象，就要以正面报道为主，确立中国发展、进步、改革、和平的国家形象，同时不否认、不回避中国在社会发展中遇到的问题和矛盾。

（二）强化品牌意识，打造国家形象品牌

国家品牌形象是受众在对对象国某种程度认知基础之上产生的集中印象。国家品牌形象的构成有两大决定性因素：一是产品因素；二是国家因素。所谓产品因素，就是产品本身给消费者带来的印象，这个印象直接关系到国家品牌形象的形成。所谓国家因素，是指一个国家在国际社会上的政治、经济、科技、教育、军事等方面的具体行为。国家因素对国家品牌形象的形成有至关重要的影响。企业的产品能影响国家品牌形象的生成，国家的政治、经济、军事、科技、教育等因素同样能影响国家品牌形象的生成。而与此同时，国家品牌形象是加强企业竞争力，改进国家整体形象的手段。

目前，中国的国家品牌形象在国际传播环境中并不鲜明。国外一些有影响力的传媒，或者因为意识形态的偏见，或者受到采访条件的限制，其报道描述的中国与实际情况有很大的偏差。有关中国的歪曲的信息通过这些媒体发达的传播网络，散播到世界的许多地方，很大程度上影响了没有到过中国的外国受众心目中的中国形象。良好的国家品牌形象有利于国家政治地位和国际影响力的提高，同时它也能够为一个国家的经济发展提供支持，带来更多的发展机遇。对于中国来说，加强国家品牌形象的建设不仅是必要的而且是必需的。

案例 9—4　韩政府欲借《江南 Style》打造国家品牌

2012 年，韩国歌手朴载相（也称 Psy）的一首《江南 Style》红遍全球，在美国及英国的流行歌曲排行榜上也名列前茅。美国《华盛顿邮报》2012 年 10 月 9 日发表文章称，这首歌已经成为韩国出口文化、推广自身品牌的一大利器。对于希望扩大在全球影响力的韩国来说，这种现象十分受到欢迎。

据报道，对于 10 月 4 日朴载相在韩国首尔广场举办的免费演唱会，首尔市政府表现出了极大的兴趣和支持，不仅让演唱会在市政厅外举行，还专门实行了交通管制。《华盛顿邮报》指出，自从韩国总统李明博 2008 年上台以来，就一直强调提升“软实力”来配合该国经济实力的重要性。他甚至专门成立了一个总统委员会来打造国家品牌，同时通过增加对外援助和主办高级别国际性活动的方式来实现这一目标，例如 2010 年主办的 G20 峰会。

资料来源：章磊：《韩政府欲借〈江南 Style〉打造国家品牌》，载《新闻晚报》，2012-10-09。

（三）进行政府形象公关，努力实现认同

在世界主流媒体所关注的问题中，大部分是与政府相关的，比如经济问题、政治问题、军事问题、人权问题、环境问题等等。世界主流媒体对于这些问题的关注和进行相应的报道直接影响到中国国家形象的建构与传播。

政府可以通过解决焦点问题，并在传播层面制定统一性的策略，有针对性地调整和建构国家形象，从而在最大限度上、在国内外公众心中确立较为统一的正面印象。

政府公关是改善政府形象进而改善国家形象的有效途径。目前，国内对政府公关的定义有很多种，不论哪种或哪类对政府公关的定义，都强调了政府公关对于改善政府形象的作用。政府公共关系是一种特殊类型的公共关系，它既具有一般公共关系的属性，又具有其独特的内容，目标的独特性、主体的权威性、公众的复杂性、传播的优越性、效益的社会性，决定了它在对社会中介组织实施管理的过程中既要不断提高组织素质，树立良好的政府形象，又要切实转变工作作风，适应新形势的要求。

树立良好的政府形象主要有以下政府公关手段：首先，要建立长期有效的社会契

约制度。树立国家和政府形象的政府公关是一个长期系统的形象工程，如此浩大的工程必须有一个整体的规划才能保证实施。其次，全力建构良好的政府领导人的形象和公务员个人形象。最后，贯彻新闻发言人制度，保持良性的媒体沟通。新闻发言人制度首先是满足公众知情权的需要，这是推行政务公开的需要。对政府而言，通过新闻发言人直接而郑重地向媒体和公众介绍政策、通报情况、宣示立场、表明态度，应当是政务公开规范化、制度化的必然结果。

值得注意的是，政府形象公关需要做到以下三点：

1. 打造人性化政府形象

在执政为民的理念下，我们提倡打造阳光政府，打造服务型政府，更提倡打造人性化服务型政府。政府的职能要求政府为人民群众提供各种优质服务，最大限度地满足人民群众的合理要求。

2. 包装政府形象

政府形象是需要包装的，赋予一个事物统一的识别符号，简化其识别和记忆的复杂程度，是实现形象塑造的有效策略。包装政府形象是在事实的基础上，统一协调能够影响到政府形象的各个方面，使传播更顺畅，沟通更透明，最大限度减少误读，展现政府真实友善的一面。

3. 加强政府的危机公关

危机对政府的影响是巨大的。应对策略不当，损失将是无法挽回的；处理得当，则能够对政府形象进而对国家形象起到良好的修复作用。

（四）发展文化软实力，推进跨文化交流

各主流媒体对中国的文化报道内容丰富广泛，涉及京剧、国画、影视剧、陶器、建筑物、杂技、武术等诸多方面。这就给我们一个启示，尽管文化形象策略的作用在建构国家形象方面是有限的，但是由于文化所涉及的范围宽广，文化形象策略有其独有的价值。通过跨文化交流的形象塑造策略，可以使信息比较温和地传达给他国受众，从而达到润物无声、细水长流的传播效果，有效地维护和改善我国国家的形象，传达我国的国家精神，增进国际社会对我国的认同。

跨文化交流是两种甚至更多的不同文化之间的信息交换，由于不同文化之间存在较大的差异，一般在跨文化交流中会出现各种各样的问题影响到传播的效果。中华文化和西方文化一样，都需要找到一个参考系，重新审视自己，以“他者”的眼光，发现“自我”的突破点，寻求新的发展。常用的方法有以下几种：

1. 发展旅游，鼓励外国受众到中国来

国家旅游局的数据表明，直接接触中国的外国人越来越多，而且人数的增长势头非常强劲。可见，外国游客在量上的增长为中国宣传自己的形象提供了更加广泛的受众。如果能够将经济利益和社会效益结合起来，在发展旅游经济的同时加强国家形象的宣传，对中国政府而言是一个双赢的理想局面。

2. 创建友好城市，促进直接文化交流

加强对国际友好城市的宣传工作，加强与国际友好城市各方面的交流与合作，推介良好城市形象，寓外宣于交流之中。国际友好城市这一友谊的桥梁，使世界了解中国，让中国走向世界，可以有效提升中国国家形象。

3. 突出文化特色，展示传统魅力

中国的文化一向以历史悠久、博大精深著称，文化交流是让世界了解中国、中国走向世界的又一个有效途径。中国广大的国土上繁衍生息的56个民族都具有自己骄傲的文化遗产，而且各有各的特色。塑造中国国家形象应该突出每个民族的特色，展示中华多民族的不同侧面。

案例9—5　俄罗斯老奶奶组合唱响欧洲

2012年5月，俄罗斯一支平均年龄超过70岁的“老奶奶组合”获得2012年度欧洲电视歌唱大赛总决赛亚军，成为俄罗斯众人追捧的“新星”。“布拉诺沃老奶奶”演唱组合来自俄罗斯东部乌德穆尔特共和国布拉诺沃村，大约10年前成立，现有9名成员，成员包括退休教师、厨师和农民，最年长者86岁，最年轻者55岁，多数人已经退休。

这个组合以翻唱为主，以俄语或乌德穆尔特语重新演绎英国知名摇滚乐队“甲壳虫”等国外音乐人和一些俄罗斯歌手的作品。她们今年3月击败多名专业歌手，获得资格代表俄罗斯参加5月22日至26日在阿塞拜疆首都巴库举行的2012年度欧洲电视歌唱大赛。总决赛上，老奶奶们身着暗红格民族服装，戴着传统头巾，穿着草鞋，演绎动感乐曲《每个人的狂欢》，其表演风格轻松、朴实，获得第二名的好成绩。

俄罗斯克里姆林宫新闻局当天称，总统普京为“老奶奶”们的歌唱才能和演出激情所折服，称赞老奶奶们的表演有助于推广俄罗斯多元民族文化，希望近期视察乌德穆尔特共和国时能去她们村看看。

资料来源：刘锴：《俄罗斯老奶奶组合唱响欧洲》，见新华网，2012-05-29。

（五）制定全媒体传播策略，掌握形象自塑的话语权

要大力加强中国形象话语权的建设，使中国成为自身国家形象建构和传播的“真正对话者”和“国际发言人”，迅速提升国家形象的自塑能力。我们要深刻认识到，在当今的国家形象话语权建设中，透明度决定公信力，传播力决定影响力，话语权决定主动权。我们要本着强烈的主体性意识，从提高国家核心竞争力出发，把国家形象体系的建构和传播作为增强文化软实力的国家基本战略。

当前，以互联网为代表的新兴媒体在信息社会中的作用越来越重要，由此而引发的人类“交往革命”将全球带入了一个媒介化社会。这正如党的十七届六中全会指出的，必须加快构建技术先进、传输快捷、覆盖广泛的现代传播体系。加强国际传播能力建设，打造国际一流媒体，提高新闻信息原创率、首发率、落地率。我们要从传播新体系建设入手，追赶国际新媒体发展前沿，实施新媒体优先发展策略，并注重新老媒体的互动发展。

值得注意的是，虽然目前中国的对外传播媒体已经有了长足的发展，但“枪弹论”的传播意识仍然浓厚。国际传播讲求实效，至少有三个层面的含义：信息到达接收对象→对象正确接受信息→信息对其产生影响。其重心放在作为传播对象的受众身上，就是“使用与满足理论”，即传播的效果取决于受众如何使用传播并从中得到何种满足。世界上民族国家各有不同的意识形态、文化历史传统、价值观念和宗教信仰，正所谓“外外有别”，要想在对外传播中树立中国国家形象，就必须考虑到这些传播对象不同的情况和需求，从不同的角度确立对外传播的内容与方式。比如：中国周边的亚洲其他国家，由于文化传统观念上的相似性，在传播上就要既尊重其本国的传统文化，又可以用“泛中华文化”来拉近彼此之间的距离，增进文化学术交流；而对于欧美地区的国家，由于西方人普遍有很强的猎奇心理，这不只是对中国文化，而是对任何一种不同于自己的文化都好奇心浓重，既然如此，就说明他们有了解中国文化的欲望，我们可用中国博大精深的文化来吸引他们。具体来说：

1. 以积极心态应对国际传播

在对外宣传工作中必须明确思想，减少危机发生的可能性，必须保证国家利益不受侵害。世界上没有完全公正客观的报道，所谓的公正客观不过是一种理想的状态。我们在对外宣传的过程中，应该摆正媒体的立场，争取客观公正。

2. 善于利用各种形式的媒介进行全方位传播

在传播活动中，应该注重利用各种形式的媒介，包括外宣网站等进行全方位传播，以创造良好的舆论氛围，进一步提高国际知名度和影响力。

3. 协调外宣媒体和内宣媒体的基本步调

目前，中国的内宣媒体和外宣媒体在报道风格和方式上存在比较大的差异，让两种风格迥异、宣传对象特征不同的媒体共同发挥建构中国国家形象的基本功能，必须注意协调二者的基本步调，要在重大问题上保持一致，达成共识。内宣和外宣媒体的步调一致是整体上的一致、方针上的一致，而不是细节上的雷同。

4. 重视形象广告

广告作为一种宣传方式，不仅可以用于商业，也可用于国家形象的建构。广告作用于国家形象大多在隐形状态下发生。当中国企业“进军”海外市场对海外受众做产品广告和企业广告时，这些广告虽然不直接对国家形象产生作用，但是海外消费者会通过这些广告接触到中国的企业和产品，进而间接对中国和中国人产生某种印象。广告有时也以显性状态直接作用于国家形象。当国家和政府直接利用形象广告和公益广告向国内外受众进行诉求时，广告便直接发挥了对国家形象的塑造作用。

案例 9—6　中国和美国国家形象宣传片的对比分析

2011 年 1 月 17 日，由国务院新闻办公室发起制作的《中国国家形象片（人物篇）》在美国纽约时报广场大屏幕亮相，该片全长 60 秒，持续播放一周，共计播放 8 400 次。中国形象宣传片的发布时值中国 GDP 总量超过日本排名世界第二和 2011 年年初胡锦涛访美之际，舆论普遍认为中国即将迎来国家形象公关的时代。

一、中国和美国国家形象宣传片文本内容分析

《中国国家形象片（人物篇）》旨在通过展现当代各个领域优秀中国人的精神风貌来体现中国人的自信而友好的姿态。该片共分为 13 个主题和 20 个镜头画面。在主题的选择上，该片由“惊艳的中国美丽”、“领先的中国农业”、“有影响的中国财富”、“非凡的中国人民”等构成。总体上，该片力图回避敏感的政治主题，遵从传播规律选择吸引眼球的主题，如对“惊艳的中国美丽”的选择。

美国国家形象宣传片总体上旨在用相当丰富的人物形象和社会活动，以及美国迤逦的自然风光和壮丽的人文景观来展现美国生活的丰富性和包容性，传达出强烈的生活气息和人文关怀。整个美国国家形象宣传片没有华丽的拍摄、剪辑和包装，而是运用传统蒙太奇的叙事与照片画面相结合的表现手法，在 7 分钟时间里快速描绘了一幅生动而丰富的美国人民幸福的生活画面，表达出了美国人民对生活、对自然、对运动、对家人、对工作等的热爱，画面中也透露出美式幽默感和轻松感。

二、中美国家形象宣传片对比

（1）传播符号的选择：平民 vs 精英。

通过对前面的宣传片文本内容的分析，我们知道中国的宣传片选择了精英作为国家形象的代表，而美国选择了形形色色的普通公民作为代表。中国宣传片旨在利用广告中名人代言宣传的作用，试图更高效地传播国家形象。但是我们知道名人代言广告本身就是一把双刃剑，优点是利用名人身上的闪光点为自己增光，缺点是名人的负面形象也会带来负面的传播效果。

（2）画面叙事的不同风格对比。

中国和美国的国家形象宣传片都选择了用画面作为叙事的主体语言。总体来说，中国国家形象宣传片的叙事语言过于宏观生硬，而表达又比较含糊，传播的意义难以为受众共享，而美国的国家形象宣传片叙事语言微观亲切、简单明了而又意义丰富，传播的意义容易被受众把握和接受。

（3）投放方式对比。

中国宣传片选择了在纽约时报广场和 CNN 集中播出，而美国宣传片选择了在地铁、机场、酒店、海关等人流量相对较大，尤其是外国游客较多的场所进行小区域的投放。中国宣传片投放时间不足之处体现在一是投放成本高，二是传播效果的持续时间短。美国宣传片的投放更多的是将其当作旅游推介片来处理，有明确的受众定位，主要针对外国游客传播。投放媒介的选择上选择了组合式投放，符合整合营销传播的规律，而不是“把鸡蛋放在一个篮子里”，以增强传播效果的持续稳定性。

资料来源：杨海：《国家形象传播——中国和美国国家形象宣传片的对比研究》，见人民网，2011-01-19。

总之，中国国家形象是由众多要素共同建构而成的。要调整和改善国际传播环境中的中国国家形象，最根本的是要合理调整自己的行为，在此基础上制定整合传播战略，根据不同情况拟定具体策略，利用各种合适的渠道、得当的方法进行国际传播。

思考题

❶ 何谓国际传播？
❷ 简述国际传播的主要特征。
❸ 简述国家形象塑造的必要性。
❹ 简述我国国家形象塑造的现状。
❺ 利用政府传播塑造中国国家形象的策略有哪些？

参考书目

❶ 刘继南，等．中国形象：中国国家形象的国际传播现状与对策．北京：中国传媒大学出版社，2006.

❷ 刘继南，等．国际传播与国家形象：国际关系的新视角．北京：北京广播学院出版社，2002.

❸ 胡宁生．政府公共关系教程．北京：中共中央党校出版社，1994.

❹ 管文虎．国家形象论．四川：电子科技大学出版社，2000.

| **附录一** |

政府传播案例研究

以2012年“7·2”四川什邡事件、“7·21”北京暴雨事件为个案，探讨了两起危机事件中网络舆情的特点以及政府应对危机的得与失，由此总结了危机事件中政府进行新闻发布、应对网络舆情应该采取的策略。此外还分析了美国总统奥巴马的政府传播策略，以期为我国的政府传播提供借鉴。

第一节 | 案例之一：“7·2”四川什邡事件政府发布研究

2012年7月2日，四川省什邡市部分群众因担心“宏达钼铜多金属资源深加工综合利用项目”（以下简称钼铜项目）环境污染问题，到什邡市委市政府聚集，发生群体性事件。什邡市委、市政府高度重视，采取及时有效措施，使事件得到妥善处理。至7月4日，什邡市区社会治安良好，生产生活秩序正常。本节重点对该事件的网络舆情及政府应对进行分析。

一、“7·2”四川什邡事件始末与网络舆情的特点

（一）“7·2”四川什邡事件始末

2011年5月，四川什邡钼铜项目向社会公示，征求公众意见，之后有群众通过信访渠道反映该项目的污染问题。

2012年6月29日，钼铜项目开工典礼举行。当地市民借助微博、论坛等网络平台表达不满。

2012年6月30日，十几位市民前往市委上访，后经劝解离开。

2012年7月1日晚，近百名学生和百余名市民分别聚集在什邡市委门口及宏达广场，要求停建项目。晚24时左右，人群散去。

2012年7月2日上午，部分市民陆续在市委市政府门口聚集并强行冲击市委

机关，砸毁一楼大厅 8 扇橱窗玻璃、3 个宣传栏、4 个宣传展板。中午，市长徐光勇、常务副市长张道彬当面向群众作出停止项目施工的答复。下午 14 时，什邡官方微博“活力什邡”发布钼铜项目停工公告。同时，执行警戒任务的特警采用催泪瓦斯和爆震弹对人群予以驱散。晚 20 时，中共什邡市委市政府关于钼铜项目有关问题的意见发布。

2012 年 7 月 3 日，什邡市公安局发布严禁非法集会、游行、示威活动的通告。下午，什邡市委书记接受媒体采访，表示今后不再建设该项目。同日，宏达股份停牌。

2012 年 7 月 4 日凌晨，什邡市新闻办发布信息称事件中所有受伤人员均得到及时有效的治疗；公安机关带离的 27 人，除 6 人被拘留外，其余 21 人全部释放。晚 21 时，什邡官方对“封城”消息进行辟谣。

2012 年 7 月 5 日，中共德阳市委常委、副市长左正同志兼任中共什邡市委第一书记。

至此，“7·2”四川什邡事件基本平息。

（二）“7·2”四川什邡事件网络舆情的特点

1. 延伸性评论体现社会逆反心理

2012 年 7 月 1 日晚，就在近百名学生和百余名市民在什邡市委门口和宏达广场聚集，要求停建钼铜项目之时，新浪微博上即有人发帖称，四川什邡鱼江村要建钼铜厂，污染远超地震中的福岛核电站，60 公里内严重污染，范围可覆盖成都市区。领导贪污受贿，钼铜厂旁居民一人两万封口费。五年后什邡会成全国最大的癌症县。求关注什邡钼铜厂危机，求好人帮助什邡。

这是“7·2”四川什邡事件第一次被导入网络空间。“严重污染”、“领导贪污受贿”、“两万封口费”、“全国最大的癌症县”等极具公共性、引人关注的话题，迅速引起网友的广泛关注并在短时间内被大量分享、转发、评论。一时间“反对施工”、“要求环保”成为网上传播的中心议题，加之钼铜项目涉及环境保护、政府环评制度、民众生命安全等多项议题，因此网络对该事件及钼铜项目本身的关注呈现出多样化趋势。政府公信力建设、环境评估模式改革、政府危机处置能力、环境保护与经济发展的平衡、相关行业发展走向等都是围绕此次事件得到网络热议的延伸性话题。

通过分析不同阶段的网络舆情，我们不难看出，一些网民对官方信息与政府作为习惯做出逆反性评价。比如：当政府表示引进项目是为了提升当地百姓的生活水平时，这些网民认为政府只是为了创造政绩而不顾百姓安危；当政府发布通告表示项目停工时，这些网民质疑这是权宜之计；当政府公布冲突事件中受伤情况时，这些网民质疑政府在瞒报虚报；当政府将造谣者公之于众时，这些网民质疑政府是在推卸责任。客观上说，在事件爆发以前，什邡政府确实采取无视与躲闪的态度应对民意，隐瞒钼铜项目环评详情。但在事件爆发以后，什邡政府采取多种措施积极应对，通过各种渠道表达立场、公开信息的做法是值得肯定的。

那么，这些网民对当地政府不理解、不支持、不认可的态度，不仅是政府公信力陷入危机的例证，同时也是社会逆反心理的缩影。所谓社会逆反心理，是指具有一定数量的社会成员对一定的社会现象与正常条件下应该有的认知及其行为倾向持完全相反的态度。对于转型期的中国而言，社会逆反心理导致人们在很多情况下反对主流文化所倡导的一切，而网络的天然优势也成为社会逆反心理普遍滋生的温床。

2. 负面情绪促使下的非理性表达成为偏好

什邡事件中，网民对事件的态度倾向有 88%是消极批评的，而在具体的评论中，暴力语言甚至占据主导地位。究其心理，该事件是一件涉及公权力的危机事件，出于自身利益的考虑，这些网民倾向于将自己归类于弱势群体而在网络中与公权力进行博弈。他们对事件中想当然的利益受损方，即什邡民众持同情与同病相怜的态度，而对政府则持仇视对立的态度。

我们可以将网络新闻和微博内容进行对比分析。比如，两者对钼铜项目本身的认知，微博认为其是致癌工厂，会带来巨大的重工业污染；而网络新闻在没有回避其污染问题的前提下肯定了其对四川经济发展所带来的贡献。再比如，两者对什邡政府的认知，微博认为政府出动特警维稳，践踏了民生，属暴力执法；而网络新闻却从多角度报道政府积极的应对措施，体现政府全力控制事态发展，维护稳定的决心。还有，两者对宏达股份的认知，微博将其视为毫无社会责任感，而网络新闻更多的是看到其无奈与无辜。由此可以看出，与相对理性和积极的网络媒体相比，通过微博传达的多是负面情绪。

3. 群体极化与道德至上支配网络审判

群体极化是指团体成员一开始即有某些偏向，在商议后，人们朝偏向的方向继续移动，最后形成极端的观点。在网络空间中，群体极化现象经常发生，甚至会比现实社会更加突出。在什邡事件中，伴随着网民群体的互动，网民个体在思想与情感上逐渐转向一个方向，从而产生集体心理：对于肯定市民冲击市委市政府行为的言论一边倒，而对于钼铜项目及政府解决措施的肯定性言论视而不见，甚至进行否定与人格攻击。在什邡事件爆发之前，微博中有很多人对钼铜项目的积极面进行了肯定，如网民“会飞的草”评论说：“家乡又要开动大项目了，能带动就业提升收入，希望家乡人民早日过上好日子”。随着网络讨论的不断继续，这类言论逐渐被大量的批判声淹没。一方面，网络群体极化可以快速产生“呼声”效应，迫使政府迅速解决问题；另一方面，倾向性言论的统治使网络舆论从多元走向一元，不利于网络舆论生态的健康发展。

此次事件中，网民对于政府派出特警的行为非常不满。而对于真相是什么，民众在事件中打砸行为是否正确，受伤者是否真正无辜等问题，却少有人关注。在“正义”的旗帜下，网民不断强化自身言论的正确性与合法性，道德至上倾向逐渐明朗化。

4. "公共领域" 在网络空间中形成与发展

"公共领域"一词由法兰克福学派领军人物哈贝马斯提出，它指作为私人的人们来到一起形成公众，通过对话形成社会生活的一个领域。人们在此领域中自由地表达和公开意见。当公众讨论涉及与国家活动相关的问题时，便称为政治的公共领域。当公众人数达到较大规模时，这种交往需要一定的传播和影响的手段。今天，报纸和期刊、广播和电视就是这种公共领域的媒介。通过哈贝马斯的定义，我们可以归纳出公共领域的三要素：一定人数的公众、公众意见及公众媒介。

什邡事件的导火索是四川宏达集团钼铜项目的开工，此消息在什邡的官方微博——"活力什邡"发布后，迅速引发什邡市民的关注，并开始在互动平台上进行抗议，事件此时仍属局部事件。7 月 2 日，随着部分网友在微博上发布警民冲突的文字及照片，此事迅速在全国传播开来，网友关注度开始攀升。7 月 3 日，韩寒、李承鹏等开始加入此事件的传播。李承鹏 7 月 4 日发表了题为"一次路西法效应实验——什邡小调查"的博文，被广泛关注并转载。此外，与李承鹏一起赴什邡的网友"宋祖法言"，在微博平台直播在什邡的见闻，助推了全国网友对此事件的关注，使得什邡事件的网友关注度持续高走，呈现出高危态势（见图 1）。

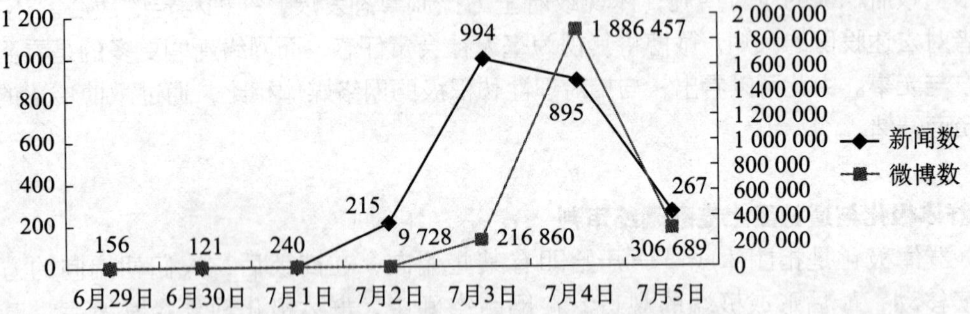

图 1　什邡事件舆论关注度走势

资料来源：朱明刚：《四川什邡群体事件舆情分析》，见人民网，2012-08-23。

从局部事件发展到全国性事件，微博平台上的"大 V"发挥了重要推动作用，胡锡进、王冉、杨锦麟、何三畏、染香、徐昕、点子正等纷纷对此事给予关注并发表评论。从媒体的关注度看，直到 7 月 2 日才有媒体对此事的报道，但报道的重点放在什邡市政府暂停钼铜项目建设、什邡市政府承诺今后不再建设钼铜项目等之上。虽然在 3 日和 4 日，呈现出较高的媒体关注度，但总的来讲，媒体传播带来的负面影响相对较小。

由此可见，"7·2"四川什邡事件中网络舆情的特点主要有：首先，参与事件讨论的人数众多，人们散布于论坛、微博等各种传播场域，仅在新浪微博参与讨论的微博数就达到近 500 万。其次，人们在讨论中形成了公众意见。比如对钼铜项目的抵制，对政府说法的不认可等。这些意见具有非私人性与普遍性，是人们基于自由与自愿的对话达成的。最后，网络作为当今时代新的公众媒介，其威力与影响力是报纸、期刊、广播与电视所无法企及的。随着参与人数的不断增多，公共领域不断发展与扩大。

二、“7·2”四川什邡事件政府应对的得与失

什邡事件发生后，什邡市政府主要从五个方面进行应对：一是针对钼铜项目的停建与否进行回应；二是对非法聚集进行通告；三是对此次事件中发生人员死亡等不实信息进行辟谣；四是积极救护在冲突中受伤的市民和学生；五是释放部分被警方强制带离的人员。其应对本次危机的得与失主要体现在：

（一）合乎情势的转变：从消极应对到主动出击

什邡市民对钼铜项目的反对由来已久，早在 2011 年 5 月项目向社会公示以后，当地的反对声音就不绝于耳。最初，什邡政府面对反对的声音，采取了逃避与闪躲的态度。什邡在线与市委书记信箱对“钼铜项目污染问题来信的回复”内容空泛，未能解答市民提出的实际问题。政府的消极态度不断激发着民众的不满情绪。2012 年 6 月钼铜项目开工的消息在什邡当地引起轰动，不少市民开始在百度贴吧、QQ 群上发表评论，逐渐由言语攻击转向网上串联、组织抗议活动等。在 7 月 2 日群体性事件发生前，当地已有多次少数群众的聚集、上访等行动，但什邡政府抱有“小事小解决”的侥幸心理，一直采取强压措施维稳。在网络空间上，什邡政府为了扭转社会对项目的不满情绪，通过官方网站及微博等形式正面宣传钼铜项目，以期获得民众的支持与理解。然而，陈旧消极的应对方式未能压住民众的不满情绪，群体性事件最终于 7 月 2 日爆发。为了尽快平息事件与社会舆论，什邡政府在未进行科学决策程序的前提下盲目宣布项目停工，导致网络舆情的进一步恶化。一味的消极被动使事件逐步升级，面对严峻形势，什邡政府改变应对策略，从漠视民意到顺应民意，从被动应对转向主动出击（见图 2）。

概括上文所述的各阶段什邡市政府应对表现，什邡官方主要从以下几个方面采取积极应对：一是先后九次通过微博等公共信息平台发布事件进展通告，其中包括宣布项目停工、公布受伤情况、表明政府决心、对社会传言进行辟谣等。二是开展特警警戒、抓获造谣生事者等公安专项行动。三是由市委书记出面亲自表态，稳定人心。四是设置第一书记把握什邡大局。此外，还通过其他方式，如积极救治伤员、深入一线解惑释疑、播放专题片等手段平息事态、维护稳定。总的来说，顺应民意是事件最终得以解决的关键。

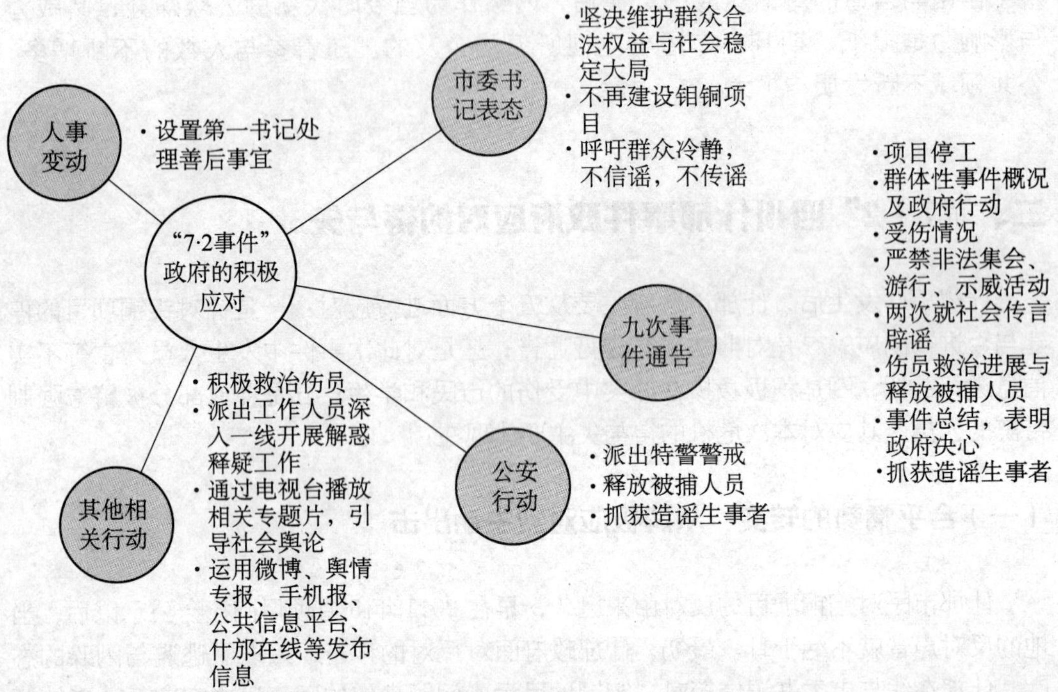

图2　什邡事件政府积极应对的表现

（二）新媒体运用得当："政府扩音器"发挥效应

在什邡事件发生前后，什邡政府官方微博"活力什邡"快速高效地发布官方信息，帮助政府在草根统治的网络话语空间中发出声音，以最快速度将官方消息传递给民众，起到了"政府扩音器"的作用。

与危机事件舆论引导的传统方法相比，将微博作为主要信息发布渠道之一，是什邡政府在本次危机事件中做出的第一次尝试。微博作为一种简洁明快的沟通工具，对于促进官民沟通来说具有天然优势，是新时代政府应对危机事件的一种新方式。

（三）话语方式暴露弊端：网络空间中"官方语言"遭遇尴尬

去权威化、质疑一切合法性、否定、多元，这是后现代解构主义的主要特征，也是网络话语体系与传统主流话语体系的区别所在。超越常规的语言思维与口语化的表达方式帮助网民在"嬉笑怒骂"间实现态度与观点的表达。在这一背景下，官方话语进入网络话语空间，必定引起网民眼球的不适，这在"活力什邡"所发表的诸多微博中有明显的体现。

2012年7月3日上午10时06分，"活力什邡"发布的24字微博"坚决维护人民群众合法权益，坚决维护社会和谐稳定大局"引来3万多条评论。网友纷纷对这一口号标语式的回应表示不满，认为空话套话只能表明出政府的“做作”。除此之外，于 7 月 3 日上午 09 时 41 分发布的禁止游行通告与 7 月 2 日晚 20 时 00 分发布的事件处理意见等几条通告，均被指作政府的“标准文本”。千篇一律的写作风格与生硬强势的言语措辞，使网民对本就“高高在上”的什邡政府更加不满。

对于什邡政府来说，充分重视并利用微博值得肯定，但政府说是一方面，怎么说、说什么也是一方面。充满官方色彩的通告与口号向以年轻人居多的网民传递，并不适合。能说会说，才不会使自己与网络民意渐行渐远。

（四）监测预警缺位：纵容与漠视导致前期处置乏力

目前，我国网络舆情在监管上是由多个政府部门联合展开的，涉及互联网信息管理的部门主要包括：党委宣传部门、通信管理部门、新闻办 、文化厅（局）、国家安全厅（局）、公安厅（局）等。尽管联合协作的各部门在具体工作上有所侧重，但在舆情来临时，各部门缺乏有效的信息沟通与交流，出现配合脱节问题，不利于实践中的资源整合与快速反应。在各部门间资源整合不力、沟通不良的现实情况下，针对网络舆情的收集、监测、研判、利用等系统性工作就无法顺利展开。从什邡事件网络舆情的政府前期应对表现来看，什邡政府的舆情监测预警机制缺位，事发前并未探寻到网络空间的蛛丝马迹，或者即便发现也未能予以足够重视。

由于事前监测预警工作不到位，当网络舆情升级引致现实事件发生之时，再采取手段进行舆情干预已经错过了最佳时机。此时，政府往往措手不及，在应对上有失分寸，行为方式简单粗暴。具体表现为：面对舆情攻势，首先采取拖延的方式，以期新的热点转引网民关注。直至舆情发展到一定程度，官方声音才被迫发出。政府反应的迟缓成为网民新的抨击对象，以致对政府做出“漠视民意、暗箱操作”的负面评价。

（五）善后处置被遗忘：“事件平息就万事大吉”

“事件平息就万事大吉”，这是目前地方政府在处置危机事件上所持的惯性思维。一般而言，网络舆情不会随着危机事件的结束而终止，其往往需要持续一段时间而逐渐消退。在网络舆情的消退期，政府应对往往处于缺失状态，对事后遗留问题，如问责官员、惩治造谣生事者、安慰民众等不够重视。在问责官员上，政府往往采取纵容的态度，让责任人逃避处罚或只问不责。什邡事件中，面对网民提出的严惩责任官员的要求，政府一直不予理睬，唯一做出涉及官员任免的，便是设置“第一书记”一职，但人们却很难将其与“问责”挂钩，搞不清政府意图，自然会对政府心生不满。对于惩治造谣生事者，特别是在网络中发布虚假信息制造祸端的行为，什邡政府由于技术、人力及财力的限制而无法彻底落实，只是在事发多日以后宣布抓获造谣生事者一人。难道仅凭一人之力便能引发如此之大的风波？如此结果只能使人们质疑政府在“敷衍了事，糊弄民众”。相关责任人得不到惩治，网络虚假信息泛滥无法彻底根治，很难保证网络舆情不会再次爆发。对于安慰民众，什邡政府仅仅做到“向民众保证项目不会再建”便止步不前，而存留于民众心中的不稳定因素无法消失，便会给社会发展埋下隐患。

三、“7·2”四川什邡事件政府传播的应对建议

对于什邡事件中政府的负面表现，究其原因，从宏观层面来说，是由于相关政策法规缺失与技术滞后；从微观操作层面来说，是当地政府存在理念偏差，相关人员的媒介素养不足。以什邡事件为例，面对此类群体事件，我们给出以下应对建议：

（一）主动设置议题，加强舆情监测控制

在什邡事件发生伊始，对政府作为和现行体制持有异议的意见领袖紧紧抓住“处于弱势地位的民众集体抗议处于强势地位的官员”这一敏感议题，从批评当地政府开始，继而批评当今中国体制，一直裹挟和控制着网民的讨论议程。而此时官方在抢占媒体、设置议程方面缺乏有效作为，在客观上也为各种非主流意见的广泛传播让开了道路，加大了后续舆论引导的难度。但不久，官方从微博入手，对事件发展的舆论形态进行监测，在微博和各大门户网站发布相关的文字和视频报道，澄清了部分谣言，纠正了网络舆论“一边倒”的发展偏向。

由此看来，在新闻报道和信息传达活动中，官方媒体应充分利用自己的强势地位，赋予各种议题不同程度的显著性，以影响人们对周围世界“大事”重要性的判断。一方面，需要提高新闻报道的效率，第一时间抢占议程设置的主动权；另一方面，又需要巧妙运用传播技巧，把相关部门的政策议程转化为公众关心的公共议程，在网络舆论发展中不断提升主流意见的介入力度，以优化舆论热点的议程设置，从而引导舆论形态按照既定方向发展和消退。

（二）善用意见领袖，引导“沉默的大多数”

在社交网络上，任何人都有可能成为信息的发布者和传播者，任何具备意见领袖特征的发言者，其观点都可以依托熟人圈的分享机制而不断地走出熟人圈，在“口口相传”中制造出爆炸式增长的受众，这就在很大程度上增加了舆论引导的难度。有鉴于此，政府相关部门应该加强对网上“草根化”意见领袖的关注，努力培养一批具有较高政治素养的“体制内意见领袖”，以对网上各种“非主流意见领袖”进行言论制衡，进而引导“沉默的大多数”，带动整个网络舆论健康发展。

需要特别指出的是，“体制内意见领袖”在发言时必须充分考虑网络受众的接受心理，尽可能地使用网民喜闻乐见的网络语言。比如，可以摆脱传统语法语义的约束而

采用独创的词汇，可以对约定俗成的说法改头换面而形成活脱诙谐的风格。

表现在什邡事件中，同样是捍卫官方立场的两篇日志《关于“今天，我只是一个什邡人”的扫盲帖》和《不过是欲壑——也说什邡事件》，前者因为采用了网络流行的“咆哮体”语言，其被受众认可、追捧的程度就大大强于态度冷静、文风平实的后者。

（三）引导网络受众，提高公民媒介素养

根据德国大众传媒学家诺埃尔·诺依曼的研究，在人群聚集之处，民意常会出现非理性的蔓延，在争吵中公众的观念很容易被极端言论左右。在什邡事件正反意见激烈交锋的高潮，就曾出现过诸多言辞激烈、情绪激动的“骂人帖”。

这在一定程度上表明了网民使用网络语言时的非理性倾向。正是这种非理性倾向，常常会把简单的问题作复杂化理解、偏激式解读、情绪化传播。所以，作为网络舆论的引导者，在与受众的沟通中，一定要充分认识他们在网上发言时的心态，理解他们在插科打诨中表现出来的对社会矛盾和问题的“集体焦虑”。从个体层面看，要找准网民关切社会、希冀改良的突破口，培育明辨是非的“网民意识”，诱发理性探讨的精神，努力将网上“愤青”转化为网上“共建者”。从群体层面看，要善用舆论的对冲机制，鼓励不同阶层的网民在网上对话，实现多元互补和相互制衡，保持网络舆论环境的生态平衡。

（四）树立官方权威，促进网络舆论和社会舆论的良性互动

在去中心化、快速便捷、影响力强的社交网络上，意见领袖的作用很容易被放大，从而形成声势浩大的主导性意见。这也是什邡事件发生不久后，政府即通过微博发声，号召市民不要听信谣言、维持社会正常秩序的重要原因。当某一议题成为网络受众共同关注的话题时，意见的聚合往往会形成强大的舆论压力，引起各方的普遍关注。这时，传统媒体应凭借其灵敏的嗅觉加入其中，发挥自身强大的组织资源和专业信誉优势，对社交网络上的意见进行综合，并就有关事件做更深入的追踪调查和挖掘报道，加快事件真相的披露进程，争取与社交网络上的主流意见领袖形成良性互动。在什邡事件被各方热议之际，7 月 3 日的《环球时报》社评《什邡事件的启示》，就最早以官方传统媒体的身份对事件进行了分析，呼吁民众要理性对待，提醒政府要总结教训。这一报道有力地推动了事件的信息公开，纠正了部分网民的非理性认识。

其实，网络舆论与社会舆论的良性互动——前者诱发后者的关注，后者引起前者的震动——并不是单独发生在舆论发展的某个阶段，而是贯穿其始终。作为舆论引导者，既需要特别重视使用社交网络进行民意疏通工作，也需要善于发挥传统媒体的优势，使传播真正进入大众传播阶段。当然，在这个过程中最关键的是及时有效地解决或调整引发中心议题的社会事件，从源头上控制舆论形态“负能量”的积累和蔓延，在议程设置、信息扩散、意见交锋、舆论危机的不同时段采取灵活多变的动态策略。

第二节 | 案例之二："7·21"北京暴雨事件政府发布研究

2012年7月21日10时开始，北京遭遇了一次强降雨，导致市内多处地段严重积涝、交通瘫痪，房山区等地山洪暴发。本次暴雨受灾总面积达1.6万平方公里，受灾人口约190万人，并造成79人死亡，成为一个受到媒体和广大网民关注的热点事件。

一、"7·21"北京暴雨事件始末与网络舆情的特点

（一）"7·21"北京暴雨事件始末

2012年7月21日，北京遭遇61年来最强暴雨，并引发房山等地区山洪和泥石流等灾害，北京此次暴雨灾害牵动着数以万计网友的心，网友自发在微博上传递救助信息，放大微博时代"正能量"。

7月21日晚，北京市消防局官方微博在第一时间向在房山进行求助的网友进行反馈。该官方微博称，在接到报警之后，消防部门紧急组成50人的攻坚组，冒雨赶到学校救援。

7月22日，北京市政府新闻办22时40分通报，截至22日17时，北京市境内共发现因暴雨死亡37人。

7月22日，有网友反映因涉水熄火车辆被贴罚单，时任北京市常务副市长吉林表示，在突发灾害降临时这种处罚是错误的，所贴罚单作废。随后，北京市交管部门针对此事公布处理措施：对22日协管员擅自粘贴的违法告知单不予录入，对擅自贴条的当事协管员严肃处理、调离工作岗位。

7月23日，微博上谣传房山一家敬老院受灾，200余名老人伤亡。房山区民政局及时核实，并通告称敬老院老人伤亡数为0，并全部处于安全地带。

7月23日，北京市气象局副局长表示，由于基站数量有限，暴雨预警短信难以做到全面覆盖，手机预警信息发送尚有技术障碍。

7月24日，北京市政府新闻办主任称，在暴雨导致的死伤数字上绝不会有隐瞒，之所以现在有更新的滞后，是因为有些遗体还需要辨认。

7月25日晚，北京市政府新闻办召开第二次通报会，公布受灾人口和经济损失，但对于市民关心的因灾死亡人数发布会未做更新。

7 月 26 日晚，北京市防汛抗旱指挥部召开新闻发布会，公布死亡人数为 77 人，其中 66 名遇难者身份已经确认。

8 月 6 日，根据官方通报，遇难者总人数升至 79 名。

（二）“7 · 21”北京暴雨事件网络舆情的特点

1. 一周内网络舆情及其变化

在各大新闻网站和论坛社区，有关北京暴雨的实时滚动、新闻专题、帖子和评论等数量惊人。通过百度搜索关键词“7 · 21 北京暴雨”可得到相关网页达 410 万个，成为整个 7 月最具热度的网络事件。

通过百度搜索关键词还可发现，网民关注的具体议题主要是：第一阶段，集中在排水系统、暴雨预警、地铁、房山灾情、京港澳高速积水和“北京精神”等。其中，21 日当天暴雨预警问题成为焦点。第二阶段舆情变化复杂。23 日当天，媒体报道量和网民搜索量均达到峰值，相关新闻数量高达 35.3 万条，地铁、排水系统、“北京精神”三项的关注率达到最高值，对高速积水的关注率继续上升；24 日，对捐款、房山灾情、第二次预警的关注均迅速上升；25 日以后，除对捐款、死亡人数的关注率继续上升以外，其他议题关注度均下降。此外，政府救援工作是一周中网民持续关注的焦点话题。

总的来看，一周中网民的关注点随着事件发展而变化，具体议题丰富多样，多数议题都在三天内达到关注最高点。其中，预警、房山区灾情、高速积水、捐款和“北京精神”五项，与灾情变化、政府应急处置进展和媒体报道重点的变化在时间点上大致吻合。但是，多数议题的具体内容集中指向负面事实，比如城区排水不畅导致积水严重、官方救援不力、迟未公布死亡人数和遇难者名单等，自始至终均有相当程度的关注，对暴雨中遇难的车主丁志健和死亡人数的关注热度尤其高。而这些也是官方遭受质疑和问责最多，同时也是主流媒体报道相对较少的方面。

2. 一周内微博舆情及其重点

北京暴雨灾情率先在作为自媒体的微博上引起强烈反响。以新浪微博为例，其用户的关注热度明显超过百度搜索用户。暴雨后一周内，含有“北京暴雨”关键词的帖子总共有 1 195.2 万条，用户最为关注的议题共有 12 项。其中，暴雨预警、排水系统、地铁、政府救援、“到北京来看海”、死亡人数六项的帖子数量均超过 1 190 万条，且不相上下。此后，依次是房山区灾情、遇难者名单、“北京精神”、丁志健之死、捐款和京港澳高速积水等六项，其帖子数量从 230 万条降到 13 万条。由于当时存在大量删帖等处置，在质疑捐款、遇难者人数等个别敏感议题上的实际帖子数量可能更多。这 12 项议题可以归纳为六大方面：

（1）排水。北京城市排水系统等基础设施建设是本次事件舆情的热点。暴雨当晚，反映和批评城区内涝严重、车辆被淹等的帖子不断刷新，法国作家雨果的名言“下水道是一个城市的良心”一时成为微博流行语，人们还将北京与巴黎、东京、德国等国外城市的排水系统建设进行优劣对比，批判国内城市规划建设“重地上轻地下”、搞“形象工程”和“政绩工程”等传统做法，问责之声此起彼伏。

(2) 预警。主要舆论是官方预警不到位是导致灾情影响严重的原因之一。表现在气象部门以群发预警短信存在技术障碍来推诿责任，没有通过网络、手机、广播电视等渠道做到最广泛有效的发布，而新闻媒体事前对可能的灾情也没有足够认识。

(3) 救援。批评官方现场救援不力的帖子只增不减，主要指向许多市民、私家车滞留于大街上无法回家，8 万旅客在机场无法离开，政府没有出动公车、军车救援，应急避难所没有开放，房山区灾情被忽视，大雨中机场高速收费站仍然坚持收费，110 打不通，因受灾熄火被迫停在路上的车辆被贴罚单等。尤其是车主丁志健在车内溺亡被曝光后，对官方应急机制和救援不力的批评更为强烈。

(4) 捐款。北京市民政局官方微博发布募款倡议帖后，不到一天即被转发超过 7 万条，全站含有“捐你妹”的辱骂帖子高达 20 万条，导致一场一边倒的抗捐大潮。抗议者的理由主要认为自己已纳税、国家对外资金援助过于慷慨，加之对官方公布的死亡人数的真实性不满等，可见政府公信力严重不足。

(5) 死亡。对暴雨中死亡人数的关注度一路走高，并出现了若干谣言。22 日晚官方公布 37 人死亡后迅速被质疑，要求公布真实人数和遇难者名单的声浪不断高涨。26 日晚官方再次公布死亡人数和名单后，得到舆论的广泛肯定，质疑的有关帖子数量迅速回落。

(6) 精神。从暴雨当晚起，有关灾情中人们守望相助体现出的“北京精神”和“公民社会”的帖子迅速增加，并在 23 日主流媒体推出这一主题报道后达到顶点。其内容主要反映网民通过微博平台发布现场灾情和救援的紧急信息、市民车队搭载路人的感人善举、媒体搭建救援信息平台，以及环卫工人和民警的坚守、牺牲等，与出租车漫天涨价、机场高速“冷血”收费等现象形成了鲜明对比。

总体上，微博舆情中上述六大议题均呈现出显著的质疑、批判和问责态度，尤其在排水系统、募捐倡议和死亡人数的公布等方面。其间，不乏众多情绪化、非理性的表达，但理性的批判、对公民权利的追求和对人性真善美的弘扬更引人注目，展现出中国逐步迈进现代公民社会的一面。

二、“7·21”北京暴雨事件政府应对的得与失

（一）部门联动：构建高效的应急反应机制

危机事件网络舆情与危机事件本身既相互独立又密不可分，无论是舆情处置还是事件本身的处置都要耗费政府大量的人力物力。针对危机事件层出不穷的现状，我国各地市或公安局已纷纷建立了危机事件应急预案，以备不时之需。在组织体系上一般会设立统管全局的应急指挥部作为领导机构，该机构的成员部门主要有：宣传部门

(负责新闻宣传)、发改委(负责物资储备与调集)、公安部门(负责情报工作与治安维护)、监察部门(负责事件处置过程的监督)、武警部队(负责参与事件处置),另外还有因危机事件类型的不同而涉及的相关职能部门,如安全、民政、教育、水力、农业等。针对突发事件的网络舆情处置,政府应该做到整合资源、统筹规划,对各部门管理权限做出严格限定,以求在紧急时刻做到既各司其职又统筹联动。

"7·21"北京暴雨事件中,北京市消防局、市政府新闻办、市交管部门、市气象局、市防汛抗旱指挥部等政府部门以实际行动应对暴雨事件,及时向公众公布最新的情况,各部门之间的高效联动保证了应对北京暴雨事件的高效。

(二)新媒体观:媒介传播策略的循势而变

从舆情应对的角度看,暴雨灾害发生后,"北京发布"、"北京消防"、"水润京华"、"平安北京"、"交通北京"与16区县政务微博持续不断发送雨情信息、救援详情等,合力形成官方舆论场,继而影响民间舆论场,在舆论引导中占得先机。

1. 营造合力: 新旧之间的坚守与开放

议程设置理论认为,大众传播可以通过设置议程来决定人们关注哪些事实与意见以及对不同事实的关注程度。在危机事件中传统媒体反应迟钝的情况下,新媒体开始扮演传统媒体议程设置的角色,甚至对传统媒体进行议程设置,深刻影响着网络舆情、社会舆情的走向。随着新旧媒体对事件的逐渐介入,事件本身迅速传播并得到有效解决,同时新旧媒体的互动,促使孤立案件融入到具有普遍性意义的社会媒介事件的语境中去,使事件性质发生根本性改变。对于政府而言,应当正视新媒体与传统媒体在事件处置中的积极作用,同时重视传统媒体失声、新媒体肆意放声带来的负面效应。新旧之间,应当坚守什么、开放什么,这个平衡需要政府慎重把握。

危机事件爆发以后,面对纷繁复杂的网络舆情,民众更加渴望得到来自传统媒体的权威信息。在"7·21"北京暴雨事件中,政府充分发挥了传统媒体与网络新媒体的各自优势,对传统媒体在坚守其属性的前提下适当放声,对网络媒体采取开放的态度,"以控代封",通过营造合力推动事件的有效解决。首先,进一步加强了政府扩音器效应,充分挖掘政府网站资源,帮助政府发声。政府网站是帮助政府发布政府信息,提供网上服务,接受民众监督的网络平台,其权威、即时的特性正好是政府在应对突如其来的网络舆情时所必需的。政府在危机事件出现时,第一时间通过政府网站发布信息;并引导主流网络媒体、商业网站与政府网站进行互动,通过转发与评论扩大信息的传播范围。其次,政府利用各类社会化媒体,通过通俗易懂的语言,与普通公众进行平等交流和互动。最后,政府利用传统媒体与网络达成合力。一方面,借用网络专题的形式,整合传统媒体的报道,引导舆论;另一方面,传统媒体针对网络舆情的特点发挥自身的调控作用。

2. 声势扩张：　网络新闻发布与政府微博运营

说到网络新闻发布，其实质是政府信息公开工程的实质性发展，也是政府新闻发布制度在网络空间的延伸。网络新闻发布，主要是指政府利用网络平台通过与网民互动的方式发布消息、解疑释惑，促进具体问题的解决，接受社会监督，并主动引导网络舆论的公共信息传播机制。其核心是在政府与网民之间建立一条政策与民意互通新渠道。“7·21”北京暴雨事件中，北京市新闻办召开了多场新闻发布会之后，参与的传统媒体及网络媒体记者可通过自家媒体平台进行信息的二次传播，发布会视频也可以在网络空间无限次转载与播放，这就大大提高了信息传播的效率。

案例 1　北京市召开“7·21”强降雨新闻发布会

7月21日午后至22日凌晨，北京市普降特大暴雨。北京市22日下午举行“7·21”强降雨新闻发布会，介绍了此次强降雨的特点和北京市抗击强降雨的有益做法。

据介绍，本次降雨特点如下：一是降雨总量之多历史罕见。全市平均降雨量170毫米，城区平均降雨量215毫米，为新中国成立以来最大一次降雨过程。房山、平谷和顺义平均雨量均在200毫米以上，降雨量在100毫米以上的面积占北京市总面积的86%以上。二是强降雨历时之长历史罕见。强降雨一直持续近16小时。三是局部雨量之大历史罕见。全市最大点房山区河北镇为460毫米，接近五百年一遇。城区最大点石景山模式口为328毫米，达到百年一遇。小时降雨超70毫米的站数多达20个。四是局部洪水之巨历史罕见。拒马河最大洪峰流量达2 500立方米每秒，北运河最大流量达1 700立方米每秒。

…………

北京市抗击强降雨的有益经验是：一是天气预报比较准确，为全市提前部署应对工作争取了宝贵时间；二是各级防汛预案得到了很好的贯彻落实；三是预警信息发布及时，气象部门、防汛部门及时发布预警信息，提前布控，有效应对；四是各级防汛部门措施落实到位，应急处置有力；五是国家防总对北京市抗洪工作给予大力支持和协调，减轻了北京市防洪排水压力；六是广大市民大力弘扬北京精神，积极自救互救，党员干部发挥模范带头作用，如爱心车队自愿疏散首都机场滞留旅客，京港澳高速长阳志愿者专业队伍自愿参与抢险；七是媒体宣传到位，广泛深入宣传报道，利用电台、电视台、网络媒体和交管室外屏实时播报雨情水情和温馨提示，提醒市民减少外出，避让抢险车辆，以及北京电视台直播节目《雨中进行时》作全面报道，实时播报。

资料来源：姜春媛：《北京市召开“7·21”强降雨新闻发布会》，见新华网，2012-07-22。

同网络新闻发布一样，政府微博对政府来说也早已不陌生，它以“织博为民”为理念，帮助政府及时发布信息并与民众就热点话题进行沟通。一般而言，地方政府开通微博以后，会招徕大量粉丝关注，这些粉丝或许就会成为日后与政府开展平等对话、帮助政府传递信息的重要力量。尽管政府微博不及网络新闻发布会受众面广、传播内容丰富，但其发布信息的及时性却是网络新闻发布会所不能比拟的。在“7·21”北京暴雨事件的发生、救援和灾后处置过程中，以政务微博等为典型代表的新媒体发挥了巨大的作用。特别是在传递信息和有效监督、引导舆论方面，政务微博成为信息传播和突发事件传播中不可或缺的力量。政务微博的即时性和扩散性是其本身就存在的信息传播优势。作为开放平台，政务微博功能具有无限延展的可能性，这为雨情及路况等各种信息的广泛传递提供了有利条件。

案例2　北京“7·21”暴雨灾害中政务微博的应对策略

2012年，北京“7·21”暴雨是首都遭遇的罕见特大自然灾害，引起社会极大关注。“北京发布”、“平安北京”、“北京消防”、“交通北京”、“水润京华”（北京市水务局官方微博）等北京市主要的政务微博于7月21日—7月27日连续发布相关内容，对该事件进行应对。

（1）及时发布权威信息，掌握信息发布的主动权。

在暴雨灾害当晚，“北京发布”、“北京消防”、“平安北京”、“交通北京”四家政务微博持续不断发布官方信息，彻夜运作。它们与各县区的政务微博形成强有力的灾害应对矩阵。政府部门通过微博发布受灾信息，使公众第一时间了解灾害现场情况，为救援提供指导。如“平安北京”在7月21日下午14时47分发布的微博内容为“西六环门头沟管界白桩子桥有积水，双向暂时无法通行。在南侧卧龙岗出口和北侧阜石路出口采取分流措施，请听从民警指挥，现场正在进行排水作业，请提早选择绕行路线”。

（2）力抓舆论形成的第一时间。

“7·21”北京暴雨中，北京各政府部门的多个政务微博进行实时直播，此时，政务微博就成为灾害信息的“集散点”，多个微博账号合力形成官方舆论场。雨后第二天，有网民在微博上曝出，过水熄火车辆被迫停在路边，却被交管部门“贴条”，做违章停车处理。“北京发布”于7月22日立即发博称，市交管局回应雨后贴条，对22日协管员擅自粘贴的违法告知单不予录入，对擅自贴条的当事协管员严肃处理、调离工作岗位。

（3）发挥动员功能，让民间力量参与救灾。

在这次北京“7·21”暴雨灾害中，民间救援力量发挥了重要作用。“北京发布”的微博里关注了主动赴机场接送滞留旅客的“双闪车队”、从京港澳高速上救下100多人的农民工群体、赴房山运送救灾物资的国安球迷……“平安北京”微博以“暴雨中的感动”为话题发布了这些感人的故事。“北京发布”发布微博称“市民的爱心比最强暴雨还要强”。“太平桥下，被水压冲开的井盖旁，每一处都有环卫工人把守；爱心车队的志愿者们有个响亮的口号‘我们来了’。因为这些温暖的画面，这场大雨会被很多人记得更久。”

（4）设立话题，让公众参与讨论，满足公众表达权。

“北京发布”在7月26日发布名为“北京将认真总结反思，全力做好善后工作”的微博，其中有网友发出质疑的声音“既然人类无法抵挡天灾，为何要等事情出现了，我们才懂得反思？为何我们不预防呢？为何要白白牺牲那么多人呢”？政务微博予以回应：“您说得对，我们确实要认真总结反思，汲取教训，在全力做好善后工作的同时，不断提高防灾抗灾水平。”

（5）心理疏导，引起公众的情感共鸣。

7月21日，随着雨量的增大，北京几家政务微博的内容包括求助渠道、交通提示、政府部门应对状况、微博用户即时反馈的现场情况、求助信息等。如“水润京华”微博公布了求助电话，“北京发布”微博进行了转发。政务微博还通过告知最新的救援情况来提供心理抚慰，比如“北京发布”转发的北京市政府新闻发言人王惠的微博，告知有亲属在房山、门头沟区的朋友不要着急，并提醒他们注意听从安排，不要慌乱。

政务微博作为政府传播的网络实践手段，在这次北京暴雨灾害应对中仍然存在着一定的问题。比如，没有充分调动网络意见领袖、对网民关切问题回应速度有待提高、公共议题营造还不够等。

资料来源：马凯：《试论突发事件中政务微博应对的三个维度——以北京“7·21”暴雨灾害为例》，见人民网，2012-07-28。

（三）精神层面：以素养支撑有序的网络民主政治环境

微博是一种典型的民间舆论场，反映了当前公众对待事物的整体认知水平和惯有心态。无论是面对重大灾难事件、群体性突发事件还是其他负面事件，但凡涉及政府、官员，不少网民总是存在高度不信任、高度情绪化、“预设有罪”、习惯性反应过度而不先追问事实和真相的思维定势，导致盲从、语言暴力乃至“群体极化”等现象，这既与民众对公权力的高度敏感有关，也与官方处置、回应不当有关。往往事件一爆发，地方官员就阻挠媒体接近，禁止民众接受采访，甚至动用权力删除负面帖子。官方微博则在真相未明时总是急于引导舆论，或傲慢地撇清、辩解，甚至发布严禁信谣传谣造谣，警方将追查造谣者的帖子，试图一蹴而就地控制舆论，而这种态度和做法多半激化了事件矛盾和负面舆情，最终令公信力完全丧失。

基于此，官方在重大突发事件的事中、善后的公众沟通中，应采取“态度第一、事实第二”的策略。传播事实当然重要，而是否尊重并及时公开客观事实、细节，是否隐瞒真相，却是态度问题；更重要的是，要切实尊重和满足公众的知情权、表达权和舆论监督权。所以，任何危机公关沟通的首要策略是态度坦诚、谦恭，善于倾听，追求真实，而非武断、倨傲自大和闭目塞听。唯有建立在平等、互动的基础上并保证言路畅通，危机事件的传播沟通才能令人顺畅。

目前，我国政府改革的方向是提高国家的治理能力。简单地讲，就是要实现国家的民主、法制、透明、责任以及回应性，使国家的职能充分发挥出来，从而确保国家内部治理的有序化，减少国内社会不安因素的出现。在制度改革中，民众所扮演的角色既是参与者，又是支持者，而这一切又离不开信任，即民众与政府的相互信任。在“7·21”北京暴雨事件中，政府以为人民服务为根本宗旨，以依法执政为准则，“想网民之所想，急网民之所急”，以对党的事业及人民权益负责的态度回应网民，摒弃维稳第一的思维模式，真正做到“广开言路，听言纳谏”。面对网民“刁难”，不回避、不敷衍，通过得当的言语与切实有效的现实措施及时化解误解，抚平民众情绪。“7·21”北京暴雨事件中出现了很多谣言，如7月23日，微博上有一条广泛传播的信息，称房山一家敬老院有200余人在北京暴雨中伤亡，引起了公众的广泛关注。针对这条信息，房山区及时进行调查，并于当日表示：“现根据房山区民政局核实，房山区境内公立民办敬老院共计40家，经一一排查证实，未出现受灾现象，敬老院老人伤亡数为0，并全部处于安全地带。”政府的及时辟谣澄清了谣言，安抚了社会的不安情绪，也增强了政府的公信力。随着灾情的发展，公众对暴雨中的死亡人数非常关切。7月26日，北京市政府召开第三次新闻发布会，公布了灾害中遇难者的名单，进一步回应了公众的质疑。

（四）善后处理：重拾信任，问责机制有待加强

“善后”通常是指事件应急处置已结束，对直接受害者进行物质抚恤和精神关怀工作的时期。但是，今天越来越多的突发事件及其社会后果表明：一是善后处置不当可能使危机事件持续的时间相当漫长；二是前后发生的不同事件之间存在着内在的复杂的叠加性和关联性。有些事件善后问题一时显现不明显、不集中（比如对重大火灾、地震的受害者干预不及时导致抑郁、焦虑等心理问题），有些事件在应急处置时存在二次伤害（比如新闻报道失实失当引起事后侵权官司），所以，对前事件滞后、累积和隐形问题的忽视，都可能对后事件的公众认知、社会情感与行动反应造成不良影响，并作为隐患诱发或激化后事件。这就是公共事件中同类舆情为何高频度重复的原因之一。

从一定意义上说，重大突发事件正确的善后应该是一种“社会性善后”。它基于当前事件又超越当前事件，既要对事件直接的受害公众进行物质善后，还要重视修复其心理和精神损害，并且从事件应急处置时就开始注意避免、减少遗留或滞后问题，更要眼光放长远，关注面积更广大、影响更深远的民意与社会精神损伤的修复，以及政府组织形象与公信力的重塑。这种善后沟通的核心价值是人本主义，其主旨是提供灾难事件后的人文关怀和复杂的社会心理干预（psychological intervention），它和事前预警、事发应急传播同等重要，它是一种“超前善后”，犹如车辆的“后视镜”，可以达到预警和降低今后社会风险的功效。

在“7·21”北京暴雨事件平息之后，政府继续对网络舆情进行跟踪与监测，防止网络舆情的回潮，从而彻底铲平舆情复发的后患与隐忧。同时，政府启动了事件的善后工作，并及时将这些相关信息通过网络与传统媒体向社会公布，以此重拾民众对政府的信任。另外，政府继续发挥网络意见领袖的效用，多发表反思总结类的文章与帖子，帮助网民理性客观地看待整个事件，并对自身行为进行反思。最后，政府继续保持舆情处置过程中主动开放的态度，积极设置各种网络平台加强与民众的平等互动与交流，让民众看到政府重视与善待民意的决心，重新塑造政府良好形象。

总之，要针对不同类型的重大突发事件建立一个完整的、多元主体参与的善后社会性沟通体系。具体而言，这种善后不是政府单独面对受害公众搞传统的事后安抚，也不是媒体孤军奋战地搞配合宣传，而是要探索一种融政府有关部门、主流媒体（包括网络媒体)、相关学界、科研机构、社会工作者、NGO 等民间公益机构团体等不同主体于一体的突发事件应急管理、应急研究与社会沟通的工作体系、工作模式，并使各主体高效联动，各尽其能，共同协作。其中，政府可以主导建立这个科学合理的工作体系和模式；新闻媒体要成为共享有关信息与传播沟通的平台，建立针对不同类型重大突发事件的报道工作体系，探讨、演练将善后问题报道前置，并与预警、应急报道融合的“全预案”；学界（传播学、心理学、精神病学等）和科研机构则要提供有关理论、方法与技术上的智力顾问支持。比如广东省在 2010 年年底即建立了突发事件心理援助应急技术研究中心，通过研究各种突发事件心理援助的预案、加强心理援助相关理论和技术的攻关，为应对突发事件提供相应支持。同样，心理危机干预专业领域的社会工作者、志愿者、NGO 也可以发挥自身的专长与特色，开展更具体的工作，比如进入灾难现场对受害者实施心理救助、危机干预、社会调查和公众沟通等。此外，如今微信、微博等自媒体、社交媒体日益发达，也应充分尊重、引导网络意见领袖和普通网民参与、干预突发事件，加入到积极的社会沟通当中。

可以说，唯有通过系统协作，并将善后社会性沟通作为整个突发事件全程传播与管理系统工程的辩证的、有机的构成部分，发挥其公众心理干预、民意沟通、社会修复和政府组织形象矫正的功能，才能使“善后”真正成为善后。当“善后”成为事件中系统化和前端化的社会共同守望时，突发事件的社会危机和网络舆情将更容易得到处置。

第三节 | 案例之三：奥巴马政府传播研究

如果把国家形象比作品牌，国家领导人就是其品牌代言人。现任美国总统奥巴马被称作“Web 2.0 总统”，他承诺要打造美国历史上最开放、参与性最强的行政机构。作为这个全球影响力最大国家的最高领导人，美国总统的影响力也是全球性的。他既是美国全球形象和声望的重要组成部分，也是传播载体。“总统先生”（Mr. President）这个美国人对本国总统的通称将不同的个体整合到了统一的国家形象符号当中，即使是历任总统身上的个性（personality）都要为这个符号所传递的意义服务。作为符号的总统直观地表达着国家形象，他的公信力、影响力、说服力和号召力对于彰显国家实力、提升国家声望发挥着无可替代的作用。

一、2012 年美国总统大选和奥巴马政府的新媒体传播手段

（一）2012 年美国总统大选事件始末

1. 第一阶段： 共和党党内预选

2011 年 9 月 5 日，共和党总统候选人竞逐者开始争取党内支持。

2012 年 1 月 3 日，共和党艾奥瓦州党团会议召开，党内初选开始。

2012 年 1 月 21 日，共和党南卡罗来纳州初选。

2012 年 3 月 6 日，“超级星期二”，十余个州同时进行共和党初选。

罗姆尼宣告赢得初选，代表共和党参选美国总统。

2. 第二阶段： 两党候选人逐鹿白宫

2012 年 8 月 27—30 日：共和党召开全国代表大会，最终决定总统候选人人选。

2012 年 9 月 3—6 日：民主党召开全国代表大会，正式提名奥巴马为总统候选人。

2012 年 11 月 6 日：全国大选选民投票日。

2012 年 12 月 17 日：选举人团选出总统。

2013 年 1 月 6 日：参众两院宣布获胜者。

2013 年 1 月 20 日：新总统就职典礼。

（二）奥巴马政府的新媒体传播手段

美国大选是西方选举制下政治文化的典型代表。美国实行总统制，在 2012 年美国大选中，在预选阶段，民主党和共和党分别选出奥巴马和罗姆尼作为本党的代表进行最终角逐。随后，总统竞选活动正式开始，奥巴马和罗姆尼为竞选花费巨资在全美各地造势，通过演讲、辩论、广告宣传等活动，阐述各自的政治主张，力求得到选民的支持。二人不仅利用传统媒体，更借助网络新媒体的典型代表社交媒体的传播优势进行营销推广，与民众积极互动。在 2008 年和 2012 年的美国两届总统大选中，每位候选人都积极借助新媒体的力量为自己做宣传，如利用个人网站、微博、短信等方式发布信息。其中，奥巴马不仅在竞选中使用了多种新媒体手段，在日常生活中也早已将个人的形象传播贯通到生活的方方面面。具体来说：

1. 新媒体运用日常化

奥巴马利用新媒体与社会公众的互动交流不是仅仅局限在某些重大的媒介事件当中，而是融入于日常的传播过程。

如前所述，奥巴马使用 Twitter 与公众互动十分频繁。观察奥巴马的 Twitter 内容，从国事活动到日常生活，从国家利益到个人情绪等都在其中得到了展示。除了资讯提供、工作日志、互动交流，奥巴马的 Twitter 中还有很多记录生活琐事、感悟人生、点评社会等生活类的内容。比如，他会在 Twitter 中聊家庭生活："第一夫人米歇尔·奥巴马在白宫花园与当地学生采摘果实。"

案例 3　白宫网：一个官方的"个人网站"

要了解美国总统的日常工作和行程安排，白宫网（www.whitehouse.gov）是最权威的消息来源之一。这是美国政府为在此办公的总统及政府机构建设的官方网站。普通访问者打开白宫的主页，首先会看到占据了页面三分之一篇幅的横幅位置（banner），内容是有关奥巴马总统当前最重要工作的专题，比如削减赤字计划、出访中东、控枪计划等。接下来是热门话题（popular topics），有关奥巴马的施政要点，头条新闻（top news），有关奥巴马日常工作的新闻报道。然后是白宫博客、今日照片和白宫日程，呈现有关奥巴马可以展现在公众面前的日常工作和生活信息。

通过这个主页可以一目了然地看到，奥巴马的名字出现在每一个版块的每一项具体内容中，网站左上方写着"白宫——总统巴拉克·奥巴马"字样，提示了该网站的核心功能——官方的奥巴马"个人行事录"。

资料来源：周亭：《作为国家形象符号的领导人形象传播——以白宫网对奥巴马的形象塑造为例》，载《现代传播》，2013（06）。

2. 新媒体运用渠道多样化

从 2008 年的美国总统大选开始，奥巴马的团队就已经运用新媒体来为其大选做宣传。该团队通过当时最流行的建立个人选举网站，发送电子邮件、手机短信等方式与社会公众进行沟通和交流，取得了很好的效果。奥巴马在 2008 年当选美国总统之后，继续丰富使用新媒体的手段，实现了平台渠道的多样化。

（1）搜索引擎。

奥巴马把美国 1.5 亿的搜索引擎使用者作为目标，通过"关键字购买"引导网民认识奥巴马其人及政策立场。其网络营销费用中的 82% 的资金被投入其中，仅在 Google、Yahoo! 和 Facebook 等几个网站上，奥巴马便投入了近 800 万美元的广告费用。此外，奥巴马购买的"关键字"还包括"油价"、"伊拉克战争"和"金融危机"等热点话题，轻轻点击就可知晓奥巴马对这些问题的立场观点。不仅如此，Google 的

CEO 施密特和 Facebook 创始人克里斯·休斯也被特聘为其“网络营销”顾问。搜索引擎的强大渗透实现了奥巴马从“默默无闻”到“一鸣惊人”的转变。

(2) 社交网络。

奥巴马团队为其开设运营了多个社交网站账号。通过这种社交网络，社会公众能够随时随地了解信息，并进行信息反馈，最大限度地增强了政治人物和民众的互动效果。

在奥巴马个人网站的主页上，题为“奥巴马无处不在”的控制面板整合了 16 个最具吸引力的社交网络入口，包括社交网站 MySpace、Facebook、视频分享网站 YouTube、图片共享网站 Flickr、内容共享网站 Digg 等。奥巴马及其团队借此与选民直接沟通，将此前单向的政治广告转变为互动模式下的意见交流，效果大大增强。

(3) 其他新媒体手段。

参见案例 8—9 美国总统奥巴马使用新媒体与社会公众进行互动。

案例 4　白宫网《今日照片》栏目图片筛选流程

白宫网的《今日照片》(photo of the day) 栏目每天上传一张照片，记录总统的日常工作和生活，是用视觉方式体现总统个人化风格的平台。目前白宫的首席摄影师是皮特·苏扎。自 2008 年奥巴马第一次当选美国总统至今，《今日照片》中的每一张照片都出自他及其拍摄团队之手。

皮特·苏扎每天平均要为奥巴马拍摄 500 到 1 000 张照片。

这其中只有一张会被挑选出来上传到《今日照片》栏目中，其他大部分照片会在照片分享平台 Flickr 上发布，还有一部分照片会作为档案处理。

皮特·苏扎拍摄的照片首先要由白宫图片编辑爱丽丝·加布里纳过目，挑出她认为最好的，皮特有时候会进行补充或更改。然后两人把挑出来的照片交给白宫助理新闻秘书乔希·欧内斯特审核，此后才可以上传至《今日照片》栏目或者 Flickr 网站。照片筛选的标准和流程反映了国家形象符号体系的限制——那些看上去充满个性的照片实际上是按照去个人化的要求而生产的。

二、新媒体语境下奥巴马政府传播的策略分析

(一) 传播态度：重视新媒体技术和人才

在奥巴马政府传播取胜的诸种因素中，重视新媒体技术和人才是其中的一个关键因素。奥巴马团队在进行形象塑造时对媒体持乐观、积极的态度，对媒体尤其是新媒体技术非常重视，同时又能给媒体相对自由的传播空间，使自身形象塑造更有个人魅

力、更能赢得人心，从而取得更好的传播效果。

奥巴马不仅打造了一支强大的新媒体竞选团队，还拥有一个95人的互联网工作团队，全方位操控与竞选相关的网络传播活动。在微博运营上，奥巴马的微博现在是由专门的微博团队管理，基本上每天从上午7点至晚上7点都会发布微博。目前，奥巴马的团队仅在芝加哥就已经雇用超过200名员工。在其总部办公室，十多名工程师在进行一项新的研究，主要围绕如何在iPhone手机、社交网站和微博上创造新的传播模式，以便更有效地传递信息。

案例5 街头品牌设计师打造奥巴马时尚艺术形象

奥巴马的艺术形象一开始是以海报的形式示人的，其作者是支持奥巴马的街头品牌Obey的设计师谢弗·费尔利。因为担心自己曾有发表过批评美国政府的作品的“不良记录”，担心自己设计的奥巴马作品会给奥巴马带来负面效果，他给奥巴马阵营写设计申请信，三个月后收到了肯定的答复。奥巴马回复说：“你作品中传达的政治信息鼓励人们去相信他们可以为改变现状出一份力。你的图像对人们有深刻的影响，无论它们出现在画廊还是交通牌上。我很荣幸成为你艺术作品中的一部分。”

从T恤热卖开始，奥巴马得到越来越多明星的支持。当然，明星的支持，带动并影响了喜欢他们的年轻人。这等于是进入了一个良性循环，可以反复起作用，以得到更多人的支持。而且就时尚品位来说，你如果拥有了一件和奥巴马相关的东西，就也能成为时尚界的一员，这估计是奥巴马团队没有意料到的结果。

资料来源：郭磊：《奥巴马的成功之路与名人形象的策划与传播》，载《新闻爱好者》，2009（08）。

（二）传播内容：语言符号和非语言符号的结合

奥巴马针对不同的传播对象，往往会采取不同的传播手段。与白宫官员打交道时，奥巴马主要谈的是与政治有关的内容，场合较严肃。与非官员中的媒体打交道时，奥巴马针对问题娓娓道来，回答公众的疑问，场合也较为严肃。与非政府官员中的普通公众打交道时，奥巴马主要谈的是与民众生活有关的内容，场合较轻松。这样就针对不同的传播对象实现了精准化传播。

莱恩·麦克奈尔这样看待政府传播，认为考虑的不仅仅是口头或是笔头的声明，还包括服饰、发型及标识设计等视觉手段。我们或许可以说所有的这些元素都构成了政治形象或是政治身份。传播符号有高语境和低语境之分。高语境文化所属的社会成员在表达感情和传递信息方面，喜好用含蓄、间接、隐晦的方式，并且内向羞涩，不擅长自我表现；低语境文化所属成员则喜好用坦率直白的方式进行沟通，并且外向，热衷自我表现。若想最大限度地取得最好的传播效果，就要尽量运用低语境的传播符号。奥巴马在传播时非常注重自身的立体化形象的呈现，在语言符号与非语言符号的结合运用上取得了与传播对象心灵沟通的效果，通过对低语境传播符号的完美运用取得了成功。

（1）语言符号运用。比如：在竞选如火如荼之际，奥巴马的妻子米歇尔发表了激动人的演讲，她回顾了与奥巴马共同奋斗的经历以及奥巴马对美国的重要性，给奥巴马的竞选大大加分；奥巴马的支持者仿照《江南 Style》制作了奥巴马版的《Style》，在网络上掀起一阵热潮；在竞选成功之际，奥巴马的演讲《我们已走得太远》延续了他上次竞选成功时的演讲风格，强调一路奋斗的艰难及他对美国人民的责任，具有很强的煽情效果。

（2）非语言符号运用。比如：奥巴马的黑人身份本身就是一个特别励志的例子，他的人生经历浓缩着可贵的“美国梦”；奥巴马在竞选中或是自信昂扬，或是低头落泪的姿态，让很多人印象深刻；奥巴马对家庭、对亲情观念的重视，也给他的形象增添了一层暖色。

特别提示

传播内容应当强调领导人对政治义务的履行而非个人化的信息

在回答应该为新媒体环境下的新型受众提供什么样的政治内容方面，约翰·佐莱尔的研究提供了很好的启发。他的研究关注克林顿和民主党为什么几乎没有受到任何政治影响就逃脱了莱温斯基性丑闻案一劫。研究发现，原因在于大多数美国民众更加关注克林顿执政下和平、繁荣的社会环境和他温和的意识形态观念，而不是克林顿个人的缺点和他对这些缺点的隐瞒。因此他提出，当国家情况和总统所制定政策的政治义务在美国政治中占有相当重要地位的时候，有关总统的品质和个人问题相对而言就不那么重要了。

如果将这个观点应用在领导人形象建构上，媒体化政治中提供的信息应当强调领导人对政治义务的履行，即其施政方针对国家实力提升的实际效果，而非个人化的信息。

（三）传播风格：注重塑造个性形象

政府领导人应塑造自身的个性风格，在人民心目中要有鲜明的形象识别特点，这样才易被人民记住，也有助于提高传播的影响力。美国总统作为独立的个体，其形象无疑是个人化的：有独特的成长背景，有个性，有情绪，有独立的意志和私人空间。当这些个性化因素集中在总统身上时，往往蕴含着某些特殊的意义。比如奥巴马是美国历史上第一位非裔总统，首位黑白混血总统，他的当选包含着美国年轻有活力、人口结构多样化、反种族歧视等象征意义。

以白宫网对奥巴马的形象传播为例。首先，网站被命名为“白宫——总统巴拉克·奥巴马”，表明现在进入奥巴马执政时期，他有着与前任总统不同的执政理念、施政方针和个性特征。

其次，白宫网所有的重要专题、热门话题、头条新闻、白宫博客的内容都围绕着奥巴马的日常工作展开，尽管偶尔第一夫人和副总统的新闻也会穿插其中。网站的首页用最简洁的内容提示和结构安排告诉访问者，总统近期的行程如何，他会见了什么人，出席了什么活动，发表了什么讲话，他最关心的政策领域和问题是什么等，白宫网是奥巴马每日活动的公告牌。

白宫网在对以上内容进行介绍的时候，大量使用了简洁的图表、醒目的数字、图片和视频、讲话摘要、可下载的文件等表现手法，令内容通俗易懂。另外还提供了公众提问、质疑和评论的渠道，鼓励公众参与政治议题的讨论。同时，把自己每天的行程和工作放到互联网上与公众分享，显示了奥巴马政府不同于以往领导者的突出个性。

最后，白宫网几乎所有的专题、热点话题和新闻报道都配发奥巴马的照片、视频和他的讲话摘要，通过独特的语言风格和个人形象来强调奥巴马的个性魅力。我们可以用白宫网的《今日照片》栏目来简要分析它如何通过照片塑造奥巴马的个人化形象。

《今日照片》中对总统的个人化再现有两个特点：（1）表现正式场合的非正式瞬间。《今日照片》中照片的拍摄场景以工作场景为主，但是照片的主题往往抓取了工作的间歇，或是会议后，或是宴会前，或是从一个工作地点移步到另一个工作地点的过程中。照片中的奥巴马大多面带微笑、轻松愉快、姿势随意，或交谈，或倾听，表现出了随和、乐观、冷静、善于听取意见的个性。（2）总统不一定是照片的主角。《今日照片》中的奥巴马经常不是画面的主体。摄影师用平等的视角，甚至有意忽视的方式来处理他和照片中其他人的关系。奥巴马有时是照片的前景，有时是背景，有时只出现后侧面，受众需要通过与其对谈者的面部表情和神态来想象奥巴马的表情和神态，反衬出奥巴马的个性。比如，2009 年 10 月 30 日，奥巴马忙里偷闲走出办公室，碰见了总统就职委员会（PIC）执行主任贝里佛的女儿麦薇。当时小姑娘正独自玩耍，而已经有了两个女儿的奥巴马一时父爱大发，和小姑娘玩起了“躲猫猫”。奥巴马用手遮住脸，然后忽然松开逗麦薇，麦薇乐得咯咯大笑（见图 3）。

（四）立体传播：善于策划“传播事件”

2012 年的美国大选，奥巴马竞选团队利用其生日、第一夫人等政治元素，成功策划了一系列新媒体“传播事件”，达到了预期的传播效果。

案例 6　第一夫人米歇尔来信

随着 2012 年美国大选日益临近，《南方周末》记者的电子信箱中越来越频繁地收到大人物来信。一周时间内就有美国现任总统奥巴马、第一夫人米歇尔、副总统拜登，以及奥巴马竞选团队负责人朱丽安娜·斯穆特等。

来自米歇尔的最新一封邮件，标题是“为巴拉克签贺卡”：“巴拉克的 51 岁生日就要来了。我希望你能点击这里给他签张贺卡，祝他生日快乐。”邮件还附上了另外一个链接，点击即可“邀请一个朋友也来参加”。除了

图3 奥巴马与小孩儿玩“躲猫猫”

资料来源：濠滨网。

深情地表示“奥巴马一定很爱这贺卡”，米歇尔还说道：“选举日前的最后几个月一定不容易，让我们告诉巴拉克，我们支持他到底。”

点击邮件里的“签名”按钮，你便进入MyBO的一个页面。奥巴马一家人手捧生日蛋糕的照片便映入眼帘，照片右边，大字号“生日快乐，巴拉克!”下，电邮地址、姓名、邮编几个空着等你填。如果已经注册过，则这几个信息会自动准备就绪，只等你点击红色的“签贺卡”按钮。

是不是越来越像“你中奖了”那种电子邮件的感觉？点下去，“庆生”的主题迅速转变。注意“感谢为总统签贺卡”下边那行小字：“祝贺总统的51岁生日，就帮他去逼近另一个人生里程碑——赢得11月的大选。今天就帮，能帮多少是多少。”

金额选项有7个，从最低的15美元，到最高的1 000美元。也可以选填“其他金额”。选择了捐助数额，填完信用卡信息后，甚至还有一个选择：每月自动从这张卡捐这么多钱，直到大选日。“现在就捐”的蓝色按钮再往下，才是捐款的相关规定，包括捐款人必须是美国公民或永久性居民等。

仔细看，上述所有“大人物”的邮件，都是借助MyBO的邮件列表，以info@barackobama.com这个邮箱发送的。几乎所有邮件链接最终都会迅速地带你到同一个地方：捐款。

资料来源：《鼠标点“总统”——新媒体技术助推美国大选》，载《南方周末》，2012-08-13。

| **附录二** |

中华人民共和国政府信息公开条例

第一章　总则

第一条　为了保障公民、法人和其他组织依法获取政府信息，提高政府工作的透明度，促进依法行政，充分发挥政府信息对人民群众生产、生活和经济社会活动的服务作用，制定本条例。

第二条　本条例所称政府信息，是指行政机关在履行职责过程中制作或者获取的，以一定形式记录、保存的信息。

第三条　各级人民政府应当加强对政府信息公开工作的组织领导。

国务院办公厅是全国政府信息公开工作的主管部门，负责推进、指导、协调、监督全国的政府信息公开工作。

县级以上地方人民政府办公厅（室）或者县级以上地方人民政府确定的其他政府信息公开工作主管部门负责推进、指导、协调、监督本行政区域的政府信息公开工作。

第四条　各级人民政府及县级以上人民政府部门应当建立健全本行政机关的政府信息公开工作制度，并指定机构（以下统称政府信息公开工作机构）负责本行政机关政府信息公开的日常工作。

政府信息公开工作机构的具体职责是：

（一）具体承办本行政机关的政府信息公开事宜；

（二）维护和更新本行政机关公开的政府信息；

（三）组织编制本行政机关的政府信息公开指南、政府信息公开目录和政府信息公开工作年度报告；

（四）对拟公开的政府信息进行保密审查；

（五）本行政机关规定的与政府信息公开有关的其他职责。

第五条　行政机关公开政府信息，应当遵循公正、公平、便民的原则。

第六条　行政机关应当及时、准确地公开政府信息。行政机关发现影响或者可能影响社会稳定、扰乱社会管理秩序的虚假或者不完整信息的，应当在其职责范围内发布准确的政府信息予以澄清。

第七条　行政机关应当建立健全政府信息发布协调机制。行政机关发布政府信息涉及其他行政机关的，应当与有关行政机关进行沟通、确认，保证行政机关发布的政府信息准确一致。

行政机关发布政府信息依照国家有关规定需要批准的，未经批准不得发布。

第八条　行政机关公开政府信息，不得危及国家安全、公共安全、经济安全和社会稳定。

第二章　公开的范围

第九条　行政机关对符合下列基本要求之一的政府信息应当主动公开：

（一）涉及公民、法人或者其他组织切身利益的；

（二）需要社会公众广泛知晓或者参与的；

（三）反映本行政机关机构设置、职能、办事程序等情况的；

（四）其他依照法律、法规和国家有关规定应当主动公开的。

第十条　县级以上各级人民政府及其部门应当依照本条例第九条的规定，在各自职责范围内确定主动公开的政府信息的具体内容，并重点公开下列政府信息：

（一）行政法规、规章和规范性文件；

（二）国民经济和社会发展规划、专项规划、区域规划及相关政策；

（三）国民经济和社会发展统计信息；

（四）财政预算、决算报告；

（五）行政事业性收费的项目、依据、标准；

（六）政府集中采购项目的目录、标准及实施情况；

（七）行政许可的事项、依据、条件、数量、程序、期限以及申请行政许可需要提交的全部材料目录及办理情况；

（八）重大建设项目的批准和实施情况；

（九）扶贫、教育、医疗、社会保障、促进就业等方面的政策、措施及其实施情况；

（十）突发公共事件的应急预案、预警信息及应对情况；

（十一）环境保护、公共卫生、安全生产、食品药品、产品质量的监督检查情况。

第十一条　设区的市级人民政府、县级人民政府及其部门重点公开的政府信息还应当包括下列内容：

（一）城乡建设和管理的重大事项；

（二）社会公益事业建设情况；

（三）征收或者征用土地、房屋拆迁及其补偿、补助费用的发放、使用情况；

（四）抢险救灾、优抚、救济、社会捐助等款物的管理、使用和分配情况。

第十二条　乡（镇）人民政府应当依照本条例第九条的规定，在其职责范围内确定主动公开的政府信息的具体内容，并重点公开下列政府信息：

（一）贯彻落实国家关于农村工作政策的情况；

（二）财政收支、各类专项资金的管理和使用情况；

（三）乡（镇）土地利用总体规划、宅基地使用的审核情况；

（四）征收或者征用土地、房屋拆迁及其补偿、补助费用的发放、使用情况；

（五）乡（镇）的债权债务、筹资筹劳情况；

（六）抢险救灾、优抚、救济、社会捐助等款物的发放情况；

（七）乡镇集体企业及其他乡镇经济实体承包、租赁、拍卖等情况；

（八）执行计划生育政策的情况。

第十三条 除本条例第九条、第十条、第十一条、第十二条规定的行政机关主动公开的政府信息外，公民、法人或者其他组织还可以根据自身生产、生活、科研等特殊需要，向国务院部门、地方各级人民政府及县级以上地方人民政府部门申请获取相关政府信息。

第十四条 行政机关应当建立健全政府信息发布保密审查机制，明确审查的程序和责任。

行政机关在公开政府信息前，应当依照《中华人民共和国保守国家秘密法》以及其他法律、法规和国家有关规定对拟公开的政府信息进行审查。

行政机关对政府信息不能确定是否可以公开时，应当依照法律、法规和国家有关规定报有关主管部门或者同级保密工作部门确定。

行政机关不得公开涉及国家秘密、商业秘密、个人隐私的政府信息。但是，经权利人同意公开或者行政机关认为不公开可能对公共利益造成重大影响的涉及商业秘密、个人隐私的政府信息，可以予以公开。

第三章　公开的方式和程序

第十五条 行政机关应当将主动公开的政府信息，通过政府公报、政府网站、新闻发布会以及报刊、广播、电视等便于公众知晓的方式公开。

第十六条 各级人民政府应当在国家档案馆、公共图书馆设置政府信息查阅场所，并配备相应的设施、设备，为公民、法人或者其他组织获取政府信息提供便利。

行政机关可以根据需要设立公共查阅室、资料索取点、信息公告栏、电子信息屏等场所、设施，公开政府信息。

行政机关应当及时向国家档案馆、公共图书馆提供主动公开的政府信息。

第十七条 行政机关制作的政府信息，由制作该政府信息的行政机关负责公开；行政机关从公民、法人或者其他组织获取的政府信息，由保存该政府信息的行政机关负责公开。法律、法规对政府信息公开的权限另有规定的，从其规定。

第十八条 属于主动公开范围的政府信息，应当自该政府信息形成或者变更之日起 20 个工作日内予以公开。法律、法规对政府信息公开的期限另有规定的，从其规定。

第十九条 行政机关应当编制、公布政府信息公开指南和政府信息公开目录，并及时更新。

政府信息公开指南，应当包括政府信息的分类、编排体系、获取方式，政府信息公开工作机构的名称、办公地址、办公时间、联系电话、传真号码、电子邮箱等内容。

政府信息公开目录，应当包括政府信息的索引、名称、内容概述、生成日期等内容。

第二十条　公民、法人或者其他组织依照本条例第十三条规定向行政机关申请获取政府信息的，应当采用书面形式（包括数据电文形式）；采用书面形式确有困难的，申请人可以口头提出，由受理该申请的行政机关代为填写政府信息公开申请。

政府信息公开申请应当包括下列内容：

（一）申请人的姓名或者名称、联系方式；

（二）申请公开的政府信息的内容描述；

（三）申请公开的政府信息的形式要求。

第二十一条　对申请公开的政府信息，行政机关根据下列情况分别作出答复：

（一）属于公开范围的，应当告知申请人获取该政府信息的方式和途径；

（二）属于不予公开范围的，应当告知申请人并说明理由；

（三）依法不属于本行政机关公开或者该政府信息不存在的，应当告知申请人，对能够确定该政府信息的公开机关的，应当告知申请人该行政机关的名称、联系方式；

（四）申请内容不明确的，应当告知申请人作出更改、补充。

第二十二条　申请公开的政府信息中含有不应当公开的内容，但是能够作区分处理的，行政机关应当向申请人提供可以公开的信息内容。

第二十三条　行政机关认为申请公开的政府信息涉及商业秘密、个人隐私，公开后可能损害第三方合法权益的，应当书面征求第三方的意见；第三方不同意公开的，不得公开。但是，行政机关认为不公开可能对公共利益造成重大影响的，应当予以公开，并将决定公开的政府信息内容和理由书面通知第三方。

第二十四条　行政机关收到政府信息公开申请，能够当场答复的，应当当场予以答复。

行政机关不能当场答复的，应当自收到申请之日起 15 个工作日内予以答复；如需延长答复期限的，应当经政府信息公开工作机构负责人同意，并告知申请人，延长答复的期限最长不得超过 15 个工作日。

申请公开的政府信息涉及第三方权益的，行政机关征求第三方意见所需时间不计算在本条第二款规定的期限内。

第二十五条　公民、法人或者其他组织向行政机关申请提供与其自身相关的税费缴纳、社会保障、医疗卫生等政府信息的，应当出示有效身份证件或者证明文件。

公民、法人或者其他组织有证据证明行政机关提供的与其自身相关的政府信息记录不准确的，有权要求该行政机关予以更正。该行政机关无权更正的，应当转送有权更正的行政机关处理，并告知申请人。

第二十六条　行政机关依申请公开政府信息，应当按照申请人要求的形式予以提供；无法按照申请人要求的形式提供的，可以通过安排申请人查阅相关资料、提供复制件或者其他适当形式提供。

第二十七条 行政机关依申请提供政府信息，除可以收取检索、复制、邮寄等成本费用外，不得收取其他费用。行政机关不得通过其他组织、个人以有偿服务方式提供政府信息。

行政机关收取检索、复制、邮寄等成本费用的标准由国务院价格主管部门会同国务院财政部门制定。

第二十八条 申请公开政府信息的公民确有经济困难的，经本人申请、政府信息公开工作机构负责人审核同意，可以减免相关费用。

申请公开政府信息的公民存在阅读困难或者视听障碍的，行政机关应当为其提供必要的帮助。

第四章 监督和保障

第二十九条 各级人民政府应当建立健全政府信息公开工作考核制度、社会评议制度和责任追究制度，定期对政府信息公开工作进行考核、评议。

第三十条 政府信息公开工作主管部门和监察机关负责对行政机关政府信息公开的实施情况进行监督检查。

第三十一条 各级行政机关应当在每年 3 月 31 日前公布本行政机关的政府信息公开工作年度报告。

第三十二条 政府信息公开工作年度报告应当包括下列内容：

（一）行政机关主动公开政府信息的情况；

（二）行政机关依申请公开政府信息和不予公开政府信息的情况；

（三）政府信息公开的收费及减免情况；

（四）因政府信息公开申请行政复议、提起行政诉讼的情况；

（五）政府信息公开工作存在的主要问题及改进情况；

（六）其他需要报告的事项。

第三十三条 公民、法人或者其他组织认为行政机关不依法履行政府信息公开义务的，可以向上级行政机关、监察机关或者政府信息公开工作主管部门举报。收到举报的机关应当予以调查处理。

公民、法人或者其他组织认为行政机关在政府信息公开工作中的具体行政行为侵犯其合法权益的，可以依法申请行政复议或者提起行政诉讼。

第三十四条 行政机关违反本条例的规定，未建立健全政府信息发布保密审查机制的，由监察机关、上一级行政机关责令改正；情节严重的，对行政机关主要负责人依法给予处分。

第三十五条 行政机关违反本条例的规定，有下列情形之一的，由监察机关、上一级行政机关责令改正；情节严重的，对行政机关直接负责的主管人员和其他直接责任人员依法给予处分；构成犯罪的，依法追究刑事责任：

（一）不依法履行政府信息公开义务的；

（二）不及时更新公开的政府信息内容、政府信息公开指南和政府信息公开目录的；

（三）违反规定收取费用的；

（四）通过其他组织、个人以有偿服务方式提供政府信息的；

（五）公开不应当公开的政府信息的；

（六）违反本条例规定的其他行为。

第五章 附则

第三十六条 法律、法规授权的具有管理公共事务职能的组织公开政府信息的活动，适用本条例。

第三十七条 教育、医疗卫生、计划生育、供水、供电、供气、供热、环保、公共交通等与人民群众利益密切相关的公共企事业单位在提供社会公共服务过程中制作、获取的信息的公开，参照本条例执行，具体办法由国务院有关主管部门或者机构制定。

第三十八条 本条例自 2008 年 5 月 1 日起施行。

| **附录三** |

在阳光下的政府法（美）

第 1 条 美利坚合众国参议院和众议院在国会开会，特此规定，本法可以称为《在阳光下的政府法》。

政策的宣告

美国法典第 5 编第 552 条之 2 说明：

第 2 条 兹宣告美国的政策如下：公众有权取得关于联邦政府制作决定过程的最充分的可以使用的情报。本法的目的是：向公众提供此种情报，同时保护个人的各项权利和政府履行其责任的能力。

公开的会议

第 3 条 1. 修正美国法典第 5 编，在该编第 552 条之 1 之后，增订新条款如下：美国法典第 5 编第 552 条之 2。定义。

"第 552 条之 2。公开的会议。

"1. 本条下列用语的含意是：

"(1)'机构'，如同本编第 552 条第 5 款所下的定义，是指由两名或两名以上的个人成员组成的集合体所领导的机构，并且这些成员的过半数是根据参议院的建议和赞同由总统任命的，此项机构包括被授权代表该机构行动的细分机构。

"(2)'会议'是指代表该机构采取行动时必须有规定的最低限度的个人成员出席进行的审议，并且此项审议决定或者结果造成关于政府机构事务的联合行动或处理，但是它不包括下述第 4 款或者第 5 款所规定或允许的审议。

"(3)'成员'是指属于领导该机构的集合体的个人。

"2. 除非遵照本条的规定，各成员不得联合进行或处理机构事务。除遇有下述第 3 款所规定的情况外，一个机构的每次会议的每一部分都必须公开，听任公众观察。

"3. 除该机构发觉公众利益另有需要的情况之外，如果某一机构正当地断定如其将它的会议的某部分或某些部分情况公开或者将此项情报透露，势将出现下述任何一种情况时，则本条第 2 款第二句的规定不适用于该机构会议的各该部分，并且第 4 款和第 5 款的规定也不适用于本条原来规定的应向公众透露的属于此种会议的任何情报：

“(1) 透露的事项属于（甲）根据一项总统的行政命令规定的标准，明确地批准为了国防或者外交政策的利益应守秘密，并且（乙）在事实上正确地按照此项总统的行政命令作为保密情报的。

“(2) 完全属于机构的内部人事规则和惯例。

“(3) 透露的事项由法律（除本编第552条之外）明确规定免予透露，但此项法律（甲）必须规定该事项对公众不公开，没有自由酌斟决定之权，或者（乙）规定不公开的特定标准或者指出某些特定种类事项不公开。

“(4) 透露事项属于贸易秘密和从某人取得并且具有特许性或者机密性的商业情报或财经情报。

“(5) 牵涉到指控某一人犯罪，或者正式地谴责某一人。

“(6) 透露属于个人性质的情报，而此项透露会构成显然不正当的对个人秘密的侵犯。

“(7) 透露为了执法起见而编制的调查档案或者如果写出可能载入上述档案的情报，但是禁止透露的范围只限于如果公开此项档案或情报可能（甲）干扰执法程序，（乙）剥夺一个人获得公正审理或者公平裁决的权利，（丙）不正当地侵犯个人秘密，（丁）透露保密来源的本身，以及透露在刑事侦查过程中刑事执法机关所编制的记录中，或者在从事合法的国家安全情报调查工作的机构所编制的档案中，由机密来源供给的机密情报，（戊）透露关于调查的技术和程序，或者（巳）危害执法人员的生命或身体安全。

“(8) 透露某个负责管理或监督财政机关的机构所准备的，或者代此机构或者为了供此机构使用而准备的属于或有关检查、活动或情况报告的情报。

“(9) 透露尚未到成熟程度不可透露的情报，可能发生下述情况：

“（甲）就管理通货、有价证券、商品的机构或者财政机构说来，可能导致（i）重大的关于通货、有价证券、商品的金融投机，或者（ii）严重地危及某一财政机构的稳定性；或者（乙）就某一机构说来，可能严重地阻挠执行已拟定的机构行动。

“但是，上述（乙）的规定不适用于下述情况：如果该机构已经将它所拟定的行动内容或性质向公众透露，或者依照法律规定，该机构在根据此项拟议采取最后行动之前应当主动地予以透露。

“(10) 特别关系到该机构发出传票，或者参加民事诉讼或民事程序，参加在外国法院或国际法庭的诉讼或仲裁，或者由该机构提起，进行或者处理依照本编第554条所规定的程序，由正式机构裁决的特定案件，或者牵涉到在有机会听讯之后就记录作出决定。”

记录在案的表决

“4. (1) 根据上述第3款采取行动，必须由该机构的全体成员的过半数通过［如第1款(1)项所规定的］才能采取此项行动。关于每次机构会议，如果建议按照本条第3款的规定每一次会议的某一部分或若干部分对公众不公开，或者建议按照第8款的规定对某项情报不公开时，应当由该机构的成员逐项分别进行表决。对于一连串会议中某一部分或若干部分的情况或者对于这一连串会议有关的某些情况，建议对公众不公开时，如果在这一连串会议中每次会议都是审议同一的特定事项，并且是安排在此一连串会议的头一次会议之后三十日内举行的，则可以举行单一表决。参加此项投票的每一机构成员的票应予以记录在案，并且不允许委托代表投票。

“(2) 如果任何人由于自己的利益可能直接受到某部分会议的影响，根据本条第3款 (5) 项、(6) 项或 (7) 项所规定的任一项理由，请求该机构对这部分情况对公众不公开时，该机构应当根据其成员任何一人的请求，以记录投票的方法对于是否将此一会议不公开的问题进行表决。”

抄件、供公众使用

“(3) 在依照前述 (1) 项或 (2) 项规定举行表决后一天之内，该机构应当将此项表决情况做成一份可供公众使用的书面抄件，反映该机构的每一成员对该问题所投的票。如果会议的部分情况必须对公众不公开，该机构应当在依照本款 (1) 项或(2) 项的规定举行表决后一天之内，做成公众可以使用的详尽的说明书，说明该会议某部分采取不公开的行动，并附具被要求参加会议的全体人员名单及其关系。

会议不公开、条例、公告

(4) 如果依照本条第3款 (4) 项、(8) 项、(9) 项 (甲) 目或者 (10) 项的规定，其机构的多数会议可以正当地对公众不公开，则该机构可以依照条例予以规定，在此项会议开始时，或部分会议开始时，该机构成员可以以过半数票表决，记录在案，通过将此项会议或某些部分不公开，并且应当做成一份可供公众使用的关于此项表决的副本，反映会议的每一成员对此项问题投票的情况。本款 (1) 项、(2) 项和(3) 项以及第5款的规定，不适用于应适用此项条例的会议的任何部分，但是除根据第3款规定属于特许免予透露的情报的范围之外，该机构应当在尽可能早的时间内，向公众公告关于该会议和每一部分议会的时间、地点和主题。”

会议安排、公告

“5. (1) 对于每次会议说来，该机构至迟应当在会议前一星期公告会议的时间、地点和主题，不论该会议是对公众公开的或不公开的，并且应当公告该机构指定答复关于探询会议情报的官员的姓名和电话号码。除非该机构成员的过半数以记录投票方式决定，由于机构的业务关系必须在较早的日期召开会议，在此种情况下，不论该会议是对公众公开或不公开的，都应当将该会议的时间、地点和主题在尽可能早的时间内予以公告，否则应当依前段规定公告。”

会议安排的变更、公告

“(2) 只要该机构在尽可能早的时间内公告更改会议的时间或者地点，可以在本款(1) 项规定的公开通告之后更改会议的时间或地点。只要 (甲) 该机构的全体成员过半数以记录投票的方式决定由于该机构业务需要更改会议主题或者将会议全部或一部分改为对外公开或者不公开，并且认定过去不可能更早地公告此项变更，并且(乙) 该机构现在尽可能早地公告此项变更和每一成员对此项变更所投的票，此时，可以在本款所规定的公告之后，作出上述变更。”

会议通知、在《联邦政府公报》公布

“（3）在本款所规定的每一项公告之后，关于会议——无论是公开或不公开的会议——的时间、地点和主题的通知，上述各项的变更以及该机构正式指定答复问讯的人名及电话号码，都应当报送《联邦政府公报》公布。”

不公开的会议、证明文件、正式文本、录音带或会议记录

“6.（1）关于依照第 3 款（1）项至（10）项的规定对公众不公开的会议，该机构的总法律顾问或者首席法律官员应当公开以书面证明，根据本人意见，该会议可以对公众不公开，并且应当载明每一有关豁免的规定。该机构应当保存此项书面证明一份，连同主持会议的官员的说明书，载明会议的时间、地点和出席的人员。该机构应当保有一份能够全部记录关于对公众不公开的每次会议或部分会议的议事进程的完整的正式文本或者电子录音带，除非属于依照第 3 款（8）项、（9）项（甲）目或者（10）项规定的对公众不公开的会议或部分会议，该机构应当保有此项正式文本，录音带或者一部会议记录。此项会议记录应当充分地、清楚地载明所讨论的全部事项，并且应当就会议所采取的任何行动及其理由做成完全的、精确的摘要，包括载明对于每一项目发表的每一观点和任何点名投票的记录（反映每一成员对该问题所投的票）。与任何行动有关的、予以审议的一切文件，都应当在此项会议记录上注明无误。”

供公众使用、文件的保存

“（2）该机构应当在公众容易进入的地方，使公众能够迅速地得到关于讨论议程任何一项问题或者会议上听取证人的任何一项证言的会议记录［如上述（1）项所规定的］、正式文本，或者电子录音带，除非该机构认定此项讨论或证言的某项内容含有根据第 3 款的规定可以保留的情报不在此例。此项正式文本或者会议记录的抄件，或者透露每个发言人本人的记录的誊写本，应当按照复制或誊抄的实际成本收费，提供给任何人。关于全部或一部分对公众不公开的每次会议，该机构应当保有一份完整的逐字记录的正式文本，一份完整的会议记录，或者完整的电子录音带，为期在此项会议之后至少两年，或者直至与举行此项会议或部分会议有关的任何机构行动结束后一年，无论其后发生何种情况。”

条例、通告、在《联邦政府公报》公布、司法程序

“7. 应遵守本条规定各项要件的每一机构，应当在本条制定之后一百八十日内，经过咨询美国行政会议主席办公厅的意见，并且在《联邦政府公报》上公布通告后至少三十日让任何人有机会提出书面评论之后，公布关于贯彻执行本条第 3 款至第 6 款所规定的要件的条例。如果此种机构没有在本法特别规定的时间内公布此项条例，任何人可以向美国哥伦比亚特区美国地方法院提起诉讼程序。在法律规定的任何时效限制下，任何人可以向哥伦比亚特区美国上诉法院提起诉讼程序，要求取消依照本款规定发布但是不符合第 2 款至第 6 款所规定的要件的条例，并且要求公布符合此项条款的条例。”

审判权、民事诉讼、补救方法

“8.（1）美国地方法院在审判上有权采取宣示性的判决、强制性的补救方法或者其他适当的补救方法，强制执行本条第 2 款至第 6 款的要件。任何人对于会议违反本条规定的机构，可以在会议前或者在会议后六十日内提起此项诉讼，除非该机构起先没有按照本条的要件办理此项会议公告，则任何人可以按照本条的规定在此项会议公告发表后六十日内随时提起此项诉讼。此项诉讼可以在管辖该机构会议所在地或者管辖该机构总部所在地的美国地方法院提起。被告人应当在申诉人的申诉书送达后六十日内提出答复。支持被告人行动的责任属于被告人，在裁决此项案件时，法院可以不公开地审查对公众不公开的会议的正式文本、电子录音带或者会议记录，并且可以采用它认为必需的补充证据。法院应适当尊重有秩序的管理工作和公众利益以及当事人的利益，因此如果法院认为必要时有权给予公平有效的补救，包括发出命令，禁止将来违反本条规定的行为，或者命令该机构让公众能够取得根据本条第 3 款的规定该机构无权不公开的会议某部分的正式文本、录音带或会议记录。”

调查

“(2) 如果法律另外授权任何联邦法院从事审查机构的行动，则该法院可以根据遵照其他适用的法律正当地参加诉讼的任何人的申请，调查该机构违反本条规定的要件的行为，并且可以给予经该法院认为适当的补救。如果在任何机构会议中发生了违反本条规定的要件的行为，对于在此项会议中采取或讨论的任何机构行动（除根据本条规定采取不公开会议情况或不透露情报的行动之外），本条的规定并未授权任何联邦法院单独根据本款（1）项所享有的权限宣告撤销或禁止上述的任何机构行动或者宣告其无效。”

诉讼费、评定

“9. 在根据本条第 7 款或第 8 款的规定提起的诉讼中，实际上胜诉的任何一方支付合理的律师费和理所当然地招致的其他诉讼费，法院可以评定此项金额由他方负担，除非法院认定原告人提起此项诉讼主要是为了琐屑事情或者为了拖延起见，法院可以评定此项费用由原告人负担。如评定由机构负担，法院可以评定此项费用归合众国负担。”

向国会报告

“10. 应遵守本款各项要件的每一机构，应当每年向国会报告关于本机构遵守此项要件的情况，包括用图表表明对公众公开的机构会议总数和对公众不公开的会议总数、此项会议不公开的理由，并且说明根据本条的规定对该机构提出的任何诉讼，包括在此项诉讼中评定由该机构负担的任何费用（无论是否由该机构支付）。

“11. 本法既不扩大亦不限制任何人根据本编第 552 条规定的现有的权利，除了根据第 552 条的规定提出要求，主张抄录或查阅本条第 6 款所指的会议正式文本、录音带和会议记录，遇有此种情况，应当适用本条第 3 款所述关于免除（公开）的规定，美国法典第 44 编第 33 章的各项要件不适用于本条第 6 款所指的会议正式文本、录音带和会议记录。

“12. 本条的规定并未授权将任何情报保留不提供给国会，亦未授权把根据其他法律规定应当公开的任何机构的会议或部分会议改为不公开。

“13. 本条的规定并未授权任何机构将任何记录保留不提供给任何个人，此项记录包括本条规定的正式文本、录音带或者会议记录，如果上述记录根据本编第552条之1的规定原来可以由这个人取得的。”

2. 修正美国法典第5编第5章关于该章的分析，增加“第552条之2。公开的会议”。紧接下面是：“第552条之2。关于个人的档案。”

单方面的通报

第4条 1. 修正美国法典第5篇第557条，在该条末尾增订新的一款如下：

“1.（1）在应遵守本条第1款规定的任何机构行动上，除依照法律授权在规定的单方面事项处理权的范围之外，不得为下述行为：

“（甲）在机构外的任何利害关系人不得将关于行动的是非曲直单方面地通报或者有意识地使人通报该机构所属团体的任何成员、行政法法官，或者其他正在参与或者有理由预计会参与行动决定过程的雇员。

“（乙）该机构所属团体的成员、行政法法官，或者其他正在参与或者有理由预计会参与行动决定过程的雇员，不得将关于行动的是非曲直单方面地通报或者有意识地使人通报在该机构外的任何利害关系人。

“（丙）该机构所属团体的成员、行政法法官，或者其他正在参与或者有理由预计会参与此项行动的决定过程的雇员，如果收到、作出或者有意识地使人作出本款所禁止的通报时，他应当在行动的公共记录上载明：

“（i）所有此种书面通报。

“（ii）关于说明所有此种口头通报的内容实质的备忘录。

“（iii）对上述（i）目和（ii）目所指的材料的所有书面答复，以及关于说明所有口头答复内容实质的备忘录。

“（丁）如收到一方有意识地作出或者有意识地使人作出违反本款规定的通报，则该机构、行政法法官，或者其他主持审理的职员，可以在符合正当利益和根本的法律政策的范围内，要求该方说明原因：为什么他对于该行动的请求权或者利益不应当被取消、否定、置之不理，或者不应当因为违法而受到不利的影响。”

适用

“（戊）本款的禁令应当从该机构指定的时间开始适用，但是在任何案件中，此项禁令开始适用的时期不得在通告听取关于行动的意见的时间之后，除非负责通报的人知道将会通告，在这种情况下，禁令应当从此人获知此项情况时开始适用。”

“（2）本款并未授权将任何情报保留不提供给国会。”

2. 修正美国法典第5编第551条如下：

（1）在（12）目末尾删去“和”字；（2）在（13）目末尾删去“行为”，增补“行为；和”代替；并且（3）在（13）目末尾增订新目。

“单方面的通报”

“（14）‘单方面的通报’是指不在公共记录上的口头或书面的通报，关于此项通报，没有向所有有关方面的人发出合理的预先通知，但是此项通报不包括对于本节所包括的任何事项或行动提出关于情况报告的申请书。”

3. 修正美国法典第 5 编第 556 条第 4 款，在该款第三句和第四句之间增补下述新的一句：“该机构可以在符合正当利益和符合该机构所执行的根本的法律政策的范围内，认定关于违反本编第 557 条第 4 款所规定的行为，构成下述判决的充分理由：对于有意识地实施此项违法行为或者有意识地使人从事此项违法行为的一方作出不利的判决。”

一致性的修正

第 5 条 1. 修正美国法典第 39 编第 410 条第 2 款（1）项，在“第 552 条（公共情报）”之后增补“第 552 条之 1（关于个人的档案），第 552 条之 2（公开的会议）”字样。

2. 修正美国法典第 5 编第 552 条之 2 第 3 款（3）项如下：

“（3）透露的事项由法律（除本编第 552 条之外）明确规定免予透露，但是此项法律（甲）必须规定该事项对公众不公开，没有自由斟酌决定之权，或者（乙）规定不公开的特定标准或者指出某些特定种类事项不公开。”

3. 修正联邦顾问委员会法第 10 条第 4 款，删去第一句，换上下述一句：“本条第 1 款（1）项和（3）项不适用于顾问委员会会议的任何部分，在此种会议中，总统或者由委员会向其提出报告的机构的首长决定：根据美国法典第 5 编第 552 条之 2 第 3 款的规定，该项会议的某部分可以对公众不公开。”

生效日期

第 6 条 1. 除依照本条第 2 款的规定之外，本法各条款自制定之日起一百八十日以后生效。

2. 美国法典第 5 编第 552 条之 2 第 7 款，增加了本法第 3 条第 1 款，自制定后立即生效。

1976 年 9 月 13 日批准。

资料来源：白晟：《潘汉典法学文集》，北京，法律出版社，2012。

| **附录四** |

政府官员如何接受媒体采访

（一）评估采访要求

当拿到一个采访要求，回答以下这些问题将有助于你进行评估。具体包括：

● 采访的主题和角度分别是什么？

● 什么原因促使记者对这条新闻进行采访？

● 新闻线索来自何处？

● 将会以什么样的形式发表？是电视还是广播希望进行这个采访？

● 谁是采访者？

● 他们希望在什么时间，什么地点进行采访？

● 记者对采访要求的时间是多长？

● 新闻的截止日期是什么时候？

● 这个采访将于什么时候出版或是播出？

● 这是什么类型的新闻？事件新闻、人物专访、特写还是问答形式的新闻？

● 在这个新闻事件中是否还有别人也接受了采访？

● 这个媒体以及采访的记者本人分别有什么特色？

这有助于了解以下内容：

● 媒体本身是否对于该新闻事件已经有了自己明确的观念。

● 记者对于事件到底了解多少？

● 如果媒体或记者在过去已经对事件进行过了解甚至曾经报道过，就要查看一下以往媒体剪报中该媒体的报道内容。

● 采访的记者是友好的还是敌对的？

● 媒体的受众群体是什么样的人？

对于广播或是电视采访，还需要另外弄清楚这样一些问题：

● 是现场直播的形式吗？

● 采访在演播室进行还是通过电话采访？在办公室进行，还是其他地方？

● 是否通过远程控制——被访者不需要出席现场，而是由记者在另一个地方通过卫星传送设备对被访者进行提问？

● 采访是否不经剪辑直接播出，还是剪辑后播出？

● 节目是否包括观众打进的电话或是发来的电子邮件？是否安排即时在线观众参与到采访中来？

● 节目持续多长时间？

● 节目的形态是什么样的？是一小组人座谈的形式，还是一对一的采访？或是两个采访者和一个嘉宾？抑或是两个嘉宾辩论的形式？

● 如果节目还邀请其他的嘉宾，那么嘉宾发言的顺序是什么样的？

● 采访现场是否有观众？这些观众是如何挑选的？

● 是否会运用一些视频材料？

● 是否会有电影剪辑和录像资料插入节目当中？如果有，是否有机会可以提前观看，以便准备相关的评论和回答。

对于纸媒体的采访，我们必须另外弄清这样一些问题：

● 出版物的哪个版块刊登采访的文章？

● 记者是否会带上摄影记者进行拍照？

● 照片是在采访前，还是在采访中或是采访后拍摄？

（二）采访前的准备

对于任何采访，你都需要在采访前确立一套基本底线和规则，例如是否可以对你的谈话进行录音，你说的话是否可以原原本本出现在媒体上，采访是直播还是录播，以及采访需要多长时间等等。不要寄希望于采访进行中或事后才去制定规则，那样就太晚了。例如，如果记者要求采访的时间长度为半小时，你可以限制为更短的时间。如果对方想进行远程遥控式的采访，你可以要求记者亲自来采访，因为如果有可能，亲自采访总是比遥控式采访要好。亲自面对面的采访总是让人觉得亲切，而且使被访者比较善谈。你可以看到对方的体态语言，而且，你不必佩戴耳机。如果耳机中途滑落或是信号不好会对采访效果造成影响。

一旦同意采访，接受采访的人在采访中只需强调三个方面的内容，这是非常重要的规则。这样可以促使整个采访始终围绕中心在进行。谈论的内容多于三点对于观众来讲都是属于过度分散而使他们无法抓住信息的重点。采访前，要就三点核心内容做好准备：

● 你所在机构想要强调的三点内容分别是什么？

● 对于其中的每一点，搜集并记录下支持此观点的背景资料，例如事例、故事和一些轶事等。这些东西能帮助读者、听众和观众更好地理解你的观点。例如，如果其中一点是关于倡导一项新的经济政策，那么，就可以搜集当前政策需要改变的原因，这些改变意味着什么，以及公众生活将受到怎样的影响等信息。

● 写下你认为采访中将会被问到的问题以及你认为合适的回答。另外，在三点主要内容的基础之上，还需要准备更多的话题，因为，记者通常会从一些既定的问题转移到其他问题上。

● 思考已经拟定的三点重要主题，这样有助于你想出更多可能被问到的问题。

在构思问题和答案时，须考虑这些问题：

● 可能被问到的最有争议的问题是什么？回答中最敏感的话题是什么？

● 最难回答的问题是什么？为什么难以回答？

● 可以想出一句很妙的引语，或是对"SoundBite"加以运用，以使你的发言更加生动。

"SoundBite"是指对某个重大事件发表的简短精练的讲话，它通常看似现场的临时发挥，但其实多数情况下都是事先准备好的。特别是在电视或是广播节目中，这些片段会被不断重复。

● 除了记者的录音外，自己是否也应留有采访录音备份？录音是事后校验自己在采访中言论的一种好方法，同时也可以提供给没有听到采访的其他重要官员。

对于可能提问的回答进行训练，在采访前对于热点问题的信息进行快速及时的修正和更新。在采访前帮助领导快速了解信息的人，通常是新闻秘书。他/她应该对发言人需要的信息进行更新和修正直到采访前的一分钟。千万不要让官员在采访中被问到出其不意的问题。

在采访前给记者提供一些有助于了解你的材料，例如个人资料、事实资料页、文章、图片或是相关报道。

不要介意向记者建议一些问题或是话题来进行提问。

（三）采访期间的注意事项

将采访控制在你的手中。即使可能与你的设想有些许的出入，你仍然可以完全控制整个采访过程。虽然你是被采访者，但不代表你不能对你所说的话进行控制。就如一位美国总统曾经说的："没有不好的问题，只有不好的回答。"

采访期间要做如下事情：

● 采访前制定基本的规则。

● 一定要简洁。不要让重要的信息淹没在又长、细节又多的回答中。尽量用简短、清楚和叙述性的句子。

● 使用 SoundBite。

● 始终围绕要传达的意思，不断重复三个重点，将所有的回答都最终与之联系起来。

● 先将你的结论和可供记者引用的句子进行陈述，使你要讲的重点被众人了解，然后再用大量事实进行论证。

● 使用明确的、描述性的、形象的话语让人们理解。人们总是容易记住那些影响了他们、激励了他们的东西，还有他人的经验。

● 列出证据，例如事实、数据、事例、轶事、引语和故事。

● 不要觉得有些事实是不言而喻的，对你的回答进行清楚而简洁的解释。

- 保持提供正面的信息。如果被问到一个负面的问题，迅速回到你先前的三个重点。
- 对任何错误信息都要迅速澄清。
- 永远别透露一些你不希望被媒体登载或播报的信息。
- 避免做出任何让编辑或记者可以断章取义或是曲解的言论。他们这时通常只选取你谈话的一部分，不管前后内容连贯而进行引用。
- 永远不要说“无可奉告”。
- 把所有的内容表述清楚。不要让媒体有机会对你的说法进行解释，因为他们有可能误会你的意思。
- 总是说实话。如果对某个问题的答案不清楚，就照实说。事后再找提问的记者给出确认之后的答案。
- 紧绕中心，使用过渡性的短语或词句回到你所要强调的三个重点上来。

采访中常用的过渡句式：

- “实际上事件是这样……”
- “我补充一下……”
- “特别值得强调的是……”
- “特别不容忽视的是……”
- “更重要的是……”
- “最值得记录的重点是……”
- “关于这类问题，我经常被问及的另一个问题是……”
- “这与一件更大的事件相连……”
- “是的，而且除此以外……”
- “不对，容许我澄清一下……”
- “在所有事实还未完全清楚的时候，谈论这个问题有点为时过早。但是，我可以告诉你……”
- “我对此不太确定，但我可以肯定的是……”
- “让我们从这个角度来看……”
- “这让我想起……”
- “很高兴你能问这个问题。不少人有类似的误解，但真相是……”

（四）有效的电视出镜

如果采访是面对面进行的，那么要保持直视采访者而不是摄像机镜头。如果采访是远程进行的，采访者在别处，就要对着镜头，这时镜头就变成你谈话的对象。

保持热情和精力充沛，因为电视总是将人变得平面而乏味。

穿纯色和浅色的衣服，但不要是纯白或纯黑。中间色是最理想的。不要穿褐色、格子花呢、有条纹、过分花哨或颜色刺眼的衣服。不要穿那些俗气的、鲜艳而且质地反光的衣服。

对于女性而言，不要在衣服上佩戴太多饰物，例如，戴过分炫耀的耳环就会将人们的注意力从你要表达的意思上转移开。对男性来讲，不要穿比领带颜色更深的衬衣。

端坐面向前方，对着镜头。

自然地运用手势，这样既不会让你显得呆板，也不会让你显得不安。

不要运用一些对于普通公众来说不熟悉的商业或科技术语，或是一些缩略语。

如果在谈话中，你想澄清某一个问题或补充一些信息，可以直接在谈话中提起，并不需要等主持人许可才说。但是，不能表现得过于无礼。

避免运用太多的数字，这会使观众觉得无聊而转台。当你必须运用数字时，可以使用大概的数量，以便能更好地被理解。

通常的情况是，若发生了突发事件或者演变成为危机后再和媒体联系并接受采访就往往来不及了，这需要我们平时就致力于以科学的、持续的方式保持与媒体的和谐互动关系。当然以上的内容对于危机中接受采访同样十分有益。

资料来源：国务院新闻办公室新闻局：《政府新闻发布工作手册》，北京，五洲传播出版社，2007。

图书在版编目（CIP）数据

政府传播/郎劲松，侯月娟著．—北京：中国人民大学出版社，2014.10
新传媒时代新闻传播学系列教材．传播学核心课程
ISBN 978-7-300-20139-9

Ⅰ.①政… Ⅱ.①郎… ②侯… Ⅲ.①国家行政机关-传播学-教材 Ⅳ.①D035.1 ②G206

中国版本图书馆 CIP 数据核字（2014）第 234337 号

新传媒时代新闻传播学系列教材
传播学核心课程 08
政府传播
郎劲松　侯月娟　著
Zhengfu Chuanbo

出版发行	中国人民大学出版社		
社　　址	北京中关村大街 31 号	**邮政编码**	100080
电　　话	010－62511242（总编室）		010－62511770（质管部）
	010－82501766（邮购部）		010－62514148（门市部）
	010－62515195（发行公司）		010－62515275（盗版举报）
网　　址	http://www.crup.com.cn		
	http://www.ttrnet.com(人大教研网)		
经　　销	新华书店		
印　　刷	北京昌联印刷有限公司		
规　　格	185 mm×260 mm　16 开本	**版　　次**	2015 年 1 月第 1 版
印　　张	20.5 插页 1	**印　　次**	2015 年 1 月第 1 次印刷
字　　数	404 000	**定　　价**	38.00 元

关联课程教材推荐

书号	书名	第一作者	定价	出书时间
978-7-300-11125-4	传播学教程（第二版）	郭庆光	32.00 元	2011-04-02
978-7-300-18658-0	危机传播管理（第三版）	胡百精	29.80 元	2014-02-28
978-7-300-17935-3	国际传播	李　智	29.80 元	2013-08-23
978-7-300-17356-6	跨文化传播（第六版）	［美］拉里·A·萨默瓦	58.00 元	2013-09-01
978-7-300-13384-3	公共外交与跨文化交流	赵启正	38.00 元	2011-03-09

配套教学资源支持

尊敬的老师：

衷心感谢您选择使用人大版教材！

相关的配套教学资源，请到人文分社网站（www.crup.com.cn/rw）下载，或是随时与我们联系，我们将向您免费提供。

欢迎您随时反馈教材使用过程中的疑问、修订建议并提供您个人制作的课件。您的课件一经采用，我们将署名并付费。让我们与教材共成长！

联系人信息：

地址：北京海淀区中关村大街 31 号 201 室　龚洪训 收　　邮编：100080

电子邮件：gonghx@crup.com.cn　　电话：010-62515637　　QQ：6130616

如有相关教材的选题计划，也欢迎您与我们联系，我们将竭诚为您服务！

选题联系人：	电子邮件：	电话：
翟江虹	zhaijh@crup.com.cn	010-62515636

俯仰天地　心系人文

人文分社网站　www.crup.com.cn/rw

专业教师 QQ 群：

259226416（人大新闻）

欢迎您登录分社网站浏览，了解图书信息，共享教学资源

期待您加入专业教师 QQ 群，开展学术讨论，交流教学心得